Rainer Horbelt · Sonja Spindler

Die deutsche Küche im 20. Jahrhundert

Rainer Horbelt · Sonja Spindler

Die deutsche Küche im 20. Jahrhundert

Von der Mehlsuppe im Kaiserreich
bis zum Designerjoghurt der Berliner Republik
Ereignisse • Geschichten • Rezepte

Eichborn.

Für die Unterstützung danken wir
Jürgen Abeler, dem Ruhrlandmuseum Essen,
der Fa. Dr. August Oetker, der Maggi GmbH,
Bestfoods Deutschland, dem Stadtarchiv Herne,
Andrea Ritterbusch, dem Stadtarchiv Gelsenkirchen,
dem Bundesamt für Wehrtechnik und Beschaffung,
Margarete Schütte-Lihotzky, der Deutschen Lufthansa,
dem Museum für Energiegeschichte der Avacon AG,
dem Museum »Villa Grün«, Dillenburg,
dem Stadtarchiv Bochum, dem Hauptstaatsarchiv Düsseldorf,
dem Museum Rüsselsheim, den Willi Meisel Verlagen,
Hans D. Ahrens, Reiner Laarmann, Kay Lorentz und
allen, die uns bei diesem Buch geholfen haben.

Die Deutsche Bibliothek – CIP-Einheitsaufnahme

Horbelt, Rainer:
Die deutsche Küche im 20. Jahrhundert : von der Mehlsuppe im
Kaiserreich bis zum Designerjoghurt der Berliner Republik / Rainer
Horbelt ; Sonja Spindler. - Frankfurt am Main : Eichborn, 2000
ISBN 3-8218-1593-0

© Eichborn AG
Frankfurt am Main, August 2000
Umschlaggestaltung: Irma Schick unter Verwendung einer Fotografie von Raymond Aelbritton,
Getty one Stone
Satz und graphische Konzeption: RH + Aspectra ®, Lagoa, Portugal
Bildbearbeitung: Wolfgang Stumpf
Druck und Bindung: Finidr, Tschechien
ISBN 3-8218-1593-0

Verlagsverzeichnis schickt gern:
Eichborn Verlag, Kaiserstr. 66, D-60329 Frankfurt am Main
www.eichborn.de

Inhalt

Vorwort 8

**Gut kochen ist der Ruhm
der deutschen Hausfrau** 11

Die Kochkiste 13
Pikant Speisen 15
Aus den Aufzeichnungen eines Arbeiters 18
Ein Besuch bei Dr. Oetker 24
Kaisers Geburtstag 28
Starke Frauen 32
Das Weck'sche System 40

**Steckrüben und Drahtverhau –
der Erste Weltkrieg
in der deutschen Küche** 45

Kölner Sparbrot 50
Soldatenkappen 57
Ostpreußische Ananas 63
Drahtverhau 68
Die Gänseblümchen sind unsere Eier 73

**Exkurs:
Wer einmal aus dem Blechnapf (fr)aß** 77

**Hungermärsche
in die »Goldenen Zwanziger«** 81

Ein Brot für 87 Milliarden Mark 87
Raum für die arbeitende Frau 91
Elektrisierende Jahre 100
Einigkeit macht satt 107
Schwarzer Freitag 110

**Deutsch Kochen
in Deutschlands Gauen** 113

Die Kuh in der Tüte 118
Eintopfsonntage 124
Als Wildgemüse getarnt 131
Essen auf dem Luxusliner 132

Exkurs: Essen auf Reisen 137

**Am Kochtopf
wird der Krieg gewonnen** 139

Herr »Brotsupp'« 146
Todesstrafe für einen Schwarzschlächter 149

Kriegsweihnacht 151
Erzeugungsschlacht im Kriege 156
Notzeiten 161
Die letzten Reserven 167

**Als Schmalhans
Küchenmeister war** 173

Care-Pakete 182
Big Dinner in German Style 187
Goldene Zeiten 189
Ersatzmittel 193
Schulspeisungen 199

Hunger ist ein schlechter Koch 205

Der »andere« Anfang 211
Zwei Befehle: Nr. 168/46 und Nr. 234/47 220
Ein Pfund Holzwurst, bitte 226

Die fetten Jahre kommen 231

Einkellerungsbonbons 234
Neues Geld 241

Mit Ochsenblut und Schweinegalle 245

Freie Läden 249
Ein eigenes Land 255
Affenfettpakete 263
Mehr Lohn – mehr Essen 271

Satte Zeiten 279

Eine »historische« Erfindung 282
Scharfe Cocktails, pikante Häppchen 287
Päckchen nach drüben 294
Negerkuss oder Mohrenkopf 296

**Kochen und Essen
genau wie im Fernsehen** 301

Von Campern und Grillern 309
Arbeiter essen Arbeiteressen 314
Broiler oder Brathendl 317

Der Mensch ist, was er isst 321

Alles light 325
Schnelle Bissen 330

Wird hier eigentlich auf- oder abgebaut?

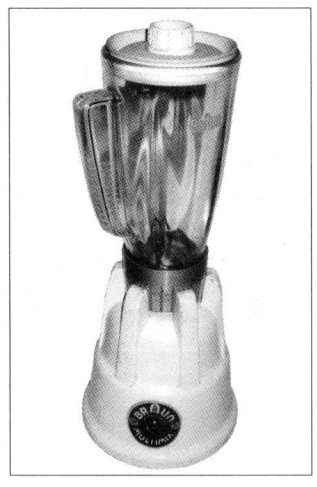

Das neue Essen – fix und fertig   336

**Der neue Trend:
Spaß beim Essen**   341

Fiction-Food   344
Die Food-Designer   346
Die Gesundmacher   349
Eat-Art   351
Perspektiven   356

Register der Rezepte   359

Vorwort

Küchengeschichte ist ein Stück Kulturgeschichte. Wie ein bestimmtes Essen zubereitet wurde, welche Gerichte von wem zu welchem Anlass zu welcher Zeit gegessen wurden, wann zum ersten Mal diese Gerichte in Kochbüchern auftauchten, wie und für wen Kochbücher geschrieben waren, welche Küchengeräte benutzt wurden, wie die Küchen aussahen, wer in diesen Küchen arbeitete, was und wie für die Zubereitung von Mahlzeiten in diesen Küchen eingekauft wurde – es gibt viele solcher Fragen, die allesamt zur Erhellung dessen, was wir Alltagskultur nennen, beitragen.

Der essende Mensch und die Zubereitung seiner Nahrungsmittel war (und ist) das Objekt unterschiedlicher Wissenschaften, denen bei aller Verschiedenheit eines gemeinsam ist: Indem sie versuchen, das Ernährungsverhalten des Menschen zu erklären, stoßen sie immer auch auf die Frage nach dem Wesen des Menschen: »Sage mir, was du isst, und ich sage dir, was du bist.«

Ernährung = die Aufnahme der Nahrungsstoffe für den Aufbau, die Erhaltung und Fortpflanzung eines Lebewesens.

Ernährung ist kollektives Handeln, das einem *»Spiel von Bedeutungen«* folgt. Und immer lassen sich ökonomisch und ökologisch bedingte Zwänge nachweisen, welche die Abscheu gegen oder die Vorliebe für ein bestimmtes Lebensmittel erklären. Damit ist Küchengeschichte auch ein Stück Geschichte des deutschen Alltags und ein Stück Geschichte »von unten«.

Hier soll »Die deutsche Küche im 20. Jahrhundert« dargestellt werden.

Wer dieses 20. Jahrhundert in Deutschland betrachtet, wird ziemlich genau in dessen Mitte eine deutliche Zäsur feststellen. Fünfzig Jahre lang mussten die meisten der Menschen, die in Deutschland wohnten und arbeiteten, mit unzureichender Ernährung, mit Hunger und deren Auswirkungen kämpfen. Erst mit Beginn des »Wirtschaftswunders« galt die Lebensmittellage als gesichert, und alle hatten genug zu essen.

Lebensmittel = Bezeichnung für alle Stoffe, die dazu bestimmt sind, in rohem oder zubereitetem Zustand gegessen oder getrunken zu werden.

Und noch etwas fällt auf: Die Versorgung der Bevölkerung mit Nahrungsmitteln wurde in Deutschland (und sicher nicht nur dort) zu unterschiedlichen Zeiten immer wieder politisch instrumentalisiert.

Dem Menschen, der sich essend den Magen zu füllen versucht, ist immer auch der Kopf »gefüllt« worden.

Und ebenso wurde auch mit Hunger Politik gemacht.

Die »großen« Kriege des 20. Jahrhunderts wurden (angeblich) der Ernährung wegen geführt. Im Ersten Weltkrieg hieß es, die Feinde wollten Deutschland aushungern. Im Zweiten Weltkrieg wurden Polen und später die Sowjetunion überfallen, um dem deutschen Volk »Raum« zu geben, landwirtschaftliche Flächen, um die Ernährung zu sichern. Und es hieß von den Nazis: »*Am Kochtopf wird der Krieg gewonnen*«.

Krieg hat immer auch mit Essen zu tun. Selbst heute, bei uns.

Wer heute rüstet, muss wissen, dass deswegen Menschen verhungern. In Äthiopien und im Sudan, in Bangladesch und anderswo. Alle zehn Sekunden sterben in den armen Ländern der Erde fünf Kinder an den Folgen von Unterernährung, alle zehn Sekunden werden 200.000 Euro für die Rüstung ausgegeben, wieder um Menschen zu töten, Zivilisten zumeist, Frauen, Kinder...

»*More bombs – less food!*« so war es auf einem Plakat zu lesen, das ein Mann bei einer Kundgebung zum 1. Mai 1999 in Saarbrücken hoch hielt – eine Reaktion auf den Krieg in Jugoslawien. Treffender kann man es nicht ausdrücken.

Aber Ernährungsgewohnheiten wurden auch in anderer Weise von Politikern und Wirtschaftsmagnaten funktionalisiert.

Die Amerikanisierung in Europa und vor allen Dingen in Deutschland begann mit dem »Siegeszug« von Coca-Cola nach dem Zweiten Weltkrieg, einem Produkt, das von den US-Amerikanern für ein Lebensmittel gehalten wird.

Die »Fresswelle« in den fünfziger Jahren hat mit dazu beigetragen, die Wirtschaft anzukurbeln, nicht nur in der Nahrungsmittelproduktion. Die Politik dieser Jahre war darauf ausgelegt, die Kaufkraft zu fördern und heizte die Nachfrage vor allem nach Küchengeräten kräftig an, waren sie doch sichtbarer Ausdruck wachsenden Wohlstandes...

Neben Abrissen der Küchenhistorie sollen in diesem Buch vor allem auch Geschichten erzählt werden, Alltagsgeschichten, spannende und lustige Anekdoten aus der Welt des Kochens und Essens, Geschichten, die irgendwie mit der Kreation von Rezepten, mit Erlebnissen im Kampf ums

Kochen =
Aufbereiten von Lebensmitteln (in siedendem Wasser), um sie leichter verdaulich und wohlschmeckender zu machen.

Hunger =
subjektiv als Allgemeinempfindung auftretendes Verlangen nach Nahrung, das nach Aufnahme derselben verschwindet beziehungsweise durch das Sättigungsgefühl verdrängt wird. Hunger ist in vielen Fällen nicht Folge von Lebensmittelknappheit, sondern von ungleicher Verteilung von Nahrungsmitteln innerhalb einer Bevölkerung (80 Prozent aller untergewichtigen Kinder leben in Ländern mit Nahrungsüberschüssen). Den Hungernden stehen 1,2 Milliarden übergewichtige Menschen entgegen. Dazu zählen mittlerweile auch Einwohner von so genannten Entwicklungsländern.

10

Küche =
gesonderter Raum in
Wohnungen, Gaststätten
u.ä., der vor allem der
Zubereitung von Speisen
dient.

Rezept =
Angaben für die
Zubereitung einer Speise
oder eines Getränks.

Überleben, mit der Entstehung eines Kochbuches und ähnlichem zu tun haben.

Dieses Buch will aber nicht nur ein Geschichtenbuch, es soll auch ein Erlebnisbuch sein. Es will zum Nachkochen animieren. Alle Rezepte darin wurden ausprobiert und – wenn nicht anders angegeben – in ihren Mengenangaben für vier Personen berechnet.

Dieses Buch kann natürlich nicht vollständig sein. Es gibt Themen, die nicht oder nicht intensiv behandelt wurden. Es gibt viele Rezepte, die es wert gewesen wären, erwähnt zu werden...

Seinen Sinn freilich hätte dieses Buch erfüllt, wenn es neugierig machen würde auf Küchengeschichte. Wenn es dazu anregen würde, selbst weiterzuforschen.

Angemerkt sei noch, dass wir um der besseren Lesbarkeit willen auf eine Bibliographie und einen ausführlichen Bildnachweis verzichtet haben. Für dieses Buch wurden einige tausend Quellen verarbeitet. Diese alle anzuführen würde den Rahmen des Buches sprengen.

Gut kochen
ist der Ruhm
der deutschen Hausfrau

DIE AUSSSICHTEN schienen so, als würde man in Zukunft viele drängende Probleme lösen können: Neuartige und besonders gehaltvolle Gemüse würde man überall in der Welt züchten. Es würde Fettbäume und Makkaroni-Kürbisse geben, Getreide würde den dreifachen Ertrag bringen, Kartoffeln würden nicht mehr von Schädlingen angegriffen werden...

Wie immer, wenn sich ein neues »*Säkulum*« ankündigt, so waren auch vor und nach Beginn des 20. Jahrhunderts die Zeitungen und Zeitschriften voll von Vorhersagen, wie es wohl hundert Jahre später in unseren Häusern und Städten aussehen würde, Prognosen voller Optimismus und Fortschrittsgläubigkeit. Und einiges davon war gar nicht so weit entfernt von dem, was dann tatsächlich kam:

»Kochen und Backen in den selbständig funktionierenden, durch Knopfschaltungen regulierten Herden und Öfen ist eine Freude ... Dämpfen und Dünsten in Sekunden, was automatische Haushaltsmaschinen vorbereitet haben...«

Im Jahre 1882 war das erste elektrische Bügeleisen entwickelt worden, 1886 der Geschirrspüler, und seit 1896 gab es den ersten elektrischen Küchenherd.

Die Elektrizität hatte gerade Einzug in die Küchen gehalten, und ihre Möglichkeiten schienen unerschöpflich, wenn auch vorerst noch unbezahlbar.

Was möglich war, hatten die Besucher der Weltausstellung 1889 (respektive 1900) in Paris im »Elektrizitätspalast« bestaunen können.

Die Nahrungsmittelproduzenten hatten begonnen, das Kochen und Backen nachhaltig zu verändern. Knorrs Erbswurst, Maggis Suppenwürze, Liebigs Fleischextrakt oder das Backpulver von Dr. Oetker waren (offenbar auch in den Augen der »Zukunftsforscher«) Vorboten einer rasanten Entwicklung:

»Man wird Schweinekoteletts und Schlagsahnetorten essen, soviel man mag... Die Speisen werden verbessert durch Gesundheitsextrakte..., ob sich die Welt an den Weizen hält oder an den Reis oder an die Kartoffel – das Ernährungsproblem wird aufhören eine Lebensfrage zu sein.«

Hunger und Gesundheit, das waren die Probleme der Menschen um 1900, zumindest der sozial schlechter gestellten Schichten. Unterernährung und Mangelkrankheiten würden in den nächsten fünfzig Jahren immer wieder den Gang der deutschen Geschichte mitbestimmen.

Zuhauf waren die Familien seit Beginn der Industrialisierung vom Land in die Stadt gezogen.

Kinderarbeit war zu Beginn des neuen Jahrhunderts noch überall in Europa an der Tagesordnung. In Deutschland durften Kinder, die älter waren als neun Jahre, bis zu zehn Stunden täglich arbeiten. Ihr Lohn wurde von ihren Familien gebraucht, um die Ernährung einigermaßen zu sichern.

Sie lebten in katastrophalen Wohnverhältnissen. Beengung, unzureichende hygienische Zustände, Hunger oder einseitige Ernährung führten immer wieder zu Krankheiten und zu einer hohen (Kinder-)Sterblichkeit.

Die Erfindung oder »Wiederentdeckung« des Fräulein Elise Hannemann wurde im Jahr 1900 auf der Titelseite der Beilage der »Sonntags-Zeitung für Deutschlands Frauen« gemeldet. Sie gehörte zu »*den kleinen Fortschritten, die zwar durch ihr Erscheinen keine Sensation hervor rufen, aber doch bisweilen geeignet sind, eine gründliche Umwälzung in gewissen Teilen des menschlichen Lebens*« zu bewirken.

Die Rede ist von der Kochkiste, und ihre »Erfinderin«, Fräulein Hannemann, war sozusagen als Vorsteherin der Kochschule des Lettevereins vom Fach.

Die Kochkiste wird uns durch die kommenden Jahrzehnte begleiten, und ihr Gebrauch wird immer dann »zeitgemäß« sein, wenn es gilt, in Notzeiten zu überleben. Denn sie sparte Energie, wenn diese knapp war, weil in ihr Speisen

Die Kochkiste

Elise Hannemann, Leiterin
einer Kochschule des
Lettevereins.
Der Letteverein war 1866
in Berlin von W. A. Lette
gegründet worden zur
»Förderung der
Erwerbsfähigkeit des
weiblichen Geschlechts«.

Bauzeichnungen für die
»eintopfige« und die
»zweitopfige« Kochkiste

Aus:
»Sonntagszeitung für
Deutschlands Frauen«

weiter kochen oder warm gehalten werden konnten ohne Benutzung eines Ofens:

»Die Kochkiste ... ist nichts anderes als das Prinzip des schlechten Wärmeleiters in äußerst einfacher und sinnreicher Weise auf die Küchenpraxis übertragen... Sie ist ein Mittel, um die Koch-Hitze der Speisen in diesen ohne Beihilfe des Feuers und auf viele Stunden hinaus zu erhalten. Es liegt auf der Hand, daß, wenn die Feuerquelle, die Ursache des Anbrennens beseitigt wird, die ständige Überwachung der Speisen, der stundenlange Aufenthalt der Hausfrau in der Küche entbehrlich ist. Zugleich bedeutet aber auch das Kochen bei gleichmäßiger, gemilderter Hitze in fest verschlossenem Gefäß eine Ersparnis an Nährwert und Aroma der Speisen, zwei Eigenschaften, die durch das Kochen über starkem Feuer in schlecht schließenden oder gar offenen Tiegeln eine starke Einbuße erleiden müssen.«

Die Kochkiste, das war nach den Vorstellungen des Fräulein Hannemann eine Holzkiste, die innen mit wärmedämmendem Material ausgeschlagen war (empfohlen wurde Holzwolle), und zwar so, dass in die Mitte ein Topf hinein gestellt werden konnte. Die Kiste musste dicht und fest verschlossen werden können. Fräulein Hannemann hatte *»in acht Jahren unausgesetzten Erprobens die Brauchbarkeit dieser Vorrichtung für den einfachen bürgerlichen Haushalt festgestellt«*.

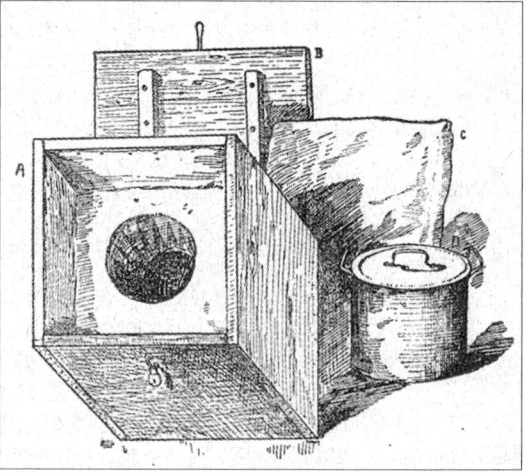

Eine Bauanleitung wurde gleich mitgeliefert. Baukosten: 4,50 Mark.

Auch von der Herkunft der Kochkiste wurde berichtet. Sie sollte von den »nordischen Bergen« stammen, »wo der Jäger ... sich in der mit Rentierfell ausgeschlagenen und mit Heu gestopften Holzkiste sein frugales, aus Fleisch, Kartoffeln, Gemüse und Speck oder aus dicker Grütze bestehendes Mahl selber bereitet«.

Und es wurden Hinweise gegeben, wie die Kochkiste zu gebrauchen ist:

»Damit die Gerichte in der Kochkiste gelingen, müssen sie kochend in diese hinein gestellt werden. Natürlich gibt man auch sämtliche Zutaten von vornherein daran, denn es ist nicht ratsam, vor dem Garwerden einer Speise den Kistendeckel zu lüften, widrigenfalls man einen beträchtlichen Wärmeverlust zu gewärtigen hat.«

Hier einige Anweisungen für die unterschiedlichen Speisen, für deren Zubereitung die Kochkiste geeignet schien:

<u>Graupensuppe:</u> fünf Minuten vorgekocht, in die Kiste gestellt, in vier Stunden gar.

<u>Linsensuppe:</u> eine halbe Stunde vorgekocht, in dreieinhalb Stunden gar.

<u>Haferschleimsuppe:</u> eine halbe Stunde vorgekocht, in fünf Stunden gar.

<u>Kartoffelsuppe:</u> fünf Minuten vorgekocht, in drei Stunden gar.

<u>Mohrrüben mit Fleisch:</u> fünfunddreißig Minuten vorgekocht, in drei Stunden gar.

<u>Erbsen mit Speck:</u> eine halbe Stunde vorgekocht, in dreieinhalb Stunden gar.

<u>Reis mit Kalbfleisch:</u> zehn Minuten vorgekocht, in dreieinhalb Stunden gar.

Pikant speisen

Wer heute vom Beginn dieses Jahrhunderts als der »guten alten Zeit« spricht, der meint damit natürlich nicht Kochkiste und Kinderelend, Hungerlöhne und Leben in der Mietskaserne. Mit »die gute alte Zeit« wird das Wohlleben einer bestimmten Bürgerschicht bezeichnet, der »gehobenen« Beamtenschaft, der Offiziere, der Industreangestellten, der Kaufleute und anderer, die es im Verlauf des wirtschaftlichen Aufschwungs zu einem bemerkenswerten Wohlstand gebracht hatten.

Ihre Haushaltungen wurden von Dienstboten geführt. Ihre gesellschaftliche Stellung demonstrierten sie durch einen starken Hang zu Luxus und Extravaganz. Aber wen wundert das. Hatte ihr Kaiser ihnen doch von »deutscher Größe« gesprochen. Und als er 1888, gerade 29 Jahre alt, auf den Thron gestiegen war, hatte er seinem Volk zugerufen: »Ich führe euch herrlichen Zeiten entgegen!«

Die »Weltmacht« Deutschland musste nach seinen Vorstellungen Zugang zu den rohstofffreien Ländern in Übersee und Afrika erhalten, um den ihr zustehenden Platz »in der Weltengeschichte« einnehmen zu können.

Die begüterten Bürgerschichten folgten ihm begeistert. Weltmacht – das bedeutete Kolonien, die man ausbeuten konnte. Und das verhieß noch mehr Reichtum, noch mehr Luxus.

»Zeigen, was man hat« – das gehörte zum Selbstverständnis der Menschen im Deutschland der Nachgründerzeit.

Die Frauen hüllten sich in üppige Stoffe, in hellfarbigen Crêpe de Chine, Chiffon oder Seidenmusselin. Man lud einander ein zu opulenten Diners oder traf sich auf einem der zahllosen Feste und Bälle, um sich dabei zusehen zu lassen, wie man »pikant« speiste.

»Ballsouper«
Gemälde
von Adolf Menzel

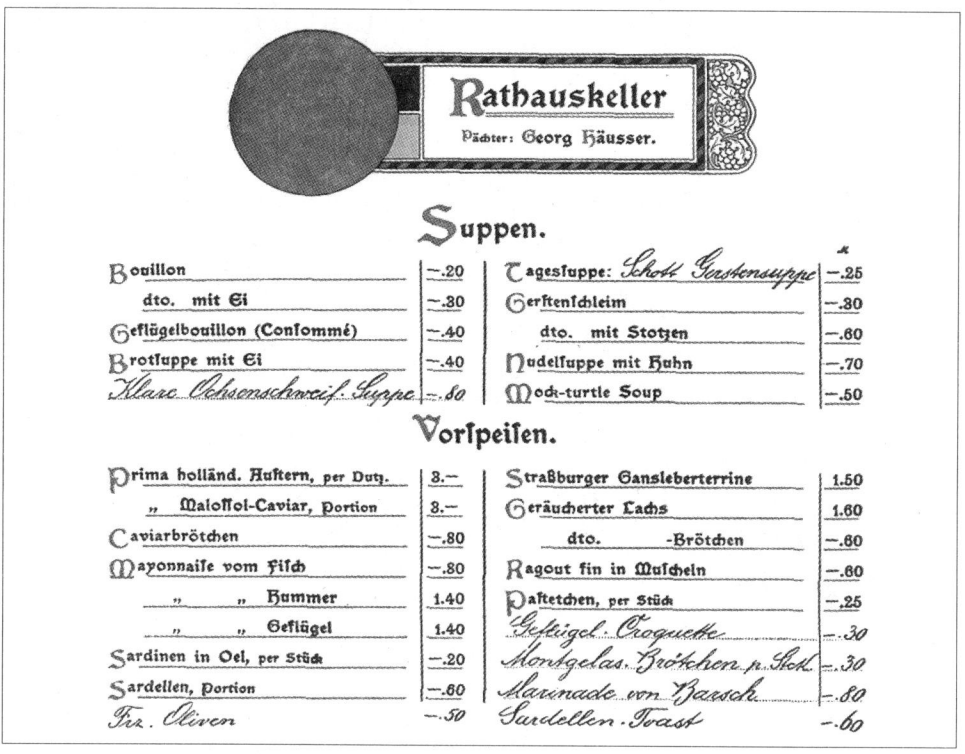

Rathauskeller
Pächter: Georg Häusser.

Suppen.

Bouillon	–.20	Tagessuppe: Schott. Gerstensuppe	–.25
dto. mit Ei	–.30	Gerstenschleim	–.30
Geflügelbouillon (Consommé)	–.40	dto. mit Stotzen	–.60
Brotsuppe mit Ei	–.40	Nudelsuppe mit Huhn	–.70
Klare Ochsenschweif Suppe	–.80	Mock-turtle Soup	–.50

Vorspeisen.

Prima holländ. Austern, per Dutz.	3.–	Straßburger Gansleberterrine	1.50
„ Malossol-Caviar, Portion	3.–	Geräucherter Lachs	1.60
Caviarbrötchen	–.80	dto. -Brötchen	–.60
Mayonnaise vom Fisch	–.80	Ragout fin in Muscheln	–.60
„ „ Hummer	1.40	Pastetchen, per Stück	–.25
„ „ Geflügel	1.40	Geflügel-Croquette	–.30
Sardinen in Oel, per Stück	–.20	Montgelas-Brötchen p. Stck	–.30
Sardellen, Portion	–.60	Marinade von Barsch	–.80
Frz. Oliven	–.50	Sardellen-Toast	–.60

»Zeigen, was man hat«. Man reiste in einen der zahllosen Badeorte, um zu kuren, oder auch ins Ausland, in die Schweiz oder Italien. Und wer sich das nicht leisten konnte, der machte sich zumindest an den Wochenenden zusammen mit seiner Familie auf in eines der neuen Gartenlokale oder Ausflugsrestaurants, die an den Stadträndern wie »Pilze« aus dem Boden schossen.

Dort traf man allerdings auf jene, die an dem Reichtum nicht Teil hatten. Auf die Kellner und Kellnerinnen. Vor allen Dingen letztere waren in

Die Speisen-Karte des Stuttgarter Ratskellers. Ein Arbeiter konnte sich hier kaum eine Mahlzeit leisten. Allein für eine Suppe hätte er fast eine Stunde arbeiten müssen.

Die Gartenlokale waren auch so etwas wie ein gesellschaftlicher Treffpunkt. Konsumiert wurden zuvörderst Kaffee und Kuchen, aber auch Bier zusammen mit einem Imbiss. Schon damals war es mancherorts nicht gestattet, sein Essen selbst mitzubringen.

Kellnerinnen bekamen in der Regel keinerlei Kost. Die Speisen »nach der Karte und bei Menuportionen« mussten sie 10 Pfg. teurer bezahlen, als sie auf der Karte ausgezeichnet waren.

einer beklagenswerten Lage, wie die Fachzeitschrift »Soziale Praxis« 1905 berichtete:

»Die ... Kellnerinnen erhalten ... keinen Pfennig Lohn, dagegen haben die Mädchen folgende Beiträge am Buffet zu entrichten: 15 Pfg. Bruchgeld, trotzdem sie jeden einzelnen zerbrochenen Gegenstand extra bezahlen mußten, 20 Pfg. Putzgeld, 15 Pfg. täglich für die Benützung der Toiletten, jeden fünften Tag eine Mark für den Ausgang und die vollständigen Invaliden- und Krankenversicherungsbeiträge... Jede Kellnerin hat außerdem von ihrem ganz auf das Trinkgeld abgestellten Verdienst das ihr beigegebene Bier- oder Wassermädchen mit täglich 50 Pfg. zu entlohnen, außerdem für die nötigen Zahnstocher und Streichhölzer aufzukommen und die für ihren Service notwendigen Zeitungen herbei zu schaffen.«

Die Kellnerinnen, die Dienstboten, die Fabrikarbeiterinnen kamen überwiegend aus Arbeiterfamilien. Ohne den Verdienst dieser Mädchen, ohne das Geld, das die Kinder erarbeiteten, war es den sozial Schwachen kaum möglich zu überleben.

Aus den Aufzeichnungen eines Arbeiters

Die Plakate hingen in den Wirtshäusern der Dörfer überall im Osten. »*Aufruf eines Agenten zur Anwerbung von Bergleuten*« waren sie tituliert. Ob in Ostpreußen oder Schlesien, die Plakate lauteten überall ähnlich:

»In rheinländischer Gegend, umgeben von Feldern, Wiesen und Wäldern, den Vorbedingungen guter Luft, liegt, ganz wie ein masurisches Dorf, abseits vom großen Getriebe des westfälischen Industriegebiets, eine reizende, ganz neu erbaute Kolonie... Zu jeder Wohnung gehört ein sehr guter und trockener Keller, so daß sich die eingelagerten Früchte Kartoffeln usw. dort sehr gut halten werden. Ferner gehört dazu ein Stall, wo sich jeder sein Schwein, seine Ziege oder seine Hühner halten kann. Endlich gehört zu jeder Wohnung ein Garten. So kann sich jeder sein Gemüse, ... und seine Kartoffeln, die er für den Sommer braucht, selbst ziehen.«

*Karl Spitzers Frau
und seine Kinder*

Ein solches Plakat mag auch der Schlesier Karl Spitzer gelesen haben. Er verließ mit seiner Familie Ende des vorigen Jahrhunderts seine Heimat, um auf einer Zeche im Ruhrgebiet sein »Glück« zu machen. Gefunden hat er es nicht. Keine der Verheißungen wurde wahr. Er musste zur Miete wohnen, einen Garten gab es nicht. Und was er verdiente, reichte nicht zum Leben. Wie sein Leben aussah, hat er aufgeschrieben:

»Im November 1905 war ich Schießmeister auf der Zeche Bruchstraße. Ich verdiente pro Schicht 4,30 Mark, wovon ich an Gefälle, wenn ich einen Wagen Kohle dabei hatte, 50 Pfg. pro Schicht Abzug hatte. Mithin blieb von meinem Lohn 3,80 Mark. Ich hatte sieben Kinder, das älteste war zehn Jahre, das jüngste ein halbes Jahr.

Da wir noch monatlich 16,75 Mark Miete zu bezahlen hatten, wodurch die 3,80 Mark reinen Verdienst noch pro Tag um ungefähr 60 Pfg. geschmälert wurde. Wir mußten ein nicht zu sagendes Dasein fristen. Unser Essen bestand

*Das Foto aus dieser
Arbeiterküche im
Ruhrgebiet zeigt die
qualvollen Enge, in der
besonders kinderreiche
Familien leben mussten.*

»Um halb fünf morgens ...
da bin ich aufgestanden,
hab' Kaffee gekocht, hab'
Butterbrote gemacht, die
mein Mann mit zur Arbeit
nahm ... Danach fing für
mich die Arbeit an – was
jeden Tag so anfiel...
Als die Kinder größer
waren, bin ich morgens
um sechs Uhr, wenn mein
Mann zur Arbeit war, ...
zum Land ... und hab' da
bis halb acht gearbeitet.
Halb acht schnell rein,
die Kinder versorgt, daß
sie in die Schule kamen...
Morgens, mittags und
abends mußte das Vieh
versorgt werden. Die
Hühner kriegten ihr Futter,
im Schweinekessel wurde
es gekocht aus Runkeln,
Kartoffeln, Schrot und
Futterkalk. Und die Ziege
wollte auch ihr Futter
haben...
Wenn mein Mann
Mittagsschicht hatte,
mußte das Essen um zwölf
auf dem Tisch stehen...«

Alltag einer
Bergarbeiterfrau

Aus:
»Hochlarmarker Lesebuch«

Wöchentliche
Lebensmittel-Ausgaben
für einen vierköpfigen
Arbeiterhaushalt um die
Jahrhundertwende

Aus:
»Das häusliche Glück«

aus Schwarzbrot, Kartoffeln und Rinderfett.
Fleisch kam den ganzen Monat nicht auf den
Tisch, bloß wenn Abschlag oder Lohntag war,
brachte ich direkt ein Pfund Leberwurst mit für
50 Pfg. Die wurde dann in neun Stücke verteilt.
Das war alles, was wir an Fleisch zu uns nahmen.

So ging es fort bis 5. November 1906, wo meine Gesundheit durch die aufreibende Arbeit und
durch die Unterernährung vollständig ruiniert
war. Ich mußte den oben genannten Tag den
Krankenschein nehmen... Ich hatte die elfte
Lohnklasse auf dem Krankenschein. Nach dem
alten Statut bekam ich 2,60 Mark pro Tag, das
waren auf 25 Arbeitstage 65 Mark. Von der Zeche Bruchstraße bekam ich jeden Monat 15 Mark
Unterstützung, waren zusammen 80 Mark. Da
läßt es sich leicht denken, daß bei sieben Kindern die Not nicht klein war... Da ich das Krank-
feiern wegen der finanziellen Lage nicht mehr
aushalten konnte, bat ich Herrn Dr. Winter-
kamp, er möchte mich ... Invalide machen... Ich
wollte mir durch leichte Arbeit noch was dabei
verdienen.

Dann, 14. März 1907 machte ich die erste
Schicht als Kauenwärter auf Zeche Bruchstraße. Ich verdiente die Schicht 3,50 Mark. Im Monat Februar war ich in Folge Lungenentzün-
dung krank. Die Zeit ging es was besser, trotz-

1881. April	Ausgaben für Haushaltung.	M.	₰
Montag 3.	1½ Liter Milch	—	27
	1 Schwarzbrod	—	80
	Garn, Litze und Knöpfe	—	40
Dienstag 4.	2 Weißbrode 1,44 — 1½ Liter Milch .	1	71
	½ Pfd. Butter	—	60
	1 Liter Petroleum	—	20
Mittwoch 5.	Bläue 10 Pf. — ¾ Pfd. Blutwurst 30 Pf.	—	40
	¼ Pfd. Käse 20 Pf. — Milch 27 Pf. .	—	47
Donnerst. 6.	1 Schwarzbrod	—	80
	Milch 27 Pf. — Salat 20 Pf.	—	47
	Briefporto	—	10
Freitag 7.	2 Weißbrode 1,44 — Milch 27	1	71
	2 Häringe 14 — Butter 60	—	74
Samstag 8.	2 Pfd. Rindfleisch 1,30 — Knochen 20 .	1	50
	2 Pfd. Erbsen 34 — 1 Pfd. Linsen 24 .	—	58
	2 Pfd. Gerste 38 Pf. — 1 Pfd. Reis 18	—	56
	1 Pfd. Kaffee 1,40 — 2 Pfd. Salz 20 .	1	60
	Gemüse 30 Pf. — Eier 30 — Milch 27	—	87
		13	78

	Nach Recept:	Nr. 9. Für Winter und Frühjahr.	
Mittags-Mahlzeiten für 4 Erwachsene in sehr dürftigen Verhältnissen.			
Sonntag	Nr. 44 Seite 169 Nr. 84 Seite 180	3 Pfd. Sauerkraut . . . . 9 Pf. 5 „ Kartoffeln . . . . 15 „ ¼ „ frischer Speck . . 20 „	} 44 Pf.
Montag	Nr. 20 Seite 162	1½ Pfd. Erbsen in Suppe . 25 Pf. 6 „ Kartoffeln . . . 18 „ 1 „ frische Schweineknochen 4 „	} 47 Pf.
Dienstag	Nr. 23 Seite 163 Nr. 10 Seite 160	½ Pfd. Gerste in Suppe . . 10 Pf. 6 „ Kartoffeln . . . 18 „ Wurstbrühe od. Buttermilch 7 „	} 35 Pf.
Mittwoch	Nr. 21 Seite 163	1½ Pfd. weiße Bohnen in Suppe 24 Pf. 5 „ Kartoffeln . . . . 15 „ Oel und Zwiebel . . 4 „	} 43 Pf.
Donnerstag	Nr. 58 Seite 172 Nr. 88 Seite 182	7 Pfd. Kartoffeln . . . . 21 Pf. Zwiebelsauce mit Oel 4 „ 1½ Pfd. Panhas . . . . 20 „	} 45 Pf.
Freitag	Nr. 24 Seite 163 Nr. 104 Seite 187	4 Pfd. Kartoffeln in Suppe . 12 Pf. 1 „ Buchweizenmehl in Pfannkuchen . . . 20 „ Fett zu Suppe u. Oel zu Kuchen 7 „	} 39 Pf.
Samstag	Nr. 3 Seite 158	½ Pfd. Reis in Suppe . . 9 Pf. 5 „ Kartoffeln . . . . 15 „ 1 Lit. Wurstbrühe . . . . 4 „	} 28 Pf.
			2,81 Pf.

Speisezettel-Vorschlag für eine Woche. Die Nummern beziehen sich auf die Rezepte in dem Buch. Die Zusammenrechnung muss natürlich »Mark« lauten. Rechnet man die Lebensmittel-Ausgaben auf ein Jahr hoch und nimmt die Kosten für Miete etc. dazu, kommt man auf eine Summe von etwa 1.500 Mark. Ein Arbeiter verdiente in jener Zeit aber nur rund 1.100 Mark im Jahr (bei einem Stundenlohn von 17 bis 25 Pfg.). Es musste also (zum Beispiel von den Kindern) dazuverdient werden.

Aus:
»Das häusliche Glück«

dem noch das achte Kind angekommen war. Soweit ging es gut, bis den 26. Oktober, da mußte meine Frau ins Krankenhaus eingeliefert werden, ... wegen Typhus... Den 2. Dezember abends acht Uhr wurde ich ins Krankenhaus gerufen, wo sie auch schon um zehn Uhr verschied in meiner Gegenwart...

Nach der Beerdigung musste ich wieder nach der Arbeit gehen, der Haushalt ging vollends retour.

Eine Mutter hat ja alle Hände voll zu tun. Tag und Nacht muß sie arbeiten, wenn es bei so vielen Kinder halberlei soll rundgehen...

Das habe ich mitgemacht bis zum 28. Dezember. Da wurde ich abermals so krank ..., daß ich ins Krankenhaus mußte... Nun blieb den Kindern bloß übrig, daß sie ins Armenhaus wanderten, wohin sie sofort weggebracht wurden. Die Stubentür wurde zugeschlossen, da war auf einmal das ganze Nest leer.«

»Mit dem Essen war's gut. Wir haben immer Kartoffeln gekriegt... Aber 's Fleisch war wenig. Bloß Kartoffeln. Und unser Abendessen war Kartoffelsuppe. Wenn wir mal was Besseres gekriegt haben,... dann haben wir Kaffee gekriegt, Malzkaffee mit Zichorie,... mit einem kleinen Stück Zucker dazu und Ziegenmilch. Uns ist's nicht schlecht gegangen. Wir haben unser regelmäßiges Essen gehabt.«

Anna Sprenger in ihren Erinnerungen

Natürlich gab es auch die Bergmannsfamilien, die in Häusern einer jener Siedlungen lebten, von denen heute noch einige erhalten sind, die einen Garten (und somit frisches Gemüse) hatten, die eine Ziege oder ein Schwein halten und ihre Ernährung so gestalten konnten, dass sie satt wurden.

In solchen Siedlungshäusern (besser sollte man wohl von Haushälften sprechen) war es auch möglich, einen so genannten »Kostgänger« aufzunehmen, einen ledigen (oder von seiner Familie getrennt lebenden) Arbeiter, dem eine Schlafstelle mit Frühstück und einer warmen Mahlzeit vermietet wurde.

Es gab aber auch Hilfe von außen. Für Familien mit Säuglingen richteten die »Vaterländischen Frauenvereine« Milchküchen ein, in denen »*die Milch durch eigens dazu geschulte Frauen in der richtigen Weise gemischt und von den krankheitserregenden Keimen befreit wird*«. Damit wollte man der hohen Säuglingssterblichkeit entgegen wirken.

Andere Frauenvereine hielten sich (natürlich bei Bauern der Umgebung) eigene Kühe, mit deren Milch sie bedürftige Kinder versorgten.

Sozialarbeiterinnen wie Alice Salomon versuchten dem Elend mit Schulung beizukommen.

Den Töchtern der Arbeiter sollte durch »Haushaltungsunterricht« vermittelt werden, wie man »*billig und gut haushalten konnte*«.

Solche Schulungen wurden von den unterschiedlichsten Institutionen durchgeführt. In Mönchengladbach von einem »Arbeiterinnen-Hospiz

Berliner Schulküche, Abbildung im »Herner Anzeiger« Bildunterschrift:

»*Die Berliner Schulverwaltung ist im steigenden Maße bemüht, solche ... Küchen in den Gemeindeschulen einzurichten... Die Mädchen müssen dort alles am Küchentisch und Herd selbst ausüben. Sie erhalten gleichzeitig theoretische Belehrung über chemische Zusammensetzung und Nährwert der verschiedenen Nahrungsmittel. Den Familien, in denen diese Kinder einst Mütter sein werden, wird der jetzige Unterricht sehr zustatten kommen.*«

der Commission des Verbandes Arbeiterwohl«
oder in Berlin vom Pestalozzi-Fröbel-Haus.

Überall nahmen Kochschulen ihre Arbeit auf
(die dann freilich auch Dienstpersonal schulten
oder Frauen, die in sozialen Berufen arbeiten
wollten).

Es gab auch gleich mehrere Verlage, die für
solche Schulungen Unterrichtsmaterial produzierten. »Volkskochbuch – zwanzig Lektionen zur
Erlernung der einfachen Küche« hieß eine der
Publikationen oder »Das häusliche Glück – voll-
ständiger Haushaltungsunterricht nebst Anleitung zum Kochen für Arbeiterfrauen«. Wir haben daraus einige Rezepte für ein Festmenü ent-
nommen, wie es sich ein Arbeiterhaushalt nur
an hohen Feiertagen leisten konnte.

Das Volkskochbuch war
auf Anregung der Kaiserin
entstanden und
»Allerhöchst Derselben
ehrfurchtsvoll zugeeignet«.

Mehlsuppe

Zutaten: Zwei Esslöffel Mehl, ein Esslöffel Fett,
Salz, Pfeffer, ¾ l Wasser oder Brühe.

Mehl in heißem Fett braun rösten. Mit Wasser oder
Brühe auffüllen. 15 Minuten köcheln lassen. Mit
Salz und Pfeffer abschmecken.

Lungenhaschee

Zutaten: 500 g Rinderlunge, ein Esslöffel Fett,
ein Esslöffel Mehl, ein Esslöffel Essig,
eine halbe Tasse klein geschnittene Zwiebel, Salz, Pfeffer, ½ l Wasser, ein Esslöffel gehackte Petersilie.

Die gesäuberte Lunge in kochendem Salzwasser
weich garen. Die Lunge heraus nehmen, in kleine Würfel schneiden. In einem Topf das Fett heiß
werden lassen. Die klein geschnittene Zwiebel
und die Lungenwürfel anbraten. Das Mehl darüber stäuben. Mit der Lungenbrühe ablöschen.
Noch etwa zehn Minuten leicht kochen lassen.
Mit Salz, Pfeffer und etwas Essig abschmecken,
mit Petersilie bestreuen. Dazu Salzkartoffeln servieren.

Roter Grießbrei

Zutaten: ½ l Milch, eine Tasse Grieß, eine Tasse »rote« Marmelade (z.B. aus Himbeeren oder Johannisbeeren).

Dr. Oetkers Schulkochbuch aus dem Jahr 1912 enthielt »280 einfache Kochvorschriften für Anfängerinnen« und war unter dem Motto »Wer gut nährt, heilt gut« erschienen. Es kostete je nach Ausstattung zwischen 20 und 50 Pfg.

Die Milch zum Kochen bringen. Grieß einstreuen. Die Marmelade unterühren. Zehn Minuten weiter kochen lassen. Kalt oder warm servieren.

Zu den berühmtesten dieser Veröffentlichungen gehörte wohl »Dr. Oetkers Schulkochbuch«, das 1912 zum ersten Mal erschienen war und das es bis heute in immer wieder neu bearbeiteten Auflagen gibt. Herausgegeben wurde es von einer Nahrungsmittelfabrik in Bielefeld, die es zur Propagierung eigener Produkte nutzte, vor allem von Back- und Puddingpulver.

Aber auch dieses Buch beschränkte sich nicht allein auf Kochanweisungen. Es wurden allgemeine Hinweise zur Ernährung gegeben (»*Kaum ein Bereich des menschlichen Lebens ist von so großer Bedeutung wie die Ernährung...*«):

»*Wenn die Hausfrau die Gerichte nicht richtig zusammenstellt, ist die Gesundheit der Familie ernsthaft gefährdet.*«

Und es wurden Anleitungen zu Sitte und Anstand bei Tisch gegeben.

»*Während des Essens müssen die Kinder anständig und still sitzen, sie legen die linke Hand neben den Teller und sprechen niemals mit vollem Mund.*«

Dass zu dieser Zeit auch die nationalen Töne nicht fehlen durften, entsprach dem Selbstverständnis der Leserinnen. »*Gut kochen ist der Ruhm der deutschen Hausfrau*«, hieß es.

Ein Besuch bei Dr. Oetker

In den ersten Jahren des 20. Jahrhunderts begannen die Nahrungsmittelproduzenten ihren Siegeszug. Unaufhaltsam, das Essverhalten und das Kochen überall auf der Welt nachhaltig verändernd, wenn auch zunächst kaum bemerkt, wahrscheinlich nicht einmal von ihnen selbst, nur von interessierter Seite beobachtet, eroberten sie sich ihre Märkte.

Im Juli 1912 findet sich im »Herner Anzeiger« ein Bericht über einen Besuch bei der Nährmittelfabrik Dr. Oetker in Bielefeld. Der Anlass: Das Unternehmen hatte sich vergrößert.

Der 1912 eingeweihte Erweiterungsbau der Nährmittelfabrik in Bielefeld

»Wenn wir anläßlich der kürzlich erfolgten Inbetriebnahme des Oetker'schen Fabrikanbaus einmal die Entwicklung dieses Unternehmens überschauen, dann ist die erste Empfindung ein Staunen über den gewaltigen Umfang dieser Entwicklung in unglaublich kurzer Zeit.

Der Name Oetker ist der in der ganzen Welt bekannteste Bielefelder Name. Dabei besteht das Dr. Oetker'sche Fabrikunternehmen erst seit 17 Jahren. Es ist 1895 gegründet worden, während der Inhaber 1891 als Apotheker nach Bielefeld kam und natürlich schon vor der eigentlichen Fabrikation an dem Problem der Herstellung eines brauchbaren Backpulvers gearbeitet hat.

Trotz ihrer Jugend ist die Backpulver-Industrie aber doch etwas Originales, denn Dr. A. Oetker hat auf diesem Gebiet keine bedeutenderen Vorgänger gehabt und das Oetker'sche Backpulver ist seine Erfindung, für deren Güte allein der ungeheure Absatz spricht. Diesen Absatz erzielt zu haben, verdankt der Hersteller daneben aber wiederum einer äußerst originellen und intensiven Reklame.

Zunächst seien die Eindrücke wiedergegeben, die sich zur Zeit bei einer Besichtigung des Gesamtunternehmens ergeben.

Nicht nur in dem Neubau, ... sondern im ganzen Betriebe macht sich die peinlichste Sauberkeit bemerkbar. Man sieht überall: Hier werden

Firmengründer Dr. August Oetker (1862 - 1918)

Dr. Oetkers
Markenzeichen war der so
genannte »Hellkopf«.
Dieses Symbol hatte er
sich 1899 schützen lassen.
Der Frauenkopf sollte
vermitteln:
*»Ein heller Kopf verwendet
nur Dr.-Oetker-Fabrikate«.*

Genuß- und Nahrungsmittel hergestellt mit dem feinsten Gefühl der Verantwortung dafür. Nirgends bekommt man einen irgendwie unangenehmen Eindruck, alles sieht appetitlich aus – einschließlich der weißbemäntelten und -bemützten Mägdelein, die mit dem Herstellen der zahllosen Packungen für den Versand beschäftigt sind. Es sind etwa 200 weibliche und 40 bis 50 männliche Angestellte vorhanden, die neben den Arbeitsräumen besondere Aufenthaltsräume zum Einnehmen der Mahlzeiten haben...

Die einzelnen Bestandteile des Backpulvers, der verschiedenen Puddingpulver usw. kommen in große Mischmaschinen, die alles sehr genau miteinander vermischen. Dann treibt elektrische Kraft das Pulver durch lange Rohrleitungen durch verschiedene Stockwerke zu höchst sinnreich konstruierten Maschinen, die es, genau abgewogen, in die bekannten kleinen Tütchen und Päckchen verteilen. Die Maschine schüttet das Pulver aus, und es wird dabei von den bedienenden Mädchen in die Papierbeutel abgefangen, die dann wieder durch andere Hände gehen, von Klebemaschinen geschlossen und weiterhin fertig gemacht, abgezählt und verpackt werden...

Die Fabrik besitzt ein eigenes Laboratorium... Keine Mischung verläßt das Haus, ohne zuvor chemisch untersucht und praktisch erprobt zu werden. Das Letztere geschieht in der besonderen Versuchsküche, in der alle neuen Rezepte auch im Backofen ausprobiert werden.

*Versuchsküche
der Firma Oetker
um 1908*

Musterkoffer der
Nährmittelfabrik in
Bielefeld

Nach außen hin sorgt ein großer Stab von Reisenden für den Absatz der Produkte... Und in richtiger Erkenntnis des Wertes einer dauernden Reklame hat Dr. Oetker von je her das Hauptgewicht darauf gelegt. Es gibt fast keine Reklamemöglichkeit (Kochbücher, Rezeptbücher und -blätter, belehrende Broschüren, Postkarten, Plakate aller Art, Spiegel, Brieftaschen, Nadeltäschchen usw. usw.), die nicht ausgenutzt worden wäre. Im Vordergrunde steht natürlich die Zeitungsreklame, denn die Hausfrauen als Verbraucher der Nahrungsmittelprodukte müssen in ihren täglichen Zeitungen darauf hingewiesen werden. Wer kennt nicht Oetkers ›hellen Kopf‹, der in vielen Millionen von Anzeigen durch das ganze Reich und darüber hinaus verbreitet worden ist?...

Seit vielen Jahren ist es auch das Bestreben des Inhabers, die Kenntnisse, die durch die Wissenschaft Chemie verbreitet werden, der großen Gemeinde der Hausfrauen in praktischer Form zugänglich zu machen. Die Firma sendet Rezeptbücher in deutscher, französischer, englischer, polnischer, russischer, spanischer, italienischer und ungarischer Sprache umsonst an Interessenten.

Und der Erfolg all dieser Reklame, die Hunderttausende kostet?

Wir sehen ihn an dem wachsenden Umfange des Unternehmens, und wir ermessen ihn ungefähr, wenn wir hören, daß im Jahre 1911 rund 100 Millionen Päckchen die Fabrik verlas-

Der Boom auf dem
Nährmittelmarkt blieb
nicht auf Oetker
beschränkt, auch andere
machten gute Geschäfte.

sen haben und daß jetzt über 400.000 Päckchen täglich hinaus gehen.«

Von ihrem Besuch in der »*größten Küche der Welt*« berichtete die Freifrau von Schleinitz in einigen Zeitungen des Deutschen Reiches. Und damit sind wir bei der vierten der Nährmittelmarken, die sich bis heute gehalten haben, bei Liebig. Diese »Küche« war eine Fabrik, lag in Uruguay und produzierte Liebigs Fleischextrakt.

Fleisch war in Deutschland teuer, ein Luxusgut. In Südamerika dagegen wurden riesige Rinderherden gehalten, Tiere, die nur ihrer Felle und Hörner wegen geschlachtet wurden. Fleisch gab es im Überfluss. Also konnte die Firma hier kostengünstig ihren Extrakt produzieren.

2.000 Rinder wurden dort täglich geschlachtet, zu 500.000 Litern Bouillon verarbeitet und in riesigen Kesseln zu Fleischextrakt konzentriert. 100 Kilo Rindfleisch ergaben vier Kilo Fleischextrakt. Und die Freifrau schwärmte:

»*Eine wahre Riesenküche ist Fray-Bentos, keine andere kann sich mit der Liebigküche auf der ganzen Welt vergleichen.*«

Mag sein, dass die Backpulver, Fertigsuppen und Fleischextrakte zunächst in den Küchen der Bürger landeten, genützt haben sie auf Dauer auch den Armen in ihrem Überlebenskampf, denn die Fleischextrakte, die für jemanden, der nur 25 Pfg. in der Stunde verdiente, kaum bezahlbar waren, landeten auch in den Suppenwürfeln von Knorr oder den Bouillonpräparaten von Maggi. Und die konnte sich jeder leisten. Das war sicher mit ein Grund für den Erfolg der Nährmittelfabriken. Ihr Umsatz sollte sich in den folgenden Jahren noch steigern: Der Erste Weltkrieg kündigte sich an und mit ihm kam die Zeit der Ersatzmittel.

Kaisers Geburtstag

Der Geburtstag von Wilhelm II. war ein jährlich wiederkehrendes großes Ereignis, und es wurde allerorts gefeiert, zumeist mit einem üppigen Festessen.

Im Jahre 1908 sollte dieser Tag, der 27. Januar, besonders festlich begangen werden, selbst in kleineren Städten. Hier der Bericht im »Herner Anzeiger«:

*»Das Festessen, welches aus Anlaß des Ge-
burtstages Sr. Majestät, des Kaisers, am Mon-*

Offizielle Essen waren immer ein willkommener Anlass, lukrative Verbindungen in die Wege zu leiten.

Die Zeichnung ist aus den »Fliegenden Blättern« Bildunterschrift:

»...Na, dann greifen Sie herzhaft zu!«

*tag Abend ½ 8 Uhr im Hotel Schmitz stattfand
und an dem etwa 200 Personen, darunter die
Spitzen der Behörden, die Geistlichkeit, Offiziere der Reserve etc. teilnahmen, verlief auf das
Glänzendste.*

*Der Saal wies eine des Tages angemessene
geschmackvolle Ausschmückung auf; auf der
Bühne, inmitten einer reichen Pflanzengruppe
und umgeben von bunten elektrischen Lichtern,
stand die Büste des Kaisers. Hinter dieser De-
koration hatte das städtische Orchester Platz
genommen.*

*Am 15. Juni werden es 20 Jahre, seit Wil-
helm II. den deutschen Kaiserthron bestieg...*

*Es konnte also nicht Wunder nehmen, daß
das Kaiserhoch, ausgebracht von unserem Ersten Bürgermeister Herrn Dr. Büren, die Teilnehmer in die hellste Begeisterung versetzte
und der voll besetzte Saal erdröhnte von dem
dreimaligen ›Hurra!‹. Nach den ... Worten unseres ... Bürgermeisters erscholl die erste Stro-
phe des ›Heil dir im Siegerkranz‹. Die offizielle
Feier nahm einen durchaus gemütlichen Fort-
gang, gewürzt durch Darbietungen der ›Städtischen Kapelle‹.«*

Gespielt wurden unter anderem die Ouvertü-
ren zu »Wilhelm Tell« und »Die Zigeunerin« und

patriotische Märsche. Dann endlich wurde das Essen aufgetischt, welches das »*ungeteilte Lob*« der Anwesenden fand. Die Speisenfolge auf der »*Speisenkarte, die Herr Schmitz ... aufgestellt hatte,*« wollen wir Ihnen wiedergeben.

Klare Ochsenschwanzsuppe

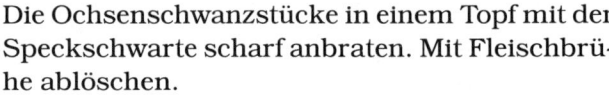

Zutaten: 500 g Ochsenschwanz, ein Stück Speckschwarte, ¼ l Weißwein, zwei Esslöffel Madeira, ½ l Fleischbrühe, Pfeffer, Salz.

Die Ochsenschwanzstücke in einem Topf mit der Speckschwarte scharf anbraten. Mit Fleischbrühe ablöschen.

Den Ochsenschwanz in der Brühe sehr weich kochen lassen. Heraus nehmen. Das Fleisch vom Knochen lösen und in kleine Würfelchen schneiden.

Die Kochbrühe gegebenenfalls klären und mit dem Weißwein und dem Madeira in einen Topf geben. Mit Salz und Pfeffer abschmecken. Die kleinen Fleischwürfelchen dazu geben.

Seezungenfilets gebacken

Zutaten: Vier große Seezungenfilets, ein Esslöffel Butter, ein Esslöffel Zitronensaft, Salz, Pfeffer, Mehl zum Bestäuben.

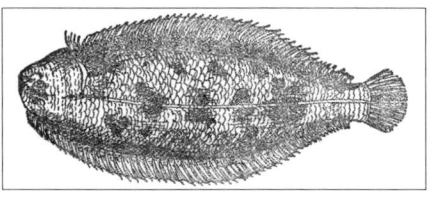

Seezungen filetieren. Mit etwas Zitronensaft beträufeln. Leicht salzen und pfeffern. Mit Mehl bestäuben. In heißer geklärter Butter goldgelb braten. Es gab beim Kaiser-Essen Kartoffelsalat und Remouladensoße dazu.

Schinken in Burgunder

Zutaten: Ein Schinken (etwa ein bis eineinhalb Kilo), ein Liter Fleischbrühe, ¾ l (Burgunder-)Rotwein, ein Lorbeerblatt, zwei Nelken, Pfeffer, Salz, ein Esslöffel Zucker.

Schinken entbeinen und mit einem Baumwollfaden zusammenbinden. Den Schinken in einem Topf mit kochender Brühe geben. Mit Lorbeerblatt, Nelken, Salz und Pfeffer fast gar kochen. Aus dem Sud nehmen. Schwarte und Fett abschneiden. In einer Kasserolle Zucker zergehen lassen. Mit dem Rotwein ablöschen. Einen viertel Liter von der Kochbrühe dazu geben. Den Schinken einlegen. Im Backofen bei etwa 180 Grad gar werden lassen. Dabei muss der Schinken immer wieder begossen werden, bis die Brühe eingekocht ist.

Gänsebraten getrüffelt

Zutaten: Eine bratfertige Gans von rund zwei Kilo Gewicht, ein Teelöffel Salz, ein Teelöffel Pfeffer, eine Tasse geputzte und in feine Scheiben geschnittene Trüffel, zwei Tassen Geflügelbrühe, Butterschmalz.

Gans in einem Bräter in etwas Butterschmalz anbraten. Innen und außen mit Salz und Pfeffer einreiben. Die Haut rundherum leicht einschneiden und Trüffelscheibchen darunter schieben. Gans immer wieder mit heißer Brühe begießen und bei 180 Grad schön braun braten lassen.

Quittenkompott

Zutaten: Vier große Quitten, zwei Tassen Weißwein, zwei Tassen Zucker.

Quitten schälen, in vier Teile schneiden, das Kerngehäuse entfernen. In Zucker und Weißwein weich kochen. Auf Glastellern anrichten. Den Sud einkochen lassen. Über die Quitten gießen. Kalt werden lassen.

Zum Abschluss gab es eine Käseplatte, und der Bericht im »Herner Anzeiger« lobt:

»Herr Schmitz darf den Ruhm für sich in Anspruch nehmen, seine Aufgabe in der vornehmsten und geschicktesten Weise zur vollen Zufriedenheit aller Teilnehmer gelöst zu haben. Es kann daher nicht Wunder nehmen, daß die Stimmung nach Schluß der offiziellen Festtafel eine dementsprechend gehobene war und die Champagnerstöpsel lustig knallten. Patriotische Lieder erschallten abwechselnd mit Musikpiecen der Stadtkapelle, und mancher Teilnehmer verharrte noch lange in den gastlichen Räumen des Hotels. So war denn das Fest in jeder Be-

Während die Armen-Haushalte mit Blechgeschirr und wenigen Haushaltgeräten zurecht kommen mussten, hielten in die Küchen der wohlhabenden Bürger immer neue Erfindungen Einzug.

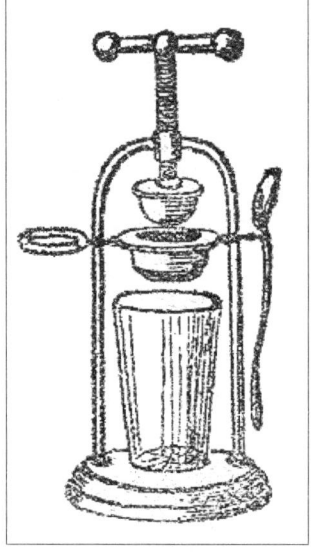

Oben:
Service für
Zitronenlimonade
Unten:
Blitzrührsieb

ziehung tadellos und dürfte bei den Teilnehmern die angenehmsten Eindrücke hinterlassen haben.«

Wann die letzten Gäste gingen und in welcher Stimmung diese waren, wurde von dem Reporter nicht verraten.

Der Jubel zu des Kaisers Geburtstag war laut, aber nicht ungeteilt. Die »Deutsche Tageszeitung« hatte schon 1906 gemahnt:

»Durch unser Volk geht tatsächlich ein Hauch der Bangigkeit... In denselben Kreisen, denen es an Besonnenheit nicht mangelt, hat man unsere Zeit und Zukunft schwarz auf schwarz gemacht...«

Und der Kaiser hatte den »Schwarzsehern« den Rat gegeben, sich *»ein besseres Vaterland zu suchen, wenn sie wollen«*. Jene von offizieller Seite beschimpften Schwarzseher waren voller Sorge, dass sie ihren gerade erworbenen Wohlstand wieder verlieren könnten. Die Zeiten begannen unsicher zu werden. Im südlichen Afrika und zwischen Russland und Japan tobten Kriege. In Europa gab es Aufstände. Und der deutsche Kaiser mischte sich überall ein und baute weiter an seinem Lieblingsprojekt, der Flotte.

Die Briten, die solche Aktivitäten misstrauisch beobachteten, nannte er *»mad as March hares«*, wie die englische Presse vermeldete (*»verrückt wie Märzhasen«* – Wilhelm II. war leidenschaftlicher Jäger). Und während er sich einen diplomatischen Schnitzer nach dem anderen leistete, wurde er mit den »eigenen« Problemen nicht fertig. Die Rüstung kostete zu viel Geld: 1908 verzeichnete der Etat des Reiches ein Defizit von vier Milliarden Mark. Das bedeutete für die Bevölkerung größte Belastungen.

Starke Frauen

Im selben Jahr 1908 machte eine Frau von sich Reden. Im Patentblatt Nr. 28 des 32. Jahrganges der »Bekanntmachungen auf Grund des Patentgesetzes« tauchten am 8. Juli 1908 auf Seite 1145 Name und Anschrift dieser Frau auf: Melitta Bentz, geb. Liebscher, Dresden, Marschallstraße 31.

Die damals 35-jährige Hausfrau hatte für einen mit »*Filtrirpapier*« arbeitenden »*Kaffeefilter mit auf der Unterseite gewölbtem Boden sowie mit schräg gerichteten Durchflußlöchern*« Gebrauchsmusterschutz erhalten. Und das blieb nicht ihre einzige Eintragung.

Melitta Bentz, am 31.1.1873 geboren, verheiratet mit Hugo Bentz, Abteilungsleiter in einem Dresdner Kaufhaus, zum Zeitpunkt ihrer Erfindung Mutter von zwei Söhnen im Alter von neun und vier Jahren, hatte sich schon geraume Zeit mit Kaffee beschäftigt.

Sie störte es – wie viele andere Kaffeetrinker damals auch – dass unbekömmlicher Satz den reinen Kaffeegenuss trübte. Ihr genügte es nicht, die unzulänglichen Filtrierversuche anderer zu kopieren – sie suchte selbst nach besseren Lösungen.

Bei einem Kaffeekränzchen mit Freundinnen wurde ihre Erfindung fachkundig »getestet«: Ein Löschblatt aus dem Schulheft des ältesten Sohnes, mit der Schere rund geschnitten, und eine am Boden durchlöcherte Blechdose war der erste Kaffeefilter.

Ideal war diese Lösung noch nicht, denn das Löschpapier filtrierte außerordentlich langsam. Deshalb begaben sich Melitta und Hugo Bentz auf die Suche nach der richtigen Papiersorte. Der Filter wurde technisch verbessert und schließlich aus Messing zu einem Filter-Apparat zusammengeschweißt.

»*Selbsttätige*« Kaffeemaschine, mit einem Spirituskocher betrieben

Am 15. Dezember 1908 wurde die Firma M. Bentz gegründet. Im Jahre 1936 wurde dann die Filtertüte erfunden, die heute aus kaum einer Küche wegzudenken ist.

Grundlegender Veränderungen bedurfte die Filtertüte nicht, Verbesserungen aber gab es immer wieder. So z.B. als 1966 das so genannte 1-×-Filtersystem eingeführt wurde. 1 × 2, 1 × 4, 1 × 6 und 1 × 10 waren neue Filter und Filtertütengrößen, mit denen nach dem Anbrühen die jeweils gewünschte Tassenzahl »auf einmal« gefiltert werden kann.

Im Laufe der Jahrzehnte änderte sich auch das Material der Filter: Messing, Eisenblech, Porzellan und schließlich Kunststoff wurden verwendet.

Der »Ur-Filter« von Melitta Bentz war 13 cm hoch und hatte einen Wasserverteiler. Mit einem einzulegenden Rundfilterpapier war er komplett.

Betrug das »Startkapital« der Melitta Bentz noch Pfennige (soviel wie das Löschpapier und die anderen Utensilien zur Herstellung ihres Kaffee-Filters kostete), setzt die Unternehmensgruppe heute ca. 2,5 Milliarden Mark um, beschäftigt 10.000 Mitarbeiter und ist einer der größten Nahrungsmittelkonzerne in Deutschland. Die Grundlage für die heutige Bedeutung der Unternehmensgruppe Melitta wurde gleich nach der Währungsreform 1948 gelegt, als die Produktion von Filtern und Filtertüten wieder möglich und sinnvoll wurde.

In Minden wird hergestellt, was für zeitgemäße Kaffeezubereitung erforderlich ist: Filtertüten, Filter und Kaffeeautomaten.

1962 wurde in Barkhausen bei Minden auch erstmals eigener Kaffee geröstet. Melitta brachte ihn als erster Anbieter gemahlen und vakuumverpackt auf den Markt.

Eine weitere wichtige Erfindung für die Hausfrau war in dieser Zeit der Eierprüfer »Ovo«, mit dem es möglich war, ein Ei zu durchleuchten und so zu prüfen, ob es angebrütet (ganz rechts) oder frisch (Mitte) war.
Eine Erfindung, die »*der Schrecken aller* ›*faulen*‹ *Eierhändler*« werden würde, wie die Werbung behauptete.

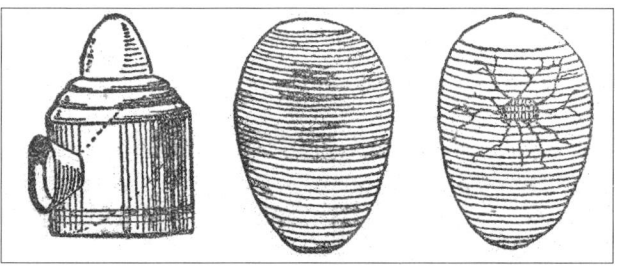

Melitta Bentz gehörte zu jenen Frauen, die zu Beginn dieses Jahrhunderts die Vorherrschaft der Männer nicht mehr unwidersprochen hinnehmen wollten.

Schon 1905 hatte die Frauenrechtlerin Käthe Schirmacher eine Forderung gestellt, die bei den Männern heftigen Widerspruch auslöste: »*Weil Ehefrauen und Mütter im Haushalt Arbeit leisten, die von hohem wirtschaftlichen Wert ist, sollten sie Lohn bekommen.*«

1906 zeigte eine Ausstellung in der Berliner »Alten Akademie« das Elend der Heimarbeiterinnen, die neben der Hausarbeit (bei einer Arbeitszeit von 16 bis 18 Stunden täglich) zusammen mit ihren Kindern für den zum Überleben notwendigen Zusatzverdienst sorgten. Und die Forderungen der Frauen nach gleichem Verdienst bei gleicher Arbeit wurden immer lauter (in Deutsch-

Das Lied »Brot und Rosen« wurde zu so etwas wie einer Hymne der Frauenbewegung.

land bekamen Frauen nur etwa 60 Prozent des Männerlohnes).

Wissenschaftler wollen seit Beginn des Jahrhunderts auch ein verändertes Sexualverhalten der (Arbeiter-)Frauen festgestellt haben. Diese wendeten neue Verhütungspraktiken an, um angesichts der schlechten Lebensbedingungen keine Kinder mehr zu bekommen.

Die katholische Kirche empörte sich über die Forderungen der Frauen nach »sexueller Selbstbestimmung« und wetterte gegen die »Freizügigkeit der modernen Kleidung«, die nur der »sinnlichen Lüsternheit« diene.

Und auch der Kaiser meldete sich zur Wort. Bei einem Auftritt in Königsberg sagte er 1910 bei einer »ungewöhnlich feierlichen Huldigung an die Königin Luise«:

»Und was sollen unsere Frauen von der Königin lernen? Sie sollen lernen, daß die Hauptaufgabe der deutschen Frau nicht auf dem Gebiete des Versammlungs- und des Vereinswesens beruht, nicht in dem Erreichen von vermeintlichen Rechten, in denen sie es den Männer gleich tun können, sondern in der stillen Arbeit im Hause und in der Familie.«

Um den Frauen gerade diese »stille Arbeit« zu ermöglichen, hatte er wenig getan: Es ließ sich nicht mehr verbergen – die Aufrüstungspolitik des Kaisers hatte in Deutschland zu einer (auch sichtbaren) Armut geführt.

Immer wieder berichteten Zeitungen von den sich häufenden Selbstmorden von Frauen. Auch Familienväter brachten sich und ihre Angehöri-

Im April 1911 war in Essen ein Bauabschnitt der Siedlung Margarethenhöhe fertig gestellt worden. Finanziert hatte die »Wohnungen für minderbemittelte Klassen« die Margarethe-Krupp-Stiftung. Zu jeder der von dem Architekten Georg Metzendorf entworfenen Wohneinheiten gehörten ein Garten, ein Bad, eine Wohnküche (rechtes Bild) und eine davon getrennte Spülküche. Industriemagnaten wie Krupp oder Zechenbarone wie Kirdorf gefielen sich in dieser Zeit darin, Arbeitersiedlungen zu errichten. Und das machte für sie durchaus Sinn. Krupp zu seinen Arbeitern:

»Genießet, was euch beschieden ist. Nach getaner Arbeit verbleibt im Kreise den Eurigen ... und sinnt über Haushalt und Erziehung... Das sei eure Politik. Dabei werdet ihr frohe Stunden erleben.«

gen um. Der Grund: »Schulden und Nahrungssorgen«. Besonders zu leiden hatten die kinderreichen Familien. Die »Westdeutsche Arbeiterzeitung« schrieb dazu im März 1912:

»Das ist das Schlimmste nicht, daß das Arbeitseinkommen des Mannes allein nicht hinreicht, um eine starke Familie auch nur notdürftig ernähren zu können, ... eine Ernährung, die sich aus Kartoffeln und Kaffee, Knochensuppe und Kartoffeln, Fleisch äußerst selten zusammensetzt...

Das Schlimmste wird mit der einen Frage umschrieben: Wo wohnen wir? ... Und dann das Weitere: Wo sind die Hausbesitzer, die einer kinderreichen Familie eine halbwegs anständige Wohnung zur Verfügung stellen?«

Der Bielefelder Pastor Bodelschwingh hatte diesen Misstand schon Ende des 19. Jahrhunderts angeprangert und dem Verein »Arbeiterheim« von einem Besuch in einer Arbeiterunterkunft berichtet:

»Ein Fabrikarbeiter, dessen Frau und vier, teils jämmerliche Kinder hausten in einer halbdunklen, schrecklichen, vermoderten Wohnung. Sie bestand aus Stübchen, Kämmerchen und einem Loch zum Kochen und kostete, trotzdem sie für einen Stall zu elend gewesen wäre, 250 Mark.«

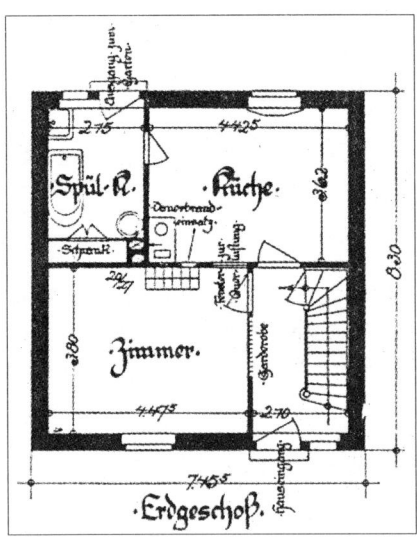

250 Mark im Jahr, das war ein Viertel des Arbeitereinkommens (also etwa so viel wie heute, wobei zu berücksichtigen ist, dass die Lebensmittel im Verhältnis wesentlich teurer waren als in unseren Tagen).

Um zumindest die Ernährungssituation der Kinder der Armen zu verbessern, gründeten sich in mehr als 100 deutschen Städten Vereine, die Schulspeisungen für bedürftige Kinder finanzierten. *»Erst Brot, dann Schule«* – unter dieser Losung bekamen die Kinder der Armen morgens vor Unterrichtsbeginn ein Brötchen und einen viertel Liter warme Milch. Versuche, eine obligatorische Schulspeisung einzuführen, scheiterten

Vor der Schule

sollte man jedem Kinde ein gesundes und kräftiges Getränk geben, das Körper und Geist erfrischt und so das Lernen erleichtert. — Hierzu eignet sich in geradezu vollkommener Weise Kathreiners Malzkaffee, der allen Kindern gut schmeckt, vortrefflich bekommt und außerdem sehr billig ist.

Zeitungswerbung für Korn-Kaffee

am Widerstand der staatlichen Stellen. Für so etwas war kein Geld da.

Als im Januar 1911 die Deutschen »40 Jahre Kaiserreich« feierten, war die Bilanz des obersten Herrschers alles andere als gut. Selbst im (kaisertreuen) »Bayerischen Vaterland« hieß es:

»Das Vertrauen im Volke auf eine gute Politik ist geschwunden... Man glaubt im Volke, daß es sich überhaupt nicht mehr darum handelt,

eine Katastrophe abzuwenden, sondern nur mehr darum, eine solche möglichst hinauszuschieben.«

Während auf den meisten Tischen in den Arbeiterbezirken kaum genug Essen stand, um die Familien satt zu bekommen, entwarf der Architekt Joseph Hoffmann den *»perfekt gedeckten Tisch«.*

Im Jahre 1911 sollte sich die Situation noch verschärfen. Der heiße trockene Sommer hatte zu einer Missernte bei Kartoffeln (25 % weniger als im Vorjahr) und Zuckerrüben (40 % weniger) geführt. Auch die Heu- und Futtermittelernte war katastrophal.

Der Markt reagierte prompt. Die Preise für Grundnahrungsmittel stiegen. Die Löhne blieben natürlich »stabil«, was die Armen noch ärmer machte.

Die Sozialdemokraten forderten im Reichstag die Aufhebung der Einfuhrzölle für Getreide und Vieh (in den Niederlanden war z.B. Schweinefleisch fast ein Viertel billiger als in Deutschland).

Obwohl die Getreide-Ernte 1911 nicht so schlecht gewesen war, wurden im Zuge der Preiserhöhungen für die Grundnahrungsmittel auch die Mehlpreise angehoben. Weizenmehl wie das der Marke »Diamant« konnte sich eine Arbeiterfamilie nicht leisten.

Reichskanzler von Bethmann Hollweg lehnte dies brüsk ab:

>*Die Herabminderung der Lebensmittelpreise allein kann niemals das leitende Prinzip einer gut orientierten Wirtschaftspolitik sein.*«

Wie wahr! Würden die Zölle wegfallen, hätte dies einen gewaltigen Griff in die Kriegskasse des Kaisers bedeutet und den Aufbau seiner Flotte gefährdet.

Butter war mit einem Mal so teuer, dass allenthalben empfohlen wurde, Margarine zu verwenden.

Marken wie »Mohra«, »Rheinkrone« oder »Palmato« kämen »*besonders als Ersatz für Naturbutter zu Speisezwecken in Betracht, da sie ebenso wie diese streichfähig sind und auch im Aussehen und Aroma vollkommen der Naturbutter gleichen, sich dabei aber durch einen süßen, nußartigen Geschmack ... auszeichnen*«.

»Manna« war eine »*reine Cocosbutter*«, besaß »*schneeweiße Farbe*« und wurde »*in den bekannten harten Tafeln verkauft, ein Pflanzenfett zum Kochen, Braten und Backen*«.

Mit Gedichten wie diesem warb »Mohra« um Kundinnen:

>*In diesen furchtbar schweren Zeiten*
>*der Fleischnot und der großen Pleiten*
>*denkt mancher Vater sorgenvoll,*
>*wie das wohl nur noch enden soll.*
>*Und händeringend spricht die Mutter:*
>>*O Kinder, nicht so dick die Butter!*‹
>*Ja, ja, die Zeit wär wirklich schwer,*
>*wenn kein Ersatz für Butter wär.*
>*Die* ›*Mohra*‹ *ist schon längst bekannt*
>*als beste Margarin im Land...*
>*Ersetzt die Butter ganz und gar*
>*und kostet wenig Geld fürwahr ...*«

Den Frauen wurde auch angeraten, Fisch auf den Speisezettel zu setzen, davon gab es offenbar genug. Ansonsten galt es, sparsam zu sein und für (noch) schlechtere Zeiten Vorsorge zu treffen. Sie sollten Gemüsekonserven (selbst an Kohl mangelte es in diesem Jahr) zur Essenszubereitung verwenden und das, was sie eingekocht hatten.

Margarine war von dem französischen Nahrungsmittelchemiker Mège-Mouriès auf Grund eines Preisausschreibens von Napoleon III. entwickelt worden. Der Kaiser hatte nach einem billigen Butterersatz gesucht.

Das Weck'sche System

Noch heute bedeckt man deswegen z.B. eingelegtes Gemüse mit einer Ölschicht.

Vorratshaltung in der Küche gibt es, seit gekocht wird. *»Spare in der Zeit, dann hast du in der Not«*. Das Einsalzen und Dörren, das Räuchern und Einzuckern, das Kühlen und Einlagern hat eine lange Tradition.

Man wollte schon immer ganzjährig möglichst viele Arten von Lebensmitteln zur Verfügung haben.

Dass Rohes schneller verdirbt als Gekochtes, wusste man. Man wusste auch, dass Lebensmittel unter Luftabschluss länger haltbar waren.

Aus der Kombination von beidem, nämlich dem Erhitzen unter Luftabschluss zur Abtötung und zum Ausschluss von Mikroorganismen entstanden zwei erfolgreiche Konservierungsmethoden.

Das Einmachen von Fleisch, von Obst und Gemüse in Blechbüchsen war eine Methode, die ursprünglich für die Verpflegung der Soldaten entwickelt worden war. Im Haushalt hielt sie nur zögernd Einzug – sie war sehr umständlich.

Die Konservendosen mussten von einem Blechschmied angefertigt werden. Dann wurden sie mit Einmachgut gefüllt. Der Schmied musste sie anschließend sorgfältig verlöten. Schlussendlich wurden die Blechdosen, von Wasser bedeckt, etwa zwei Stunden lang gekocht. War die Dose dicht, bog sich ihr Deckel leicht nach innen. Wölbte er sich später nach außen, war der Inhalt verdorben – durch den Fäulnisprozess hatten sich Gase gebildet.

Bei der Herstellung von Konservendosen im Haushalt gab es also verständlicherweise viele Pannen, erst bei der industriellen Produktion sollte sich diese Konservierungsmethode durchsetzen.

Als Einmachgläser mit Spezialverschlüssen und Gummiringen auf den Markt kamen, die den Arbeitsvorgang vereinfachten und eine dauerhafte Haltbarkeit des Einmachgutes gewährleisteten, war die Lösung der Vorratshaltung im Haushalt gefunden. Der kleine Ort Öflingen in Baden wurde Mittelpunkt eines neuen Industriezweiges. Hier hatten die Firmen »Rex« und »Weck & Co.« ihren Sitz. Besonders letztere ist mit ihrem Namen zum Synonym für diese Konservierungsmethode geworden.

»Weck & Co.« war nach Erwerb eines Patentes des Chemikers Rempel im Jahre 1900 gegründet worden und hatte nur wenig Zeit benötigt, um sich mit ihrem System durchzusetzen.

Das »Weck«-Verfahren, zu dem Deckelgläser mit Dichtungsringen aus Gummi, Klammern und ein besonders konstruierter Kochapparat gehö-

Zwischen Deckel und Glas wurde ein spezieller Gummiring gelegt, der so geformt war, dass er sich zum Öffnen des Glases heraus ziehen ließ.
Zum Einkochen wurden die Gläser mit Federklammern aus Metall verschlossen.
Es gab Einzelklammern (unten) oder Klammern, die sich in Klemmschlitze des Kochapparates (links) einhängen ließen.

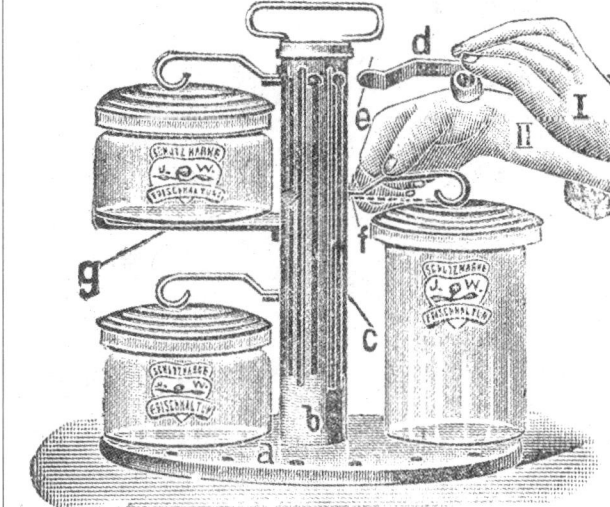

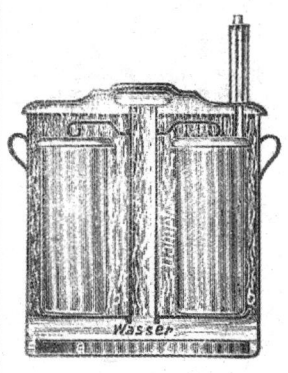

Der Kochapparat mit den Federklammern und Stelltellern wurde in den Sterilisiertopf eingehängt. Dann wurde der Topf mit so viel Wasser gefüllt, dass die Gläser bedeckt waren. Am Thermometer musste man sorgfältig die Temperatur kontrollieren.

ren, wurde zwar im Laufe der Jahre immer wieder verbessert, funktioniert aber bis heute nach demselben Prinzip: Durch den Kochvorgang dehnt sich der Inhalt in den Einmachgläsern aus, Luft entweicht. Das dadurch entstehende Vakuum lässt zum einen die Temperatur im Glas über 100 Grad ansteigen – das Einmachgut wird sterilisiert – zum anderen presst es den Deckel so an, dass der Inhalt hermetisch abgeschlossen wird.

Weck-Werbung aus dem Jahre 1913

Wie andere Firmen, die sich mit Nahrungsmitteln beschäftigten, gab »Weck« eigene Broschüren heraus. »Weck's Frischhaltung« hießen die Heftchen. Sie enthielten neben Gebrauchsanweisungen für die »Weck'schen Einrichtungen« auch mancherlei Rezepte.

Eingelegte grüne Tomaten

Zutaten: Ein Kilo kleine grüne Tomaten (die nicht mehr reif geworden sind), 500 g Zucker, zwei Tassen Weinessig, etwas Ingwer, eine Zimtstange, einige Gewürznelken, Rum.

Tomaten mit einem Zahnstocher anstechen, größere halbieren. Zucker mit Essig verrühren und schmelzen. Die Tomaten mit den Gewürzen darin kochen, bis sie weich sind. Mit dem Schaumlöffel heraus nehmen. Den Saft mit etwas Rum weiter einkochen lassen. Tomaten ins Glas geben. Den Saft darüber geben. Etwa 30 Minuten bei 100 Grad sterilisieren.

Fleischgelee

Zutaten: 500 g Ochsenfleisch, 500 g Kalbfleisch (von der Haxe), ein Kalbsfuß, ein Stück Sellerie, eine Zwiebel, eine Mohrrübe, eine Stange Lauch, Wasser, Eiweiß, Salz, Pfeffer, ein Esslöffel Weißwein.

Fleisch in kleine Würfel schneiden. Kalbsfuß in vier Teile schlagen, Gemüse zerkleinern. Alles zusammen in einen (Dampfkoch-)Topf geben und ganz langsam etwa fünf Stunden lang kochen lassen. Die Brühe durch ein Haarsieb abgießen und erkalten lassen. Das Fett abschöpfen. Nochmals erwärmen und mit Eiweiß klären. Würzen (dazu wird statt Wein auch Maggi-Würze empfohlen). Das Gelee wird dann 60 Minuten lang bei 100 Grad sterilisiert.

Eingemachter Fisch

Zutaten: Ein Kilo (Koch-)Fisch, Salz, Pfefferkörner, Gewürznelken, Lorbeerblätter, Essig, eine Zwiebel.

Der Fisch wird gut gereinigt, geputzt und in Portionsstücke geteilt, so dass sie ins Einmachglas passen. Dann setzt man den Fisch in kaltem Wasser aufs Feuer, gibt Salz hinzu, etwas Essig, Pfefferkörner, einige Gewürznelken, zwei Lorbeer-

1913 starb in Paris 90jährig Ernest Tollier, der Erfinder des Gefrierfleisch-Verfahrens, wie es hieß »an Entkräftung«.
Mit anderen Worten: Ein Mann, der mit dazu beitragen sollte, dass sich die Essensgewohnheiten der Menschen total verändern würden, war verhungert.
Das Konservieren durch Tiefkühlen war mittlerweile zu einer Industrie geworden. Besonders die Briten betrieben einen bedeutenden Handel mit Gefrierfleisch. Allerdings waren die Resultate nach dem Auftauen wenig befriedigend.
Das Fleisch schmeckte »oft ranzig« oder »war nicht zum Beißen«, wie die »Reichspost« berichtete. Erst Birdseyes Idee des Schockgefrierens brachte den Durchbruch.
Ihm gelang es auch, Lebensmittel während des Gefrierens durch Anpressung an gekühlte Metallplatten in handliche Päckchen zu formen.

blätter und die in Scheiben geschnittene Zwiebel. Man lässt den Fisch nahezu zum Kochen kommen. Dann die Fischstücke vorsichtig aus der Brühe heben und in die Gläser geben. Den Fischsud durch ein Haarsieb darüber gießen. Dreißig Minuten bei 100 Grad sterilisieren.

Wenn die Menschen, in diesem Falle die Frauen, von staatlichen Stellen aufgefordert werden, einen Lebensmittelvorrat anzulegen (trotz der offensichtlichen Not, in der sich große Teile der Bevölkerung befinden), dann sollte man nachdenklich werden.

Wenn dann auch noch die hohen Lebensmittelpreise – wie 1914 geschehen – weiter steigen, dann kann man fast sicher sein: Ein Krieg wird geführt werden. Und richtig – nichts anderes hatte der Kaiser vor. Die Frage war nur noch wann und wo.

Millionen deutscher Männer sollten ihr Abendessen bald nicht mehr zu Hause, sondern wie hier im »Felde«, im Freien, einnehmen. Und sie taten das – zunächst wenigstens – mit Begeisterung.

Steckrüben
und Drahtverhau –
der Erste Weltkrieg
in der deutschen Küche

1914, zwei Wochen vor Kriegsbeginn, sagte der Reichsschatzsekretär im Deutschen Reichstag zu dem Antrag, eine Getreidereserve im Werte von fünf Millionen Reichsmark anzulegen:

»Diesem Wunsche zu entsprechen, bin ich nicht in der Lage. Wir werden keinen Krieg bekommen. Und wenn ich Ihnen jetzt die Summe von fünf Millionen bewillige, werden wir das Getreide mit Verlust für die Reichskasse verkaufen. Außerdem würde es mir die an sich schon schwierige Aufstellung des Etats für 1915 noch erschweren.«

DER »AUSBRUCH« DES ERSTEN WELTKRIEGES hätte verhindert werden können. Es gab keinen Grund, ihn zu beginnen, außer dem einen: All jene Männer, die in den Jahren zu Beginn des Jahrhunderts an irgendwelchen Hebeln der Macht saßen, wollten diesen Krieg, die Politiker und Wirtschaftsmagnaten, die Bankiers und Militärs. Letztere sowieso. Sie alle berauschten sich in jener Zeit an den Phrasen eines hohlen Nationalismus.

Am 28. Juni 1914 wurden in der bosnischen Stadt Sarajevo der österreichische Kronprinz Franz Ferdinand und seine Frau von serbischen Nationalisten ermordet, die ein Zeichen setzen wollten *»für die erstrebte Unabhängigkeit der Völker des Balkans«*.

Von Deutschland ermutigt, wollte Österreich dem politisch schon lange unbequem gewordenen Serbien den Garaus machen.

Was dadurch in Gang gebracht wurde, war eine Art »Automatismus«, der, bedingt durch Vertragsverhältnisse, unausweichlich auf einen Krieg hinsteuerte.

Am 28. Juli erklärte Österreich Serbien den Krieg. Am 29. Juli machte das mit Serbien verbündete Russland mobil. Am 31. Juli forderte das mit Österreich verbündete Deutschland Russland und das mit diesem verbündete Frankreich ultimativ auf, die Mobilisierung rückgängig zu machen. Deutschland erklärte am 1. August Russland, am 3. August Frankreich den Krieg. Am 4. August erklärte das mit Frankreich verbündete Großbritannien dem »Zweibund« Österreich-Deutschland den Krieg. Später traten noch zahlreiche andere Staaten in den Krieg ein (z.B. Bulgarien auf Seiten Deutschlands oder Italien auf Seiten der Entente).

»Ehe noch die Blätter fallen, seid ihr wieder zu Hause«, rief Kaiser Wilhelm II. den abziehenden Truppen zu, die am 4. August im neutralen Belgien einfielen. Von Norden her sollte Frankreich in einem Blitzkrieg besiegt werden, um anschließend *»mit allen Kräften«* gegen Russland zu ziehen.

Auf eine längere Auseinandersetzung war Deutschland auch gar nicht vorbereitet. Es gab keine Vorräte an Brotgetreide, Fleisch, Eiern, Fett, Obst oder Gemüse. Das wurde zu großen Teilen aus dem Ausland eingeführt. Auch 25 Prozent der

Futtermittel wurden importiert. Die Folge: Nur 75 Prozent der Nutzviehbestände konnten durchgefüttert werden.

Selbst die Munitionsproduktion hätte ohne die produktionsreife Erfindung der Stickstoffsynthese bereits im November 1914 eingestellt werden müssen. Durch die britische Seeblockade war der Import von Salpeter aus Chile unmöglich geworden.

Aus dem Blitzkrieg wurde nichts.

Nach Anfangs-»Erfolgen« kam der deutsche Vormarsch vor Paris zum Stehen. Die deutschen Militärs hatten ein Problem. Ihr Plan war fehlgeschlagen, und sie standen in einem Zwei-Fronten-Krieg, den sie nicht gewinnen konnten.

Der Zweierbund (Deutschland und Österreich-Ungarn), dem sich im November 1914 die Türkei anschloss, nachdem ihr die Entente den Krieg erklärt hatte, war von Feinden eingeschlossen und von See her blockiert.

Auf deutscher Seite standen 13,2 Millionen Soldaten im Kriegsdienst, also ca. die Hälfte aller Männer zwischen 16 und 60 Jahren.

Damit war die so genannte »Heimatfront« einer ziemlichen Belastung ausgesetzt: Die »Ernährer« fehlten. Eine Arbeiterfrau mit zwei Kindern, deren Mann vor dem Krieg monatlich 130 Mark

Die Stickstoffsynthese war eine Entdeckung des deutschen Chemikers Fritz Haber.

Spendenaufruf vom April 1914, also lange vor Kriegsbeginn

Dass es auch um die Verpflegung der Soldaten nicht besonders gut bestellt war, zeigt ein Aufruf, der bereits im September in den deutschen Zeitungen zu lesen war. Darin wurden *»Mütter und Schwestern, Frauen und Bräute unserer im Feld kämpfenden Brüder«* aufgefordert, so genannte »Liebeskisten« an die Front zu schicken.

»Die Liebesgaben sollen die ... Verpflegung ergänzen und Erleichterungen und Erfrischungen hinzu fügen«, hieß es und:

»Nehmt dazu eine ausgelüftete Zigarrenkiste und füllt hinein:
1. ein viertel Pfund gemahlenen Kaffee,
2. ein achtel Pfund Tee,
3. für 10 Pfg. Würfelzucker in möglichst kleinen Stücken,
4. 10 Gramm kristallisierte Zitronensäure im Papierbeutel zu Wasser als Getränk und zum Ausspülen des Mundes,
5. ein Schächtelchen Pfefferminzplätzchen,
6. drei Paar Brausepulver,
7. zwei Tafeln fettarme, harte Schokolade,
8. einige kleine Stücke Seife,
9. einige Stangen Salizyl-Vaseline gegen Wundlaufen,
10. Streichhölzer in Metalldosen.
Den Rest des Raumes füllt mit gutem Tabak, Zigarren und Zigaretten bestmöglichst aus...«

nach Hause gebracht hatte, erhielt jetzt 24 Mark (allein für Kleidung und Ernährung hätte sie 60 Mark gebraucht).

Die 30 Mark, die beispielsweise die Firma Krupp jedem zum Kriegsdienst einberufenen verheirateten Firmenangehörigen schenkte *»als Beitrag zu den mit der Mobilmachung verbundenen Kosten«*, dürfte da nur wenig Entlastung gebracht haben. Ebensowenig, dass die Familien der »einrückenden« Bergleute von der Miete ihrer Zechenwohnungen freigestellt wurden und von den Zechenverwaltungen einen kleinen Geldbetrag erhielten.

Der Einkommensverlust galt auch für andere soziale Schichten.

Da die Hälfte aller Handwerker und Kleinhändler zum Kriegsdienst eingezogen worden waren, musste ein Drittel ihrer Betriebe geschlossen werden. Ebenso sank das Einkommen der Beamtenfamilien um 60 Prozent.

In den »Unterklassen« allerdings gab es keinerlei finanzielle Reserven. Für die Arbeiterfrauen bedeutete das, sich Arbeit suchen zu müssen (für 40 Prozent des Männerlohnes).

Das alles hatte ein rapides Absinken des Lebensstandards in Deutschland zur Folge. Freilich nicht für alle.

Jenen, die an diesem Krieg ihre Gewinne machten, ging es so gut wie nie. Sie waren mit Lebensmitteln wohl versorgt, vor allem, weil sie sich die Schwarzmarktpreise leisten konnten.

Die 16 wichtigsten Stahl- und Montanbetriebe steigerten ihre Gewinne in den ersten drei Kriegsjahren um 800 Prozent. Und das galt ähnlich für andere Branchen, die vom Krieg profitierten.

Bald hatten die Kriegskosten astronomische Höhen erreicht.

Mehr als vier Milliarden Mark musste Deutschland jeden Monat dafür aufbringen. Finanziert wurde das vor allem durch Schulden, so genannten »Kriegsanleihen« (100 Milliarden Mark), und zum geringen Teil durch Steuern (21 Milliarden Mark), was eine weitere »Verteilungsungerechtigkeit« zur Folge hatte.

Die Reichsregierung versprach, die Kosten von den (natürlich besiegten) Alliierten eintreiben zu wollen.

Ansonsten wurde fleißig die Notenpresse bedient (der Geldumlauf stieg von zwei auf 18 Milliarden Mark).

Als ob die deutschen Frauen den Währungsverfall ahnten, versuchten sie bereits im August 1914, Gold- und Silbermünzen zu behalten und bezahlten in den Geschäften kleine Einkäufe mit großen Geldscheinen. Eine Art »Papiergeld-Panik« brach aus. Ein Sturm auf Sparkassen und Banken setzte ein.

Überhaupt scheinen Frauen ein feines Gespür für politische Entwicklungen zu haben. Sie sahen auch die Nahrungsmittelknappheit voraus und kauften große Mengen Lebensmittel ein, um für die offenbar bevorstehenden Notzeiten gerüstet zu sein.

Gehortet wurden vor allem Graupen, Mehl, Kartoffeln und Fette, aber auch Zucker und Kaffee waren in den ersten Augusttagen des Jahres 1914 in vielen Läden ausverkauft. Für Brot und Kartoffeln wurden Wucherpreise verlangt.

Einige Städte erließen deshalb für die Grundnahrungsmittel Höchstpreisverordnungen. Aber es gab keine einheitliche Politik.

Es zeigte sich: Auch die Stadt- und Kreisverwaltungen waren auf einen längeren Krieg nicht vorbereitet. Der Hagener Oberbürgermeister Cuno in seinen Erinnerungen:

»Der Stadtverwaltung fehlte jede Einsicht über das, was zur Ernährung der Stadtbevölke-

1914 »enttarnte« der »New York Herald« den Knorr-Koch als »Spion«. Das Plakat diente beim Vormarsch in Belgien und Frankreich als Signal: Achtung, drei Kilometer von hier verschanzt sich der Feind.

Deutschland steht gegen eine Welt von Feinden, die es vernichten wollen. Es wird ihnen nicht gelingen, unsere herrlichen Truppen niederzuringen, aber sie wollen uns wie eine belagerte Festung aushungern. Auch das wird ihnen nicht glücken, denn wir haben genug Brotkorn im Lande, um unsere Bevölkerung bis zur nächsten Ernte zu ernähren. Nur darf nicht vergeudet und die Brotfrucht nicht an das Vieh verfüttert werden.

Haltet darum haus mit dem Brot, damit die Hoffnungen unserer Feinde zuschanden werden.

Seid ehrerbietig gegen das tägliche Brot, dann werdet Ihr es immer haben, mag der Krieg noch so lange dauern. Erzieht dazu auch Eure Kinder.

Verachtet kein Stück Brot, weil es nicht mehr frisch ist. Schneidet kein Stück Brot mehr ab, als Ihr essen wollt. Denkt immer an unsere Soldaten im Felde, die oft auf vorgeschobenen Posten glücklich wären, wenn sie das Brot hätten, was Ihr verschwendet.

Eßt Kriegsbrot; es ist durch den Buchstaben K kenntlich. Es sättigt und nährt ebensogut wie anderes. Wenn alle es essen, brauchen wir nicht in Sorge zu sein, ob wir immer Brot haben werden.

Wer die Kartoffeln erst schält und dann kocht, vergeudet viel. Kocht darum die Kartoffeln in der Schale. Ihr spart dadurch.

Abfälle von Kartoffeln, Fleisch, Fische, Gemüse, die Ihr nicht verwerten könnt, werft nicht fort, sondern sammelt sie als Futter für das Vieh, sie werden gern von den Landwirten geholt werden.

Aus dem »Herner Anzeiger« vom 31. Dezember 1914

rung nötig war und auf welchem Wege und durch wen es in die Stadt gelangte.«

Es gab freilich auch andere Beispiele, Städte, in denen die Stadtoberen sehr wohl etwas für ihre Bevölkerung taten. Etwa Köln.

Kölner Sparbrot

Der Mann, der sich um die Kölner verdient machte, wurde später der erste Kanzler der Bundesrepublik Deutschland. Er hieß Konrad Adenauer.

Als der Erste Weltkrieg begann, war Adenauer in der Kölner Verwaltung zum Ersten Beigeordneten aufgestiegen. Er war für das Finanz- und das Personaldezernat zuständig. Mit Kriegsbeginn wurde ihm zusätzlich das Ernährungsdezernat unterstellt.

Wie bei Politikern heute nur noch äußerst selten der Fall, lag Adenauer nicht nur die eigene Karriere, sondern auch das Wohlergehen der Bevölkerung am Herzen. Mit Krediten, welche die Stadtverordneten auf sein Drängen bewilligen mussten, sammelte er Erbsen, Möhren, Linsen, Salz und Schmalz auf den Bauernhöfen des Vorgebirges ein, Fleisch und Wurst in Holland, Sauerkraut aus Neuß. Und aus Rumänien ließ er 50 Doppelwaggons mit Petroleum nach Köln rollen.

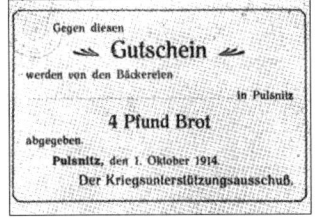

Solche Lebensmittel-Gutscheine, die an so genannte »Minderbemittelte« ausgegeben wurden, können wohl als Vorläufer der Lebensmittelmarken gelten.

In der Kölner Festhalle brachte er 1.000 Stück Jungvieh unter. Das Viehfutter bezog die Stadt aus einer eigens eingerichteten Dörranstalt. Die Kölner mussten Müll und Küchenabfälle trennen. Die Küchenabfälle lieferte die Stadt an die Dörranstalt. Dort wurden sie getrocknet und so verarbeitet, dass sie als Schweine- und Rinderfutter verwendet werden konnten.

In Oldenburg, Gummersbach und in Waldbröhl ließ Adenauer auf gepachteten Wiesen stadteigene Milchkühe weiden, um die Versorgung der Säuglinge sicher zu stellen.

Er richtete städtische Verkaufsstellen ein, als die örtlichen Lebensmittelhändler aus der Not der Kriegsjahre übermäßig Profit zu schlagen versuchten.

Immer wieder rief Adenauer die Bevölkerung zur Selbstversorgung auf. Auch dabei half die Stadt. Städtischer Landbesitz wurde parzelliert und zum Anbau von Kartoffeln und Gemüse verpachtet. Wer sich zur Viehhaltung entschließen konnte, erhielt gegen Abgabe von Milch städtisches Viehfutter aus der Kölner Dörranstalt.

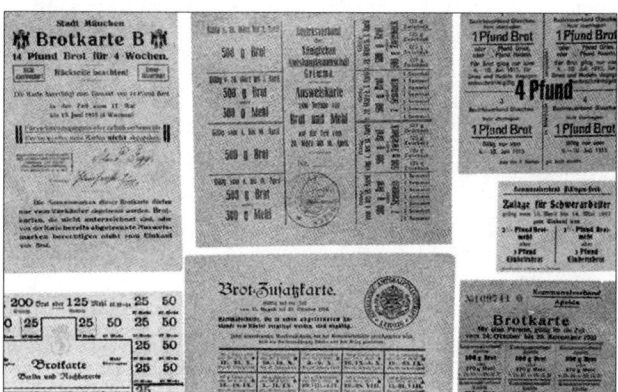

Und der Erste Beigeordnete setzte sich dafür ein, dass die Stadt Köln in der Lage war, eigenständig ein Einheitsbrot zu backen, ein sättigendes Brot, das ohne Brotmarken bezogen werden konnte. Es sollte freilich »nicht so schmackhaft sein, daß es zum überflüssigen Essen« reizte.

Adenauer, von den Kölner mittlerweile »Graupenauer« genannt, einwickelte gemeinsam mit den Brüdern Jean und Josef Oebel, den Inhabern der »Rheinischen Brotfabrik«, ein »Verfahren zur Herstellung eines dem rheinischen Schwarzbrot ähnelnden Schrotbrotes«. Die Idee: Der Brotteig sollte mit Hilfe von geröstetem Maismehl gestreckt werden.

In den Kriegsjahren wurde Roggen mehr und mehr zu einer Mangelware. Der Ersatzstoff Mais bedurfte allerdings einer speziellen Behandlung.

Als »sehr geeignetes Mischverhältnis« habe sich – so Adenauer in seiner Patentanmeldung – in der Praxis eine Zusammensetzung aus 40 Gewichtsteilen Mais, 35 Gewichtsteilen Gerste, je zehn Gewichtsteilen Reis und Kleie sowie fünf Gewichtsteilen Dextrin und den üblichen »Gewürzzuschlägen« erwiesen. An Stelle von Reis könnten auch andere »kleberhaltige Mehle«, etwa Kartoffelmehl, Tapioka, Roggen- und Weizenmehl verwendet werden.

Adenauers Erfindung fiel, wie gesagt, nicht unter die von ihm streng überwachten Lebensmittelzuteilungsvorschriften. Es brauchten also keine Marken dafür abgegeben zu werden. Und es wur-

Etwa ab März 1915 gaben in Deutschland die Stadtverwaltungen Bezugsmarken für Brot aus, solche auf Papier oder als Metallmarken geprägt wie in Münster (unten). Bald gehörten Lebensmittelmarken für Fleisch, Fett, Milch und Gemüse überall zum alltäglichen Leben ebenso wie der Schwarzmarkt, wo man keine Marken brauchte, nur genug Geld.

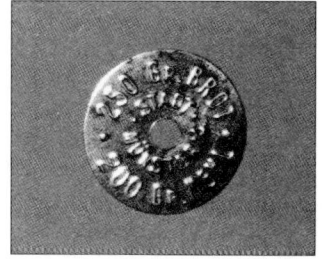

52

In Adenauers Patentantrag (das Patent wurde 1915 erteilt) heißt es:

»Um die dem rheinischen, aus Roggenschrotmehl bestehenden Schwarzbrot innewohnenden ... Eigenschaften zu erzielen, wird ... der Hauptbestandteil des neuartigen Schrotbrotes, nämlich Mais, nach der Entschälung einer etwa 30 Minuten lang andauernden Dörrung bis auf 200 Grad Celsius ausgesetzt, der so behandelte Mais alsdann gemahlen und das Maismehl, welches durch die Dörrung seinen bekannten, sogenannten wilden Geschmack, der leicht Widerwillen gegen den Genuß des Maisschrotbrotes erzeugt, verloren hat, mit auf 40 Grad Celsius erwärmtem Wasser zu einem dicken, pappigen Teig angerührt... Der so gewonnene Maisschrotteig wird nunmehr mit Grundsauer aus Gerstenmehl, ferner mit Gersten- und Reismehl, Kleie, Dextrin als Bindemittel und den geeigneten Gewürzausschlägen zusammen gut zu einem einheitlichen Teigkloß verknetet und der letztere eine halbe Stunde lang auf Ruhe gelassen, bis er schwach angesäuert ist. Alsdann wird der Teig bekannterweise im Ofen eineinhalb Stunden lang zu Brot gebacken.«

den bald täglich 10.000 Stück dieses Kölner Sparbrotes verkauft.

Zeitzeugen zufolge soll das Brot bei den Bürgern der Domstadt nicht sonderlich beliebt gewesen sein.

Hier ein Rezept für das Sparbrot, wie man es heute nachbacken könnte:

Kölner Sparbrot

<u>Zutaten:</u> 400 g Mais, 350 g Gerstenmehl, 100 g Kartoffelmehl (oder Reismehl), 200 g Sauerteig, 100 g Kleie, zwei Teelöffel Dextrin (oder Backpulver), Salz, Wasser, Gewürze (Kümmel oder Koriander, Sonnenblumenkerne u.ä.).

Die Maiskörner auf einem Backblech im vorgeheizten Ofen bei 200 Grad etwa dreißig Minuten dörren lassen. Nach dem Abkühlen in einer Schrotmühle mahlen. Das Maismehl mit lauwarmem Wasser zu einem pappigen Teig anrühren. Gersten- und Kartoffelmehl, Sauerteig, Backpulver und Gewürze einarbeiten. Dabei soviel Wasser zusetzen, dass ein »fetter« Kloß entsteht. Den Teig etwa eine Stunde ruhen lassen. Aus dem Teig ein Brot (oder zwei kleine) formen. Im Backofen 60 bis 90 Minuten backen lassen.

Dass die deutschen Getreidevorräte zur Ernährung der Bevölkerung nicht ausreichen würden, hatte sich bereits im Herbst 1914 gezeigt. Im November gab der preußische Innenminister einen Erlass zum Brotsparen heraus. Gehortetes Getreide wurde beschlagnahmt. Das Schroten von Roggen und Weizen (zur Verfütterung) wurde verboten. Trotzdem – auch das genügte nicht.

Im Januar 1915 kam dann per Verordnung so genanntes »K-Brot«, also Kriegsbrot, auf den Markt: ein Roggenbrot mit Kartoffelmehlzusatz. Das Kriegsbrot sollte bestehen aus 60 Prozent Roggenmehl, 30 Prozent Weizenschrot und zehn Prozent Kartoffelmehl (Trockenkartoffelflocken, Kartoffelwalzmehl oder Kartoffelstärkemehl).

Die Bäcker, die das Kriegsbrot backen sollten, waren dazu kaum in der Lage. Roggenmehl wurde zunehmend knapper, und auch die Versorgung mit Trockenkartoffeln war mangelhaft. Die zur Brotproduktion notwendigen Mengen waren im Januar und Februar 1915 nicht vorrätig. Aber außer dem Kriegsbrot war es per Verordnung nur noch erlaubt, Schwarzbrot zu backen (aus 90 Prozent Roggen- und zehn Prozent Weizenschrot) und das nach einem US-amerikanischen Arzt benannte Grahambrot (ein Weizenschrot-Vollkornbrot in Kastenform). Die Bäcker stellten die Brötchenproduktion ein und weigerten sich auch, von ihrer Kundschaft selbst hergestellte Brote mitzubacken. Denn beim Backen von nicht »vorschriftsmäßig bereiteten Teigen« drohten den Bäckermeistern saftige Geldstrafen oder Gefängnis.

Kriegsbrot

Zutaten: 500 g Roggenmehl, 250 g Weizenschrot, drei bis vier gekochte und geriebene Kartoffeln, Salz, ca. ½ l Wasser, eine Tasse Sauerteig.

Bekanntmachung.

Im Auftrage der Königlichen Staatsregierung beschlagnahmen wir im Stadtkreis Herne sämtliche im Besitze der landwirtschaftlichen Betriebe befindlichen Vorräte an Roggen und Weizen (gedroschen und ungedroschen). Die Eigentümer haben sich jeder Verfügung über die beschlagnahmten Bestände bei Vermeidung von Strafe zu enthalten. In der eigenen Wirtschaft darf Roggen und Weizen zur menschlichen Nahrung verbraucht werden.

Die Behörde wird sich alsbald wegen der Abnahme und Bezahlung des beschlagnahmten Getreides mit den Besitzern in Verbindung setzen.

Herne, den 26. Januar 1915.

Die Stadt-Polizei-Verwaltung.

Der Erste Bürgermeister:
Dr. Sporleder.

Oben und unten: Ausrisse aus dem »Herner Anzeiger«

Stellv. Generalkdo. VII. A.-K.
Abt. Id Nr. 299.

Münster, den 22. Januar 1915.

Bekanntmachung.

Unter Bezugnahme auf § 9b des Gesetzes über den Belagerungszustand vom 4. Juni 1851 erlasse ich folgende Verbote, deren Uebertretung mit Gefängnis bis zu einem Jahre bestraft wird, sofern nicht nach den allgemeinen Strafgesetzen eine höhere Strafe verwirkt ist.

Verboten ist, sofern nicht die Genehmigung von mir oder einer von mir dazu ermächtigten Stelle erteilt ist:

1. das Aufstellen von Kuchen und kuchenartigen Gebäcken auf den Tischen der Gäste sowie das Anbieten dieser Gebäcke im Umhertragen in den Cafés und Konditoreien,
2. das Aufstellen von Brot und Backwaren jeder Art zur Verfügung der Gäste in Gasthäusern, Gast-, Schank- und Speisewirtschaften. Brot und Brötchen dürfen fortan in den Gastwirtschaften nur gegen Zahlung von 3 Pfg. für das Stück verabreicht werden.
3. das Hausieren mit Backwaren in den unter 1 und 2 genannten Wirtschaftsbetrieben.

Der kommandierende General.

gez. Freiherr von Gayl,
General der Infanterie.

Aus »Kriegsdienst der Frauen«, einer ständigen Rubrik in allen Tageszeitungen, März 1915.
Der Autor vergaß dabei, dass es kaum noch Fisch zu kaufen gab. Nachdem Großbritannien die Nordsee zum Kriegsgebiet erklärt hatte und nach der Seeschlacht vor Helgoland liefen dorthin keine deutschen Fischkutter mehr zum Fang aus.

Einen Tag vor dem Backen mengt man ein Drittel des Mehls mit lauwarmem Wasser und dem Sauerteig zusammen. An einem warmen Ort gehen lassen.

Am nächsten Tag den Teig mit den anderen Zutaten verkneten. Kräftig durchwalken. Ein längliches Brot formen, etwas andrücken und mit Mehl bestäuben. Im vorgeheizten Ofen bei 120 bis 150 Grad etwa zwei Stunden backen.

Grahambrot

Zutaten: 500 g Weizenschrot, etwas Weizenmehl, Salz, etwa ½ l Wasser.

Weizen mit einer Schrotmühle mahlen. Den Schrot mit wenig Mehl, gegebenenfalls etwas Salz und lauwarmem Wasser zu einem losen Teig verkneten. An einem warmen Ort ca. eine Stunde gehen lassen. In eine ausgefettete Kastenform geben. Mit Wasser bestreichen.

Im vorgeheizten Ofen bei 150 bis 180 Grad 60 bis 80 Minuten backen (wenn möglich mit mehr Ober- als Unterhitze).

Steckrübenbrot

Zutaten: 500 g Mehl, 200 g Steckrüben, 20 g Hefe, ein Teelöffel Salz, ¼ l Wasser.

Hefe mit lauwarmem Wasser anrühren. Die geschälten und gewaschenen Steckrüben sehr fein reiben und mit dem Mehl, der Hefe und dem Salz zu einem Teig verarbeiten. 30 Minuten an einem warmen Ort gehen lassen. Nochmals kräftig durchkneten. In eine gefettete Kastenform geben. Abermals gehen lassen. Im vorgeheizten Ofen bei ca. 200 Grad 60 bis 80 Minuten backen lassen. Da das Brot etwas feucht ist, langsam auskühlen lassen. Es braucht dann noch etwa drei Tage, bis es sich gut schneiden lässt.

Seinen Kölnern wollte Konrad Adenauer, der im September 1917 vom Ersten Beigeordneten zum Oberbürgermeister aufrückte, sein Maismischsparbrot möglichst nicht ohne Belag zumuten.

Zum Ersatzbrot erfand er eine Ersatzwurst und behauptete:

»Mein Verfahren garantiert Würste, die den aus Fleisch hergestellten ... so gleich sind, dass der unbefangene Beurteiler einen Unterschied nicht herausfinden wird ... weder im Aussehen, noch im Geschmack, noch in der Schnittfestigkeit.«

Sie ahnen es schon: Adenauers Wurst wurde (fast) ohne Fleisch hergestellt. Er verwendete statt dessen wenigstens 40 Prozent Sojamehl, das nicht nur gut schmeckt (Adenauer wollte ein Nahrungsmittel mit *»Friedensgeschmack«*), sondern auch wichtige Nährstoffe enthält.

Für seine Versuche ließ er sich Därme und allerlei Zutaten ins Haus schicken. Und es muss wohl eine Weile gedauert haben, bis seine Experimente Erfolg hatten. Aber dann hatte er für alle gängigen Wurstsorten eigene Herstellungsverfahren ausgetüftelt. Hier zwei davon:

»Die Herstellung von Blutwurst geschieht zum Beispiel in folgender Weise: Das Sojamehl wird mit einer Brühe, welche die aus Knochen ausgelaugten Extraktivstoffe enthält (gemeint ist eine Jus oder Fleischbrühe), ferner mit Blut zu einem steifen Brei angerührt, dann mit der sonst zur Bereitung von Fleischblutwurst verwandten Fleischmasse innig verrührt, in die Därme eingefüllt und gekocht.«

Bei der Zubereitung von »Bratwurst« war natürlich anders vorzugehen.

»Das Sojamehl wird mit der die Extraktivstoffe enthaltenden Brühe zu einem steifen Brei aufgekocht, dann kommt die Fleischmasse hinzu, ferner Gelatine. Das Ganze wird langsam innig verrührt und dann in die Därme eingefüllt.«

Adenauers »Wurstentwicklung« geschah im Geheimen. Außerhalb seiner Dienstzeiten. Nur wenige wussten davon. Denn tagsüber saß der Herr Oberbürgermeister im Rathaus und regierte.

In diesem Falle freilich wurde Adenauer in Deutschland eine Anerkennung seiner Erfindung als Patent verweigert. Die Patentamt-Beamten verwiesen darauf, dass bereits in französischen und britischen Patentschriften ein ähnliches Verfahren beschrieben sei. Also meldete er (mit Hilfe eines

Diese Anzeige der Firma »Kornfranck« aus dem Jahre 1915 legt die Vermutung nahe, dass Roggen kaum noch erhältlich war, nicht einmal um Ersatz-Kaffee daraus zu rösten.

Strohmannes) seine Ersatzwurst im europäischen Ausland zum Patent an – auch im »feindlichen« übrigens – in Österreich, in Belgien, in Ungarn und Großbritannien.

Hilfestellung leisteten Freunde bei der AEG in Berlin, die über ein eigenes Patentbüro verfügte, »*welches fast täglich neue Patente in England, Frankreich und Amerika anmeldet... Die Regierung gestattet uns auch die Zahlung von Patentgebühren nach dem feindlichen Auslande. Im Falle der Erteilung der Patente werden diese ausgestellt wie in Friedenszeiten, erscheinen aber nicht im Druck...*«

Wenn sich Geschäfte machen ließen, fand der Krieg also nicht statt – das war schon immer so.

Gemälde des Engländers John Singer Sargent zu den Folgen des Gaskrieges.

Trotz des Gaseinsatzes hatte sich die Situation für den Zweierbund 1915 weiter verschlechtert. Im Mai war Italien auf Seiten Großbritanniens und Frankreichs in den Krieg eingetreten. Damit war im Süden eine neue Front entstanden. »Erfolge« gab es lediglich im Osten. Bei einer Offensive eroberten die Deutschen Warschau.

Der Krieg hatte im Jahre 1915 eine weitere erschreckende Wende genommen. Nach Ende der »Winterschlacht« in der Champagne im März 1915 setzten die Deutschen bei Ypern und Langenmarck erstmals in diesem Krieg Giftgas ein. Das Chlorgas hatte eine so katastrophale Wirkung, dass selbst die deutschen Verursacher davon überrascht wurden.

In den Zeitungen der Heimat betonten die Deutschen derweil ihre »humane« Gesinnung. So wurde zum Beispiel die Verpflegung der Kriegsgefangenen in Deutschland in den höchsten Tönen gelobt und betont, dass man »*mit dem besten Willen nicht sagen könne, daß ein Staat, der eine Million Gefangene ernähren muß, und den seine Gegner auszuhungern trachten, gewissenhafter vorgehen kann*«.

Und es wurde der Mittagsspeisezettel des Kriegsgefangenenlagers in Parchim veröffentlicht. Da gab es montags Erbsensuppe mit Knochenfleisch, Fett und Kartoffeln, dienstags Eisbein mit Steckrüben und Kartoffeln, mittwochs Graupensuppe mit Knochenfleisch, Fett und Kartoffeln, donnerstags gekochte Fische, Zwiebelsauce und Kartoffeln, freitags Bohnensuppe mit Fett, Knochenfleisch und Kartoffeln, samstags Weißkohl mit Hammelfleisch und Kartoffeln und sonntags Reissuppe mit Rindfleisch und Kartoffeln.

Das Essen war offenbar so »üppig«, dass der Reporter Albert Wacker (»*Ich habe selber eine Bohnensuppe ... gegessen ... und muß erklären, daß sie mir ... gut geschmeckt hat*«) mutmaßte:

»In vielen Volkskreisen herrscht ... die Meinung oder Empfindung, daß man des Guten ... zuviel tue. Ob diese Empfindung berechtigt sei, mag dahingestellt bleiben.«

Das lässt auf eine tiefe Unzufriedenheit der Menschen mit der Lebensmittelversorgung schließen. Und die war verständlich. Wie sollten Frauen, die zum Beispiel in Braunschweig täglich zwischen 250 und 300 Rinder zu Konserven für die Verpflegung der Soldaten »verarbeiteten«, verstehen, dass sie selbst vor einer »*Übertreibung der Fleischkost*« gewarnt wurden.

Restaurants und Gasthäusern wurden »*fleischlose oder fleischarme Tage*« »auferlegt«. Und die Frauen sollten es ihnen gleich tun.

Als dann Ende 1915 für die Brotherstellung nur noch geringe Mengen Mehl zur Verfügung standen, weil die oberste Heeresleitung das Eisenbahnnetz für Truppentransporte benötigte und Lieferungen ausblieben, kam es zu ersten Protesten. Die Frauen, die in der Heimat die Hauptlast des Krieges trugen, wollten nicht auch noch hungern müssen.

Wie es die Kost für die Kriegsgefangenen schon vermuten lässt, Kartoffeln waren in diesem Jahr 1915 noch ausreichend vorhanden. Die Ernte hatte immerhin mehr als 54 Millionen Tonnen erbracht. Und auf Plakaten forderten die deutschen »Staatslenker«: »*Die Kartoffel muß England besiegen!*« Die Kartoffel sollte alles Mögliche ersetzen, so verlangten es die zu ihrem Gebrauch veröffentlichten Rezepte.

»Wie in der guten alten Zeit sieht man jetzt jede Frau ... mit einer Strick- oder Häkelarbeit beschäftigt...
In der Elektrischen, im Konzert, im Kaffeehaus, über geleitet das Knäuel Wolle unsere Frauen, ... und so ist es uns gelungen, bereits große Ladungen an wärmenden Sachen nach Ost und West an unsere Feldgrauen zu senden.«

So hieß es 1914 in den Tageszeitungen. Anschauungsmaterial mit Herstellungsanleitung wurde gleich mitgeliefert. Oben: »Mütze, unter dem Helm zu tragen.«

Soldatenkappen

Amtliche
1914 **Landwirte und Landfrauen!**

Baut mehr Kartoffeln!

Mindestens der Preis von 1917 bleibt Euch gesichert

Die deutsche Kartoffel muß England besiegen

Spart also Kartoffeln zur Saat, wo nötig, bezieht neues Pflanzgut

Kleinere u. mittlere Betriebe, die ihre Anbaufläche gegen 1917 nachweislich vergrößern und dazu geeignetes Pflanzgut beziehen, erhalten für jeden Zentner dieses Pflanzgutes einen

Staatszuschuß

von 3,50 Mk. also 35 Mk. für den Morgen

Mit solchen Plakaten sollte die Bevölkerung an der »Heimatfront« agitiert werden.

»Wer die Kartoffel nicht ehrt, ist den Braten nicht wert.«
Mit dieser »Lebensweisheit« überschrieb die Kriegskochbuch-Autorin Elly Petersen in »Das gelbe Kochbuch« ihr Kapitel über Kartoffelspeisen. Weiter heißt es:

»Der treueste Freund der Hausfrau ... ist die Kartoffel... Man wird ihr von dem Jahre 1915 an die Freundschaft noch treuer erwidern... Die besten Süßspeisen ... kann man aus Kartoffeln herstellen. Wie viele verschiedenartige Abendessen gibt die Kartoffel! Also probt und eßt!«

Saure Kartoffeln

Zutaten: Ein Kilo Kartoffeln, drei Esslöffel Mehl, 50 g Fett, eine Gewürzgurke, vier Gewürznelken, ein Lorbeerblatt, Salz, Pfeffer, zwei Esslöffel Essig, eine Knoblauchzehe, ein Liter Brühe, ein Bund Petersilie.

Das Mehl mit Fett in einem Tiegel braun rösten, mit der Brühe auffüllen, die klein gehackte Gurke, die Gewürze zugeben und das Ganze aufkochen lassen. Die Kartoffeln schälen, in dünne Scheiben schneiden, in die Brühe geben und alles noch einmal unter ständigem Rühren etwa 20 Minuten gut durchkochen lassen. Mit Essig und Petersilie abschmecken.

Kriegsauflauf

Zutaten: Ein Kilo Kartoffeln, ein Ei, zwei Esslöffel Grieß, ¼ l Milch, Salz, Fett für die Form.

Kartoffeln schälen und reiben. Fest ausdrücken. Den Grieß mit der Milch aufkochen lassen. Salzen. Den Grießbrei abkühlen lassen. Mit dem Ei zu den geriebenen Kartoffeln geben. Gut durchkneten. Eine Auflaufform mit Fett ausstreichen. Die Kartoffelmasse in die Form geben, glatt streichen. Im Backofen bei 200 Grad 50 bis 60 Minuten backen lassen.

Bereits im Januar 1916 freilich wurden die Kartoffeln knapp und mussten rationiert werden. Da der Bestand nicht beschlagnahmt worden war, hatten die Bauern die Kartoffeln an das Vieh verfüttert oder an Stärkefabriken und Schnapsbrennereien verkauft.

Kartoffelbuletten

Zutaten: 500 g Kartoffeln, ein Ei, Salz, zwei Esslöffel Semmelbrösel, ein Esslöffel Mehl, Fett zum Ausbacken.

Die kalten gekochten Kartoffeln reiben. Mit Salz, Mehl und dem zerschlagenen Ei verkneten. Kleine Buletten formen. In heißem Fett auf beiden Seiten braten.

Soldatenkappen

Zutaten: Acht große Kartoffeln, ein Eiweiß, 50 g Fett, eine rohe, grobe Bratwurst (etwa 150 g), eine Zwiebel, ¼ l Sahne (oder Rahm), Salz, Pfeffer, ¼ l Brühe.

Die Kartoffeln schälen, dabei unten eine Scheibe abschneiden, damit man sie in die Pfanne stellen kann. Oben einen Deckel abschneiden, und die Kartoffeln zwei bis drei Zentimeter tief aushöhlen. Die Bratwurstfülle in die Kartoffeln eindrükken. Die Kartoffeldeckel mit Eiweiß bestreichen und aufsetzen. Die gefüllten Kartoffeln werden dicht beieinander in eine Pfanne gesetzt. Die Brühe mit Salz und Pfeffer würzen, über die Kartoffeln gießen. Eine halbe Stunde im Ofen backen. Die Zwiebel klein hacken und in einer Pfanne goldgelb werden lassen, den Rahm dazu geben, mit Salz und Pfeffer abschmecken. Zu den fertigen Soldatenkappen geben.

Kartoffelklopse

Zutaten: 200 g Blutwurst, 750 g gekochte Kartoffeln, ein Ei, Salz, etwas Kümmel, eine Zwiebel, eine Stange Lauch.

Kartoffeln mit der Blutwurstfülle, der Zwiebel und dem Lauch durch den Fleischwolf drehen. Mit Salz, gemahlenem Kümmel und dem Ei zu einem Teig verarbeiten. Mit einem Esslöffel kleine Klopse formen. Auf ein gefettetes Backblech legen. Bei 250 Grad im Ofen backen.

Im Februar 1916 wurden auch Milch, Butter und Frischfleisch knapp.

Angesichts der hohen Preise, die für Schlachtvieh erzielt werden konnten (die Konservenindustrie hatte alles verfügbare Fleisch angekauft), und in Folge des immensen Preisanstiegs für Futtermittel hatten die Bauern im Herbst 1914 und 1915 vermehrt Vieh geschlachtet.

Die Herstellung von Fleischkonserven wurde vorübergehend verboten, die von Wurst eingeschränkt. Aber die Maßnahmen der Regierung kamen viel zu spät, die Fleischpreise waren schon sprunghaft nach oben geschnellt. Um ähnliche Pannen zu vermeiden und die Versorgung ihrer

Bekanntmachungen wie diese mussten des öfteren wiederholt und ergänzt werden. Die Meldungen waren wohl ungenügend. Vielleicht gab es aber auch einfach nichts zu melden, weil kaum noch Kartoffeln da waren.

Nachrichten von
der »Ernährungsfront«

Januar 1916.
Das Kriegsernährungsamt
fordert die Tötung von
rund zwei Millionen so
genannter »Luxushunde«,
weil sie als »wertlose
Mitesser« die
Lebensmittelversorgung
belasten.

Januar 1916.
Vor einem Schöffengericht
in Köln steht eine
Metzgersfrau, weil sie sich
geweigert hatte, an
Kunden Fett zu verkaufen.
Laut der »Rheinisch-
Westfälischen Zeitung«
erklärt sie ihr Verhalten
so:
»Bei der Knappheit geben
wir das Fett nur in kleinen
Mengen ab, damit jeder
etwas bekommt. Wir
haben nun öfters
feststellen müssen, daß
Herrschaften zunächst das
Fett selbst kaufen, dann
einzeln ihre Kinder, die
Dienstboten und die
Aufwartefrau schicken.
Die Bessergestellten
bekommen so das Fett in
Mengen, die Armen
erhalten schließlich nichts
mehr.«
Die Metzgersfrau hatte
solche Sammelkäufe
unterbunden und den
Fettverkauf an Dienstboten
verweigert.
Sie wird vom Gericht
freigesprochen.

Bürger auch gegen Maßnahmen der Reichsregierung zu sichern, gründeten 53 Kommunalverbände und rund 150 Großhändler die »Westfälische Lebensmittelversorgungsgesellschaft«, eine Einkaufsgesellschaft für Lebensmittel.

Trotz allem – die Versorgung der Bevölkerung in Deutschland wurde immer schlechter. Besonders davon betroffen waren Industriegebiete wie das Ruhrrevier. Es gab erste Hungertote.

Auf einigen Zechen in Essen, Dortmund, Gelsenkirchen, Bochum oder Recklinghausen kam es auf Grund der Lebensmittelknappheit und der überteuerten Nahrungsmittelpreise zu Streiks. »Erst Speck, dann fahren wir ein«, hieß es.

Bei Krupp streikten die Frauen, die mittlerweile in vielen Waffenfabriken die Stellen von Männern übernommen hatten. »Gleicher Lohn und gleiches Fressen, dann wär' der Krieg schon längst vergessen«, war ihre Parole.

Um die Not zu lindern, begannen viele deutsche Städte so genannte »Kriegsküchen« einzurichten, Gemeinschaftsküchen, die billige Eintöpfe kochen und an die Bevölkerung ausgeben sollten. Aus der »Bekanntmachung, betreffend Kriegsküchen« in Herne:

»Die Abgabe der Speisen erfolgt an den Werktagen, mittags von 11½ bis 1½ Uhr; an Sonn- und Feiertagen bleiben die Küchen geschlossen. Der Preis für eine volle Mittagsportion ist festgesetzt für alle Kriegsunterstützungsberechtigten, ferner für alle steuerfrei veranlagten Amtseingesessenen und minderbemittelten Familien auf 20 Pfg., sonst 40 Pfg… Eine Anrechnung auf die Bezugskarten wird in Höhe der Hälfte der Lebensmittel erfolgen… Bei Bezug des Essens aus der Kriegsküche werden außerdem für jede Person wöchentlich drei Pfund Kartoffeln an der Bezugskarte gekürzt.«

Die öffentlichen Gemeinschaftsküchen und Speiseanstalten sollten dafür sorgen, dass »die Nährstoffe möglichst vorteilhaft ausgenutzt werden und möglichst wenig verloren geht«. Einkauf und Kochen »im Großen« stelle »sich billiger und besser« da. Die Küchen – das waren Metzgereien oder Werkscasinos, Schulen oder andere »öffentliche« Räumlichkeiten.

Der preußische Innenminister forderte zur »Sicherstellung der Massenverpflegung« von den Kommunen die Einführung fahrbarer Küchen:

»Diese Küchen ermöglichen es, ein nahrhaftes und dabei durchaus billiges Mittagessen für die minderbemittelte Bevölkerung bis an ihre Wohnungen zu bringen. Sie verdienen meines Dafürhaltens den Vorzug vor den Speisehallen insofern, als bei ihrer Verwendung die an sich erwünschte Geschlossenheit des Familienlebens voll erhalten bleibt, während durch die Speisung in den Volksküchen selbst deren Lockerung von mancher Seite befürchtet wird.«

Zubereitet wurden in den Kriegsküchen die bei der Massenverpflegung üblichen Gerichte, also Erbsensuppe, Bohnensuppe usw.

Zu zwei etwas anderen Eintöpfen wollen wir Ihnen die Kochanweisungen für die Kriegsküche Gelsenkirchen weitergeben. Die Mengenangaben gelten hier für je einhundert Personen.

Lebersuppe

Zutaten: Zwei Kilo Knochen, zwei Kilo Leber, ausreichend Suppengrün, 1½ kg Graupen, 1½ kg Trockenerbsen, drei Kilo Kartoffeln, Petersilie, fünf große Möhren, etwa 250 g Salz, 35 l Wasser.

Man brät die Knochen scharf an, löscht mit Wasser ab und kocht mit dem Suppengrün eine Suppe. Salzen.

Zu gleicher Zeit lässt man in einem Topf die Graupen und in einem anderen die Erbsen weich kochen. Die Erbsen durch ein Sieb in den Graupentopf streichen. Die Suppe ebenfalls durch ein Sieb aufgießen.

Nun gibt man die rohen, geschälten und würfelig geschnittenen Kartoffeln, die fein geschnittene Petersilie, die ebenfalls fein geschnittenen Möhren und zum Schluss die fein blätterig geschnittene (Schweine-)Leber hinein. Dies alles lässt man in der Suppe weich kochen.

Nach Geschmack salzen.

Zu der Suppe sollten die Beköstigten zusätzlich eine Scheibe Brot bekommen, *»wenn vorhanden«*.

Nachrichten von der »Ernährungsfront«

Mai 1916.
In Berlin, Dresden, Hanau, Jena und anderen Orten demonstrieren Arbeiterinnen gegen Hunger und Krieg.

Juni 1916.
Hausfrauen, die mit den Brotzuteilungen nicht auskommen, demonstrieren in München.

Juli 1916.
Anordnung des kommandierenden Generals des VII. Armeekorps in Münster:
»Auf Grund des § 9 b des Gesetzes über den Belagerungszustand ... verbiete ich den Straßenhandel mit Speiseeis. Zuwiderhandlungen werden mit Gefängnis bis zu einem Jahre, bei ... mildernden Umständen mit Haft oder Geldstrafe bis 1500,-- Mark bestraft.«

Dezember 1916.
Wer Kakao, Kakaobutter, Kakaopulver, Kakao-Abfälle oder Schokolade *»aller Art«* für *»seine oder fremde Rechnung in Gewahrsam«* hatte, musste dies der *»Kriegs-Kakao-Gesellschaft«* in Hamburg *»durch einen ... Brief anzeigen«*.

Wurzelsuppe

Zutaten: Zwei Kilo Knochen, ausreichend Suppengrün, ½ kg Fett (am besten nimmt man Abschöpf-Fett), ½ kg Zwiebeln, fünf gelbe Rüben, fünf Kohlrüben, Petersilie, eine Sellerieknolle, 1½ kg Reis, ¼ kg Salz, Pfeffer, 35 l Wasser.

Man brät die Knochen scharf an, löscht mit Wasser ab und kocht mit dem Suppengrün eine Suppe. Salzen. Durch ein Sieb passieren.

In einem Topf lässt man Fett heiß werden und die fein geschnittenen Zwiebeln darin anlaufen. Die Rüben, die Kohlrüben und die Sellerieknolle, alles nudelig geschnitten, gibt man dazu und lässt es braun rösten. Die (noch warme) Suppe angießen. Als letztes kommt der Reis in die Suppe. Alles lässt man gut verkochen. Salzen, pfeffern. Mit Petersilie garnieren.

Die Kriegsküchen wurden als »*ein hervorragendes Hilfsmittel, dem deutschen Volke das Durchhalten in diesem Aushungerungskriege zu erleichtern*« gelobt. Dennoch – selbst den Kriegsküchen fehlten manchmal die Lebensmittel, um überhaupt etwas kochen zu können. Dabei wurde die Zahl der Bedürftigen immer größer.

Waren in der Ruhrgebietsstadt Herne im Juli 1916 noch etwa 1.500 Essensportionen ausgeteilt worden, waren es im Januar 1917 schon 4.160. Und es sollte noch schlimmer kommen.

Fahrbare Stadtküche 1916 in Köln

Der Kriegswinter 1916/17 ist als Steckrübenwinter in die Geschichte eingegangen. Dass Menschen Steckrüben essen mussten, weil die Kartoffelernte im Herbst 1916 schlecht ausgefallen war, gilt auch heute noch als ein Zeichen schlimmster Hungersnot.

Steckrüben waren ein vergleichsweise preiswertes Gemüse. Trotzdem – besonderer Beliebtheit erfreuten sich die Kohl- oder Steckrüben, auch Wruken genannt, nicht. Diese Rüben werden von den Bauern in der Regel als Viehfutter angebaut. Und was eine Kuh oder ein Schwein frisst, daraus mochte sich der deutsche Mensch kein Essen kochen.

Solche Vorurteile galt es, in Notzeiten abzubauen. Es musste versucht werden, den Menschen im Kriegsdeutschland die Steckrübe im wahrsten Sinne des Wortes schmackhaft zu machen. Und das konnte zum Beispiel über den Namen geschehen: Die Steckrüben wurden fortan als »*ostpreußische Ananas*« bezeichnet. Ein Name, der die Zeiten überdauert hat und auch nach dem Zweiten Weltkrieg wieder in zahlreichen Publikationen erschien.

1917 gab es dann auch spezielle Steckrüben-Kochbücher. Der Nährwert der Rübe sei höher als der der meisten Gemüse ähnlicher Art, hieß es: »*100 g Rüben enthalten 1 g Eiweiß, 0,04 g Fett, 11 g Stärke-Zucker. Das bedeutet immerhin, daß 100 g Rüben 49 ›Wärme-Einheiten‹ in sich tragen*«. Dies wurde in Büchern nach dem Zweiten Weltkrieg wörtlich übernommen. Die Leute sollten die Steckrüben erst mal ausprobieren und ihre Vorurteile (unangenehmer Geschmack und Geruch, der beim Kochen von ihnen ausgeht) vergessen:

»*Ja, schmeckt denn vielleicht eine rohe Kartoffel angenehm? Wer will auf die Dauer Weizen im Urzustand essen? Müssen nicht die meisten Dinge erst zubereitet werden, um genußfähig zu werden...?*«

Steckrübensoße

Zutaten: Zwei Tassen klein gewürfelte Steckrüben, zwei Esslöffel Essig, ein Teelöffel Zucker, Salz, ein Teelöffel Senf, ein Teelöffel gehackter Dill, etwas Wasser, etwas Mehl, etwas Fett.

Ostpreußische Ananas

Die Steckrüben werden in Wasser weich gekocht und durch ein Sieb passiert. In heißem Fett bräunt man den Zucker und löscht dies mit Essig ab. Den Rübenbrei beimischen. Würzen. Man kann mit etwas kalt angerührtem Mehl abbinden.

Gefüllte Steckrübenschiffchen

Zutaten: Eine Steckrübe von etwa drei bis vier Pfund.
Füllung 1:
Zwei klein gehackte Zwiebeln, ein Esslöffel Haferflocken, 10 g Fett, Salz, ein Esslöffel geriebener Käse, ¼ l Brühe, ein Esslöffel gehackte Petersilie.

Die Steckrübe wird geschält, gewaschen und der Länge nach in vier Teile geschnitten. In Salzwasser gar kochen.

Die vier Rübenteile aus dem Wasser nehmen und mit einem Löffel aushöhlen. Für die Füllung die Zwiebeln und die Haferflocken in Fett anrösten, mit der Brühe ablöschen und weich kochen lassen. Mit Salz und Petersilie abschmecken. In die Rübenschiffchen füllen. Mit dem geriebenen Käse bestreuen. Und im 175 Grad heißen Ofen etwa 20 Minuten überbacken.

Zutaten: Füllung 2:
100 g einfache Leberwurst, zwei gekochte und geriebene Kartoffeln, ein Teelöffel Majoran, eine Prise Salz, ein Esslöffel Haferflocken.

Die Leberwurst aus der Pelle streichen. Mit den geriebenen Kartoffeln, Salz und fein gehacktem Majoran verrühren. In die Rübenschiffchen füllen. Mit Haferflocken bestreuen. Bei 175 Grad 20 Minuten lang überbacken.

Die Steckrüben wurden auch zu Marmelade verarbeitet, zur (nach dem »erfolgreichen« Generalfeldmarschall) so genannten »Hindenburgbutter«.

Steckrübenmarmelade

Die vorgekochten Rüben werden geschält und gerieben. In wenig Wasser das Rübenmus gar kochen. Den Zucker zusetzen und eindicken lassen.

Im und nach dem Ersten Weltkrieg und nach dem Zweiten Weltkrieg wieder gab es Steckrüben statt Frühstücksbrot für die Kinder.
1917 wurden die knappen Rationen nochmals gekürzt. Werner Michalewski erinnert sich an seine Schulzeit 1917:

»Wir hatten kein Lesebuch, keine Tafel, nichts. Ich bin nur mit einem Stück Steckrübe in der Hand in die Schule gegangen... Und ich weiß noch, wie meine Mutter geweint hat. Da haben wir Kinder die vor uns versteckten Brotrationen gefunden und einfach aufgegessen. Aber das Brot war für den Vater. Das sollte der bekommen, weil der doch schwer arbeiten mußte.«

Frauen in einer
Marmeladenfabrik
sortieren aus Lagerobst
die verwertbare Früchte,
die, mit Steckrüben
gestreckt, zur
»Kriegsmarmelade«
wurden.

Die schwere Arbeit, die
Ernährung und die
psychische Belastung
machten sich bei den
Frauen überaus negativ
bemerkbar.
Anämie und Amenorrhöe
griffen um sich.
Die Zahl
der Abtreibungen stieg
rapide an.
Die Kindersterblichkeit
nahm um 30 Prozent zu.
Und dass die Frauen auch
weniger heiraten wollten,
versteht sich.
Die Quote ging um 80
Prozent zurück.

Dabei sollten 500 Gramm Rüben und 50 Gramm Zucker 300 Gramm Marmelade ergeben. In dem Rezept heißt es dann: »Wer die Marmelade süßer haben will, nimmt mehr Zucker.« Wer keinen Zucker hatte, sollte Saccharin verwenden, einen künstlichen Süßstoff, der bereits 1879 entdeckt worden war.

Steckrübenauflauf

Zutaten: 500 g Steckrüben, 500 g Kartoffeln, ein Teelöffel Mehl, 10 g Hefe, eine Tasse Milch, Salz, Petersilie.

Kartoffeln und Steckrüben schälen, waschen und in kleine, dünne Scheiben schneiden. Getrennt voneinander in Salzwasser gar kochen. Abtropfen lassen. Eine Auflaufform mit etwas Öl ausstreichen. Dann mit einer Lage Kartoffeln den Boden bedecken, die Kartoffeln mit Petersilie bestreuen, eine Lage Rüben darüber schichten und so fort. Mit einer Lage Rüben abschließen. Milch, Hefe und Mehl miteinander verrühren. Über die Masse gießen. Im Backofen etwa 30 Minuten bei 175 bis 200 Grad leicht überkrusten lassen.

Ob solche Rezepte dazu beigetragen haben, die geschmähten Steckrüben populärer zu machen, darf bezweifelt werden. Dabei sind die Rüben wirklich besser als ihr Ruf. Sie haben nämlich die wunderbare Eigenschaft, fast jeden Geschmack anzunehmen. Kocht man sie mit Sellerie, Kohlrabi oder

Hier einige eher »exotische« Möglichkeiten zur Verwendung von Steckrüben:

Steckrübentabak

Rüben raspeln und auf einem Blech im gut geheizten Backofen bei offener Tür unter häufigem Wenden scharf trocknen, so dass sie fast dunkelbraun werden.

Steckrübenkaffee

Steckrüben raspeln und wie oben im Ofen trocknen. Die getrockneten Rübenschnitzel werden dann durch eine Kaffeemühle gedreht. Wie »normales« Kaffeemehl behandeln.

Steckrübenrosinen

Die Steckrüben werden in kleine Würfelchen geschnitten und in dieser Form auf dem Backblech wie oben getrocknet, allerdings nicht so scharf wie die Rübenschnitzel. Die Farbe sollte braun oder hellbraun sein. Sonst geht der Geschmack verloren.

Rübenbonbons

Steckrüben wie die Steckrüben-Rosinen würfeln und trocknen. Noch warm mit etwas Zucker bestreuen (am besten eignet sich Puderzucker).

Steckrübensaft

Die Steckrüben werden in unverdünntem Heißgetränk (Kirsch oder Himbeergeschmack) gekocht.

Möhren, so entsteht jeweils das betreffende Gemüse. Macht man sie mit Gurken ein, schmecken sie wie diese. Kocht man sie mit Äpfeln, so bekommt man mit wenig Äpfeln viel Apfelmus. Und das macht Steckrüben auf vielfältige Weise verwendbar.

Sauerkraut aus Steckrüben

Zutaten: 75 g Salz, drei Kilo gewaschene und geschälte Steckrüben, eine Tasse Essig, 1½ l Wasser.

Die Steckrüben grob raspeln. Etwa fünf Minuten in kochendes Wasser geben. Abgießen. In einen Steintopf die erkalteten Rübenraspeln lagenweise einschichten: Ein Kilo Raspeln mit 25 Gramm Salz feststampfen. Dann wieder Raspeln, Salz usw. Das Wasser mit dem Essig einmal aufkochen lassen. Erkaltet über die Raspeln gießen. Mit einem sauberen Küchentuch abdecken. Einen umgedrehten Teller darauf legen, der mit einem Stein beschwert wird.

Das Rübensauerkraut braucht ca. zwei bis drei Wochen, bevor man es verwenden kann. Unter Zusatz von Roter Beete lässt sich in ähnlicher Weise eine Art »Rotkraut« herstellen.

Rübenkraut

Zutaten: Vier Kilo Zuckerrüben (damals wurden zur Hälfte Zucker- und Steckrüben genommen, das Rübenkraut wird dann weniger süß).

Rüben gründlich reinigen. Danach wie Möhren mit einem Messer gründlich abschaben. Die grünen Wurzel- und Blattgründe restlos entfernen, sonst bekommt das Rübenkraut einen bitteren Nachgeschmack. Rüben sehr klein schneiden. In einen Topf geben und mit so viel Wasser übergießen, dass die Rüben bedeckt sind. Weich kochen lassen. Rüben durch den Fleischwolf drehen, in ein Tuch geben und den Saft auspressen. Den gewonnenen Saft solange kochen, bis er geliert bzw. karamellisiert. Das kann einige Zeit dauern. Um den letzten Rübengeschmack zu entfernen, kann man Pottasche mitkochen. Eine Messerspitze pro Pfund Saft.

Zum Schluss noch einige Rezepte für Gebäck aus Steckrüben.

Rübenmakronen

Zutaten: Zwei Tassen grob geschroteter Weizen, eine Tasse geraspelte Steckrüben, ein Esslöffel Zucker, ein Esslöffel Mehl, ein Fläschchen Mandelaroma, etwas Wasser.

Die Zutaten werden mit etwas Wasser zu einem sehr festen Teig vermischt. Auf ein gefettetes Backblech kleine Häufchen setzen. Bei 225 Grad backen.

Steckrübentaschen

Zutaten: Ein Ei, zwei Tassen Mehl, Salz, etwas Magermilch, etwas Fett zum Backen.
Füllung:
300 g Steckrüben, eine Tasse Obstsaft.

Aus Mehl, Ei, Salz und Magermilch einen dicken Teig rühren. In einer Pfanne mit wenig Fett vier Pfannkuchen daraus backen. Steckrüben schälen, in kleine Würfel schneiden und im eigenen Saft weich kochen. Durch ein Sieb streichen. Obstsaft einrühren. Noch einmal kurz aufkochen lassen. Die Pfannkuchen zur Hälfte damit bestreichen. Die freie Hälfte darauf klappen.

Das sind natürlich nur einige der Rezepte unter Verwendung von Steckrüben. Es gab Steckrübensalat, Kohlenrübenbrei und vieles andere.

Rund 80 Millionen Zentner Kohlrüben hatte die Reichskartoffelstelle für den Winter 1916/17 aufgekauft, aber nicht zur Verteilung bringen können trotz des Hungers. Damit die Rüben nicht nutzlos vergammelten, wurden sie zu Dörrgemüse und Rübenmehl verarbeitet. Und das wurde nun den Kommunen zur Verteilung geliefert. Mitte 1917 »saßen« die Gemeinden immer noch auf großen Restbeständen dieses Mehls. Niemand wollte es kaufen, schon wegen des merkwürdigen Aussehens. Also wurde das Steckrübenmehl mit Kartoffelmehl gestreckt und mit Maggi-Suppenwürfeln gemischt und als so genannte »Vollkost« angeboten.

Annoncen-Serie aus dem »Herner Anzeiger« vom 4. Juli 1917

*Kriegsplakat
aus dem Jahre 1917*

Eine (offenbar aus guten Gründen anonym bleiben wollende) Hausfrau schrieb darüber im Juli 1917 im »Sodinger Anzeiger«:

»In der vergangenen Woche wurde hier sogenannte ›Vollkost‹ verausgabt. Ich ließ mich von dem volltönenden Namen verleiten und kaufte das meiner Familie zustehende Quantum, nachdem mir in dem Geschäft ... bedeutet worden war, daß ich ohne die Abnahme von ›Vollkost‹ auch die anderen mir zustehenden Waren nicht erhalten könnte..., es sei so von ›oben‹ angeordnet.

Ich nahm also die ›Vollkost‹ und gedachte den Meinen davon eine kräftige Mahlzeit zu bereiten... Während des Kochens stieg mir der Duft fauliger und verbrannter Steckrüben in die Nase und ... als ich meinem Mann und meinen Kindern das ... Mahl vorsetzte, erklärten sie ..., das sei keine Nahrung für Menschen...

Etwas Widerlicheres als die sogenannte ›Vollkost‹ habe ich selten in meinem Leben genossen. Sogar die Katze meiner Nachbarin ließ das Zeug ... entrüstet stehen... Und dafür hatte ich den sauer erworbenen Verdienst meines Mannes ausgeben müssen.«

Ich weiß nicht, ob wir Ihnen mit unseren Rezepten und Geschichten Appetit auf Steckrüben machen konnten. Wenn nicht – Sie haben unser vollstes Verständnis.

Ich jedenfalls erinnere mich noch gut an ein Kinderlied, das wir noch in den fünfziger Jahren in der Schule sangen, denn es gab nach dem Zweiten Weltkrieg eine zweite »Rübenzeit«:

*»Die Rüben, die Rüben,
die haben mich vertrieben.
Hätt' die Mutter Fleisch gekocht,
dann wäre ich geblieben.«*

Drahtverhau

Am 21. Februar 1916 hatte in Frankreich die Schlacht um Verdun begonnen. Vom Chef der obersten Heeresleitung, von Falkenhayn, war die bisher größte deutsche Heeresstreitmacht vor Verdun zusammengezogen worden, dem Tor nach Paris, wie er meinte. Seine Vermutung: Frankreich würde dort alle Kräfte konzentrieren, um die Stadt und

Verwandelt Euer Geld in U-Boote,

in Stacheldraht,

in Geschütze und Granaten, in Maschinengewehre und Patronen,
und Ihr erhaltet das Leben unsrer Helden
an der Front!

Es gilt, unsern Feinden durch das Anleihe-Ergebnis zu beweisen,
daß Deutschlands wirtschaftliche Kraft ungeschwächt ist, damit sie den Mut und
die Hoffnung verlieren, uns jemals niederzwingen zu können!

Leihe jeder, soviel er kann, dem Vaterlande, jeder nach seinen Kräften:
der Reiche viel, der Aermere weniger; fehlen darf keiner!

Aufruf in den Tageszeitungen zur Zeichnung der Kriegsanleihen, mit denen das Deutsche Reich versuchte, große Teile der Kriegskosten zu finanzieren.

die Region zu »halten«. Sein Plan: Frankreich sollte vor Verdun verbluten, dann könnte es »widerstandslos« erobert werden.

Auch wer die Schlachtfelder und Museen, die Festungsanlagen und Gedenkstätten rund um Verdun besucht hat, kann das Leid derer, die hier in den Schützgräben oder hinter Betonmauern der Forts im Trommelfeuer der Kanonen elendig verreckten, nicht ermessen.

Im August 1916 war die Offensive bei Verdun gescheitert, nachdem Briten und Franzosen im Juni entlang der Somme angegriffen hatten. Als im Dezember die Schlacht endete, hatten über 700.000 Deutsche und Franzosen ihr Leben gelassen.

Falkenhayn wurde abgelöst (in Rumänien übernahm er die 9. Armee) und durch Hindenburg ersetzt.

Deutschland war und blieb wegen der überaus effektiven britischen Seeblockade von Nahrungsmittel- und Rohstoffimporten weitgehend abgeschnitten. Vor allem fehlte es an Düngemitteln und Landmaschinen (die man aus Amerika bzw. aus England importiert hatte).

Also blieben die landwirtschaftlichen Erträge hinter den Erwartungen der Regierenden weit zurück. Ersatz für Obst und Gemüse, das man aus Übersee bezogen hatte, blieb aus. Der Konsumgütermarkt war bald zusammengebrochen. Bei der Belieferung mit Rohstoffen hatte die Kriegsindustrie Vorrang.

Am 12. Dezember 1916 machte die deutsche Regierung der Entente ein Friedensangebot. Doch die Bedingungen, die von ihren Gegnern genannt wurden, hielten die Deutschen für unannehmbar. Noch immer glaubten Militärs und Nationalisten in Deutschland an einen »Siegfrieden«. Die Industrie rechnete mit weiteren riesigen Gewinnen und spekulierte im Falle eines Sieges auf Landabtretungen und Reparationen. Also ging der Krieg trotz einer Friedensproklamation des US-Präsidenten Wilson weiter.

Die Ernährungslage in Deutschland verschärfte sich weiter, obwohl das kaum noch möglich schien.

Frauen an einer Gemüseschneidemaschine der städtischen Trockengemüseanstalt in Berlin

Neben den Steckrüben wurde von 1916 an vermehrt Trockengemüse (statt frischer Ware) an die Verbraucher ausgegeben. »Drahtverhau« nannte es der Volksmund. Und das sicher zu Recht.

Das Verfahren zur Trocknung war eigentlich nichts Neues. Jede Hausfrau kannte das: Pilzen, Äpfeln (oder anderem Obst) und bestimmten Gemüsen oder Kräutern wird das Wasser entzogen, indem man sie auf eine Leine reiht und so an der Luft trocknen lässt. Gedörrt bleibt es länger haltbar.

Das industrielle Trocknen von Obst und Gemüse freilich wurde zur Herstellung von Verpflegung für die Soldaten entwickelt. Man wollte Transportraum sparen.

Weitere »Vorteile« waren offensichtlich: Getrocknet werden konnte auch nicht ganz einwandfreies Gemüse oder Obst. Und die Trockenprodukte waren jederzeit zur Hand, auch wenn man keine Frischprodukte zur Verfügung hatte.

Was im Großen funktionierte, sollte auch im einzelnen Haushalt praktiziert werden. Freilich konnten hier »verfeinerte Methoden« zur Anwendung kommen.

Das zu trocknende Gemüse sollte nach dem Zerkleinern und der Reinigung zunächst blanchiert (also überbrüht) werden (»weil besonders die eiweißreichen Gemüse wie auch Erbsen und Bohnen nachher besser im Geschmack sind«).

In den Kriegskochbüchern wurde zudem empfohlen, das Gemüse nicht »künstlich« (also mit Hilfe von Wärme in oder auf dem Herd), sondern auf Hürden (also Lattenrosten) an der Luft zu trocknen:

»Nach dem Dörren ist das Gemüse an einem trockenen, luftigen Ort in Papier-, dünnen Leinen- oder Organtinsäcken hängend aufzubewahren, doch hie und da nachzusehen und aufzuschütteln.«

Zum Gebrauch sollte das Trockengemüse »fünf bis sechs Stunden vor dem Kochen« in dem Wasser, in dem es gekocht sollte, eingeweicht werden. Dann musste man sich entscheiden:

»Wer die Nährsalze erhalten will, muß die Gemüse mit dem Einweichwasser fertig kochen, wer jedoch den Geschmack des Frischgemüses erreichen will, muß das Wasser während des Kochens mehrmals wechseln.«

Während die Menschen überall in Deutschland hungerten (die Rationen deckten nur noch 25 % des Eiweiß-, 19 % des Fett- und 59 % des Kohlehydratbedarfs), versuchten vor allem Landwirte und Händler, am Krieg zu verdienen.

Mit falschen Angaben zu Ernteflächen und Erträgen und »Einbehaltung« landwirtschaftlicher Produkte beeinträchtigten die Bauern die Versorgung der Bevölkerung.

Den Händlern wurde Kriegswucher bei ihrer »Preisgestaltung« vorgeworfen, gegen den die Behörden »massiv« vorgehen wollten (»dem Geist des rücksichtslosen Profit gilt der Kampf bis aufs Messer«).

Wohl zur Abzuschreckung fanden in vielen Städten Prozesse wegen Schwarzhandels und Lebensmittelschieberei statt.

Besonderes Aufsehen erregte ein Verfahren, das im Herbst 1917 vor einer Strafkammer in Köln gegen eine Familie Bremer eröffnet wurde und aus dem Details bekannt wurden, die klar machen, mit

Neben Trockengemüse, Fleischbrühenpulver und Suppenmehl brachte die Kriegszeit noch andere »neue« Ersatzlebensmittel hervor. Hier einige davon:

Dottofix
war ein Gemisch aus Kartoffelstärke (45 %), Magermilchpulver und kohlensäurenentwickelnden Stoffen.

Eidol
war ein Ei-Ersatz, der aus (gelb) gefärbter Kartoffel-Stärke, 6% Kochsalz und 1% Eiweiß bestand.

Dotterol
war ebenfalls ein Ei-Ersatz, der hergestellt wurde aus Maismehl, Zucker, Kartoffelstärke und einem Treibmittel.

Soekosa
war der wohl bekannteste künstlich hergestellte Brotaufstrich, zusammengesetzt aus Schmalz und gesalzenem Mehlkleister.
Als »Butterstreckmittel« sollten mit Amarin parfümierte Kartoffelstärke oder Quark verwendet werden. Es gab auch ein Butterpulver, aus dem eine Art künstlicher Butter gerührt werden konnte.

Andere Fett-Ersatzstoffe, die z.B. als Salatöl-Ersatz angepriesen wurden, enthielten überhaupt kein Fett. Sie bestanden zu 99 Prozent aus Wasser, dem durch Pflanzenschleim und Teerfarbstoffe ein öl-ähnliches Aussehen verliehen wurde.

Aus Obstkernen gewonnenes Speiseöl wurde zur Margarine-Herstellung verwendet. Das Ziel: Acht Milliarden Kerne sollten 1917 gesammelt werden. Eine Tonne Kerne würde jeweils rund 50 Kilo Öl liefern. Selbst auf so geringe Mengen konnte nicht verzichtet werden.

Obstkernsammlung.

Auf Anregung des Herrn Regierungspräsidenten Arnsberg und des Vorstandes des Provinzialverbandes der Vaterländischen Frauenvereine Westfalens findet auch in diesem Jahre in Herne eine Obstkernsammlung statt, um die Oelgewinnung zu fördern.

Von **Steinobst** lassen sich die Kerne der Kirschen, Pflaumen, Mirabellen, Reineclauden, Aprikosen, von **Kernobst** Kürbis- Citronen- Apfelsinenkerne verwenden. Pfirsichkerne sind wertlos. Die Kerne müssen von reinem Obst stammen und gut und rein getrocknet sein. Das Trocknen geschieht am besten in der Sonne oder bei gelinder Ofenwärme; verschimmelte Kerne sind wertlos. Wir vergüten für das Kilogramm Kerne Steinobst 10 Pfg, für das Kilogramm Kürbiskerne 15 Pfg., für das Kilogramm Apfelsinen- und Citronenkerne 35 Pfg. Die Ortssammelstelle und der erste Annahmetag werden noch bekannt gegeben.

Herne, den 3. Juli 1917.

Der Erste Bürgermeister:
Dr. Sporleder.

Der Vaterländische Frauenverein:
Frau San.-Rat Dr. Schaubera.

welch krimineller Energie die Nahrungsmittelschiebereien in der Kriegszeit betrieben wurden.

Die »Sanitätsmolkerei Bremer« (»*91 mal prämiert, Besichtigung erbeten*«) lieferte an die Stadt Köln (Sie erinnern sich – mit Oberbürgermeister Adenauer an der Spitze) zum Beispiel Kindermilch, die mit Wasser »gestreckt« war, Wasser, in dem vorher die Bauersleute gebadet hatten (Der vorsitzende Richter: »*Eine Episode etwas dreckiger Natur!*«). Aus der so »ersparten« Milch wurde Butter und Sahne hergestellt und zu Höchstpreisen verkauft.

Auch mit anderen Lebensmitteln wurde ein schwunghafter Handel getrieben.

Der Gefreite Riese sagte aus, dass er Sahne bei Bremer geholt habe, sein »*Herr Major*« hätte ihm zu verstehen gegeben, die Sahne sei für seine kranke »*Frau Gemahlin*«, die ein Halsleiden habe.

Und die Zeugin Morr:

»*Es sind sehr oft Kühe, Schweine und Kälber geschlachtet worden, auch nachts. Es wurde dann morgens erzählt, das Fleisch sei gestohlen worden.*«

Und der Viehwärter Kohler, der alle Schlachtungen ausgeführt haben soll:

»*In diesem Jahr sind zehn Kälber geschlachtet worden. Nach den Schlachtungen haben immer besser gestellte Damen und Herren, mit Paketen bepackt das Bremersche Privathaus verlassen.* (auf Vorhalt:) *Ja, ich muss zugeben, ich*

Anordnung: Kuchenbackverbot.

Unter Abänderung meines am 8. Mai 1917 unter Nr. I 15 Nr. 4094 I erlassenen Verbots ordne ich auf Grund der §§ 12 und 15 der Bekanntmachung betreffend die Errichtung von Preisprüfungsstellen und die Versorgungsregelung vom 25. September und 4. November 1915 — R. G. Bl. S. 607 und 728 — sowie der Bekanntmachung vom 6. Juli 1916 — R. G. Bl. S. 673 — folgendes an:

§ 1.
Die gewerbliche Herstellung und Abgabe von Kuchen und Torten in Bäckereien, Kaffees, Gast- und Speisewirtschaften, in Speiseanstalten oder Erfrischungsräumen des Militärs, in Geschäftshäusern, Fabriken oder Privatvereinigungen ist verboten.

§ 2.
Reine Konditoreibetriebe, d. h. solche Betriebe, in denen Brot oder sonstige Gebäcke aus Getreidemehl oder Schrot weder hergestellt noch abgesetzt werden, dürfen Torten, zu deren Herstellung Getreidemehl oder Schrot überhaupt nicht verwendet wird, gewerblich herstellen und abgeben; im Uebrigen ist auch ihnen die Herstellung und Abgabe von Torten und Kuchen verboten.

§ 3.
Zuwiderhandlungen werden mit Gefängnis bis zu 6 Monaten oder mit Geldstrafe bis zu 1500 Mk. bestraft.

Anordnungen wie diese wurden in den Jahren 1917 und 1918 immer wieder erlassen.

habe auch Vollmilch an die Schweine verfüttert. Sie werden dann besser im Geschmack.«

Es gab noch mehr solche Aussagen. Für die Familie Bremer endete der Prozess mit äußerst milden Haftstrafen.

Die Arbeiter und Arbeiterinnen in den Industriegebieten veranlassten Fakten, die in Prozessen wie dem in Köln bekannt geworden waren, zu weiteren Streiks. Wenngleich die Streikenden noch keine politischen Forderungen stellten – jeder Streik gegen den Hunger war ein Antikriegsstreik, wenn auch nicht gegen die Regierenden gerichtet. Aber das sollte sich ändern.

Im Jahr 1917 schien es zunächst, als würde der Krieg nun für die »Mittelmächte« »günstiger« verlaufen.

Im März hatte die (nach dem im Zarenreich gültigen Kalender) so genannte Februar-Revolution in Russland zur Abdankung der Romanows geführt.

Aber als am 6. April die USA den Mittelmächten den Krieg erklärten, konnte sich jeder ausrechnen, dass dieser Krieg gegen die stärkste Wirtschafts- und Militärmacht nicht mehr zu gewinnen war. Im Juni landeten dann die ersten US-Truppen in Frankreich und griffen in die Kämpfe ein.

Und doch schöpften die deutschen Militärs noch einmal Hoffung.

Sie hatten Lenin aus seinem Schweizer Exil durch Deutschland in seine russische Heimat geschleust in der Erwartung, er würde dort die innenpolitischen Spannungen verschärfen. Doch es kam anders und besser: Nach der Oktober-Revolution wollte Lenin an den äußeren Grenzen einen Frieden um jeden Preis, damit er im Inneren seine Pläne durchsetzen konnte. Also wurde am 15.12.1917 zunächst ein Waffenstillstand geschlossen, am 3.3.1918 dann ein Friedensvertrag in Brest-Litowsk.

Die oberste deutsche Heeresleitung sah nun auf einmal wieder Chancen, den Krieg zu gewinnen. Die an der Ostfront frei gewordenen Truppen konnten im Westen eingesetzt werden. Aber mehr als zehn Prozent des Ostheeres tauchten bei der Ver-

»Die Gänseblümchen sind unsere Eier...«

Bekanntmachung

Gemäß § 9 der Verordnung über die Anmeldung des Speisefettbezuges vom 20. Dezember 1916 wird für den Bezirk der Fettstelle Groß Berlin bestimmt:

Die Wochenmenge an Butter und Margarine beträgt vom 29. Jan. 1917 ab

für Butter   50 Gramm und
für Margarine 30 Gramm

Berlin, den 24. Januar 1917.

Fettstelle Groß Berlin

1917 wurden die Fett-Rationen nochmals reduziert.

legung nach Frankreich oder Belgien einfach unter. Die Soldaten wollten nicht mehr.

Die Frauen wurden (wieder einmal) aufgefordert, sich ihrer *»vaterländischen Pflicht«* nicht zu entziehen (*»Noch mehr Frauen an die Front!«*) und in Rüstungs- oder Verkehrsbetrieben, im öffentlichen oder im Krankenpflegedienst an die Stelle der Männer zu treten.

»Vaterländische Pflicht« war nun auch, zu verzichten und nach *»vergessenen Nahrungsmitteln«* zu suchen, nach Wildkräutern und -gemüsen (*»Jetzt sind die Gänseblümchen unsere Eier.«*). Die Rezepte wurden gleich mitgeliefert:

Grüne Suppe (Neun-Kräuter-Suppe)

Zutaten: Je eine Tasse Blätter von Spitzwegerich, Sauerampfer, Gänseblümchen, Brombeeren, Schafgarbe, Giersch, je zwei Tassen von Löwenzahn- und Brennesselblättern und Hopfensprossen, zwei Esslöffel Mehl, ein Esslöffel Öl oder Fett, Salz, ein Liter Wasser.

Die Kräuter gut waschen, mit einem Messer klein hacken und in Öl oder Fett etwas anrösten. Mit dem Wasser aufgießen und etwa zehn bis fünfzehn Minuten köcheln lassen. Mehl mit etwas kaltem Wasser anrühren und zur Bindung dazu geben. Salzen.

Rote Rübenbreisuppe

Zutaten: Vier rote Rüben (rote Beete), zwei Kartoffeln, zwei Esslöffel Mehl, ¼ l Milch, ¾ l Wasser, etwas Fett oder Öl, Salz.

Rüben und Kartoffeln weich kochen. Nach dem Erkalten reiben. Fett in einem Topf heiß werden lassen, das Mehl darin goldgelb werden lassen, mit dem Wasser ablöschen, Milch einrühren. Kartoffeln und Rüben dazu geben, aufkochen lassen, mit Salz abschmecken.

Türkische Suppe

Zutaten: 200 g Hammelfleisch, eine Möhre, eine Stange Lauch, ein Stück Sellerie, 500 g Weißkohl, eine Tasse gekochter Reis, etwas Öl, 1½ l Wasser, Salz, Pfeffer.

Fleisch klein schneiden. In heißem Öl anbraten. Suppengrün waschen, klein hacken und etwas mit anrösten lassen. Den Weißkohl sehr fein schneiden, dazu geben. Mit Wasser auffüllen. Weich kochen lassen. Salzen. Pfeffern. Zum Schluss den Reis einrühren.

Salzheringskoteletts

Zutaten: Ein Salzhering, vier gekochte Kartoffeln, ein Ei, eine gehackte Zwiebel, ein Esslöffel Mehl, zwei Esslöffel Semmelbrösel, Fett zum Backen.

Dem Hering die Haut abziehen und ihn entgräten. Mit den Kartoffeln durch den Fleischwolf drehen. Mit Mehl, der Zwiebel und dem Ei verrühren. Koteletts formen. In Semmelbröseln wenden. In Fett backen.

Die Durchhalte-Parolen der Militärs – sie hatten nichts bewirkt. Der Hunger in der Heimat und die Erschöpfung der Soldaten in den Schützengräben waren stärker.

An der Westfront breitete sich 1918 so etwas wie ein versteckter Soldatenstreik aus. Fünf deutsche Offensiven, die in diesem Jahr mit Hilfe der an der Ostfront frei gewordenen Soldaten unternommen wurden, hatten keinen »Erfolg«.

Als die deutschen Truppen dann auf eine Linie von Antwerpen bis hin zur Maas zurückgezogen wurden, marschierten mehr als eine Million Soldaten unter irgendeinem Vorwand weiter in die Etappe, möglichst gleich in die Heimat. So etwas wie »Kampfmoral« gab es nicht mehr.

Die Soldatenaufstände und die daraus sich entwickelnde Revolution waren nur noch der Ausdruck der militärischen Niederlage. Sie waren aber auch ein deutliches Zeichen dafür, dass sich das herrschende politische System überlebt hatte.

Eine Meuterei von Matrosen in Kiel breitete sich über Deutschland aus.

Der Kaiser dankte ab. Die Republik wurde ausgerufen. In Frankreich blieb den Militärs am 11.11.1918 nur, um den Waffenstillstand zu bitten.

Im Ersten Weltkrieg wurden 20 Millionen Menschen verwundet, acht Millionen verloren ihr Le-

Achtjährige Jungen 1918, durch Unterernährung in ihrer Entwicklung zurück geblieben

meuternde Matrosen nach der Erstürmung des Gefängnisses in Wilhelmshaven

ben, davon 1,8 Millionen Deutsche (ohne die Verhungerten). Für nichts. Der SPD-Politiker Otto Braun:

>*Zwei Millionen Tote, Millionen Witwen, Waisen und Kriegsinvaliden, ... unterernährte Kinder lagen in Papierhemden im Bett, ... ein durch Hunger und Unterernährung ausgemergeltes Volk, zu dem nun die von den Fronten zurückflutenden Millionen ... verwilderter Soldaten stießen, Arbeit und Brot heischend.*«

Zumindest in Bezug auf eine Vielzahl von Erfindungen im Bereich der industriellen Nahrungsmittelproduktion ist an der Behauptung, wonach der Krieg »Vater aller Dinge« sei, etwas Wahres.

Ein bayerischer Kriegsminister (Rumford) erfand neben einem Sparherd auch einen Pudding und eine (Arme-Leute-)Suppe. Aus Konservendosen, einer Erfindung des Londoner Kaufmanns Peter Durand, wurden zuerst Napoleons Soldaten verpflegt, bevor sie (etwa 1830) der Allgemeinheit zugänglich war. Und auch die Erbswurst, das Trockengemüse oder die Konzentratnahrung wurden für den Kriegseinsatz entwickelt.

Den Soldaten des Ersten Weltkrieges waren Trockengemüse und Essen aus Weißblechdosen durchaus geläufig: Gemüsekonserven oder in Salzwasser abgekochtes Fleisch, abgefüllt mit Knochenbouillon. Eine Dose enthielt die Tagesration für zwei Soldaten. Einige Dosen waren bereits mit einer eigenen Kochvorrichtung ausgestattet.

Mussten die Soldaten sich im Krieg 1870/71 ihre Mahlzeiten noch selbst zubereiten, wurde das Heer im Ersten Welt-

Feldküche.

krieg in der Regel durch Feldköche und Feldküchen verpflegt, eine Neuerung, die es seit 1908 gab:

»Die Feldküche ... zweispännig, vom Bock aus zu fahren, besteht aus dem Vorderwagen mit Protzkasten und dem Hinterwagen mit Kocheinrichtung, Brennstoff und Zubehör... Der Protzkasten nimmt die dritte eiserne Portion der Mannschaft mit, um sie im Bedarfsfalle während des Marsches zu kochen... Der Hinterwagen ent-

Exkurs:
Wer einmal aus dem Blechnapf (fr)aß

hält einen 200 l fassenden Speise- und einen 70 l fassenden Kaffeekessel, in denen gleichzeitig gekocht werden kann... Zum Garwerden der Speisen sind ein bis zwei Stunden erforderlich.«

Erfunden worden war die Feldküche als »Feldfuhrküche« von dem Ostpreußen Friedrich von Kurowski-Eichen bereits Anfang des 19. Jahrhunderts. Goethe überwachte ihren Bau und schickte sie den Weimarer Truppen während der Befreiungskriege.

Was der Soldat von den Feldküchen an Verpflegung bekommen sollte, hatte der k.k. österreichische Hauptmann im Geniestab, Ferdinand Hartmann, formuliert (Genie = milit. Ingenieurwesen):

»Zu der ... regelmäßigen Verpflegung werden ... gewöhnlich gerechnet: das Brod, das frische Fleisch, die Suppe oder das Gemüse ...,das Salz und manchmal der Branntwein. An deren Stelle treten ... unter Umständen ...: für das Brod das geröstete Brod oder der Zweiback; für das frische Fleisch der Speck, das gesalzene oder geräucherte Fleisch... In neuerer Zeit sind auch ... komprimirte Gemüse..., gepresstes Fleisch, pulverisirtes Fleisch, theils zur Anwendung gekommen..., theils als regelmäßige Verpflegung empfohlen worden.«

Besonders einfallsreich war es nicht, was da laut Vorschrift aus den Kesseln der Feldküchen kommen sollte: Rindfleisch mit gemischtem Gemüse, mit Reis oder Kartoffeln und Graupen, Schweinefleisch mit Kartoffeln und Bohnen oder mit Erbsen, Hammelfleisch mit Kartoffeln und Weißkraut..., also hauptsächlich Kohlenhydrate.

Die Suppen sollten »aus Brot, Zwieback, Mehl, Graupen, Grütze, Grieß, Hirse, Reis oder Sago bereitet« werden. Die Rezepte wurden gleich mitgeliefert:

78

»Eine gute Brotsuppe erhält man, wenn einige Tage alt gebackenes Brot in Scheiben geschnitten, mit Wasser, einem Stückchen Butter und Salz mit etwas Petersilie, Kerbel usw. durchgekocht wird.«

Apropos Brot. Brot wurde natürlich auch für die Soldaten an der Front von Feldbäckereien gebacken, Kommissbrot. Dieses Brot, von dem Spötter meinen, es sei »der einzige Beitrag Preußens zum internationalen Küchenrepertoire«, war ein Roggenbrot mit einem hohen Anteil an Kleie in Kastenform. Im Laufe der Zeit wurde seine Rezeptur immer wieder geändert. Im Ersten Weltkrieg kam dafür auch Dinkelmehl zum Einsatz zusammen mit Grießkleie, Schwarz- und Nachmehlen. Im Zweiten Weltkrieg sollte das Kommissbrot ein reines Roggenbrot sein, wobei das Mehl je nach »Lage« mit Kartoffelwalzmehl gestreckt wurde.

Noch vor Einführung der Bundeswehr wurde vom Ernährungswissenschaftlichen Institut der Universität Mainz ein neues Rezept entwickelt: Einer Mischung aus 90 % Roggen- und 10 % Weizenmehl wurden Magermilchpulver und Trockenhefe zugesetzt, um den Eiweißgehalt zu erhöhen. Später wurde das Rezept komplizierter. Die Mehlmischung bestand aus Roggenbackschrot, -flocken und -mehl, aus Weizen- und Kartoffelwalzmehl, Restbrot und Quellmehl; zugesetzt wurden Hefe, Salz, Backmalz, Kümmel und Sorbinsäure.

Diejenigen, die im Zweiten Weltkrieg die Soldaten verpflegen sollten, hatten es vor allem zwei Probleme zu bedenken: wachsende Versorgungsschwierigkeiten und immer längere Nachschubwege. Für besonders »schnelle« Truppenteile, die sich nicht mehr »aus dem Land« ernähren konnten, mussten »neue« Lebensmittel entwickelt werden, die sich »am Mann« tragen ließen und die in der Lage waren, den Soldaten einige Tage lang zu ernähren.

Bei der während des gesamten Krieges angespannten Ernährungslage ging es darum, die vorhandenen Lebensmittel möglichst rationell einzusetzen und das abfallfrei. Die »Fett«- und die »Eiweiß-Lücke« versuchte man zu schließen.

Fisch (aus Norwegen) wurde zu einem Brotaufstrichmittel verarbeitet, Wurst wurde mit Sojabohnen gestreckt. Berüchtigt war auch das Bratlingspulver, eine spezielle Mischung pflanzlicher Erzeugnisse, die Fleischgeschmack vortäuschen sollte. Es

mussste vor Gebrauch erst mit Wasser aufgekocht werden, ehe es zu Bratlingsgerichten weiterverarbeitet werden konnte.

Im Hinblick auf die Rationalisierung des Nachschubs war die Entwicklung von Trockenerzeugnissen am wichtigsten: Lebensmittel mit wenig Gewicht in »transportgemäßer« Form.

Getrocknet wurde nahezu alles: Käse und Kartoffeln, Äpfel und Marmelade, Säfte und Fleisch, selbst Butterpulver gab es: Vorläufer heutiger Trockenfertiggerichte.

Spezialpressbetriebe formten aus Käsepulver oder Kartoffelflocken so genannte »Presslinge«, ziegelähnliche Gebilde, die sich gut verpacken und versenden ließen.

Die Konserven enthielten die Mittagsportion für einen Soldaten, Mischkost wie grüne Erbsen mit Kartoffeln und Schweinefleisch, Linsen mit Kartoffeln und Räucherspeck oder Graupen mit Rindfleisch. Suppen gab es auch in Würfelform.

versteht sich, und mit Hilfe von Feldkochbüchern. Hier einige der »Grundrezepte«, die sich kaum von jenen im Ersten Weltkrieg unterscheiden:

Brühkartoffeln und Kochdauerwurst

Getrocknete Suppenkräuter in kochendes Wasser geben. Salzen nach Geschmack. Frische oder getrocknete Kartoffeln hinzu geben und gar kochen lassen. Kochdauerwurst in das fertige Gericht geben, kurz durchkochen, dann gar ziehen lassen.

In ähnlicher Weise sollten Tomatenkartoffeln (unter Zusatz von Condimento, einem Tomatenmarkersatz) oder Zwiebelkartoffeln (aus Trockenzwiebeln) bereitet werden.

Graupen und frisches Rindfleisch

100 Gramm Graupen in kaltem Wasser zum Kochen bringen. Fleisch, drei Gramm getrocknete Suppenkräuter und Salz hinzugeben und etwa drei Stunden kochen

Als Weiterentwicklung der Suppenkonserve wurde die so genannte »Stalinverpflegung« verteilt:

»Als Basis dienten Haferflocken und Pflanzenfett. Die krümelnd-pastöse Masse ließ sich kalt verzehren oder rösten und ergab mit Wasser aufgekocht eine kräftige dicke Suppe. Sie ... war die erste Konzentratverpflegung der deutschen Wehrmacht.«

All diese »Rationalisierungmaßnahmen« trugen natürlich auch zur Entlastung der Feldküchen bei.

Ein Feldkochunteroffizier betrieb in der Regel die Feldküche nach Dienstvorschrift,

lassen. Abschmecken mit Salz, Hefeextrakt, Sellerie, Petersilie und Bohnenkraut.

Wehrmachtsuppenkonserve mit Konservenfleisch

Rindfleisch mit etwas Salz in kochendes Wasser geben und gar kochen lassen. 150 Gramm Wehrmachtsuppenkonserve zerdrücken, mit kaltem Wasser glatt rühren, in die kochende Fleischbrühe geben, kurz durchkochen und dann 20 Minuten gar ziehen lassen. Abschmecken mit Salz und Majoran. Konservenfleisch unter das gare Gericht mengen und nur darin erwärmen, nicht mehr kochen lassen.

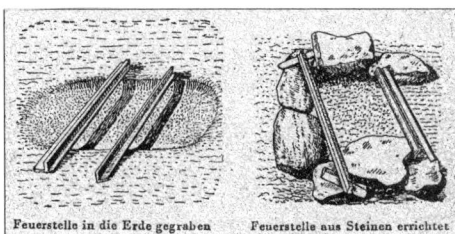

Feuerstelle in die Erde gegraben   Feuerstelle aus Steinen errichtet

Im März 1956 oblag es dem Oberstabsfeldwebel Best, Küchenmeister der ersten Bundeswehrgarnison in Andernach, erstaunten Pressevertretern die Wochenration des »neuen« deutschen Soldaten zu präsentieren: 610 g Fleisch, sechs Eier, zwölf Brötchen, drei Kilo Kommissbrot, zwei Berliner Pfannkuchen, drei Liter Milch, 195 g Butter, 455 g Margarine, 105 g Bratfett, 280 g Marmelade, 150 g Käse, 700 g Wurst, eine Portion Bockwurst, 300 g Kompott, ein Rollmops, 6 g Tee, 50 g Bohnenkaffee, 10 g Kakao, 50 g Kaffee-Ersatz, 100 g Suppenpulver, 4,5 kg Kartoffeln, zwei Äpfel, eine saure Gurke, 800 g Gemüse, 300 g Zucker, 250 g Mehl 100 g Pflanzenfett und eine Dose Fisch. Bezahlen musste der Soldat dafür DM 2,50 pro Tag. Gekocht wurde daraus die übliche Gemeinschaftsverpflegung, wie man sie auch aus Kantinen kennt.

Neu waren die »Einmann-Pakete«, mit denen sich der einzelne Soldat »außerhalb des Feldküchenbereichs« selbst verpflegen konnte, Pakete, die freilich auch regelmäßig im Alltagsbetrieb an die Truppe verteilt wurden, um einen gewissen Umschlag zu sichern.

Diese Einmann-Pakete gab es in drei Gattungen zu je vier Typen:
- mit essfertigen Konserven
- mit Halbkonzentraten, denen Wasser zugesetzt werden musste
- mit Trockenfertiggerichten.

Sie waren nach US-amerikanischem Vorbild aus 46 Artikeln im Baukastensystem zusammengesetzt:

Huhn in Aspik, Schinkenhörnchen (als Halbkonzentrat), Bitterschokolade (nach dem Vorbild der Schoka-Cola von Stollwerck aus dem Zweiten Weltkrieg), Brühwurst, Schmalzfleisch, Apfelpulver, Getränkepulver (Zitrone) und vieles mehr.

Man mag den Einfallsreichtum bewundern, der zur Herstellung dieser Soldatenverpflegung aufgewendet wurde, egal welche Epoche man betrachtet. Man sollte dabei allerdings nie den Zweck aus dem Blick verlieren, dem diese Phantasie dient: die Einsatzbereitschaft des Soldaten zu erhalten.

Hungermärsche in die
»Goldenen Zwanziger«

DIE ERINNERUNG SCHÖNT meist die Ereignisse. So mag dies auch Adelheid Bruns bei ihrem Rückblick auf die Zeit nach dem Ersten Weltkrieg gegangen sein:

»Ich rieche ihn, den Duft des Brotes, den habe ich noch genau in der Nase. Welch eine Seligkeit war es, ein frisches Brot vom Kaufmann holen zu dürfen. Danach drängten wir Kinder uns alle. Das war ein herrlich duftendes, warmes, von einer knackigen, knusprigen, braunen Kruste umgebenes Stück Glück. Auf dem Nachhauseweg konnte man das anbohren oder davon abbrechen…

Ich weiß noch, daß es vor Weihnachten 1918 plötzlich wieder Brot gab, ganz normales, kein Kriegsbrot. Nicht lange, für ein paar Wochen vielleicht.

Da fuhren auch die Bäckerwagen wieder. Die wurden damals von Pferden gezogen. Da sind wir hinterher gelaufen und haben uns hinten aufs Trittbrett gesetzt und durch die Ritzen gerochen. Der Duft des Brotes. Brot – das war etwas Wunderbares!«

Mag sein, dass es im Ruhrgebiet nach Kriegsende wirklich für einige Wochen Brot gab. Die Regel war das nicht. Vielmehr herrschte weiter ein katastrophaler Mangel an Nahrungsmitteln und Gebrauchsgütern, und die Rationierung der Lebensmittel blieb bestehen.

Rückblende: Als am 11. November 1918 die deutsche Waffenstillstandskommission in einem Salonwagen der französischen Eisenbahn bei Compiègne die Bedingungen ihrer Kriegsgegner unterzeichnete, war der Erste Weltkrieg zu Ende,

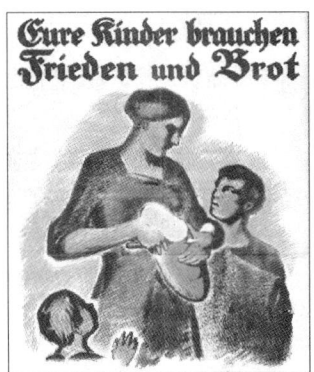

Aufruf an die Frauen, von ihrem Wahlrecht in der neuen Republik Gebrauch zu machen.

Berliner Suppenküche in der Zeit nach dem Ersten Weltkrieg

und es herrschte Waffenstillstand. Es waren dik-
tierte Bedingungen, es hatte nichts zu verhandeln
gegeben. Die deutschen Streitkräfte (»*im Felde
unbesiegt...*«, wie die Nationalisten später sagen
würden) hatten mehr oder weniger kapituliert,
»*um einer Katastrophe vorzubeugen*«.

Der Kaiser dankte ab. Das kaiserliche Schloss
in Berlins Mitte wurde von revoltierenden Soldaten besetzt.

Der SPD-Politiker Heinrich Scheidemann rief
vom Reichstagsgebäude die deutsche Republik aus,
um der Proklamierung einer sozialistischen Republik durch die Kommunisten zuvorzukommen und
erklärte seinen Parteigenossen Friedrich Ebert gegen dessen Willen zum neuen Reichskanzler.

Was in den nächsten Monaten und Jahren folgte, wurde (warum auch immer) »Periode der Re-
konstruktion« genannt, eine Zeit der Unruhen im
Inneren und Demütigungen durch die Kriegsgegner
für die Deutschen, begleitet von der Zerrüttung der
Wirtschaft, von Inflation und Arbeitslosigkeit.

Man hätte meinen können, in Deutschland sei
die Ernährungslage nun besser geworden. Das war
aber nicht so.

Am 6. März 1919 wurden in Spa die Verhandlungen über Deutschlands Lebensmittelversorgung abgebrochen. Die Sieger hatten die Heraus-
gabe der deutschen Handelsflotte verlangt, wofür
sie dann Deutschland eine gewisse Menge Lebens-

*Werbung für den
Fleischextrakt »Plantox«*

Im Januar 1919
war es zu einer
Massendemonstration
Berliner Arbeiter
gekommen, dem so
genannten »Spartakus-
Aufstand«.
Er wurde initiiert von
linken Parteien und von
(rechten) Freikorps blutig
niedergeschlagen.

*Der Aufruf (links) zeigt ein
wenig von der
Zerstrittenheit der Linken
in Deutschland.*

»Wie außerordentlich der Streik die Lebensmittelversorgung beeinträchtigt, wird in weiten Kreisen des Volkes nicht erkannt. Allein die jetzige kurze Unterbrechung der Kohlenförderung hat zur Folge, daß die Zahlungskraft des deutschen Geldes im Ausland wiederum einen empfindlichen Sturz erlitten hat... Holland hat bereits die Kartoffelzufuhr völlig gesperrt, weil Deutschland keine Kohlen liefern kann...

Geht es so weiter, so kommt ein großer Teil der Zechen zum Erliegen, dann fehlt mit einem Schlage alles, was zum täglichen Leben notwendig ist. Die ... Gasanstalten werden überall außer Betrieb kommen, die Elektrizitätswerke die Stromerzeugung einstellen, ... die Wasserwerke liefern kein Wasser mehr... Unterbindung jeden Verkehrs und der Lebensmittelzufuhr, Hungersnot, ansteckende Krankheiten sind unausbleibliche Folgen.«

Aus einem Aufruf des Zechenverbandes an die Bergarbeiter, die im Ruhrgebiet immer wieder streikten, weil sie Hunger leiden mussten.

mittel zu überlassen bereit waren. Bezahlt werden sollten die Lebensmittel mit Devisen oder Gold.

Am 16. März wurde das Abkommen dennoch unterzeichnet. Den Deutschen war wieder keine Wahl gelassen worden.

Nach Ablieferung der Flotte würde Deutschland sofort 270.000 Tonnen Lebensmittel erhalten und hatte dann das Recht, monatlich 70.000 Tonnen Fett und 300.000 Tonnen Brotgetreide einzuführen.

Die Bezahlung für die Lieferungen hatte im Voraus zu erfolgen. Die Deutschen mussten dafür in Brüssel ein Depot von elf Millionen Pfund Sterling in Gold hinterlegen.

In Versailles wurde schließlich ein Vertrag zwischen dem Deutschen Reich und seinen Kriegsgegnern, 27 alliierten Staaten, unterzeichnet. Der Vertragstext war ohne deutsche Beteiligung ausgearbeitet worden. Die Nationalversammlung in Weimar hatte der Unterzeichnung mit Mehrheit zugestimmt.

Der Vertrag sollte weitreichende, vor allem wirtschaftliche Folgen für Deutschland haben. Dieser Vertrag umfasste 440 Artikel. Die wichtigsten Bestimmungen:

Deutschland musste seine Kolonien abtreten und verlor dazu annähernd ein Siebtel seines ursprünglichen Territoriums, darunter auch Gebiete wie das Saarland oder die Stadt Danzig, vor allem aber große landwirtschaftlich genutzte Flächen.

Andere Gebiete (z.B. solche links des Rheins) wurden besetzt. Die Besatzungskosten mussten die Deutschen tragen.

Deutschland wurde zum Alleinschuldigen am Krieg erklärt und hatte als Wiedergutmachung umfangreiche Reparationen zu leisten.

Beides, die Gebietsabtretungen und die Reparationen, führten in Deutschland zu ernsten wirtschaftlichen Schwierigkeiten und zu Versorgungsengpässen in der Landwirtschaft.

Ein weiteres Problem entstand durch die Fronttruppen. Sie drängten auf den Arbeitsmarkt, aber ihre Arbeitsplätze waren von Frauen besetzt, die während des Krieges als »Ersatzkräfte« eingestellt worden waren und die jetzt den Arbeitsverdienst dringend benötigen, um überleben zu können.

Eine »Verordnung über die Freimachung von Arbeitsstellen während der Zeit der wirtschaftlichen Demobilmachung« sollte die Frauen wieder ins Haus und an den Herd weisen. Aber die Frauen ließen sich so einfach nicht wieder in die Unselbstständigkeit verbannen.

Im Februar 1920 besaß die Mark nur noch 20 Prozent ihres (Vorkriegs-)Wertes. Dabei stiegen die Lebensmittelpreise ständig weiter (die Löhne nicht). Und das obwohl die Nahrungsmittel bewirtschaftet waren, also wenn überhaupt, nur auf Marken zu bekommen waren. Es gab kaum Kartoffeln (statt dessen wurden brasilianische Bohnen ausgegeben), es gab kein Fett, nur Öl und zu wenig Fleisch.

Am meisten hatten jene zu leiden, die am wenigsten für die Misere konnten, in der Deutschland steckte, die Kinder.

Sie litten an den bekannten Mangelkrankheiten. Und es gab fünfmal so viele Fälle Tuberkulose und Rachitis wie vor dem Krieg.

In einer Abhandlung des Dortmunder Kinderarztes Prof. Dr. Engels wird der Weg aus dem »Kinderelend« gewiesen:

»Gebt den Kindern Milch, ... Milch und nochmals Milch ..., und ihr gebt ihnen Gesundheit und Kraft, entzieht ihr ihnen die Milch, so raubt ihr ihnen das letzte Gut, auf das auch der Ärmste Anspruch hat, das Recht auf Gesundheit und gerade Glieder.«

Herbert Hoover, vom amerikanischen Präsidenten zum Organisator der Lebensmittelversorgung für Europa berufen, versprach Hilfe. Aber nur, wenn die Kumpel an der Ruhr mehr Kohle fördern würden.

In Berlin traf aus den USA eine Kommission der Quäker ein. Sie wollten ein Hilfswerk für Kinder und junge Mütter aufbauen und organisierten Schulspeisungen.

Im April 1920 wurde dann nach längeren Verhandlungen ein Abkommen über Lebensmittellieferungen aus den USA geschlossen. Unter anderem sollte Deutschland 250.000 Tonnen Brotgetreide, 45.000 Tonnen Fleisch, 19,2 Millionen Dosen Milch, 1,2 Millionen Zentner Kartoffeln und vieles andere mehr erhalten. Kosten für die Deut-

Nicht nur aus den USA kam Hilfe für Deutschland, auch die Sowjetunion schickte Brot aus Solidarität mit den Arbeitern im Ruhrgebiet und ihren Familien. Über das deutsche Brot freilich beschwerten sich dessen Käufer(innen). Mit dem Mehl, das aus den USA kam, hatten die Bäcker Probleme: Es sei »muffig, bitter, klumpig und mißfarbig« hieß es und noch schlechter als das Mehl, das die Hausfrauen auf ihr Bezugsscheine bekamen. Derweil wurde die Brotration von 3½ auf 2 Pfd. herabgesetzt.

Werbung im »Herner
Anzeiger« 1920

Auch in der Zeit nach dem
Ersten Weltkrieg konnte
man alles kaufen – wenn
man es auch zu bezahlen
vermochte. Das war schon
immer so.

schen: fast drei Milliarden Mark. Zahlbar bis Mitte 1922.

Teil der Lieferungen waren auch 50.000 lebende Schweine und 20.000 lebende Rinder und Milchkühe. Damit wollte man die Milchnot in Deutschland lindern. Aber die »undankbaren« Deutschen rechneten den Amerikanern vor, dass man für das gleiche Geld, ausgegeben für Futtermittel, die vierfache Menge an Milch hätte erzeugen können.

Sinnvoller war da schon, was die US-amerikanischen Quäker machten. Sie schickten Lebensmittel nach Deutschland, ohne dass dafür bezahlt werden musste. Allein in einer Stadt wie Herne wurden mit der Quäkerhilfe monatlich 46.000 Portionen Essen für Kinder zubereitet. Es wurden Kakaotrunks und Milchwecken verteilt.

Andere Amerikaner machten Geschäfte mit Deutschland. So konnte man – vorausgesetzt man hatte das nötige Geld – in Hamburg per Anweisung ein Zehn-Dollar-Paket aus den USA ordern. Der Inhalt: 11 Kilo Mehl, 4½ Kilo Bohnen, 3½ Kilo Speck, acht Büchsen Milch und anderes.

Zeiten der Lebensmittelknappheit und Not wie die Periode nach dem Ersten Weltkrieg sind auch immer Hoch-Zeiten für Schieber, Schmuggler und Schwarzhändler. Wie solche Geschäfte vor sich gingen, mag das Beispiel einer Eierschiebung zeigen.

Die Eierpreise waren im Jahre 1921 in Europa sehr unterschiedlich. In Polen kostete ein Ei damals 37,5 Pfg., in Holland rund 50 Pfg. und in Deutschland – wo es kaum Hühner gab – etwa 2,20 Mark. Nun hatte Polen die Eierausfuhr nach Deutschland verboten. Also mussten die Eier über Holland verschoben werden. Sie wurden also unter Zollverschluss in Güterwagen durch Deutschland transportiert. An der niederländischen Grenze verwandelten sie sich in holländische Eier und fuhren in denselben Waggons zurück nach Deutschland. 200.000 Eier passten in einen Güterwagen. Reingewinn pro Waggon ca. eine viertel Million Mark.

Aber wer konnte schon 2,20 Mark für ein Ei bezahlen? Die wirtschaftlichen Verhältnisse zwangen die Frauen (wieder einmal) so sparsam wie möglich zu wirtschaften. Und das wurde damals gekocht (zunächst ein Rezept mit einem Ei):

Nudelpfanne mit Äpfeln

Zutaten: 500 g Bandnudeln, ein Ei, zwei Äpfel, ½ l Milch, zwei Esslöffel Zucker, zwei Esslöffel Öl oder Fett.

Die gekochten Nudeln in einer Pfanne mit Fett braun backen lassen. Die gebackenen Nudeln in eine augefettete Auflaufform einfüllen. Die Äpfel schälen, reiben und mit dem Zucker mischen. Den Brei auf die Nudeln schichten.

Milch mit dem Ei verquirlen. Über die Nudeln schütten. Eine Stunde bei 180 Grad im Ofen überbacken.

Sächsisches Sauerkraut

Zutaten: 500 g Sauerkraut, 100 g Speck, eine Zwiebel, 750 g Kartoffeln, ein Esslöffel Mehl, etwas Muskat, Pfeffer, Brühe.

Sauerkraut mit den Speckwürfeln und der klein geschnittenen Zwiebel anrösten. Eine Tasse Brühe daran gießen. Weich kochen lassen. In eine Auflaufform geben. Die Kartoffeln schälen, reiben, mit Mehl verrühren, mit Pfeffer und Muskat würzen. Die Masse über das Sauerkraut streichen. Im Ofen bei 180 Grad etwa 20 Minuten lang überbacken lassen.

Porree-Gemüse

Zutaten: 500 g Porree, zwei Esslöffel Semmelbrösel, etwas Butter, Salz.

Porreestangen putzen. In zehn Zentimeter große Stücke schneiden. In kochendes Salzwasser geben. Weich kochen lassen. Wasser abgießen. Semmelbrösel in Butter braun rösten. Über den Porree streuen.

Zeichnung von Käthe Kollwitz

Das Krisenjahr 1923 sollte die Situation noch verschärfen: Es begann mit dem Einmarsch französischer Truppen im Ruhrgebiet.

Am 9. Januar 1923 hatte die Reparationskommission gegen die Stimme Großbritanniens ein »schuldhaftes Versagen« Deutschlands in Holz- und Kohlenlieferungen festgestellt und zwei Tage

Ein Brot für 87 Milliarden Mark

Wilhelm Cuno, 1876 in Suhl geboren, war eigentlich Geschäftsmann und kein Politiker. Bis 1922 stand er der HAPAG als Generaldirektor vor. Als Reichskanzler leitete er eine rechtskonservative Minderheitsregierung.

Die Reichsbank legte auch 1923 noch Anleihen auf, ließ sich Kredite geben und fuhr fort, die Deutschen zu betrügen. Schon im Krieg hatte man nicht die Steuern erhöht, sondern die Bürger veranlasst, Kriegsanleihen zu zeichnen. Die Besiegten würden später alles bezahlen, hatte man den Deutschen vorgegaukelt. Nun waren sie selbst die Besiegten, und nach dem Krieg wollte kaum noch jemand solche Staatsanleihen zeichnen. Also wurde einfach neues Geld gedruckt.

Bild unten: Täglich mussten die Preise für die Grundnahrungsmittel neu festgelegt werden.

später fünf französische Divisionen in den Kohlenpott geschickt. Die deutsche Regierung unter Wilhelm Cuno reagierte verbittert und rief zum passiven Widerstand gegen die Besatzer auf.

Politische Gruppierungen im Ruhrgebiet (auch aus dem linken Spektrum) veranlassten die Arbeiter, in den Generalstreik zu treten. Der Ruhrkampf begann, in desen Verlauf es wiederholt auch zu direkten Konfrontationen mit den französischen Soldaten kam. Es gab Tote.

Dollar-Schatzanweisungen des Deutschen Reiches
garantiert von der Reichsbank, am 15. April 1926 mit 120% rückzahlbar.
Stücke zu 5, 10, 20, 50 und 100 Dollar.
Zeichnung vom 12. bis 24. März d. Js.
Zeichnungen werden bei den unterzeichneten Zeichnungsstellen entgegengenommen. Prospekte mit den näheren Bedingungen liegen bei allen Zeichnungsstellen auf und werden auf Wunsch abgegeben.
Reichsbank, Dresdner Bank, Essener Credit-Anstalt und Barmer Bank-Verein, Castrop.

Mit dem Ruhrgebiet fiel Deutschlands wichtigste Rohstoffquelle aus, es wurden kaum noch Kohlen gefördert, mit deren Hilfe die Lebensmittellieferungen aus dem Ausland bezahlt worden waren. Nun musste die Bevölkerung dort vor dem Verhungern gerettet werden.

Da die Regierung es nicht wagen konnte, die Steuern zu erhöhen, wurden die Notenpressen angeworfen und Geld gedruckt.

Einem immer geringeren Güterangebot stand nun eine immer schneller wachsende Geldmenge gegenüber. Die Folge: Die Preise selbst für den einfachsten Lebensbedarf stiegen in astronomische Höhen.

Schon 1922 hatte die Politik der Reichsbank, die von den Siegermächten geforderten Reparationen (welche ja in Gold, Devisen oder Sachleistungen zu erbringen waren) mit Hilfe von Krediten und neu gedrucktem Geld zu »ersetzen«, zu einem Währungsverfall geführt.

Im Januar 1919 mussten für einen Dollar acht Mark gezahlt werden, 1921 achtzig Mark, Mitte

Im Sommer 1923 ließ die Reichsbank 50 Großdruckereien in Tag- und Nachtschichten Banknoten drucken. Bald fehlten die Motive für die neuen Scheine, und es wurden alte Scheine nur mit dem neuen Wert überdruckt. Andere Druckereien produzierten für zahlreiche Städte eigenes Notgeld. Für die Verwendung dieses Geldes wurde mit dessen Deckung geworben. So behauptete z.B. die Stadt Memmingen:

»Der Gegenwert ist durch Holzvorräte ... gedeckt.«

1922 schon 272 Mark und am Jahresende 7.650 Mark. Im Februar lag der Kurs dann schon bei über 40.000 Mark. Und Cuno musste sich sagen lassen: »*Inflation ist die Art der Besteuerung, die auch die schwächste Regierung durchsetzen kann.*«

Dass sie die Schwächsten der Gesellschaft am stärksten traf, musste selbst ihm klar sein.

Löhne und Gehälter folgen den Preissteigerungen ja immer nur mit einiger Verzögerung. Reichten Gehalt, Lohn oder Rente in der einen Woche noch gerade, um die Miete zu bezahlen und die notwendigsten Lebensmittel zu kaufen, so bekam man eine Woche später für dieselbe Summe vielleicht gerade noch ein Brötchen.

Die Lohngelder ließen sich bald nur noch in Waschkörben transportieren.

Nach der Auszahlung der Gelder schlossen viele Betriebe für einige Stunden, um ihren Arbeitern und Angestellten Gelegenheit zu geben, einkaufen

Vor den Lebensmittelläden standen lange Schlangen. Wer sein Geld nicht gleich ausgab, hatte Stunden später nur wertloses Papier in Händen.

1923 mussten sich auch jene auf den Weg zu den Bauern machen, die in den Städten eher zu den Begüterten gehört hatten. Die Bauern tauschten Lebensmittel nur noch gegen Sachwerte. So kam es immer wieder zu Plünderungen der Felder und Schlägereien. Rund um Berlin wurden die Kartoffeläcker von der Polizei bewacht.

zu gehen und das Geld schnellstens auszugeben. Das Problem: Oft wurde gar kein Geld mehr angenommen.

Also trat an die Stelle barer Lohnzahlung die Vergütung der Arbeitsleistungen durch Naturalien – man war wieder zur guten alten Tauschwirtschaft zurückgekehrt: Kohle gegen Kartoffeln, Schuhe gegen Brot, Textilien gegen Wurst.

Beamten, Rentnern und jenen, denen kein Naturallohn gezahlt werden konnte, blieb nur, ihr Familiensilber, ihr Porzellan oder ihre Teppiche auf den Schwarzmärkten, die man in allen deutschen Städten finden konnte, zu verkaufen. Wie gesagt, es war die Hoch-Zeit der Schieber und Spekulanten.

Wer Schulden hatte, war jetzt gut dran. »Pech« hatten wieder einmal die »kleinen Leute«. Sie verloren oft über Nacht ihre Sparguthaben. Persönliche Wertgegenstände mussten eingesetzt werden, um überleben zu können. Und das machten sich andere zunutze. Noch nie waren Grundstücke und Häuser, Industriebetriebe oder Kaufläden so preiswert zu haben gewesen.

Am 15. November 1923 war der Spuk zu Ende. Der neue Finanzminister Luther stoppte die Notenpressen. Es gab eine Art Währungsreform. Neue Währung war die »Rentenmark«, eine Übergangslösung. Ihr Wert war »gedeckt«, nicht durch Gold, wie die alte Währung dies hätte sein sollen (aber seit August 1914 nicht mehr war), ihre Wertsicherung war der gesamte deutsche Grundbesitz.

Über Nacht verschwanden viele der Schwarzmärkte. Ein Brot kostete nicht mehr 87 Milliarden Mark, sondern 87 Pfennig.

Die Ernährungslage sollte sich dadurch noch nicht gleich verbessern. Sie war besonders in den besetzten Gebieten wie dem Ruhrgebiet nach wie vor katastrophal. Die Bauern rund um die Industrieregion litten immer wieder unter Beschlagnahmen der Besatzer, die sich *»aus dem Land«* ernährten, und den ständigen Selbstversorgungsaktionen der hungernden Bevölkerung.

Eine Besserung wurde erst durch den Dawes-Plan eingeleitet.

Der US-amerikanische Finanzpolitiker schlug im August 1924 Modalitäten vor, die es Deutschland erlaubten, die Reparationen zu bezahlen, ohne seinen Staatshaushalt und seine Handelsbilanz zu gefährden. Gleichzeitig wurde durch einen Kredit von 800 Millionen Goldmark die deutsche Währung stabilisiert.

Dieser Plan schuf auch endlich die Voraussetzungen für eine Beendigung der Ruhrbesetzung im August 1925.

Und er nahm auch jenen vorerst den »Wind aus den Segeln«, die, wie ein gewisser Adolf Hitler 1923 in München, versuchten, die Not der Menschen für ihre Pläne zu instrumentalisieren.

Die Hilfswährung »Rentenmark« wurde im Verhältnis 1 : 1 Billion an Stelle des Papiergeldes eingeführt.
Durch Gesetz vom 30.8.1924 wurde der Umlauf der Rentenmark eingeschränkt und schrittweise durch die Reichsmark ersetzt. Dadurch verschwanden mit der Zeit auch das Notgeld oder Gutscheine wie der unten.

Die Idee kam eigentlich aus Amerika, besser gesagt: aus den USA, die Frau war in Österreich zu Hause und verwirklicht wurde alles in Frankfurt am Main. Aber der Reihe nach.

In Frankfurt war zwischen 1925 und 1930 der *»fortschrittliche und mutige«* Baudezernent Ernst May tätig. Sein Name ist verbunden mit dem Wohnungsbauprogramm, das unter dem Namen »Das Neue Frankfurt« berühmt geworden ist: Zehn- bis zwanzigtausend Wohneinheiten wollte er bauen, Siedlungen »für das Existenzminimum«, also vor allem wohl für Arbeiter und das so genannte Kleinbürgertum.

Nach dem Ersten Weltkrieg hatten sich die Förderungsrichtlinien im Wohnungsbau grundsätzlich

Raum für die arbeitende Frau

geändert. Zuschüsse gab es nur noch für Wohnungen mit sehr kleiner Grundfläche.

Die Arbeiterwohnungen der Gründerzeit in den Großstädten gliederten sich traditionell in »gute« Stube, Küche und Kammer. Als Muster diente das bäuerliche Wohnen auf dem Lande. Die Küche stand als Wohnküche im Mittelpunkt. Darin arbeitete die Frau als Hausfrau, um die Familie zu versorgen. Eine Trennung von Wirtschaften und Wohnen gab es nicht.

Ein solcher Wohnungstyp war mit den hygienischen und politischen Vorstellungen von Reformern wie May nicht vereinbar. Er war auch nicht mehr zeitgemäß. Die Arbeiterfrauen, die gezwungen waren, Stellungen in der Industrie anzunehmen, um das schmale Familieneinkommen etwas zu erhöhen, konnten nicht mehr den ganzen Tag in der Küche stehen. Aus diesen und anderen Gründen entschied man sich gegen die Wohnküche, obwohl die Küche weiter Arbeitsmittelpunkt der Wohnung sein sollte.

Zur Umsetzung seiner Pläne holte sich May die junge Architektin Margarete Lihotzky aus Wien. Sie teilte seine »Leidenschaft«, einfache, erschwingliche und trotzdem schöne Siedlungen mit intelligent aufgeteilten Wohnungen zu bauen. Die von ihr entwickelte »Frankfurter Küche« hat einen festen Platz in der Architekturgeschichte des 20. Jahrhunderts und ist bis heute Vorbild für vielfältige Formen der Einbauküche.

Margarete Lihotzky war 28 Jahre alt, als sie 1925 zu Ernst May nach Frankfurt kam.

Wohnungselend, Hunger und Krankheit im Wien zur Zeit des Ersten Weltkrieges und danach hatten sie in jungen Jahren geprägt.

Ihre beiden Eltern waren an Tuberkulose gestorben.

Margarete Lihotzky
in Frankfurt 1929

»Die Tuberkulose war die Volkskrankheit in Wien nach dem Ersten Weltkrieg, durch Hunger und durch die furchtbaren Wohnverhältnisse verursacht.«

So erinnerte sie sich. Die *»furchtbaren Wohnverhältnisse«*, sie hatten Gründe: Die Wohnungen in den Mietskasernen der Gründerzeit orientierten sich in ihrer Raumaufteilung zwar an ländlichen Verhältnissen, aber »Lebensfunktionen«, die auf dem Lande »nach außen« verlegt waren, fanden in der Wohnung statt. Dort freilich gab es kaum oder gar keine Toiletten, und wenn, dann für mehrere Wohnungen gemeinsam. Man wusch sich, wo man auch kochte. Margarete Lihotzky:

»Damals ... hat es kein fließendes Wasser gegeben... Wir haben bei mir zu Hause in einen Schaff gespült. Das Wasser ist am Herd gewärmt worden und ist dann ausgeschüttet worden... Es hat alles nicht gegeben, was eine Küche wirklich ganz sauber und hygienisch macht in der heutigen Vorstellung. So daß die Wohnküche eine in unseren Augen niedrigere Wohnform war, weil alles, der Schmutz, der ... Abfall, das alles war im Wohnzimmer... Jetzt haben wir in Frankfurt eben überlegt: Eine höhere Wohnform für uns war, den Raum abzuschließen, wenn man will.«

Schaff = offenes Gefäß, Bütte oder Schüssel

Heinrich Tessenows Bauten kennzeichnet ein »wohlproportionierter, puritanischer Neuklassizismus«. Er machte sich einen Namen auch mit dem Entwurf und dem Bau von Arbeiterreihenhäuser.

Von Oskar Strnad hat die Lihotzky wohl vor allem die Methodik des Entwerfens übernommen, die vom »Raumerlebnis des sich bewegenden Menschen« ausgeht.

Margarete Lihotzky hatte bei Oskar Strnad und Heinrich Tessenow studiert. Seit 1920 war sie als Architektin unter Leitung von Adolf Loos am Selbsthilfeprogramm des Wiener Siedlungsamtes beteiligt.

Vor allem entwarf sie Behelfshütten und Notwohnungen. Den Menschen *»ein Dach über dem Kopf schaffen«* und dabei möglichst Material sparen – das war ihr Anliegen, und die Lösung dieses Problems beschäftigte sie vor allem.

Zu geringstmöglichem Materialeinsatz, sparsamem Bauen und Hygiene kam ein weiteres Kriterium: die Ergonomie. Margarete Lihotzky wollte Küchen schaffen, die den Frauen Arbeit ersparten, die ihnen die Möglichkeit gaben, neben der Hausarbeit noch einem Beruf nachgehen zu können. Und auch das war schließlich ein Stück Freiheit. Ihre Vision: eine Küche auf engstem Raum zu schaffen, die all ihren Forderungen gerecht werden konnte. Ihre Aufgabe:

»*Entwurf, Arbeitspläne und Überwachung der Herstellung in den Fabriken und der Montage auf den Baustellen der so genannten ›Frankfurter Küche‹, die in zehn Frankfurter Siedlungen in etwa eintausend Exemplaren ausgeführt wurde*«.

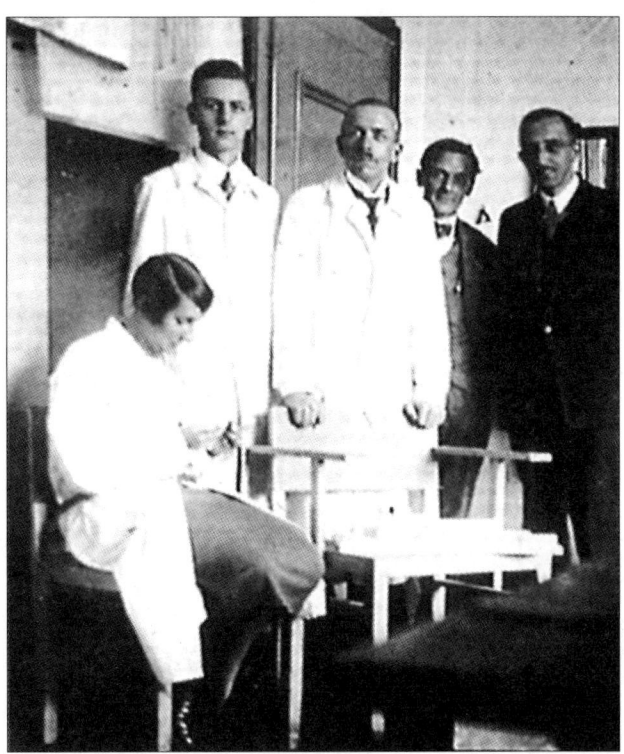

Mitarbeiter des Frankfurter Hochbauamtes mit Margarete Lihotzky

Wie alle umwälzenden Neuerungen, hatten auch die Ideen zur Umgestaltung der Küche mehrere, ja in diesem Fall muss man wohl sagen, Mütter.

»*Die Befreiung der Frau wird erst vollständig durchgeführt sein, wenn sie von der Sklaverei der Küche erlöst ist.*«

So hieß die Botschaft, die aus den USA kam. Und den Frauen wurde die Küche als »Fabrik des Hauses« dargestellt, und somit wurde sie Gegenstand von Arbeitsplatzanalysen, von Zeit- und Bewegungsstudien nach den Methoden des Frederick Winslow Taylor, der zahlreiche Ideen zur Rationalisierung der industriellen Produktion entwickelt hatte.

In ihrem Buch »The American Woman's Home« hatte Catherine E. Beecher bereits im Jahre 1869 die Schiffsküche als beispielhaft dargestellt. Sie habe »*alle Hilfsmittel und Einrichtungen für die Zubereitung von rund 200 Mahlzeiten in einem kleinen Raum ... so konzentriert angeordnet, daß der Koch mit ein, zwei Schritten alles erreichen kann, was er braucht*«.

Auf Grundlage ihrer Erkenntnisse hatte Catherine Beecher dann eine Küche entworfen, bei der die Aufbewahrung von Lebensmitteln, deren Zubereitung und die Reinigung von Geschirr und Küchengerätschaft mit Hilfe von Arbeitsflächen und Regalen mit sinnvoll gestalteten Behältnissen für die Zeit optimal gelöst war.

Zwei Bücher waren es, welche die Diskussion im 20. Jahrhundert weiterbrachten. Lillian M. Gilbreth bewies in ihrem Ratgeber »The Homemaker And Her Job«, dass es trotz der Erwerbstätigkeit beider Ehegatten möglich ist, einen Haushalt zu führen und Kinder zu erziehen.

Christine Frederick griff in »The New Housekeeping« ein neues Thema auf: die Ausstattung der Küche und deren Standardisierung.

Man kann wohl davon ausgehen, dass die Lihotzky zumindest einige der Publikationen studiert hatte, die zum Thema »Küche« in den USA erschienen waren. Und was für die Beecher die Schiffsküche, war für Margarete Lihotzky der Speisewagen der Mitropa.

»Die äußerst durchdachte Raumausnützung dieser Küche mit anschließender Anrichte ist imponierend. Die ganze Küche misst nur 2,90 m auf 1,90 m... Auf der ... Fahrt werden ohne Wechsel des Personals weit über 400 Gäste bedient... Die Küchen in gewöhnlichen Wohnungen sind in der Regel zehn bis sechzehn Quadratmeter groß. Dabei ist gar nicht einzusehen, warum wir für

F. W. Taylor, geboren 1856 und gestorben 1915 in Philadelphia, war Ingenieur. Seine Erkenntnisse, die auf Untersuchungen über Bewegungsabläufe bei einzelnen Arbeitern beruhten, haben wesentlichen Einfluss auf die Arbeitsproduktivität in Fabriken gehabt. Überflüssige Bewegungen und versteckte Pausen sollten durch eine optimale Organisation des Arbeitsprozesses vermieden werden. Er meinte, *»daß dieselben grundlegenden Gedanken mit gleichem Recht und mit gleichem Erfolg auf allen Gebieten menschlicher Tätigkeit anwendbar sind: auf die Verwaltung und Arbeit im Haushalt ebenso wie auf die eines Bauerngutes.«*

*Darstellung der
»Frankfurter Küche«
innerhalb der Ausstellung
»Hundert Jahre gebaute
Vision«, Köln 1999*

*den 20. Teil der Arbeitsleistung den doppelten
Raum benötigen.«*

Margarete Lihotzky orientierte sich an diesen
Maßen: Die »Frankfurter Küche« ist cirka 3,40 m
mal 1,90 groß.

Dabei gibt es rund dreißig unterschiedliche Aus-
führungen, an die jeweiligen Wohnverhältnisse
angepasst.

Natürlich ging es vor allem darum, die (selbst
gestellten) Forderungen an Arbeitsersparnis und
Hygiene zu erfüllen.

Aber auch die Ästhetik sollte nicht zu kurz kommen: Klare glatte Flächen prägten das Aussehen,
Glas, Aluminium, emailliertes Metall, Kacheln fanden als Material Verwendung.

*»Die Farbkombination der ultramarinblau ge-
strichenen Holzteile (Fliegen meiden Blau) mit
den hellen, grau-ocker getönten Kacheln, die Alu-
und Weißmetallteile, dazu die schwarzen hori-
zontalen Flächen von Fußboden, Abstellflächen
und Herd machten diese Küchen nicht nur zu*

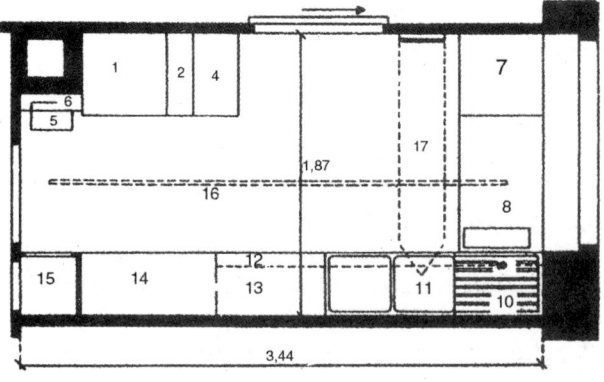

*Grundriss der
»Frankfurter Küche«
in einer der
Musterwohnungen*

arbeitssparenden, sondern auch zu gemütlichen Räumen, in denen man sich gerne aufhielt.«

Margarete Lihotzky arbeitete eng mit den Möbelschreinern und -fabriken zusammen, die ihre Modelle realisierten. Ihre Küchen sollten durchgestaltet sein.

Wie die Küche aussah?

An derFensterseite war ein abklappbares Bügelbrett, eineinhalb Meter lang, besonders bemerkenswert. Das (elektrische) Bügeleisen und das Wasser zum Einsprengen brauchten nicht auf dem Bügelbrett zu stehen, sondern konnten auf einer Arbeitsplatte unter dem Fenster abgestellt werden. Hier sollten wegen des guten Lichtes alle Arbeiten außer Kochen und Spülen erledigt werden. Und das möglichst im Sitzen. Unter der Arbeitsplatte kann ein Drehschemel hervorgeholt werden, mit dem man sich auch rechts zur Spüle hin drehen kann: Alle Küchenteile haben die gleiche Arbeitshöhe.

Entsteht Abfall, z.B. beim Gemüseputzen, kann dieser in eine Abfallrinne geschoben werden, die wie eine Schublade herausziehbar ist, um entleert zu werden.

Das Fenster kann ohne Probleme geöffnet werden. Auf einer Stufe zwischen Fensterbrett und Arbeitsfläche ist eine weitere Abstellfläche ebenso wie auf einem kleinen Speiseschrank, links von

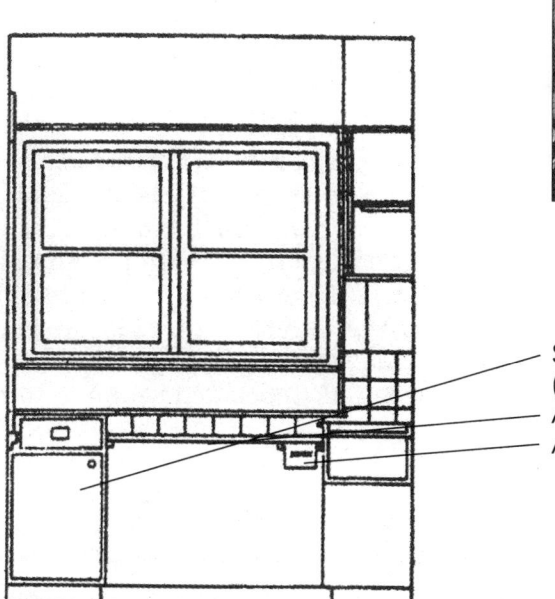

Speiseschrank
(im Grundriss 7)
Arbeitsplatte
Abfallrinne (8)

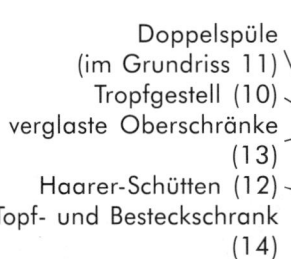

der Arbeitsplatte. Der Speiseschrank wird im Übrigen durch die Außenmauer belüftet.

Über der Spüle an der Längsseite der Küche gibt es ein Tropfgestell für die gesäuberten Teller.

Die verglasten Oberschränke für das Geschirr haben Schiebetüren, die auf Kugellagern ruhen. Es kann sich also niemand den Kopf stoßen. Die Abstellfläche des Unterschrankes neben der Spüle kann man durch zwei ausziehbare Platten vergrößern.

Darunter sind achtzehn Aluminiumbehälter für alle Kochvorräte wie Mehl, Zucker oder ähnliches. Auch diese so genannten »Haarer-Schütten« waren etwas Besonderes.

Doppelspüle (im Grundriss 11)
Tropfgestell (10)
verglaste Oberschränke (13)
Haarer-Schütten (12)
Topf- und Besteckschrank (14)
Besenschrank (15)

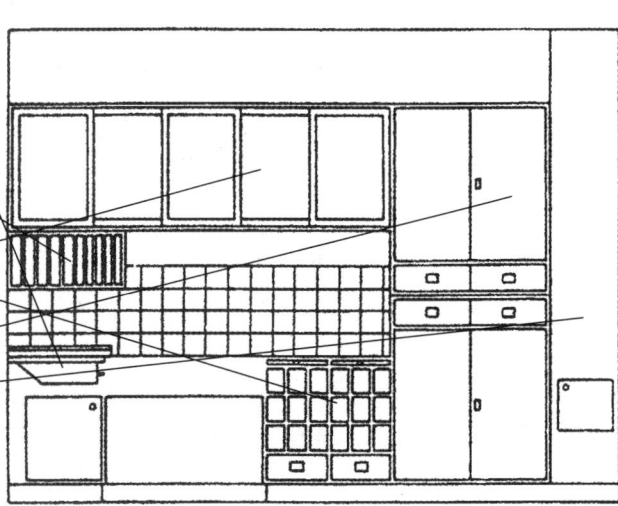

Entworfen hatte die Schütte der Frankfurter Ingenieur Otto Haarer. Sie vereinigt die Eigenschaften einer Schublade mit der einer Kanne. Sie kann bis zu drei Kilo (loser) Lebensmittel aufnehmen. Eine Kelle oder ein Löffel, um den Inhalt zu entnehmen, ist nicht mehr nötig. Die ungewöhnlich gestalteten Griffe gestatten ein dosiertes Ausschütten der Lebensmittel in einen Topf oder eine Schüssel.

Der Schrank neben den Schütten enthält vier geräumige Schubladen für Besteck, Kochgeschirr und ähnliches. Auch im Topfschrank ist die »innere Ordnung« bemerkenswert: Platzsparend liegen die Töpfe der Größe nach auf schrägen Lattenrosten, für die Pfannen gibt es einen Metallrost. Alles kann zum Reinigen heraus genommen werden. Die Schranktüren haben unten Schlitze zum Lüften.

Einige der Musterküchen verfügten neben dem Topfschrank noch über einen separarten Besenschrank.

An der Wand gegenüber ist der Herd zu finden, ein Elektro- oder Gasherd. Links davon über dem Heizkörper (einer Zentralheizung) ist in einem Regal mit abgestuften Höhen Platz für Gewürz-Behälter. Und darüber ist nach Möglichkeit eine Dunstabzugshaube mit Verbindung zu einer Außenwand montiert.

Und noch etwas fand sich über dem Herd in den fertig eingerichteten Musterwohnungen: eine Gebrauchsanweisung zur Küchenbenutzung, ein Schild, gestaltet von einem Graphiker.

Die Herdplatte ist rechts um eine Abstellplatte erweitert. Darunter sind zwei Schubladen, die alle Dinge enthalten, »*die beim Kochen immer zur Hand sein müssen*«. Noch weiter rechts ist eine Kochkiste eingelassen: bei geschlossenem Deckel ein weiterer Abstellplatz. Klappt man den Deckel auf, so lassen sich in zwei zylinderförmigen Hohlräumen Töpfe versenken, deren Inhalt weiter garen oder warm gehalten werden soll.

Die (Schiebe-)Tür in der Herdwand führt zum Wohnbereich, wo am Esstisch die Speisen einge-

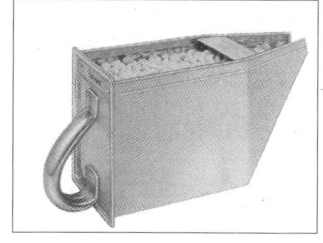

Oben:
Die patentierte Haarer-Schütte.

Haarer hatte mit seinen Brüdern in Frankfurt/M. eine Fabrik für Küchenmöbel.

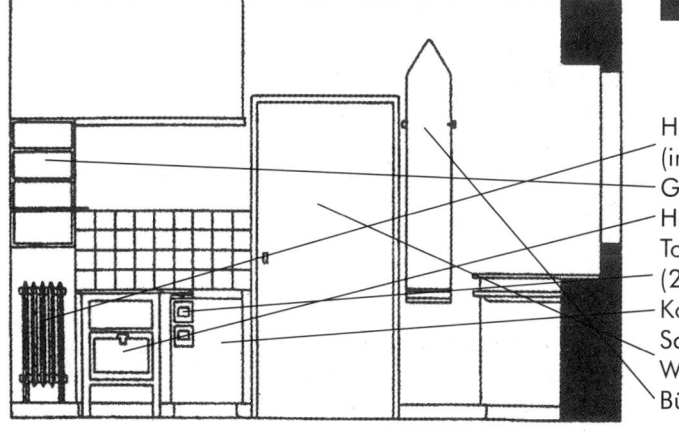

Heizkörper
(im Grundriss 5)
Gewürzregal (6)
Herd (1)
Topfplatte mit Schubladen
(2)
Kochkiste (4)
Schiebetür zum
Wohnbereich
Bügelbrett (17)

nommen werden konnten. Die Tür konnte bei Bedarf geöffnet bleiben.

Schließlich noch ein Detail, das der Erwähnung bedarf: Dank einer Decken-Schiebelampe konnte das Licht dorthin gerichtet werden, wo es gebraucht wurde.

Wer etwas Neues einführen will, wer nicht einfach nur darauf aus ist, den Geschmack des Publikums zu treffen, muss Überzeugungsarbeit leisten. Dass Ernst May und auch Margarete Schütte-Lihotzky auf Widerstände bei der Realisierung ihrer Ideen stoßen würden, war klar.

May hielt Vorträge mit anschließender Diskussion, veranstaltete Ausstellungen mit Exponaten, die seine Projekte dokumentieren sollten.

Margarete Schütte-Lihotzky konzipierte eine Schulungsküche, in der junge Frauen zum richtigen Gebrauch dieses neuen, rationellen Raumes in ihrer Wohnung angeleitet werden sollten.

In den Siedlungen des »Neuen Frankfurt« wurden Musterwohnungen (mit unterschiedlichen Küchenmodellen) eingerichtet. Eigens dafür hatten Designer passendes Mobilar entworfen. Interessenten konnten die Modellwohnungen besichtigen. Das Echo war, wie erwartet, recht unterschiedlich.

Trotzdem – Ernst May hat ohne Zweifel Erfolg gehabt. Die von ihm geplanten Siedlungen wurden (zu großen Teilen) gebaut. Ihre Bauweise wurde vorbildhaft.

Margarete Lihotzky hatte in Frankfurt den Architekten Schütte geheiratet. Mit ihm und Ernst May zog sie 1930 in die UdSSR. Sie wurde Kommunistin. 1941 geriet sie als Widerstandskämpferin in eine Falle der Gestapo und wurde zu 15 Jahren Zuchthaus verurteilt.

Nach ihrer Befreiung 1945 wurde es still um sie. Margarete Schütte-Lihotzky starb im Januar 2000.

Elektrisierende Jahre

Wer heute von den »goldenen« zwanziger Jahren spricht, der kann damit eigentlich nur die Jahre 1925 bis 1929 meinen, eine Epoche, in der sich die Wirtschaft in Deutschland auch insofern erholte, als es wieder Arbeit für die Menschen gab, und alle davon sprachen, es gehe »wieder aufwärts«, und das galt vor allem für die prosperiende Elektroindustrie.

Durch Politiker wie Gustav Stresemann stieg auch das Ansehen des Landes in der Welt wieder. Die deutsche Wissenschaft feierte Erfolge. Und die deutsche Kultur blühte förmlich auf.

Wenn man heute Fotos aus dem Alltagsleben der 1920er Jahre betrachtet und mit solchen aus dem Ersten Weltkrieg und der Zeit davor vergleicht, dann fällt vor allem auf, in welcher Weise sich die Frauen verändert hatten.

Die da beim Einkaufen in den Geschäftsstraßen, an ihrem Arbeitsplatz oder mit ihrer Familie mit kurzen Röcken und Bubikopf gezeigt werden, strahlen (überwiegend) ein Selbstbewusstsein aus, das Staunen macht.

Titelbild der »Fliegenden Blätter«: Zeichnung von K. Heiligenstaedt

Diese Frauen hatten während des Ersten Weltkrieges an den Drehbänken der Fabriken gestanden und gleichzeitig ihre Kinder großgezogen – ohne ihre Männer.

Sie hatten in der Nachkriegszeit für ihre Familien geschoben und gehamstert und so deren Überleben gesichert. Diese Frauen ließen sich jetzt nicht einfach wieder an den Herd schicken.

Es drängten immer mehr Frauen in die weiterführenden Schulen, auf die Universitäten und auf den Arbeitsmarkt.

Dort freilich hatten sich die Verhältnisse für die Frauen nicht sonderlich gebessert. Immer noch lag ihr Lohn wesentlich unter dem der Männer. Ein unabhängiges Leben ließ sich damit nur in

In der Gesetzgebung der 20er Jahre spiegelte sich die »neue« Rolle der Frau in keiner Weise wieder. Das Bürgerliche Gesetzbuch z.B. sprach dem Mann eindeutig die Vorherrschaft in der Ehe zu. Selbst das so genannte »Schlüsselrecht«, also das Recht, Einkäufe für den Haushalt rechtsverbindlich zu tätigen, konnte er ihr streitig machen.

Küche einer Junggesellinnen-Wohnung im Berliner Hedwig-Rüdiger-Haus, das im Volksmund »Das Haus der 101 Jungfrauen« hieß. Jede Wohnung bestand aus einer große Stube, die eine Bettnische mit Schrank und Waschtisch enthielt. Durch einen Vorhang konnte sie tagsüber vom Wohnraum abgetrennt werden. Die Küche war winzig, hatte aber einen Gasherd und elektrische Anschlüsse und war direkt neben dem Wohnraum gelegen.

seltenen Fällen finanzieren. Dennoch stieg in diesen Jahren die Zahl der Frauen, die es nicht danach drängte, verheiratet zu sein.

Sidonie Rosenberg und Emma Schreiber gaben 1926 ein Kochbuch für sie (und für Junggesellen) heraus:

»Die Anfangsbegriffe der Kochkunst ... sind hier in 101 Rezepten niedergelegt und bieten wirklich ... der Junggesellin einen wichtigen Behelf, nicht nur für sich selbst, sondern auch für ein paar liebe Gäste das allernotwendigste zu kochen.«

Ein solches Kochbuch war auch dringend nötig, denn in den »Kreisen«, aus denen diese Frauen kamen, hatte »man« Personal gehabt und nicht unbedingt kochen gelernt.

Im »Blatt der Frauen« stand im Oktober 1927 ein bemerkenswerter Artikel über »Die Mahlzeiten der berufstätigen Frau«. Dort wurde ihnen geraten, zu der Gewohnheit, selbst zu kochen, zurückzukehren:

»Es gibt so viel gute Fleischspeisen in Büchsen, die man nur nach Geschmack etwas salzen muß, deren Soße man etwas verlängern kann, so daß man von dem Inhalt einer Büchse zwei Tage satt wird.

Die Abwechslung müssen die Beigerichte bilden... Kartoffeln sollte die Junggesellin immer gleich für mehrere Mahlzeiten kochen. Sie ißt dann einmal Pellkartoffeln (abends mit weißem Käse und Butter oder mit Hering und falscher Mayonnaise), die übrigen brauchen am nächsten Tag nur gebraten zu werden, oder man mahlt sie durch und macht Kartoffelbrei...

Hierzu schmeckt Bratwurst und noch besser Leber – beides Gerichte, die schnell fertig sind... Man wird immer erfinderischer, wenn man selbst kocht und schreckt nicht einmal vor Besuch zurück.«

Sogleich erkannte auch die Werbebranche, was da »Revolutionäres« mit den Frauen geschehen war und wohin sich dieser Trend würde entwickeln können. Und sie »kreierte« einen neuen »Typ« Frau.

Das moderne Ideal war nun nicht mehr »das unterwürfige und schüchterne Weibchen, sondern

*die ... energische und gesellige Frau, die ... Män-
ner mochte und für sie attraktiv«* sein wollte.

Für die Frauen, die *»Liebe und Arbeit in Ein-
klang«* bringen wollten, sorgten die Konsumgüter-
und Haushaltsgeräteproduzenten.

»Arbeitsminderung im Haushalt« hieß das
Motto.

In den neu gestalteten Küchen sollten nun auch
»arbeitssparende Haushaltsgeräte« eingesetzt
werden. »Elektrizität« war das Zauberwort.

Elektrische
Kücheneinrichtung
um 1903

Im Jahre 1884 war in Berlin das erste deutsche Elektrizitätswerk gegründet worden.

Elektrisches Licht sollte Städte und Häuser
beleuchten. Elektrizität sollte in den Fabriken für
die benötigte Energie sorgen. Schnell eroberte sie
auch den Haushalt.

1886 war der Geschirrspüler erfunden worden,
1892 die elektrische Kochplatte, 1896 der elektrische Herd, 1910 der Toaster, 1913 der Kühlschrank.

Toaster,
gebaut etwa 1910

Der Haushaltungs-Motor von AEG kostete 1911 rund 200 Goldmark (soviel verdiente ein mittlerer Beamter im Monat). An ihn konnten verschiedene Geräte geschlossen werden. U.a. konnnte man damit kneten, schneiden und mahlen.

Elektroherd der Firma Graetzor

Es gab elektrische Eierkocher und Teekessel, Brotschneider, Kaffee- und Küchenmaschinen.

Bereits 1893 zeigte Friedrich Wilhelm Schindler, einer der Pioniere für die Entwicklung elektrischer Küchengeräte, auf der Weltausstellung in Chicago seine erste elektrifizierte Küche und bekam dafür eine Auszeichnung.

Die neuen Geräte wurden zwar überall als Sensationen gewürdigt, durchsetzen konnten sie sich nicht. Wer 25 Pfg. in der Stunde verdient, kann sich keine 60 Pfg. für eine Kilowattstunde Strom leisten: Mehr Geld, als für eine Köchin oder ein Dienstmädchen zu bezahlen war, vergleicht man die Arbeitsleistungen. So blieben die Elektrogeräte vorerst eine Spielerei für wohlhabende Haushalte, die ohnehin Geld genug für Dienstboten hatten: Bis 1926 waren in Deutschland erst 5.000 Elektroherde verkauft.

Der Siegeszug der Elektrizität begann mit dem Sinken des Strompreises. 1926 kostete eine Kilowattstunde in Berlin nur noch 16 Pfg. Und die Elektrizitätswerke rechneten vor:

»Sechs Eier kochen 1 Pfg. ... Drei Pfund Kartoffeln kochen 4 Pfg. ... Suppe für sechs Personen
bereiten 4½ Pfg.«

Die Nutzung von Strom rentierte sich also, und
der Erfolg ließ nicht lange auf sich warten: Von
1926 bis 1929 wurden 30.000 Elektroherde abgesetzt. Dabei waren die Geräte selbst immer noch
Luxusgegenstände. Ein Elektroherd mit Backröh-
re kostete fast den Monatsverdienst eines Arbei-

Links:
Reklame für den ersten
Bosch-Kühlschrank
Rechts:
Eine Geschirr-
Waschmaschine

ters. Und andere Geräte wie Geschirrspülmaschi-
ne oder Kühlschrank waren noch teurer. Haus-
frauenarbeit war da allemal »preiswerter«, nämlich unentgeltlich.

Im »Blatt der Frauen« rechnete 1927 eine von
ihnen den geldwerten Vorteil für ihren Mann in
dreißig Jahren vor:

»In den 30 Jahren habe ich ... 45.000 Mahl-
zeiten bereitet, ich habe selbst Kuchen und Brot
gebacken,... 6.000 Brote und 4.000 Kuchen...
Ferner habe ich ... 5.000 Pfund Butter hergestellt
und mehrere tausend Gläser Fruchtkonserven
gekocht... Nimmt man noch dazu,... daß ich
mehrmals in der Woche die Wäsche gewaschen
und die Wohnung gereinigt habe, so kann ich wohl
sagen, daß ich am Tage nicht weniger als acht
Stunden für meinen Mann und meine Kinder tä-
tig gewesen bin... Selbst wenn ich die Unkosten
für meine Kleidung und für mein Essen abrech-
ne, kommt immer noch ein Mehr von rund 60.000
Mark heraus, ... die ich meinem Mann in den 30
Jahren wert gewesen bin.«

»Protos«, elektrische
Kaffeemaschine,
gebaut etwa 1925
von Siemens

Eine Frau Geißler aus Berlin wurde im Juni 1929 deutsche Kochkönigin. Begründung der Jury:

»Es gelang ihr, sparsam, schnell und hervorragend schmackhaft eine Morgen-, Mittags- und Abendmahlzeit für eine vierköpfige Familie herzustellen.«

Neueste Erfindung im Juli 1929: ein Automat für warme Würstchen. Auch sonst lagen Lebensmittelautomaten im Trend, z.B. solche mit einem »Stullenpaket für die arbeitende, allein lebende Frau«.

Die »arbeitssparenden« Haushaltsgeräte hatten nicht den erwünschten Effekt. Die Anzahl der im Haushalt verbrachten Stunden verringerten sie kaum, vielmehr erhöhten sie den Anspruch an die Sauberkeit in der Wohnung und an die Qualität dessen, was in der Küche gekocht wurde, wobei die Speisen mit noch mehr Raffinement zubereitet werden sollten. Hier einige Rezepte aus diesen »goldenen« zwanziger Jahren:

Sarah-Bernhard-Suppe

Zutaten: Eine Hühnerbrust, ein Ei, ein Esslöffel Semmelbrösel, Salz, Pfeffer, ein Liter Hühnerbrühe, zwei Esslöffel Sago, eine Tasse gekochte Spargelköpfe, 100 g Ochsenmark, 50 g Trüffeln.

Hühnerbrust durch den Fleischwolf drehen. Mit Ei und Semmelbröseln, Salz und Pfeffer verrühren. Walnussgroße Klößchen formen. Die Hühnerbrühe mit dem Sago aufkochen lassen, bis die Suppe etwas gebunden ist. Die Hühnerklößchen zugeben ebenso wie das in Scheiben geschnittene Ochsenmark. Trüffel hauchdünn hinein raspeln. Etwa zwei Minuten ziehen lassen. Zum Schluss kommen die Spargelspitzen in die Suppe.

Krebsauflauf

Zutaten: 500 g Krebsfleisch, 200 g Weißbrot, ¼ l Milch, fünf Eier, ein Esslöffel Zitronensaft, Salz, Pfeffer, 100 g Butter.

Krustenfreies Weißbrot in Würfel schneiden. Die warme Milch darüber gießen. Eigelbe, Butterstücke und Zitronensaft einrühren. Das Krebsfleisch in kleine Stücke schneiden. Zugeben. Das Eiweiß schnittfest schlagen. Unterziehen. Alles in eine gefettete Auflaufform füllen. Im Ofen bei 180 Grad ca. 50 Minuten backen.

Gespickte Kalbsschnitzel

Zutaten: Vier Kalbsschnitzel, 100 g in Streifen geschnittener Speck, Salz, Pfeffer, ein Esslöffel Mehl, 50 g Butterschmalz.

Kalbsschnitzel mit den Speckstreifen spicken. Salzen, pfeffern.

In Mehl wenden und in heißem Butterschmalz braten.

Rebhühner in saurer Sahne

Zutaten: Zwei bratfertige Rebhühner, 50 g Butter, eine halbe Tasse Weißwein, eine Tasse saure Sahne, vier Speckscheiben, Salz, Pfeffer.

Rebhühner einmal durchschneiden, in Speckscheiben wickeln und in heißer Butter anbraten. Mit Weißwein ablöschen. Rebhühner herausnehmen. Salzen. Pfeffern.

In den Sud saure Sahne einrühren. Salzen. Pfeffern. Aufkochen lassen. Die Rebhühner dazu geben und noch etwa zehn Minuten lang in der Soße bei geschlossenem Topf köcheln lassen. Mit Sauerkraut servieren.

Welfenpudding mit Weinschaum

Zutaten: ½ l Milch, eine Stange Vanille, drei Esslöffel Zucker, zwei Esslöffel Mondamin, sechs Eiweiß, zwei Blatt Gelantine.
Für den Weinschaum:
Zwei Esslöffel Zucker, ein Esslöffel Zitronensaft, ein Tasse Weißwein, sechs Eigelb.

Mondamin mit drei Esslöffeln Milch und dem Zucker verrühren. Die restliche Milch mit der Vanillestange zum Kochen bringen. Das Mondamin einrühren. Zwei Blatt Gelantine auflösen. Einrühren. Die Eiweiß steif schlagen. Darunter ziehen. In kalt ausgespülte Förmchen füllen. Kalt stellen. Im Wasserbad Eigelb und Zucker mit Zitronensaft und Weißwein schaumig rühren. Auf Eis kalt schlagen. Puddingförmchen stürzen. Die Soße darüber gießen.

Auf Dreirädern fahren Wurstverkäufer durch London und verkaufen dort – wie deutsche Zeitungen vermuten – ein eigentlich deutsches Produkt. »Hot dogs« nennen sie ihre »deutschen« Würstchen, die sie für drei Pence das Stück veräußern.

1930 kommt ein neuer Schnellkochtopf auf den Markt. Mit zwei Ventilen und der Verbindung von Verschraubung und Deckel werden Mängel früherer Produkte behoben.

Der kurze konjunkturelle Aufschwung in der zweiten Hälfte der Zwanziger Jahre beflügelte die Wirtschaft in den Industriegebieten.

Neben der Schwerindustrie gewannen auch die Textilindustrie, die chemische und die Nahrungs- und Genussmittelindustrie deutlich an Umsatz

Einigkeit macht satt

»Tante-Emma«-Laden
in den 1920er Jahren
(Ruhrland-Museum,
Essen)

dazu. Arbeitsplätze entstanden, was wiederum dem Handel half.

Nicht nur private Einzelhandelsgeschäfte, auch zahlreiche Filialen von Lebensmittellädenketten wurden neu eröffnet. Zu den bedeutenden dieser Ketten gehörten die EDEKA (die Einkaufsgenossenschaften deutscher Kolonialwarenhändler) und die REWE, ein Zusammenschluss mittelständischer Einzelhändler.

Ähnliche Zusammenschlüsse hatten in der Vergangenheit schon Arbeiter und ihre Organisationen gegründet. So genannte »Konsumgenossenschaften«, »Konsumvereine« oder »Konsumanstalten«.

Im 19. Jahrhundert waren die Läden, in denen zum Beispiel Bergleute ihre Lebensmittel gekauft hatten, im Besitz der Zechen. So waren die Arbeiter in hohem Maße von den Unternehmern, die sie beschäftigten, abhängig gewesen. Sie wohnten in

Eine Genossenschaft ist
ein Personalverein mit
dem Zweck, seine
Mitglieder zu unterstützen
und zu fördern, z.B. durch
gemeinsamen Verkauf,
Herstellung und
Veräußerung von Waren.

deren Häusern. Sie kauften deren Waren. Das hatte sich mit der Genossenschaftsidee geändert. Die Läden, in denen zunächst nur Mitglieder hatten einkaufen dürfen, waren jetzt auch Nichtmitgliedern geöffnet.

Die Konsumvereine schlossen sich zu größeren Verbänden zusammen. Zum Beispiel zu der GEG, der »Großeinkaufsgesellschaft deutscher Consumvereine«. Die GEG ließ auch eigene Nahrungsmittelerzeugnisse produzieren, die nur im »Konsum« zu haben waren.

Oben: Firmenschild und Rabattmarken der Konsumgenossenschaft »Einigkeit« aus den 1920er Jahren (Ruhrland-Museum, Essen)

Links: Einkaufsbuch und Mitgliedsvertrag des Konsumvereins »Eintracht« aus den 1920er Jahren (Ruhrland-Museum, Essen)

Den weniger Begüterten brachte der »Konsum« viele Vorteile. Sie konnten hier preiswert einkaufen, sie waren an den Gewinnen der Genossenschaften beteiligt, und sie konnten in bescheidenem Maße Waren konsumieren, deren Genuss ihnen vorher verwehrt war.

Für die »Tante-Emma-Läden«, für den Kleinhandel der Konkurrenz freilich brachten die Zusam-

Konsumanstalt des Bochumer Vereins

menschlüsse Probleme. Und in der Presse warnten die Wirtschaftsredakteure vor einer »Vertrustung« im Einzelhandel.

Schwarzer Freitag

Der 25. Oktober 1929 ist als »Schwarzer Freitag« in die Wirtschaftsgeschichte eingegangen. Er löste eine weltweite Krise aus. An diesem Tag brach in New York die Börse zusammen, es kam zu dramatischen Kursstürzen.

In Deutschland forderten die ausländischen Banken die sofortige Rückzahlung ihrer Kredite zuzüglich der angefallenen Zinsen. Sie hatten Liquiditätsprobleme. Das führte zu einer Verknappung des Geldes. In Deutschland (und nicht nur da) fehlte dieses Geld, um weiter zu investieren und die Produktion anzukurbeln. Ein gerade begonnener Wirtschaftsaufschwung war gestoppt.

Die Folge: Die Zahl der Arbeitslosen stieg in bis dahin nie gekannte Höhen. 1930 waren es 3,4 Millionen, 1931 fünf Millionen und 1932 bereits über sechs Millionen.

Das Elend, das man gerade überwunden glaubte, begann von neuem: In den Industriegebieten kam es zu ersten Massenentlassungen. Die Arbeiter reagierten mit Streik. Die Reichsanstalt für Arbeit verkürzte die Unterstützungsdauer für Arbeitslose von 26 auf 20 Wochen. Die Erwerbslosen waren danach auf Zahlungen der kommunalen Wohlfahrtsämter angewiesen.

Was das bedeuten kann, beschrieb 1932 ein Zeitungsartikel im »Herner Anzeiger«:

Um der Not der Arbeitslosen entgegen zu treten, wurde in Berlin eine Hilfsaktion von Regierung, Handel und Industrie organisiert, die den Bedürftigen warmes Essen, Heizmaterial und Kleidung verschaffte. Die Küchen, in denen die warme Speisung zubereitet wurde, waren hochmodern eingerichtet und konnten täglich 7.000 Menschen mit Essen versorgen.

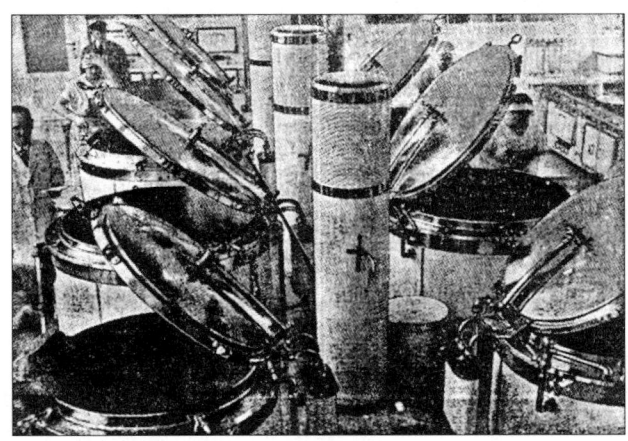

»Die Behauptung, daß das deutsche Volk Hunger leide, läßt sich ... heute ohne Übertreibung aufstellen... Man muß bedenken, daß Deutschland rund sechs Millionen Arbeitslose hat. Zu einem erheblichen Teil handelt es sich bei ihnen um junge Männer, die sich eines sehr kräftigen Appetits ›erfreuen‹. Aber diese jungen Männer müssen von ... sechs Mark die Woche leben. Miete, Kleidung, Wäsche, alles muß von dieser kleinen Summe bestritten werden.

Dabei ist das Leben in Deutschland alles andere als billig. Schutzzölle haben die Preise für die notwendigsten Lebensmittel auf einen Stand gebracht, der den der Nachbarstaaten wesentlich übertrifft...

In den Hospitälern ... wird festgestellt, daß Unterernährung sich immer weiter ausbreitet...«

Die in dem Artikel erwähnten Schutzzölle gehören zu den Merkwürdigkeiten jener Zeit. So wurde zum Beispiel der Butterzoll verdoppelt.

Mit Holland wurde ein regelrechter Butterkrieg angezettelt, nachdem die Niederländer in Folge eines deutsch-finnischen Abkommens über Milch- und Butterimporte dazu aufgerufen hatten, deutsche Waren zu boykottieren. Die Niederlande waren damals ein wichtiger Handelspartner für Deutschland.

Angeblich um die Handelsbilanz nicht zu »beschweren«, sollten die Deutschen auf die Einfuhr von »Genußmitteln« verzichten. »Kauft keine italienischen Apfelsinen – eßt deutsches Obst«, hieß es zum Beispiel.

Die Forderung nach der Bevorzugung deutscher Waren sollten sich kurze Zeit später die Nazis wieder zu eigen machen.

Es wurde der Verzehr von »ohne Grund unbeliebten Nahrungsmitteln« empfohlen, von Gefrier- und Büchsenfleisch (obwohl dies aus dem Ausland kam), von Pferde- und Kaninchenfleisch, von

Mit der Aktion »*Esst deutsches Brot*« sollte dem »*Nationalvermögen Hunderte Millionen (Mark) jährlicher Einfuhr erspart*« werden.

Fischrogen, Margarine, Schnecken und Quark. Rezepte wurden gleich mitgeliefert:

> »*Heringsmilch ... wird zum Marinieren genommen, aber ist auch so, gut gewaschen (um das viele Salz zu entfernen), auf Butterbrot, als Beilage zu Salat usw., sehr zu empfehlen.*
>
> *Quark ist immer noch unterschätzt... Gesalzen oder gesüßt, mit Kümmel, gebacken als Quark-Keulchen und Topfnudeln, ... ist er zu verwerten.*«

Die Reichsregierung versuchte die hohe Arbeitslosigkeit mit den aus der Zeit nach dem Ersten Weltkrieg bekannten »Rezepten« zu bekämpfen: Die Frauen sollten wieder ins Haus. »*Kampf dem Doppelverdienertum*« hieß die Forderung. Zu einer Besserung der wirtschaftlichen Lage, zu einem Abbau der Arbeitslosigkeit, zu einer Bekämpfung des Hungers in den weniger begüterten Familien trug das nicht bei.

Die Nationalsozialisten konnten sich keine günstigeren Voraussetzungen wünschen für ihren Versuch, an die Macht zu kommen: Eine schwere Krise, die viele Millionen Menschen in ihrer Existenz zu vernichten drohte, eine Regierung, die unfähig war, die Krise zu lösen, und ihr erklärter Erzfeind, das »internationale Finanzjudentum«, dem man die Schuld an der Misere zuschieben konnte. Sie schickten ihre Schlägertruppen, SA und SS, auf die Straßen und sorgten dort zusätzlich für Unruhe und Chaos. Nur eine Wahl der NSDAP – so ihre Botschaft – würde die »Ordnung« zurückbringen.

Deutsch Kochen
in Deutschlands
Gauen

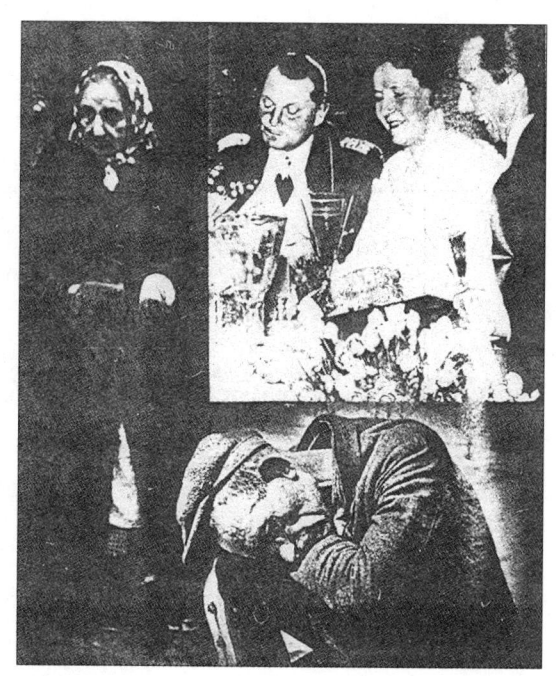

DER MANN trug Wickelgamaschen und war auch sonst recht merkwürdig gekleidet. In der Hand hielt er eine großkalibrige Pistole. Er schoss in die Saaldecke und erklärte die bayerische Regierung wie die Reichsregierung für abgesetzt.

Es war der 8. November 1923. Ort der Handlung: der Bürgerbräukeller in München. Der Name des Mannes, der mit einigen Kumpanen in den Saal eingedrungen war: Adolf Hitler. Er hielt die Gelegenheit für günstig, einen Putsch gegen die gewählten Regierungen zu wagen. Seine Einschätzung der Lage erwies sich als falsch.

Aber das, was sich damals in München begab und dort seinen Anfang nahm, sollte Folgen haben, an denen jede/r Deutsche noch schwer zu »kauen« haben würde.

Als am Tag darauf ein von Hitler geführter Demonstrationszug durch die Münchner Innenstadt zog, eröffneten Polizei und Reichswehr an der Feldherrnhalle das Feuer. Es gab 16 Tote und zahlreiche Verletzte. Hitler floh, wurde aber am 11.11. 1923 gefasst und zu fünf Jahren Haft auf der Festung Landsberg verurteilt.

Hitler mit Gesinnungsgenossen während seiner Festungshaft in Landsberg.

In Landsberg begann der Häftling Hitler mit der Arbeit an seinem Buch »Mein Kampf«. Und damit sind wir beim Thema. Denn in diesem Buch ging es auch ums Essen. Schließlich schätzte er das wichtigste Ziel deutscher Politik so ein:

»Deutschland hat eine jährliche Bevölkerungszunahme von nahezu 900.000 Seelen. Die

Schwierigkeit der Ernährung dieser Armee von neuen Staatsbürgern muß von Jahr zu Jahr größer werden und einmal bei einer Katastrophe enden, falls eben nicht Mittel und Wege gefunden werden, noch rechtzeitig der Gefahr dieser Hungerverelendung vorzubeugen.«

Hitler sah nur einen Weg, dieser Entwicklung zu begegnen: den Erwerb neuen Bodens für das »Volk ohne Raum«.

»Wollte man in Europa Grund und Boden, dann kann dies im Großen und Ganzen nur auf Kosten Russlands geschehen, dann muß sich das neue Reich wieder auf der Straße der einstigen Ordensritter in Marsch setzen, um mit dem deutschen Schwert dem deutschen Pflug die Scholle, der Nation aber das tägliche Brot zu geben.«

1933, zehn Jahre später, hatte Adolf Hitler die Möglichkeit, solche Pläne in die Tat umzusetzen.

Als die Nazis an die Macht gebracht wurden, war die wirtschaftliche Situation in Deutschland katastrophal.

Es gab mehr als sechs Millionen Arbeitslose, es gab Hunger und Wohnungsnot.

Wer einen Krieg führen wollte, wie ihn Hitler plante, musste aufrüsten. Also begann die Rüstungsindustrie, immer größere Teile des Staatshaushaltes für sich zu beanspruchen. Als das nicht ausreichte, wurden Schulden gemacht. Und damit das Defizit nicht ins Grenzenlose wuchs, musste der »kleine Mann« die Wiederaufrüstung mit Steuern finanzieren.

Auch sonst hatte die Rüstungswirtschaft für den Normalverbraucher ziemlich schlimme Auswirkungen. Es mangelte an Konsumartikeln und Lebensmitteln. Die Devisen waren bewirtschaftet. Das Ziel sollte sein, von Einfuhren im Bereich des Konsums unabhängig zu werden und Devisen zum Einkauf von Rohstoffen zur Produktion von Rüstungsgütern zu nutzen.

Hjalmar Schacht, Reichsbankpräsident und Reichswirtschaftsminister, errichtete 1934 mit seinem so genannten »neuen Plan« ein Außenhandelsstaatsmonopol. Mit Staaten in Südosteuropa oder Lateinamerika wurde eine Art Tausch-

»Die Außenpolitik des völkischen Staates hat die Existenz der durch den Staat zusammengefaßten Rasse auf diesem Planeten sicher zu stellen, indem sie zwischen der Zahl und dem Wachstum des Volkes einerseits und der Größe und Güte des Grund und Bodens andererseits ein gesundes, lebensfähiges, natürliches Verhältnis schafft...«

Aus »Mein Kampf«, Band 2

»Im Wesen des deutschen Wirtschaftssystems lag gar kein Zwang, sich ausschließlich oder vorwiegend auf die Aufrüstung und andere unproduktive Zwecke zu konzentrieren und diesen Zwecken die Lebenshaltung des Volkes zu opfern.
Es ist leicht einzusehen, daß rein wirtschaftlich dieselben Methoden für friedliche Zwecke hätten verwendet werden können, daß man Wohnungen statt der Festungswerke, Automobile statt der Panzer, Düngemittel statt des Schießpulvers und schließlich Ausfuhrwaren zur Beschaffung von Butter statt Kanonen hätte herstellen können...
Was den Ausschlag gab, waren politische, nicht wirtschaftliche Entscheidungen.«

Der Wirtschaftshistoriker Gustav Stolper

*Schaufensterplakat
für die
»Deutsche Woche«
April/Mai 1934*

*Erste Ausgabe der
Zeitschrift
»Deutsche Hauswirtschaft«*

handel vereinbart: Rohstoffe und landwirtschaftliche Produkte gegen Industriegüter.

In Deutschland selbst wurde für den Kauf deutscher Waren (also auch deutscher Lebensmittel) geworben, und es gelang Schacht binnen eines Jahres dem »Reich« eine ausgeglichene Handelsbilanz zu verschaffen.

In sehr kurzer Zeit hatte sich Deutschland mit der Installierung des Nazi-Regimes verändert. Und diese Änderungen bezogen sich auf nahezu alle Bereiche, auch auf die des alltäglichen Lebens. Das lag vor allem daran, dass die Nationalsozialisten alles und jeden unter ihre Kontrolle brachten. Dies gelang ihnen mit einer alles umfassenden Nationalisierungskampagne.

Die Zeitungen waren voll von neuen Gesetzen und Verordnungen: Die Nazis setzten ihre Pläne konsequent um. »Deutsch« hatte alles zu sein. »Fremdes« galt als obsolet.

Wer sich deutsch kleiden, in deutscher Schrift schreiben, wer deutsch denken und deutsch singen sollte, der musste auch deutsch essen.

Die Parole hieß: »*Die deutsche Frau* (die ja das Kochen besorgen würde) *bevorzugt deutsche Erzeugnisse.*«

Und die Nazis begannen, das deutsche Kochen zu organisieren. Dafür war die Reichsfrauenführung zuständig.

In Leipzig wurde vom Deutschen Frauenwerk eine Versuchsküche eingerichtet, welche die deutsche Hausfrau mit dort erprobten Rezepten versorgen sollte. Das Deutsche Frauenwerk, das Frauenamt der Deutschen Arbeitsfront und der Reichsnährstand fanden sich in Berlin im RVA zusammen, dem so genannten »Reichsausschuss für Volkswirtschaftliche Aufklärung«, der dafür verantwortlich war, dass die Rezepturen und Anweisungen auch propagiert wurden. Geliefert wurde an Zeitschriften und die Tagespresse.

Ein eigener Rezeptdienst wurde eingerichtet, und es erschien die »Deutsche Hauswirtschaft«, eine Zeitschrift der Reichsfrauenführung für »*sparsame Haushaltsführung, Küchenzettel und Rezepte, Einkochen und Einkaufen*« und anderes mehr.

Und was sollte gekocht werden? Die »NS Frauen-Warte«, die »*einzige parteiamtliche Frauenzeit-*

schrift« mag als Beispiel dienen. Dort wurden Rezepte abgedruckt zu Grünkernauflauf, Milchhirse, Haferbällchen, Quark-Keulchen, Makkaronipudding, Schweinepfeffer mit Rotkohl und anderen »deutschen« Schweinefleisch-Gerichten, eingelegten Heringen mit Pellkartoffeln, Steckrüben mit Speck oder Buchweizengrütze.

Was auffällt: Offenbar sollten nicht nur »*deutsche Erzeugnisse*« verarbeitet werden, es sollte

Die deutsche Frau bevorzugt deutsche Erzeugnisse

Die schmackhaft zubereitete Grünkernmasse kann man in der Pudding- oder Ringform kochen und stürzen | Haferbällchen werden zu Gemüse und Salat gegessen | Beim Nudelpudding werden die gekochten Nudeln abwechselnd mit dem Fleisch in die Form geschichtet

auch möglichst sparsam und mit möglichst wenig oder ganz ohne Fleisch gekocht werden.

Sauerkohl in der Form

Zutaten: 500 g Sauerkraut, 200 g gekochte Erbsen, zwei Esslöffel geriebener Käse, 50 g Butter, ein Esslöffel Öl, Pfeffer, Salz, eine klein gehackte Zwiebel.

Sauerkraut in dem Öl zusammen mit der Zwiebel in einem Topf andünsten (etwa 20 Minuten). Gekochte Erbsen durch ein Sieb streichen und mit Salz und Pfeffer würzen. Eine feuerfeste Form ausfetten. Schichtweise Sauerkraut und Erbspüree in die Form geben. Das Püree mit Käse bestreuen und mit Butterflöckchen belegen. Im Ofen überbacken, bis die Oberschicht schön hellbraun und knusprig ist.

Broschüre
aus dem
»Frauendienst-Verlag«,
1934

»Fleischnahrung mindert
die Fruchtbarkeit der
Frauen.«

Aus:
»Deutsche Medizinische
Wochenschrift«,
1934

Zwiebackauflauf

Zutaten: 500 g Zwieback, 100 g Zucker, drei Eier,
¼ l Milch, 200 g Marmelade, 20 g Butter.

Zucker mit den Eiern verquirlen. Milch dazu geben. Mit dem zerbröselten Zwieback verrühren. Eine Auflaufform wird mit Butter ausgefettet. Schichtweise Zwiebackbrei und Marmelade in die Form füllen, dabei sollte die letzte Schicht Zwiebackbrei sein. Im Ofen zwanzig bis dreißig Minuten bei etwa 180 Grad überbacken.

Schwedenknöpfle

Zutaten: 400 g Weißbrot, ¾ l Milch, 50 g Butter,
50 g Zucker, 50 g Mehl, ein Ei, ein Teelöffel Zimt, Semmelbrösel, etwas Fett zum Ausbacken, Zucker und Zimt zum Bestreuen.

Weißbrot würfeln. In Milch mit Zucker und Zimt verrühren. In einer Pfanne Butter erhitzen. Den Brotbrei in der Pfanne anrösten. Anschließend in einer Schüssel auskühlen lassen. Mit dem Ei und dem Mehl verkneten. Kleine ovale Klößchen formen. In Semmelbröseln wenden. In heißem Fett ausbacken. Mit Zucker und Zimt bestreuen.

Die Kuh in der Tüte

Mit Beginn des »Dritten Reiches« übertrafen sich die Küchen- und Kochpropagandisten in Aufrufen zum staatlich verordneten »Neuanfang in der deutschen Küche«. Der »Reichsköcheführer« (den gab es wirklich!) Leitz meinte:

»Die Sendung der deutschen Kochkunst geht dahin, die an die Scholle gebundenen Gerichte wieder auf die Speisekarte zu bringen.«

Mit »Scholle« meinte er nicht den Fisch. Der »Hannoversche Kurier« kritisierte:

»Noch immer treiben sich in Deutschland allzu viele ausländische Filets, Beefsteaks und Rumsteaks herum.«

Die deutsche Hausfrau sollte mit dem »vorlieb nehmen, was die deutsche Erde hervorbringt«.

Für Eier, »*von denen viele Millionen jährlich gegen kostbare Devisen aus dem Ausland eingeführt werden müssten*«, sei Hefe ein guter Ersatz. Und sie wurde an ihre Pflicht erinnert, »*entsprechend ihrem Können zur nationalen Vorratswirtschaft beizutragen. In Gestalt des Dreifett-Topfes hat sie die Möglichkeit, deutsche Fette in Zeiten der Produktionsspitzen für knappe Wintermonate aufzusparen*«.

Der »Dreifett-Topf« war eine Fettmischung, die man selbst herstellen sollte aus gleichen Teilen von Schweinefett, Rinderfett und Kochbutter, verschlagen mit einem achtel Liter Milch pro Pfund Fettmischung.

Apropos Milch. Als »*Kuh in der Tüte*« wurde entrahmte Trockenmilch als »*neues Nahrungsmit-*

Collage von John Heartfield (Helmut Herzfeld) aus dem Jahre 1935 (Ausschnitt). Unter der Fotomontage zitiert Heartfield Hermann Göring, der in Hamburg gesagt hatte:

»*Erz hat stets ein Reich stark gemacht, Butter und Schmalz haben höchstens ein Volk fett gemacht.*«

tel« angepriesen, »*ein billiges sättigendes und volkswirtschaftlich äußerst wichtiges Nahrungsmittel*«:

»*(Es ist) eine Hauptaufgabe der Trockenmilchwerke, die jahreszeitlich bedingten Überschüsse von entrahmter Milch aufzufangen zu Trockenmilchpulver zu verarbeiten und einzulagern, um*

Collage von John Heartfield für die Zeitschrift »Das Illustrierte Wochenblatt«. Titel: »Goebbels Rezept gegen die Lebensmittelnot in Deutschland«. Darunter hatte Heartfield gedichtet:

»Was?
Schmalz und Butter
fehlt beim Essen?
Ihr könnt ja eure
Juden fressen!«

sie der Volkswirtschaft zu erhalten... Diese wurde früher niemals restlos verwendet, sondern zumeist in großen Mengen von den Molkereien den Bauern zu Fütterungszwecken zurückgegeben in einer Zeit, wo für das Vieh natürliche Futtermittel in ausreichender Menge zur Verfügung stehen.«*

Das Milchpulver sollte im Haushalt Verwendung finden (»*Pulver in handwarmem Wasser auflösen,... etwa ein gestrichener Esslöffel Pulver auf ¼ Liter Wasser.*«). Weil das aber nicht ausreichte, um die Vorräte aufzubrauchen, wurde das Milchpulver dem Brot beigemischt. Am 15. Oktober 1934 war das Gesetz über den Kartoffelmehlbeimischungszwang zum Brot ausgelaufen.

»*Stattdessen wird nunmehr das ›Milch-Eiweißbrot, das deutsche Kraftbrot‹ eingeführt, bei dem ... eine Beimischung pulverisierter entrahmter Milch im Verhältnis von 2½ v. H. zum Gesamtgewicht des Mehles erfolgt.*«

Das neue Brot war zwar etwas teurer als »normales« Brot, aber das würde durch die »*zu erwar-*

tenden gesundheitlichen Effekte« mehr als ausgeglichen, hieß es.

Wie gesagt – das Ziel der Aktionen und Veröffentlichungen war klar: Es sollten möglichst keine Devisen ausgegeben werden zur Einfuhr von
Lebensmitteln aus dem Ausland. Der Plan hinter
all den nationalen Tönen: Die Deutschen sollten
sich eigenständig und unabhängig ernähren können. (*»Da Devisen ... nicht zur Verfügung stehen,
bzw. viel wichtiger zum Erwerb der in Deutschland nicht zu beschaffenden Rohstoffe freigehal-
ten werden müssen, bleibt nichts übrig, als uns
innerhalb unserer Grenzpfähle nach der Decke
zu strecken.«*)

Für die deutschen Nahrungsmittel sollte der
Reichsnährstand »Blut und Boden« sorgen, eine
Organisation, die dem Reichsministerium für Ernährung und Landwirtschaft unterstand und die
sämtliche landwirtschaftlichen Betriebe, den gesamten Lebensmittelhandel, die Getränkebranche
und die lebensmittelverarbeitenden Betriebe um-

Erntedanktag 1934.
Ein Junge führt
die Produkte
des väterlichen
Gemüseanbaus vor.
So ganz scheint
ihn die frohe
nationalsozialistische
Botschaft noch nicht
erreicht zu haben.
Vorn die
Hakenkreuzfahne,
hinten am Handwagen
ein Schild mit der
Aufschrift:
»Danket dem Herrn«.

fasste. Der Reichsnährstand kaufte alle landwirtschaftlichen Produkte auf, regulierte und überwachte Preise und Lieferungen. Über jede Bauern-

stelle wurde eine Akte geführt mit Saat- und Vieh-
bestand, Arbeitskräften und Löhnen und dem Soll
und Haben der Lieferungen. Ein jährliches Ablieferungssoll war festgelegt.

Im Mittelpunkt der nationalsozialistischen Land-
wirtschaftspolitik stand der so genannte »Erbhof«.
Er wurde zur Norm erklärt, hatte eine Größe zwischen 7,5 und 10 Hektar, war nicht verkäuflich
und musste in der Familie vererbt werden. Nur
wer einen Erbhof bewirtschaftete, durfte sich »Bauer« nennen, alle anderen waren »Landwirte«. Und
die Bauern – auch sie waren irgendwie Soldaten.
Sie sollten auf dem Land die »Erzeugungsschlacht«
schlagen.

Mehr als 20.000 neue (Erb-)Bauernhöfe entstanden während des NS-Regimes, aber trotz der
von ihnen zusätzlich bearbeiteten rund 300.000
Hektar reichte es nicht. Die Bevölkerung war aus
dem Land selbst nicht zu ernähren.

So konnten schon 1934 die hochgesteckten
Erwartungen nicht erfüllt werden. Die Ernte war
in Folge des trockenen Sommers schlecht gewesen. Die Behörden wiegelten zwar ab (*»Keine Lebensmittelkarten«* – *»Die Ernte 1934 läßt weder
eine Verknappung der Lebensmittel noch eine
Verteuerung zu«*), die vorhandenen Futtermittel
reichten aber für das Vieh nicht aus. Vorsorge war
nicht getroffen worden. Also wurde Vieh geschlachtet und zu Fleischkonserven verarbeitet. Im Sommer 1935 erschienen dann folgerichtig in den Tageszeitungen Aufrufe der Stadtverwaltungen oder
Oberbürgermeister:

*»Das deutsche Fleischerhandwerk ist in letz-
ter Zeit vom Reichsernährungsministerium mit
dem Verkauf des im Herbst 1934 eingedosten
Rindfleisches beauftragt worden...*

*Auf den Schlachtviehmärkten macht sich jetzt
eine gewisse Verknappung bemerkbar. Es muß
daher zu dem Büchsenfleisch gegriffen werden,
um die auch in Folge des Weideauftriebes einge-
tretene Verknappung an Rindvieh auszugleichen
und die Schlachtviehmärkte zu entlasten...*

*Ich richte daher an alle Volksgenossen, Kran-
kenhäuser usw. die dringende Bitte, die vorsorg-
liche regierungsseitige Maßnahme zu unterstützen und in den nächsten Wochen das gesunde*

und schmackhafte ›Fleisch im eigenen Saft‹ zu kaufen.«

Die Sparappelle und die damit verbundenen Aktionen häuften sich. Der Reichsnährstand und die NSV, die »Nationalsozialistische Volkswohlfahrt«, riefen zum »Kampf dem Verderb« auf, gegen »die Vergeudung von Speiseresten« und die »Verschleuderung wertvoller Lebensmittel«.

Es gab Verfahren, Fett aus dem Spülwasser zurückzugewinnen und ähnliche Ratschläge für die Haushaltsführung. Und die »Reichsfrauenführerin« Gertrud Scholtz-Klink rechnete vor:

Mit Broschüren (links) und Zeitungsanzeigen (unten) wurde zu der Aktion »Kampf dem Verderb« »mobil« gemacht.

»Wenn in einem Haushalt in einer Woche 50 Gramm Brot weggeworfen werden, so sind das bei 17½ Millionen in Deutschland lebenden Familien in einem Monat 8.750, in einem Jahr 450.000 Doppelzentner. Das sind 4.000 Einsenbahnwaggons Brot, die einfach weggeworfen werden...

Der Führer versucht, ... den Nahrungsraum unseres Volkes zu vergrößern..., aber mit dem einen Stück Brot in der Woche, das wir achtlos wegwerfen, könnten wir den Nahrungsvorrat unseres Volkes bedeutend verstärken. In unser Volk müssen wir beim Kampf um unsere Ernährungsgrundlage wieder eines hinein tragen: die Ehrfurcht vor dem Brot als einem Erzeugnis der Erde, der wir alles verdanken.«

In den Tageszeitungen erschienen immer wieder Hinweise unter Überschriften wie *»Wann verderben Lebensmittel«* mit ausführlichen Hinweisen zu Aufbewahrungszeiten und *»Verwesungsbeginn«*. Verschiedentlich wurden die so genannten »Blockwarte« angehalten, Abfalltonnen zu kontrollieren.

Inwieweit die Aktion schließlich Erfolg gehabt hat, ist schwer zu sagen. Sie wurde auch während des Zweiten Weltkrieges fortgesetzt.

Eintopf-Sonntage

Das deutsche Kalendarium wurde in den Herbst- und Wintermonaten um einen neuen Begriff erweitert: den »Eintopf-Sonntag«. An einem Sonntag im Monat sollte statt des üblichen Bratens ein Eintopfgericht gegessen werden. Was durch die einfache Mahlzeit eingespart wurde, sollte gespendet werden. Die NSV ging von Haus zu Haus, um das gesparte Geld einzusammeln.

Am 14. September 1933 verkündete Reichspropagandaminister Joseph Goebbels im Rahmen der Gründung des Winterhilfswerkes »Gegen Hunger und Kälte«:

Ausriss aus einem Nazi-Kalender

»Den Notleidenden soll in jedem Monat der erste Sonntag gewidmet sein... Die Regierung richtet dabei an die gesamte deutsche Öffentlichkeit den Appell, an diesen Sonntagen mittags nur ein Ein-Topf-Gericht im Preise von höchstens 50 Pfennig je Person zu verzehren. Ein gleiches soll auch in Gastwirtschaften, Hotels und Speisewagen durchgeführt werden. Die dabei ersparten Gelder werden ohne Abzug in die große Hilfskasse hineingegeben.«

Auch in den Tageszeitungen wurde für den »Eintopfsonntag« massiv geworben.

»Was tun wir also am kommenden Sonntag? Wir geben eine Eintopfspende, die nicht ein Bettelpfennig ist, sondern eine wirkliche Gabe. Und wir essen wirklich Eintopf, der für uns nicht Gleichmacherei ist, sondern Symbol unserer Haltung bedeutet.«

So ähnlich hieß es Monat für Monat. Dazu wurden *»geeignete«* Eintopfrezepte abgedruckt.

»Das Eintopfgericht ist gute, nahrhafte und gesunde Hausmannskost. Im Eintopfgericht kann man sehr schmackhafte Essen zubereiten. Die Hülsenfrüchte haben unzählige Freunde ..., und eine Bohnensuppe mit ... Schweinspfoten ... ist nicht nur allein Soldatenkost... Eine nahrhafte Nascherei bereitet man zu, wenn man Tomaten mit vorher gewürztem Reis füllt... Und dann vergesse man nur nicht die alte, gute, deutsche Kartoffelsuppe.«

Um auch bei diesen Gerichten Einfallslosigkeit zu vermeiden, dachten sich die Versuchsköche immer neue Eintopfkreationen aus, meist waren es aber alte Rezepte, bloß mit neuem Namen.

Rominterner Jagdgericht

Zutaten: Zwei Salzheringe, ¼ l Milch, ein Kilo Kartoffeln, 150 g Wurstreste, zwei Zwiebeln, 100 g Speck , Pfeffer, 50 g Butter oder Margarine, eine Salzgurke.

Zwiebeln und Pellkartoffeln in Scheiben schneiden. Heringe entgräten und säubern. Ebenso wie die Wurstreste, den Speck und die Salzgurke in Würfel schneiden.

Eine Auflaufform mit Butter ausfetten. Mit der Hälfte der Pellkartoffeln den Boden bedecken. Speck, Zwiebel, Gurke, Heringe und Wurstreste darüber schichten. Mit den restlichen Kartoffeln abdecken.

Die Milch wird mit dem Pfeffer verrührt und über die Kartoffeln gegossen. Statt der Wurstreste kann man auch Schinken oder Rindfleisch nehmen oder das Fleisch ganz weglassen. Im Ofen 30 Minuten überbacken.

Kohlpudding

Zutaten: 500 g Weißkohl, 200 g gemischtes Hackfleisch, eine Zwiebel, ein Brötchen, ein Ei, Salz, Pfeffer, ein Teelöffel Kümmel.

Hackfleisch mit der klein gehackten Zwiebel, dem in etwas Wasser eingeweichten Brötchen, dem Ei, Salz und Pfeffer mischen.

Eine Puddingform mit Fett ausstreichen. Den streifig geschnittenen Kohl mit Salz und Kümmel

»Wir schreiten vorwärts in Schritt und Tritt und reißen den letzten Zagen mit! Ein Wollen, ein Streben hält uns frisch, wir sitzen zusammen an einem Tisch. Ganz Deutschland saß gestern Kopf an Kopf in Einheit zusammen um einen Topf!«

Gedicht von einem unbekannten Verfasser, das in den 30er Jahren in verschiedenen Zeitungen des Ruhrgebiets erschien.

AM SONNTAG Eintopf-essen Euer Opfer IM KAMPF GEGEN HUNGER UND KÄLTE

126

Collage von John Heartfield aus dem Jahre 1934 mit dem Untertitel: *»denn wir wollen euch alle unter einer Topf pressen«.*

Der Zusammenhang, den er hier zwischen den Spenden für das Winterhilfswerk und dem Krieg herstellte, sollte sich bald als richtig erweisen. Teile des gespendeten Geldes wanderten auf Umwegen in die Rüstung.

würzen. Dann schichtweise Kohl und Hack in die Form geben. Deckel schließen. Im Wasserbad ein bis eineinhalb Stunden kochen. Anschließend wird der Kohlpudding aus der Form gestürzt. Zu Kartoffelbrei servieren.

Allgäuer Eintopf

Zutaten: 500 g Kohlrabi, 500 g Sellerie, 500 g Kürbis, ein Kilo Kartoffeln, 50 g Fett, eine große Zwiebel, eine Stange Lauch, zwei Esslöffel Petersilie, Salz, ein Teelöffel Paprika, zwei Liter Wasser oder Brühe.

Sämtliche Gemüse werden klein geschnitten und in Fett, in dem schon die gehackte Zwiebel und die Petersilie angeröstet wurden, halb weich gedünstet.

Rohe Kartoffeln schälen, würfeln und dazu geben.

Das Ganze mit Wasser oder Brühe aufgießen und bis zum Garwerden langsam köcheln lassen. Mit Salz und Paprika abschmecken.

Eifeler Eintopf

Zutaten: 1½ kg Kartoffeln, 40 g Fett, eine Zwiebel, zwei Stangen Porree, ½ l Buttermilch, Salz, eine Essiggurke, ein Kopf Endiviensalat.

Die Kartoffeln werden mit wenig Wasser gar gekocht, gepellt und gestampft. Zwiebeln und Porree würfeln, in Fett dünsten und mit der heißen Milch dazu geben. Alles verschlagen. Zuletzt den fein geschnittenen Endiviensalat und die klein gehackte Essiggurke darunter rühren und sofort anrichten.

Weiße Bohnen mit Schweinebauch

Zutaten: 500 g Schweinebauch, 500 g weiße Bohnen, 500 g Möhren, zwei Liter Wasser, Salz, Pfeffer, gehackte Petersilie.

Bohnen und Schweinebauch in Wasser fast gar kochen. Dann die in Stifte geschnittenen Möhren hinzu fügen. Nochmals kochen lassen, bis die Möhren auch gar sind. Mit Salz und Pfeffer abschmecken. Mit Petersilie bestreuen.

Für dieses Gericht hatte der »Berliner Lokal-Anzeiger« Kosten von 30 Rpf pro Person errechnet. Da konnte also »*kräftig*« gespendet werden.

Bei so genannten »Großkampftagen gegen Hunger und Kälte« hatten sich auch Restaurants und Hotels der Aktion anzuschließen. Die Eintopfgerichte wurden selbst der (Partei-)Prominenz von befrackten Kellnern in schwerem Silber serviert.

Oben:
Aufruf zur Pfundspende

Unten:
selbst gemaltes Plakat
zur Aktion

Für die Spende an das »Winterhilfswerk« gab es in den Gaststätten eine »Klasseneinteilung«: Bei einem Preis von RM 0,70 für das Eintopfgericht waren RM 0,20 zu spenden, bei RM 1,00 waren es RM 0,30 und bei RM 2,00 schließlich RM 1,20.

Ein »Volksgenosse«, der seinen Eintopf zu Hause einnahm, hatte »freiwillig« zwischen RM 0,25 und RM 2,00 zu spenden. »*Mindestens*« wie es hieß.

Eine andere Aktion war die »Pfundspende«. Dafür wurden von der NSV beschriftete Tüten (»Mehl«, »Zucker«, »Grieß« etc.) vom Blockwart oder von Mitgliedern der NS-Volkswohlfahrt an die Haushalte verteilt.

Nach zwei Wochen wurden die (vollen) Tüten wieder abgeholt.

Bauern hatten für die Aktion zentnerweise zu spenden. Für die Helfer mussten wieder einmal Vergleiche aus dem Militärischen herhalten. Die »NS Frauen-Warte«:

>*Wer selbst schon einmal unter diesen unbekannten Soldaten des Winterhilfswerkes mitgetan hat, weiß..., daß es dabei um mehr geht als das bloße Zusammenholen ... von Spenden... Mit der Wärme des eigenen Herzens soll er die anstecken, die geben sollen... Was man von ihnen als Waffe erwartet, ist Beharrlichkeit... Viel leichter aber haben sie es, wenn sie in ihrem friedlichen Eroberungskriege den Humor zu ihrem Schildknappen ernennen. Er hilft ihnen oft, wo alles andere versagt.*«

Die Spenden sollten den sozial Schwachen und Bedürftigen zugute kommen. Wie so vieles, was damals propagiert wurde, keine originäre Idee der Nazis.

Für Arbeitslose und sozial Schwache war schon 1931, auf dem Höhepunkt der Weltwirtschaftskrise, von den freien Wohlfahrtsverbänden gesammelt worden.

1933 rief die NS-Volkswohlfahrt das »1. Winterhilfswerk des Deutschen Volkes 1933/34« ins Leben (insgesamt gab es fünf Winterhilfswerke und vier Kriegswinterhilfswerke). Die NSV selbst, HJ, SA, SS, aber auch Offiziere, Politiker und bekannte Künstler gingen mit Sammelbüchsen auf die Straßen oder von Haus zu Haus und nötigten den Volksgenossen (Geld-)Spenden ab.

Gebt für die Pfundsammlung

Wer nicht geben wollte, galt als »Saboteur«. Und damit auch gleich erkennbar war, wer gespendet hatte und wer nicht, verkauften die Sammler WHW-Abzeichen für 20 Pfennig das Stück (das entspricht heute einem Wert von mindestens zwei Euro): Holz- und Porzellanfiguren, Amulette, Plaketten, Ansteckadeln u.a.m.

Mit ihrem Spendeneintrieb wurde die NSV zunehmend unverschämter. Ab 1937 wurde Arbeitern und Angestellten gleich bei der Lohnabrechnung eine Bar-Spende abgezogen.

Ob die Spenden auch bei jenen angekommen sind, für die sie bestimmt waren, ob sie zur Unterstützung von Hilfsbedürftigen (freilich nur »rassisch wertvollen und erbgesunden Familien«) verwendet wurden, darf bezweifelt werden. Es gab keine Kontrolle durch die Öffentlichkeit über den Verbleib der Gelder.

Mehr Klarheit besteht darüber, wieviel gesammelt, respektive eingenommen wurde. 1939 waren es 566 Millionen Reichsmark, 1942/43 1,6 Milliarden Reichsmark – eigentlich versteckte Steuern. Das WHW war zu einem ernst zu nehmendem Wirtschaftsunternehmen geworden. Und so wurde es vom NS-Staat auch eingesetzt. Es verwendete die Sammelgelder zum Aufkauf von Agrar-Überschüssen, investierte damit in der Rüstungsindustrie und griff auch in anderen Wirtschaftsbranchen im Sinne der Führung regulierend ein. Aber nicht allein um Geld ging es den Nazis beim Winterhilfswerk. Mit seiner Hilfe sollte auch die Volksgemeinschaft gestärkt werden. Den Zusammenhang

»Wir alle, jeder:
Mann für Mann
mit allen Kräften,
was jeder nur kann, –
mit allen Mitteln, –
was jeder nur hat!
Wir Bauern vom Lande, –
und wir aus der Stadt ...
Wir: auf dem Acker
und hinter dem Pfluge, –
Wir: an den Maschinen
und bei den Motoren, –
Wir: in den Geschäften
und in den Kontoren
arbeiten, in einiger Front
geschlossen,
für unsere notleidenden
Volksgenossen!
Ihr Frauen: euch gilt
das gleiche Gebot:
Helft!
Opfert!
Kämpft
gegen des Winters Not!«

Dieses Gedicht stand unter einem Scherenschnitt von Irmingard Straub zum Winterhilfswerk 1935/36.

Wir wollen opfern
Wir wollen helfen

Oft wurde das vom Winterhilfswerk gesammelte Geld in Lebensmittelgutscheine umgewandelt und wurde in dieser Form an die »Bedürftigen« verteilt.

zeigte Hitler in seinem Aufruf zum Winterhilfswerk 1938:

»Wir alle wollen ermessen, was wir der deutschen Volksgemeinschaft, dieser Gemeinschaft gegenseitiger Opferwilligkeit zu verdanken haben. Sie hat es mir ermöglicht, ein brennendes Problem schließlich ohne Kampf zu lösen... In dieser Gemeinschaft, in der sich die stärkste Kraft der Nation ausprägt, sehe ich auch den stärksten Garanten des Friedens! Solange das deutsche Volk der Welt gegenüber als eine solche Gemeinschaft in Erscheinung tritt, wird niemand es wagen, unserem Volk leichtfertig die Fehde zu erklären.«

Immer wieder wird von »Opfer«, von »Opferbereitschaft« gesprochen, von der »Deutschen Not- und Brotgemeinschaft«. Das Winterhilfswerk, es sollte der »Volksgemeinschaft« auch solche »Tugenden« einüben, die in einem ganz anderen Zusam-

Mit Plakaten wie hier zur Wahl des Reichstages 1936 versuchte die NSDAP über die nach wie vor schlechte Ernährungslage in Deutschland hinweg zu täuschen.

menhang von Nutzen waren und gebraucht wurden – im Krieg.

Die Kochbücher und Rezeptheftchen, welche die Deutschen zu einer sparsamen Verwendung von Lebensmitteln anhalten sollten, dienten auch noch einem ganz anderen Zweck, nämlich der Tarnung.

Die wenigen organisierten Gruppen, die Widerstand gegen das Nazi-Regime leisteten, versteckten zwischen Kochbuchdeckeln oder als Rezeptbroschüren wie »Pilze, Beeren, Wildgemüse« getarnt ihre Schriften und Informationsblätter: Texte von Pieck oder Florin, das »Kommunistische Manifest« oder Lenins Rede über den Staat.

Verteilt wurden diese Heftchen beim Verkauf von Lebensmitteln. Der Lebensmittelhandel schien von den Nazis weniger als andere Bereiche überwacht zu werden.

Anfang Juni 1935. Mit einer groß angelegten Verhaftungsaktion gelang der Geheimen Staatspolizei (Gestapo) die Zerschlagung des Kerns der sozialdemokratischen Untergrundbewegung »Germania«. Neben der Duisburger Zentrale wurden in Gelsenkirchen, Essen, Mülheim, Oberhausen, Düsseldorf und in mehreren Städten des Niederrheins bei Gestapo-Razzien insgesamt 55 Personen festgenommen.

Nach dem Verbot der Sozialdemokratischen Partei Deutschlands im Juni 1933 hatten im Mai 1934 führende Funktionäre, unter ihnen der SPD-Parteisekretär Hermann Runge, beschlossen, die Zentrale der illegalen Organisation an Rhein und Ruhr in der Duisburg-Hamborner Brotfabrik »Germania« einzurichten. Der Besitzer dieser Fabrik, SPD-Mitglied August Kordahs, hatte den heruntergewirtschafteten Betrieb im Herbst 1933 günstig erworben.

Mit der Einstellung mehrerer Genossen wurde es möglich, von der Brotfabrik aus die Untergrund-Nachrichtenblätter des im Prager Exil tätigen Parteivorstands der SPD (Sopade) in weiten Teilen des Ruhrgebiets und am Niederrhein zu verbreiten.

Fahrer der Brotfabrik lieferten regelmäßig die Schriften an ihre Parteifreunde mit aus.

Als Wildgemüse getarnt

Amateurfoto:
Lieferwagen
der Firma »Germania«

*Kommunistischer
Klebezettel*

Ein Mülheimer Genosse, Angehöriger der (illegalen) Eisenbahnergewerkschaft, stellte den Kontakt zur Internationalen Transportarbeiter-Föderation her, über deren Netz ein wesentlicher Teil der Untergrundschriften eingeschleust wurde. Matrosen übergaben im Ruhrorter Hafen Schriftgut an Mittelsmänner, das auf dem Seeweg über Rotterdam kam.

Andere Transporte erledigten Kontaktpersonen, die als Kaffee-, Versicherungs- oder als Seifenvertreter getarnt, Duisburg bereisten.

Neben der »Sozialistischen Aktion« wurden zahlreiche Tarnschriften vertrieben. Im Tabakkiosk am Duisburger Hauptbahnhof befand sich ein »stiller Briefkasten«, wo stets in Zigaretten- und Streichholzschachteln und in Lebensmittelpackungen versteckte Mitteilungen auf ihre Abholer warteten.

Essen auf dem Luxusliner

»*Punkt 15 Uhr treffen wir in Genua ein, vom Bahnhof zum Schiff ist es nicht weit, und wir werden hier von der Bordkapelle empfangen. Nachdem wir unsere Kabinen gefunden haben, bekommen wir die erste Kaffeemahlzeit und die Speisekarte für den Abend. Also geht das phantastische Essen los, Röcke auf. Hoffentlich paßt alles noch, wenn wir nach Deutschland zurückkommen, denn die Speisekarte ist vielversprechend.*«

Die da so euphorisch von zukünftigen Genüssen in ihrem Reisetagebuch schwärmt, hieß Helene Körbl und hatte Urlaub. Das Schiff, das vor Genua lag und auf (deutsche) Urlauber wartete, hieß »Der Deutsche« und gehörte zur Flotte der Deutschen Arbeitsfront (DAF). Wir schreiben das Jahr 1938.

Für den viel zitierten »kleinen Mann« waren sie der Inbegriff des Luxus – die Schiffe der »weißen Flotte« der »Nationalsozialistischen Gemeinschaft« der DAF »Kraft durch Freude« (KdF), allen voran die »Wilhelm Gustloff«.

Das Ziel dieses Unternehmens war: Jeder deutsche Arbeiter, jede Arbeiterin, sollte zehn Tage Urlaub machen können im Jahr.

Und das so, wie es sonst nur für sehr viel Geld möglich war.

Eine Reise mit einem KdF-Schiff dauerte zwischen fünf (Norwegen) und zwanzig Tagen (Italien/Madeira). Die Kosten lagen zwischen RM 59,50 (Norwegen) und RM 155,-- (Portugal). Das war selbst für damalige Verhältnisse lächerlich wenig. Aber geboten wurde dafür, was die Volksgenossen und -genossinnen meist nur aus Filmen kannten: Mehrere Bars waren an Bord, täglich gab es Tanz, außerdem Feste, Filmvorführungen, Vorträge und – von befrackten Kellnern aufgetragen – sechs Mahlzeiten pro Tag.

»Ein Küchenchef, der über langjährige Erfahrungen ... verfügt, sorgt mit einem Stab... von 43 Mitarbeitern für das leibliche Wohl der Fahrgäste und Besatzung. In drei Küchen, drei kal-

Speisesaal »Mittelhalle« der M.S. »Wilhelm Gustloff«

ten Küchen mit Kaffeeküchen, einer Bäckerei, einer Konditorei, einer Schlachterei und einem Gemüsezubereitungsraum werden die verschiedenartigsten Speisen zubereitet.«

So verkündete es die Schiffszeitung. Gekocht wurde »deutsch«. Selbst der Eintopfsonntag wurde eingehalten. Hier die Rezepte für ein Mittagsmenü:

Pommersche Graupensuppe

Zutaten: 500 g Rindfleisch, 50 g Fett, ein Bund Suppengrün (Sellerie, Möhre, Lauch, Petersilie), eine Tasse Graupen, 1½ l Wasser, Salz, Pfeffer, Selleriegrün.

Jeden Tag wurde
für die Passagiere
der »weißen Flotte«
eine Speisekarte
gedruckt.
Darauf war neben der
»Speisenfolge«
auch die »Tagesgestaltung«
vermerkt:
ein Tag, der
von 6 Uhr 30 (»Wecken«)
bis 24 Uhr
(»Ruhe im Schiff«)
vollkommen
»durchorganisiert« war.

Das klein geschnittene Suppengrün in Fett andünsten. Mageres Rindfleisch in Würfel schneiden. An das Gemüse geben. Mit Wasser auffüllen. Zum Kochen bringen.

Die Graupen werden gewaschen und hinzu gegeben. Zugedeckt etwa eine Stunde kochen lassen. Würzen. Selleriegrün in feine Streifen schneiden und die Suppe damit bestreuen.

Wiener Würzfleisch

Zutaten: Vier Scheiben Roastbeef (etwa 1 ½ cm dick), eine Zwiebel, ½ l Brühe, ein Teelöffel Paprika, sechs Pfefferkörner, ein Lorbeerblatt, zwei Nelken, etwas Sahne, zwei Esslöffel Madeira, Mehl zum Bestäuben, ein Esslöffel Öl.

Die Fleischscheiben mit Mehl bestäuben und in heißem Öl auf beiden Seiten anbraten. Die in Würfel geschnittene Zwiebel zugeben, anbräunen. Mit Brühe ablöschen. Würzen. Zugedeckt etwa eine bis eineinhalb Stunden schmoren lassen. Zum Schluss Sahne und Madeira darunter rühren und nochmals abschmecken. Zu dem Würzfleisch gab es Gemüse und Kartoffelbrei.

Grießflammeri mit Fruchttunke

Zutaten: Ein Liter Milch, 120 g Grieß, 100 g Zucker, zwei Eier, 100 g gemahlene Mandeln, 50 g Butter.
Tunke:
fünf Esslöffel Marmelade, etwas Alkohol (Rum oder Obstler).

Milch aufkochen lassen, Butter, Zucker, Grieß und fein gemahlene Mandeln einrühren und zu einem Brei kochen. Nach fünf bis acht Minuten vom Herd nehmen. Etwas abkühlen lassen. Die Eigelb zugeben. Eiweiß steif schlagen und unter die Masse ziehen. In eine mit Wasser ausgespülte Form geben. Kalt stellen. Stürzen. Für die Fruchttunke wird Marmelade mit etwas Alkohol glatt gerührt. Die Soße sollte nicht zu dünnflüssig werden. Über den Flammeri gießen.

Aber es wurde nicht nur das gewohnte Essen gereicht. Die Reiseleitung ließ trotz aller Deutsch-

tümelei an Bord auch fremdländische Einflüsse
während der Fahrt zu. Die Küche produzierte bisweilen ausländische Speisen: Zwischen Eisbein
und Schweinskarbonaden wurden »Mailänder
Suppe«, »Minestra« und »Italienischer Blumenkohl« oder in Portugal »Espada«, also Degenfisch,
serviert. Und am Eintopfsonntag gab es »Irish
Stew«.

Irish Stew nach Seefahrerart

Zutaten: 500 g Hammelkeule, ein Kilo Kartoffeln,
ein Kilo Weißkohl, eine Zwiebel, ein Tee
löffel Salz, Pfeffer, ein Teelöffel Kümmel,
ein Liter Wasser, 50 g Fett oder ein Esslöffel Öl.

Fleisch in kleine Würfel schneiden. Weich kochen
lassen. Kartoffelwürfel und in feine Streifen geschnittenen Weißkohl zugeben. Salz und Kümmel
mit der Masse verrühren. Noch einmal zehn bis
fünfzehn Minuten kochen lassen. Öl in einer Pfanne erhitzen. Die in Ringe geschnittene Zwiebel anbräunen. Über das Stew geben. Mit Pfeffer abschmecken.

Ansonsten gab es natürlich »deutsche« Eintöpfe zu essen, Labskaus und ähnliches.

*1939 wird die »weiße
Flotte« ihrer »eigentlichen«
Bestimmung zugeführt.
So nimmt z.B. die
»Wilhelm Gustloff« als
Lazarett-Schiff am
»Norwegen-Einsatz« teil.
Später liegt sie in Gdingen
vor Anker.
Am 30. Januar 1945
wird sie von einem
sowjetischen U-Boot
in der Ostsee versenkt.
Von den mehr als 5.000
Menschen an Bord
können nur 922 gerettet
werden.*

*Links:
Passagiere
der »Wilhelm Gustloff«
während einer
Kreuzfahrt 1938.*

Selbst die »Luxus«-Speisen auf den Schiffen der
KdF-Flotte vermitteln den Eindruck, als sei während der Nazi-Zeit die Ernährungslage nicht gerade gut gewesen. Dieser Eindruck ist richtig.

Es gab trotz Vollbeschäftigung und Winterhilfswerk in Teilen der Bevölkerung Hunger und not-

bedingte konsequente Sparsamkeit. Es gab immer wieder Verknappungen von bestimmten Lebensmitteln.

Aber die Mangelsituation wurde nicht als solche empfunden. Diente doch die Enthaltsamkeit einem »großen Ziel«. Diese Meinung war in der Bevölkerung weit verbreitet – zweifellos ein Erfolg der Nazi-Propaganda.

Auch dass es neben der von den Nazis zu einfachem Leben angehaltenen Volksgemeinschaft die Welt der Reichen und der (Nazi-)Funktionsträger gab, die in Luxus schwelgten in Casinos und auf verschwiegenen Landsitzen, die für Lebensmittelgutscheine keine Verwendung hatten und die keinen Hunger und keine Not litten, wurde nicht zur Kenntnis genommen, nicht in den 30er Jahren und auch später nicht, als Hitler den Krieg begann.

Bild links:
Reichsminister Rosenberg versorgt »Reichsfrauenführerin« Scholtz-Klink mit Rentierfleisch bei einem »finnischen Bauernessen«.

Bild rechts:
BDM-Mädchen im Ferienlager in Dießen am Ammersee. Schon von Jugend an wurde zum »einfachen« Leben erzogen.

Der Kellner trug eine weiße Jacke und eine Schaffnermütze. Er arbeitete gleichzeitig als Koch und versah seinen Dienst tausend Meter hoch über der Erde.

Die Rede ist von Arthur Hove, dem ersten Flugbegleiter der Deutschen Luft Hansa. Am 29. April 1928 hatte die Airline mit dem dreimotorigen Großflugzeug vom Typ Junkers G 31 »Dr. Hermann Köhl« den Verkehr zwischen Berlin und Paris eröffnet. Und auf dieser Maschine wurde den Fluggästen als *»beachtliche Neuerung«* eine vollständige Mahlzeit serviert. Das Menü war vom Feinsten: Lachs mit Remouladentunke, Kalbskeule, Schinken, kaltes Geflügel, Gemüsesalat, Butter und Brot, Fruchttörtchen, verschiedene Käsesorten...

Auch beim Ambiente wurde auf »Luxus pur« geachtet: weiße Tischwäsche, frische Blumen darauf, Porzellangeschirr

Exkurs: Essen auf Reisen

und Hotelsilber, Dekantierkörbchen für den Wein.

Ganz neu war die Bewirtung in luftigen Höhen nicht. Bereits 1911 hatte die Deutsche Luftschiffahrts-Aktiengesellschaft damit geworben, dass im Luftschiff »Schwaben« *»in der Kabine Getränke und kalte Küche zu haben sind«.*

Seit 1912 wurden die Bordrestaurants der Luftschiffe von Pächtern betrieben, und bald gab es regelrechte Speisesäle, in denen man den Reisenden alle nur denkbaren Annehmlichkeiten bieten konnte.

Im Speisesaal des Luftschiffes LZ 129 »Hindenburg« 1936 auf der Non-Stopp-Fahrt nach Rio de Janeiro konnten die Passagiere sich an Kraftbrühe mit Einlage, junger Mastgans mit gedünsteten Äpfeln, Rot-

kohl und Schmelzkartoffeln und Vanillecreme mit Früchten gütlich tun. Dazu gab es erlesene Weine.

Ganz so üppig ging es an Bord der Luft-Hansa-Maschinen nicht. Sie wurden von der Mitropa (der Mitteleuropäischen Schlaf- und Speisewagen AG) beliefert, die auch die Speisewagen der Reichsbahn betreute.

Wenn »Luftsteward« Hove ein Flugzeug bestieg, hatte er mit vielen Problemen zu kämpfen. Seine Ausrüstung durfte (sein eigenes Gewicht eingeschlossen) nur fünf Zentner wiegen. Torten und Fett, schwarzer Kaffee und Mehlsoßen fehlten (als *»gänzlich unbekömmlich«*) auf der Speisekarte. Auch mit Brot und Gebäck gab es Schwierigkeiten: Sie zogen in unliebsamer Weise den Flugbenzin-Geruch an. Und Eier zu kochen, war eine Kunst, denn in der Höhe fängt Wasser schon bei unter 100 Grad zu sieden an. Auch mit seinen wichtigsten Requisiten, den Thermoskannen, hatte Hove seine liebe Not. Rund 50 Stück brachte er bei jedem Flug mit. Und einige der Kannen hielten den Druckunterschieden nicht stand und explodierten.

Sein eigentliches Können war in der winzigen Bordküche zu bewundern, in der Hove die Speisen bei Luftlöchern und Turbulenzen anrichten musste.

Auch für die Passagiere der kleineren Flugzeuge, die keine Küche aufnehmen konnten, war gesorgt. Auf dem Flugsteig gab es Erfrischungen von einem fahrbaren Buffet. Für den Flug standen Esskörbe bereit. Ein solcher Korb enthielt: Mineralwasser, Wein, eine Thermosflasche Kaffee, Brötchen, Butter, Schinken und Wurst, Huhn in Gelee und Roastbeef, Orangen, Bananen und Äpfel, zwei Pfund Weintrauben, Schokolade und Zwieback.

Männer wie Hove behielten die »Lufthoheit« in den deutschen Flugzeugen bis 1938. Erst von da an wurden auch Flugbegleiterinnen bei der Luft Hansa eingesetzt (bei der KLM gab bereits 1930 Stewardessen), von den Kapitänen nicht gern gesehen übrigens. Als Elisa Kauffeld, eine jener Pionierinnen, zu ihrem ersten Flug antrat, weigerte sich der Flugkapitän, sie

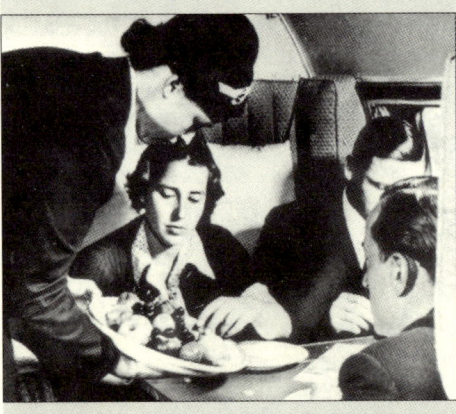

mitzunehmen: Frauen seien in seiner Besatzung nicht erwünscht.

Die Mitropa, mit der die Luft Hansa ein Bewirtschaftsabkommen für ihre Flugzeuge geschlossen hatte, war im 19. Jahrhundert gegründet worden. 1935 waren für sie in ihrem eigentlichen Geschäft, dem Schlaf- und Speisewagenbetrieb, mehr als 650 Fahrzeuge unterwegs. In

diesem Jahr besuchte ein Reporter des »Westfälischen Beobachters« einen ihrer Speisewagen und berichtete:

»Der Speisewagen-Küchenraum ist nur 2,90 mal 1,90 Meter groß und das Format der Herdplatte ist 1,26 mal 0,67 Meter. Der Speisewagenküchenmeister ... muß entschieden sehr geschickt und gewandt sein, um in seiner Liliputküche rasch und möglichst ohne ›Parterrearbeit‹ die Speisenausgabe zu bewerkstelligen ... und wenn er auf dem Küchentisch von Handtuchformat hantiert, erreicht die Bewunderung für ihn ihren Höhepunkt... Um 6 Uhr morgens tritt der ... Speisewagen in Dienst, und gegen Mitternacht stöhnt der Mann am Herd befreit: ›Gottlob, die letzte Portion Spaghetti...!‹«

Nach dem Zweiten Weltkrieg trennten sich die Wege von Mitropa und Lufthansa (nun in dieser neuen Schreibweise firmierend). Die Deutsche Lufthansa betrieb eigene Bodenküchen (z.B. in Hamburg), in denen Lunchpakete und Speisen, die während der Flüge ausgegeben werden sollten, vorbereitet wurden. In bordeigenen Küchen, die der Dillenburger Professor Werner Sell entworfen hatte, wurden sie angerichtet.

Der Service an Bord, die Qualität der Speisen, das waren wichtige Argumente für die Wahl einer Fluglinie, nachdem durch das IATA-Abkommen die Flugpreise vereinheitlicht worden waren.

Als 1958 der (Erste-Klasse-)Senator-Dienst eingerichtet wurde, kamen dann auch Köche an Bord. Und während den Economy-Passagieren Kartoffelsalat vorgesetzt wurde, gab es vorne Beluga-Kaviar und Känguruhschwanz-Suppe, und der Koch schnitt unter dem Beifall der Fluggäste den Rehrücken nach Kreolen-Art auf.

Diese Zeiten sind lange vorbei. Die Lufthansa wird heute von einer Vielzahl von Catering-Betrieben beliefert. Und damit das Speisenangebot überall den gleichen Standard hat, brachte ein gewisser Herr van Hees 1966 ein »Meal Planning Manual« in Umlauf: genaue Anleitungen in Wort und Bild für jede erdenkliche Flugspeise.

Am
Kochtopf
wird
der Krieg
gewonnen

Auch diese „Schlange" spritzt ihr Gift,
wenn man in ihr die M i e s e trifft,
denn der ist kein Gerücht zu dumm:
sie flüstert, tratscht und trägt es 'rum!
Der L i e s e raubt die Zuversicht
dies „Schlangengift" noch lange nicht!

*Aus dem »Westfälischen
Beobachter«,
Oktober 1939*

*Lebensmittelmarken
aus dem Jahre 1939*

DIE FRAU, die von der Zeit des Krieges und den Jahren danach erzählt, ist dick. Das vergilbte Foto vor ihr auf dem Tisch zeigt ein schlankes junges Mädchen. So hatte sie damals ausgesehen. Sie hieß Karola Schwider und lebte im Ruhrgebiet, in Gelsenkirchen:

»Wenn ich heute an den Krieg zurückdenke, dann ist da ein Gefühl – wir hatten eigentlich immer Hunger. Und dann sind da natürlich Eindrücke geblieben, Bilder, die immer wiederkehren. Schlange stehen zum Beispiel. Wegen jedem bißchen mußtest du anstehen. Hauptsächlich wegen Lebensmitteln.

Ich kann mich noch ganz gut erinnern, daß ich mal bei Niewöhner, beim Lebensmittelhändler stand. Und da war eine ganz lange Schlange. Und ich seh' nur noch vier Brote liegen im Regal. Und ich denk':

›Mein Gott, wenn der die jetzt wirklich durchschneidet, dann bekommen nur noch acht Mann Brot...‹

Ich hatte den Säugling auf dem Arm, unsern Gisbert. Ich denk':

›Lieber Gott, was sollst du machen?‹

Da hab' ich den Gisbert in den Hintern gekniffen, und der hat geschrien, wie verrückt. Und da hat die Frau Niewöhner gesagt:

›Komm mal vor, du bist auch ein armes Mädchen, immer mußt du die Kinder mitnehmen...‹

Auf diese Art und Weise bekam ich dann mein Brot.

Man mußte eben manchmal listig sein...

Es gab ja sowieso nicht immer auf die Lebensmittelabschnitte, was drauf stand... Das reichte vorn und hinten nicht. Da kann man sich denken, wie ich nach Hause kam, wie glücklich die Kinder waren: Alla hat Brot mitgebracht. Alla – so nannten die mich.«

In den Morgenstunden des 1. September 1939 überfielen deutsche Soldaten Polen. Der Zweite Weltkrieg hatte begonnen.

Dieser Krieg war eine logische Kosequenz der Politik der Nazis. Und auch die Zielrichtung war klar: Im *»Osten«* sollte für das *»Volk ohne Raum«* Ackerland gewonnen werden, um *»die Deutschen vor dem Verhungern«* zu bewahren.

Der Krieg, der angeblich geführt werden musste, um Deutschlands Lebensmittelversorgung zu
sichern, begann am 28. August 1939 mit Lebens-
mittelrationierungen und der Ausgabe von Lebensmittelmarken, eine Maßnahme, die »*wirklich
einzig und allein dem Schutz der Interessen aller deutschen Menschen dienen*« sollte, eine Maßnahme, die, wie der gleichzeitig verfügte Preisstopp,
der Umstellung der Industrie von einer Rüstungswirtschaft auf eine Kriegswirtschaftsproduktion
diente.

Die Ausgabe von Lebensmittelmarken, die Rationierung bestimmter Bedarfsgüter war Monate
vor Kriegsbeginn geplant worden.

Die »*Verbrauchslenkung in Kriegszeiten*« sollte eine vom »*gegnerischen und neutralen Ausland
möglichst unabhängige Ernährungsweise*« gewährleisten.

Die nationalsozialistische Kriegskonjunkturfor-
schung (so etwas gab es!) stellte damals folgende
Prognose:

»*Es können (an Lebensmitteln) im Inland gedeckt werden: Brotgetreide, Kartoffeln, Zucker,
Trinkmilch, Weiß-, Rot- und Wirsingkohl, Mohrrüben, Steckrüben. Fleisch nur zum Teil mit Hilfe ausländischer Futtermittel; noch stärker ist der
Zuschussbedarf bei Molkereierzeugnissen, Eiern
und vollends bei Fetten. Deshalb ist es notwendig, mehr denn je einer fett- und fleischarmen*

*»Der Lebensraum, der
staatlichen Größe
angemessen, ist die
Grundlage für jede
Macht. Eine Zeitlang kann
man Verzicht leisten, dann
aber kommt die Lösung
der Probleme so oder
so... Es handelt sich für
uns um Arrondierung des
Lebensraumes im Osten
und Sicherstellung der
Ernährung... Lebensmittelversorgung
(ist) nur von dort möglich,
wo geringe Besiedlung
(ist). Neben der
Fruchtbarkeit wird die
deutsche gründliche
Bewirtschaftung die
Überschüsse um ein
Mehrfaches steigern...«*

Aus dem Protokoll einer
Besprechung, in der Hitler
am 23. 5. 1939 führende
Generale und Offiziere
der Wehrmacht über die
»Lage und Ziele« seiner
Politik unterrichtete.

```
An

die Obersten Reichsbehörden

zur Weitergabe an alle Beamten.

            Nicht zur Veröffentlichung bestimmt.

    Auf Befehl des Führers habe ich folgendes bekannt zu geben:
    Heute am 28. August tritt die Bezugsscheinpflicht für eine
Reihe von lebenswichtigen Verbrauchsgütern in Kraft. Ihr Zweck ist
die gerechte Verteilung dieser Verbrauchsgüter auf die Gesamtheit
des Deutschen Volkes.
    Es ist eine Selbstverständlichkeit, daß jeder Angehörige der
NSDAP., ihrer Gliederungen und angeschlossenen Verbände und jeder
deutsche Beamte dem ganzen deutschen Volke in der striktesten
Durchführung und Innehaltung der Verordnung der Bezugsscheinpflicht
ein vorbildliches Beispiel gibt. Die Durchführung der Bezugs-
scheinpflicht entspricht einem Gebot nationalsozialistischer Dis-
ziplin und Gerechtigkeit.
    Wenn alle, die in Partei oder Staat an sichtbarer Stelle Verantwor-
tung für das Volk tragen, für ihre Person und mit ihren Familien ein sol-
ches Beispiel geben, dann wird das Deutsche Volk umso freudiger
und williger die Pflichten erfüllen, die ihm die Regelung des Ver-
brauchs in Tagen ernster politischer Entscheidung auferlegt.
                                Heil Hitler!
                            gez. Dr.Goebbels.
                            --------
```

Verordnung zur
Lebensmittel-
Bewirtschaftung
aus dem Jahre 1939

Nahrung den Vorzug zu geben, also pflanzliche Erzeugnisse, wie Kartoffeln, Gemüse und Zucker gegenüber den tierischen Erzeugnissen zu bevorzugen.«

Die Verbraucher sollten »beim Einkaufen zu den täglichen Mahlzeiten ... unsere hauptsächlichen deutschen Lebensmittel ... bevorzugen, die der Jahreszeit entsprechend in größeren Mengen auf den Markt kommen. Dadurch wird der Absatz solcher Waren erleichtert und die Nachfrage nach knappen Waren entlastet. Durch einen raschen Verbrauch und richtige Verwendung in der Küche werden sie somit dem Verderb entzogen.«

Eine solche Ernährungsumstellung in großen Teilen der Bevölkerung durchzusetzen, erfordert großen propagandistischen Aufwand. Und richtig! Mit Kriegsbeginn erschienen unter Rubriken wie »Die Welt der Frau« in Tageszeitungen und Zeitschriften Rezeptvorschläge und Anregungen zu einer sparsamen und »zeitgerechten, den Umständen angepaßten Haushaltsführung«.

In den Buchhandlungen gab es bereits Anfang September 1939 Kriegskochbücher zu kaufen: Bücher, die – so kann man unterstellen – lange vor Kriegsbeginn geschrieben und gedruckt worden waren.

In dem Vorwort zu ihrem Buch »Gut gekocht – gern gegessen« schreibt die Autorin Edith-Sylvia Burgmann, an ihre »lieben, verehrten Köchinnen« gewandt:

»Unsere Mahlzeiten sind bescheidener geworden, aber darum hat das Essen für uns keineswegs seinen Zauber verloren... Darum geben wir uns der Bereitung unserer Mahlzeiten mit noch mehr Liebe hin. Wir strengen unsere Phantasie noch ein wenig mehr an, liebäugeln nicht mehr mit Dingen, die unerreichbar, sondern sind tugendhaft und verschenken uns mit vollem Herzen der Kartoffel und dem Kohl, und entdecken, daß wir tatsächlich früher wenig Ahnung hatten, wie ausgezeichnet die sein können, abgesehen von ihrer Nützlichkeit... Satt werden wir, zu hungern braucht keiner... Wir haushalten mit dem, was wir in Deutschland haben... Schließlich dienen alle unsere Opfer ja einem großen

Ziel, daß das Opfer wert ist. Und je disziplinerter wir uns heute verhalten, um so größer ist unser Triumph... Also! Am Kochtopf und im Haushalt helfen wir Frauen den Krieg gewinnen! Denken wir dabei immer an die rechte Würze. Und mögen manche Gewürze auch knapp sein – in einem sind wir Selbstversorger: Das ist der Humor! Sorgen wir dafür, daß uns dieses Gewürz nie ausgeht!«

1939, unmittelbar nach Kriegsbeginn, gab es natürlich noch reichlich Lebensmittel. Dennoch riefen die Rezepte, die in Kriegskochbüchern, Frauenzeitschriften oder Tageszeitungen veröffentlicht wurden, bereits zu diesem Zeitpunkt zu Sparsamkeit und Ernährungsumstellung auf, als wüsste man, was da kommen würde.

Diese Rezepte waren, wie schon in den 1930er Jahren, vor allen Dingen darauf aus, den Fleischverbrauch zu reduzieren und statt dessen den Verbrauch von Kartoffeln, Gemüsesorten, die in Deutschland angebaut werden konnten, von Graupen, Grütze, Haferflocken und so weiter zu steigern. Sie sollten »neuartige« Zubercitungsmöglichkeiten dieser Lebensmittel aufzeigen. Dem Einwand, dass mit der »Rationierung auch die Eintönigkeit der deutschen Mittagsmahlzeit gekommen sein könnte«, musste von vornherein energisch begegnet werden.

Vor allen Dingen sollten die Hausfrauen Fett sparen: Pfannen sollten deshalb vor dem Braten lediglich mit einer Speckschwarte ausgestrichen werden oder mit einer in Fett getauchten halben Zwiebel. Hier einige Rezepte:

Auch private Verlage brachten Kriegskochbücher heraus, die hohe Auflagen versprachen.
Das Buch oben ist von dem Verlag Ebner in Ulm produziert worden.

Illustriert waren die Rezeptdienste und Kochbücher meist mit »lustigen« Zeichnungen. Die Hausfrauen sollten den schlechten Zeit mit Humor begegnen.

Sauerkrautnudeln

Zutaten: 500 g rohes Sauerkraut, ein Ei, vier gehäufte Esslöffel Mehl, Salz, ein wenig Fett zum Braten.

Das Sauerkraut wird fest ausgedrückt, klein geschnitten und mit Salz, dem Ei und so viel Mehl verknetet, dass ein fester Teig entsteht. Den Teig kann man auch aus Sauerkraut, Mehl, Salz und 250 Gramm gekochten und geriebenen Kartoffeln zubereiten. Aus dem Teig wird eine Rolle geformt. Davon schneidet man kleine Stücke ab, formt sie

Die Versuchsküche in Leipzig, die von der Reichsfrauenführung, dem Deutschen Frauenwerk und dem Reichsnährstand »Blut und Boden« unterhalten wurde, entwickelte und erprobte nun auch die Rezepte für die Kriegszeit. Die Ergebnisse der »Versuche« wurden in millionenfacher Auflage als Bücher, Broschüren, Beilagen in Frauenzeitschriften u.ä. verbreitet.

zu Nudeln und wirft sie in kochendes Salzwasser. Sie müssen kochen, bis sie obenauf schwimmen. Die Nudeln abtropfen lassen, mit etwas Fett in einer Pfanne rösten, bis sie goldgelb sind.

Linsenbratlinge

Zutaten: 125 g Linsen, 250 g gekochte und geriebene Kartoffeln, vier Esslöffel Mehl, eine Zwiebel, eine Stange Lauch, ein Esslöffel gehackte Petersilie, ein Teelöffel Majoran, ½ l Wasser, zwei Esslöffel Semmelbrösel.

Die Linsen muss man in Wasser sehr weich kochen lassen. Durch ein Sieb streichen. Mit der gehackten Zwiebel, der fein gewiegten Stange Lauch, Mehl, Salz, Kräutern und den geriebenen Kartoffeln zu einem Brei verrühren. Flache Plätzchen formen.

In Semmelbröseln wenden. In der Pfanne auf beiden Seiten braten.

In ähnlicher Weise wurden noch allerlei andere »Bratlinge« hergestellt: Möhren- und Graupenpuffer, Selleriebratlinge, Kürbisküchle und Sauerampferkoteletts...

Bereits 1939 zeichnete sich der »Trend« ab, dass auf die Abschnitte der Lebensmittelmarken für Nährmittel fast ausschließlich Grieß und Nudeln verlangen wurden. Ein Umstand, der die Lebensmittelproduzenten mit Besorgnis erfüllte, denn das Angebot an Haferflocken, Graupen und Gerstengrütze etwa blieb weitgehend ungenutzt.

Ein Propaganda-Feldzug für den erhöhten Verbrauch dieser Nährmittel wurde gestartet. Und was wäre dazu besser geeignet gewesen, als die Veröffentlichung von Rezepten, zumal mit Graupen oder Haferflocken auch das immer weniger zur Verfügung stehende Fleisch »gestreckt« werden konnte.

Haferflockenpfannkuchen

Zutaten: 200 g Haferflocken, eine Zwiebel, 100 g Sellerie, ein Ei, Salz, ein Esslöffel Petersilie, ½ l Wasser, Schmalz zum Ausbacken.

Die Haferflocken lässt man in einem halben Liter heißem Wasser aufquellen.

Zwiebel und Sellerie sehr fein raspeln, Petersilie klein hacken. Alle Zutaten mit Salz und Ei verrühren. In heißem Schmalz dann kleine Pfannkuchen backen.

Wer heute Mülltonnen öffnet, der wird darin große Mengen nicht mehr genießbarer Lebensmittel finden. Die Menschen im Jahre 1939 waren gehalten, mit dem auszukommen, was es zu kaufen gab, und auch Essensreste noch zu verwerten. Gemüseabfälle, Kartoffelschalen u.a. wanderten in Behälter, die das »Ernährungshilfswerk« aufgestellt hatte. Diese wurden regelmäßig geleert, und die Abfälle wurden an Schweine verfüttert. Zur Verwertung von Resten im eigenen Haushalt wurden Ideenwettbewerbe ausgeschrieben.

Das Musterschwein hilft durchhalten!

»Viele Hausfrauen werden sich noch gar nicht überlegt haben, wie vielseitig sie Haferflocken und Graupen beim Kochen verwenden können...
Es gibt aber ... mancherlei Gerichte..., die sich durchaus mit den zur Verfügung stehenden Mengen herstellen lassen. Die Gerichte sind sehr schmackhaft und helfen mit, den Küchenzettel abwechslungsreicher zu gestalten.«

Aus der Rubrik »Welt der Frau« der »Gelsenkirchener Allgemeinen Zeitung«, 1939

Propaganda zur Abgabe von Küchenabfällen an die Schweinemästereien

Die Autorin Edith-Sylvia Burgmann teilt in ihrem bereits erwähnten Kriegskochbuch eigene Erfahrungen mit:

»Bratenreste oder einen Rest Leber verwandle ich in ein aromatisches Gulasch... Die Wurstschalen (ich denke besonders an die Blutwurst) werden eine Woche lang gesammelt, ausgekocht – hallo, die Basis für eine kräftige Gemüsesuppe ist da...
Sind Sie schon einmal auf die Idee gekommen, Suppenfleischreste mit Zwiebelscheiben anzubraten und mit Apfelstücken zu dämpfen? Fischreste! Die Phantasie überschlägt sich!«

Besonders originell waren die Ideen nicht, die zu dem Wettbewerb eingeschickt wurden, aber die Versuchsköche in Leipzig verfeinerten sie.

Gemüsescheiterhaufen

<u>Zutaten:</u> 250 g Blumenkohl, 250 g Möhren, zwei Stangen Porree, (oder andere Gemüsereste), drei alte Brötchen, Salz, Pfeffer, ein Esslöffel klein geschnittener Schnittlauch, 20 g Fett, eine Tasse Milch oder Brühe, ein Ei.

Möhren und Porree in Scheiben schneiden, vom Blumenkohl Röschen pflücken. Getrennt in wenig Wasser gar dünsten. Brötchen in dünne Scheiben schneiden, in heißem Fett anbräunen. In eine Auflaufform schichten: jeweils eine Lage Brötchen, Porree, Brötchen, Möhren usw. Milch mit Ei, Salz, Schnittlauch und Pfeffer verrühren. Über den Scheiterhaufen gießen. Dreißig Minuten überbacken.

Herr »Brotsupp'«

Der Propaganda-Feldzug blieb nicht auf Kochbücher und Beilagen in Zeitungen und Zeitschriften beschränkt. Er umfasste alle Medien der damaligen Zeit. Es gab Hörspiele im Radio, und in den Kinos liefen Kurzfilme mit so eindeutigen Titeln wie »*Gas sparen heißt Waffen schmieden*«.

Diese Filme von ein bis fünf Minuten Länge wurden meist vor der Wochenschau gezeigt. Von den Darstellern, die darin mitwirkten, waren Gisela Schlüter (»*Tip für Gisela*«) und Brigitte Mira (»*Miese und Liese*«) die prominentesten.

Der folgende Spot stammt aus dem Jahre 1940 und wurde mit der Wochenschau Nr. 520 gezeigt. Die beiden Schauspieler, Jupp Hussels (»Helle«) und Ludwig Schmitz (»Tran«), machten übrigens nach dem Krieg weitere solche Filme, wenn auch mit anderer Zielsetzung.

Helle steht in einer Wohnküche. Er hält einen harten Brotkanten in der Hand und schlägt damit gegen des Rand eines Brotkastens, in dem altbackenes Brot liegt. Er schüttelt den Kopf.

<u>Helle:</u>   »Das ist ja toll!«

Tran betritt die Küche. Er kommt vom Einkaufen nach Hause. Unter den mitgebrachten Lebensmitteln ist auch ein frisches Brot.

Helle:	»Tag, Ludwig! Wo warst du so lang?«
Tran:	»Och... ich hab' nur ein paar Kleinigkeiten besorgt. Die Marken laufen doch sonst ab.«

Helle entdeckt das frische Brot.

Helle:	»Was soll das denn? Und was ist hiermit?«

Er zeigt Tran das altbackene Brot.

Tran:	»Ja – vielleicht liegt das ein bisschen lang. Ich brauch' das Brot aber doch...«
Helle:	»So? Wofür denn?«
Tran:	»Für Brotsupp'. Ich ess gern Brotsupp'.«

Es klopft an der Küchentür. Ein kleiner Junge tritt ein. Er hält Tran einige Eier hin.

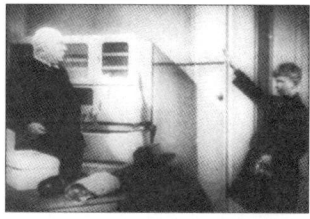

Junge:	»Heil Hitler! Schönen Gruß von meiner Mutter! Hier sind die Eier, und ich soll das trockene Brot abholen...«
Helle:	»Trockenes Brot? Und wozu?«
Junge:	»Für die Hühner. Das hol' ich doch jede Woche ab. Dafür kriegt Herr Schmitz die Eier.«
Helle:	»Aha, Herr Brotsupp'! Man darf doch kein Brot verfüttern!«

Er dreht sich in die Kamera.

Helle:	»Wir müssen doch mit unseren Vorräten haushalten! Kampf dem Verderb!«

Das »deutsche Normalbrot« dieser Zeit war ein Vollkornbrot. Laut amtlicher Weisung sollte es 45 Prozent Roggenmehl, 32 Prozent Weizenmehl, 20 Prozent Gerstenmehl und drei Prozent Kartoffelwalzmehl enthalten. Und es sollte *»bis zum letzten Krümel«* aufgebraucht werden. Zu diesem Zweck verbreitete man allerlei Brotrezepte.

Brotsuppe

Zutaten:	200 g altbackenes Brot, ¾ l Gemüsebrühe, ½ l Magermilch, 35 g geriebener Käse, ein Esslöffel gehackte Petersilie, Salz, ein Brötchen, etwas Fett.

Brot in Wasser einweichen. Ausdrücken und durch ein Sieb streichen. Mit der Brühe auffüllen. Salz,

148

*Ein Flugblatt, 1943
gedruckt und verteilt von
kommunistischen
Widerstandsgruppen.*

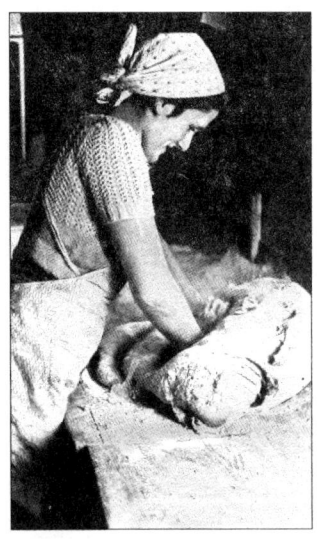

Käse und Milch dazu geben. Zwanzig Minuten
köcheln lassen. Das Brötchen würfeln. Die Würfel
in Fett knusprig anbraten, in die Suppe geben.
Petersilie darüber streuen.

Brotpuffer

Zutaten: 300 g Grau- oder Weißbrot, 60 g Haferflocken, 60 g Mehl, ½ l Wasser, eine Prise Salz, etwas Fett zum Ausbacken.

Das Brot wird zerkleinert und über Nacht in dem
Wasser eingeweicht. Am nächsten Tag mit einer
Gabel zerdrücken und mit Haferflocken, Mehl und
Salz verrühren. Aus dem Teig werden Puffer gebacken. Die Puffer kann man mit Gemüse servieren
oder mit Zucker bestreuen und Kompott dazu reichen.

Brotkuchen

Zutaten: 375 g trockenes Vollkornbrot, 375 g Mehl,
ein Ei, ½ l entrahmte Frischmilch, 60 g
Margarine, 200 g Zucker, ein Esslöffel
abgeriebene Zitronenschale (oder Zitronenaroma), ein Päckchen Vanillezucker,
ein Teelöffel Lebkuchengewürz, ein Päckchen Backpulver, ein Esslöffel Kakao.

In einem großen Topf die Margarine schaumig rühren und nach und nach das Ei, Zucker und Gewürze hinzu fügen. Das trockene Vollkornbrot wird
durch den Fleischwolf gedreht.
  Nun gibt man das Brot immer abwechselnd mit
der Milch dazu, bis alles vermengt ist.
  Das mit dem Backpulver und dem Kakao gemischte und gesiebte Mehl wird zum Schluss
untergerührt.
  Wichtig ist, dass der Teig sehr trocken ist. In
eine Kastenform füllen und 50 bis 60 Minuten bei
etwa 250 Grad backen lassen.

Brotwasser

Zutaten: Ein Liter Wasser, 250 g trockenes, fein
geriebenes Schwarzbrot, ¼ l Fruchtsaft,
etwas Zitronensaft, Zucker.

In einem Liter Wasser kocht man das Brot etwa
eine Stunde. Durchseihen und Fruchtsaft dazu

geben, mit Zitronensaft säuern, mit Zucker nach-
süßen. Bei Johannisbeeren- und Stachelbeersaft
erübrigt sich das Nachsäuern. Kühl servieren.

Während des Krieges wurde die Qualität des Brotes immer schlechter. Der Grund: Es gab zu wenig
Mehl. Mit Kartoffeln wurde der Teig dann gestreckt
oder, wenn's auch davon nicht mehr genug gab,
mit gemahlenen Kartoffelschalen.

Das Ergebnis: Die Brote wurden feuchter und
dadurch auch schwerer. Ein Pfund-Brot war
damals nur noch halb so groß wie früher und
schmeckte – nach übereinstimmendem Urteil von
Zeitzeuginnen – nun ja, wie Schweinefutter oft
riecht.

Für die Kriegsgefangenen und Zwangsarbeiter
aus der Sowjetunion wurde ein »besonderes« Brot
gebacken. Dieses »Russenbrot« bestand aus Stroh-
häcksel, aus Sägemehl oder Laub, verfaulten
Kartoffelschalen und Rübenschnitzeln, manchmal
wurde auch Gips zugesetzt.

Todesstrafe für einen Schwarz-Schlächter

1940 war das erste Blütejahr des Schwarzmarktes, eine Folge nationalsozialistischer Kriegswirt-
schaftspolitik.

Die Preise für lebenswichtige Güter des täglichen Bedarfs waren festgeschrieben. Es gab
Höchstpreisvorschriften. So kam es zu einem
»Geldüberhang«, das Geld wanderte auf den
schwarzen Markt, wo die Preise folgerichtig übermäßig hoch waren. Besonders gefragt waren dort
Kolonialwaren wie Bohnenkaffee.

Am 1. Oktober 1940 war in der nationalsozialistischen Tageszeitung »Westfälischer Beobachter«
innerhalb der Polizeiberichte ein kurzer Artikel
unter der Überschrift »Kaffee war ihre Leidenschaft« aus dem Ort Blomberg (Lippe) zu lesen:

*»Eine Einwohnerin war so auf den Bohnen-
kaffee versessen, daß sie auch verbrecherische
Mittel nicht scheute, um sich in den Besitz der
Bohnen zu setzen.*

*Sie sprach bei den verschiedensten Dorfbe-
wohnern unter irgendwelchen Vorwänden vor
und erkundete die Gelegenheit, wo noch Kaffee
vorhanden und zu stehlen war. In mehreren Fäl-*

len wartete sie, bis die Leute ihr Haus verließen, um dann den kleinen Kaffeevorrat, der meist aus Liebesgabensendungen stammte, an sich zu bringen. Rund zwanzig solche Fälle konnten von der Polizei aufgeklärt werden.«

Ein Ereignis, so mag man annehmen, über das nun wirklich nicht, noch dazu überregional, berichtet werden müsste, wenn es nicht zu einem sehr sorgsam vorbereiteten Gesamtkonzept eines Propagandafeldzuges gegen den Genuss von Bohnenkaffee gehören würde.

Malzkaffee sollte getrunken werden, weil es der deutschen Handelsmarine nicht mehr gelang, Bohnenkaffee in größeren Mengen nach Deutschland zu importieren. *»Bohnenkaffee war schließlich nie ein Volksgetränk«*, hieß es.

Der erwähnte Artikel lässt sich in eine Reihe von Zeitungsmeldungen über Verbrechen gegen die Reichswirtschaftsverordnung einordnen.

Da wurde ein Schwarzschlächter zum Tode verurteilt.

Da wurde ein Bäcker vor Gericht zitiert, in dessen Bäckerei *»unglaubliche Unsauberkeiten«* festgestellt werden. Oder die Filialleiterin eines Lebensmittelgeschäftes musste eine hohe Geldstrafe bezahlen. In ihrem Laden waren 260 verschimmelte Brötchen entdeckt worden.

Zeitungsartikel, die der Abschreckung dienen und die gleichzeitig den Volksgenossen das Gefühl geben sollten: *»Mit der Ernährung ist alles in Ordnung, wir passen schon auf!«*

Um die »kleinen alltäglichen Miseren« zu beheben, kamen 1941 »neue« Lebensmittel auf den Markt, von denen allerdings einige nur allzu bekannt waren, wie das Trockengemüse:

»Das jetzt auszugebende Trockengemüse ist schmackhaft und qualitätsreich und nicht zu vergleichen mit dem im Weltkrieg verteilten Dörrgemüse, das wegen der geringen Qualität bald aber ›Drahtverhau‹ hieß.«

Es gab »Milei« (Milcheiweißpulver). Und es gab »Migetti«:

»Es handelt sich hier um ein neues Nahrungsmittel, das aus ... Getreidemehlen, Kartoffel-

Aus der »Gelsenkirchener Allgemeinen Zeitung«

Gemüsebrühwürstchen ohne Darm

Sie haben sich bereits gut bewährt

Im vorigen Jahr regte die Hauptvereinigung der Deutschen Viehwirtschaft die Herstellung von Brühwürstchen mit Gemüsezusatz an und bestimmte gleichzeitig die Zusammensetzung dieser Wurst, die zum Warmessen in Form von Bockwurst hergestellt wird. Diese Gemüsewürstchen, die in doppelter Menge auf Fleischmarken abgegeben werden, haben sich als bekömmliche und gutsättigende Würstchen sowie als vorteilhafte Beigabe zu warmen Mittag- und Abendessen erwiesen, so daß sie in allen Gegenden Deutschlands eine gewisse Beliebtheit erlangten. Auch in diesem Jahre wird bei Eintritt der kälteren Witterung das Gemüsewürstchen wieder zu haben sein.

Als sehr mißliebig tritt nun bei der Fabrikation die Frage der Darmbeschaffung in Erscheinung, da mit dem großen Umsatz dieser Würstchen naturgemäß auch der Darmverbrauch gestiegen ist. Man ist daher auf den Gedanken gekommen, eine darmlose Wurst zu fabrizieren, die auf verschiedene Weise hergestellt werden kann. Man kann z. B. — wie die „Deutsche Fleischerzeitung" schreibt — das Würstchen in einem zurechtgeschnittenen Schweinedarm einspritzen und dann die einzelnen Würchen in den Kessel ausströmen, so daß sie nebeneinander im Kessel schwimmen. Manche Fachleute haben sich auch ihre eigenen Formen aus Metall geschaffen, ein Fleischermeister benutzt zu der Wurstherstellung ein von ihm selbst erdachtes Futteral aus grober Leinwand, das sich für die Herstellung von darmlosen Brühwürstchen gut bewährt. Die Fleischwarenindustrie fabriziert ebenfalls darmlose Brühwürstchen in großen Mengen.

Gerichte mit Migetti

Bunter Eintopf mit Migetti

Zutaten: 250 g Mohrrüben, 250 g Sellerie, 250 g Petersilienwurzeln, 250 g Lauch, 200 g Migetti, 40 g Speck.

Man schneidet das Gemüse streifig oder würflig. Der würflig geschnittene Speck wird ausgebraten; dann röstet man damit den Lauch an, gibt das Gemüse und 1¼ Liter Wasser dazu und läßt alles zusammen kochen. Während der letzten 10 Minuten läßt man die Migetti mitkochen. Will man den Eintopf gebunden haben, kocht man 30 g mit etwas saurer Milch und Tomatenmark glattgerührtes Mehl 2 Minuten in der Suppe durch.

Gemüsepudding

Zutaten: Je 200 g gargedünstete Mohrrüben, Petersilienwurzeln und Spinat, 250 g Migetti, 2 Eier, an Gewürz Salz und 2 Eßlöffel geriebenen Meerrettich.

Man läßt die Migetti in reichlich Salzwasser — am besten auf dem Siebeinsatz oder in der Reiskugel — 3 Minuten kochen, nimmt sie heraus und läßt sie abtropfen. Auch das gargedünstete Gemüse tropft man ab, mischt es mit den Migetti und den Gewürzen und fügt, nachdem die Masse abgekühlt ist, die Eigelb und den steifen Eischnee bei. In einer gut gefetteten, ausgebröselten Puddingform läßt man die Masse 1 Stunde kochen, stürzt und reicht den Pudding mit einer Tomaten-, Petersilien- oder Käsesoße. — Man kann die Masse auch als Auflauf in der Form backen.

Krautwickel

Zur Fülle von Krautwickeln läßt man 125 g Migetti in reichlich Salzwasser 3 Minuten ausquellen. Nachdem sie abgetropft sind, mischt man 125 g Hackfleisch, bindet mit 1 Eßlöffel Milei G oder W, würzt die Masse und bereitet die Rollen mit der Fülle wie üblich. Auch Kartoffeln, Zwiebeln, Kohlrabi, Gurken und Tomaten kann man damit füllen.

Abendbrotauflauf

Zutaten: 200 g Migetti, 1 l Würfel-, Knochen- oder Gemüsebrühe, 2 Eier oder: 1 Ei, 1 hochgehäufter Eßlöffel Milei G und 1 hochgehäufter Kaffeelöffel Milei W, 2 Messerspitzen Backpulver, Reste von Rindfleisch oder reichlich gehackte Petersilie und Sellerieblätter, wenn möglich, 30 g Käse.

Nachdem die Migetti in der kochenden Brühe 10 Minuten unter Rühren ausgequollen sind, läßt sie abtropfen und abkühlen, fügt Fleischreste, Backpulver und Eigelb bei, salzt und zieht zuletzt den steifen Eischnee unter die Masse. Verwendet man Milei G, verrührt man es mit etwas Wasser, während Milei W mit 4 Eßlöffel Wasser eine Minute zum Quellen aufgestellt und dann zu Schnee geschlagen wird. Man füllt die Masse in eine gefettete Backform, belegt, wenn möglich, mit Käsescheiben und überbäckt die Speise im Ofen etwa 30 Minuten. Statt Käse kann man ein wenig Speck oder zerlassenes Fett über den Auflauf geben und ihn mit Semmelbröseln oder Hefeflocken bestreuen.

stärke und Bestandteilen der Milch hergestellt worden ist.«

Aus der »Deutschen Frauen-Zeitung« 1941

Im Juni 1941 hatte die deutsche Wehrmacht ohne Kriegserklärung die Sowjetunion überfallen.

Nach »schnellen Anfangserfolgen« war es noch 1941 zu den ersten deutschen Niederlagen gekommen: die »Schlacht um Moskau« ging verloren, der Winter kam. Der »deutsche Soldat im Osten« musste das Weihnachtsfest im Schützengraben feiern,

Kriegs-Weihnacht

Zu Weihnachten wurden in den Tageszeitungen Ratschläge zur Zusammenstellung der Feldpostpäckchen erteilt. Sie durften bis zu einem Kilo schwer sein, und da sie längere Zeit unterwegs waren, sollte der Inhalt entsprechend »haltbar« sein.

Links: Aus dem »Westfälischen Beobachter«, Beilage, Dezember 1941

Allerlei Leckeres für's Feldpostpäckchen

Kleingebäck mit und ohne Fett und Ei — Wir backen für die Soldatenweihnacht

Auch in diesem Jahr möchten wir unseren Soldaten das Weihnachtsfest durch ein paar selbstgebackene Plätzchen und Süßigkeiten ein bißchen heimatlich machen. Wenn es manchmal auch schwierig ist, die geeigneten Zutaten dazu zusammenzufahren, es wird schon langen, denn es ist ja nicht viel, was wir schicken können. Das Gewicht der Päckchen ist ja sowieso begrenzt, und wir wollen doch auch noch andere Kleinigkeiten mit hineinpacken.

Damit der Soldat nun auch seine Freude an den Plätzchen hat, sollte man es satt nur Regel machen, daß man nur ausgeprobtes und haltbares Gebäck fortschickt. Eine kleine Auswahl von Kleingebäck mit und ohne Fett und Ei wird die Übelnennung etwas erleichtern.[*]

Buttermilchplätzchen (ohne Ei)

250 Gr. Mehl, ½ Backpulver, 100 Gr. Zucker, Vanillezucker oder abgeriebene Zitronenschale, 30 Gr. zerlassenes Fett, ¼ Liter Buttermilch.

Das Mehl wird mit Backpulver vermischt und auf ein Backbrett gesiebt. Zucker und Geschmackszutaten streut man darüber, gibt in die Mitte das zerlassene Fett und nach und nach die Buttermilch. Man verarbeitet alles zu einem geschmeidigen Teig, den man ½ Zentimeter dick ausrollt und ausschicht. Bei Mittelhitze werden die Plätzchen goldgelb gebacken.

Sinnsterne

75 Gr. Kunsthonig, 150 Gr. Zucker, 40 Gr. Fett, 350 Gr. Mehl (auch Roggenmehl), 1 Ei, etwa 2 Teelöffel Zimt, 1 Teelöffel Backpulver.

Kunsthonig, Zucker und Fett läßt man zergehen und gibt das Mehl, wenn die Masse etwas abgekühlt ist, zu den übrigen Zutaten. Man rollt den Teig aus, sticht Formen aus, die man bei Mittelhitze bäckt.

Pfeffernüsse (ohne Fett)

1 Ei, 25 Gr. Zucker, 2 Eßlöffel Marmelade, Pfefferkuchengewürz, 250 Gr. Mehl, ½ Backpulver, Milch.

Zucker und Marmelade werden schaumig gerührt. Dann gibt man die übrigen Zutaten hinzu, streicht den Teig nicht zu dünn auf ein gefettetes

Blech und bäckt ihn bei guter Hitze. Noch warm, wird er auf dem Blech in Stücke geschnitten.

Haferflockenplätzchen (ohne Ei)

200 Gr. Haferflocken, 125 Gr. Mehl, 1 Teelöffel Backpulver, 150 Gr. Zucker, Vanillezucker, Zitrone oder sonstiges Aroma, 70 Gr. Fett, etwa 6 Eßlöffel Milch.

Haferflocken werden zerkleinert und mit dem gesiebten Mehl und Backpulver vermischt. Dann streut man Zucker und Gewürze darüber, gibt auf den Rand das Fett in Flöckchen und in die Mitte die Milch. Man verarbeitet alles zu einem glatten Teig, den man dünn ausrollt, sticht und auf das Mittelhitze goldbraun bäckt.

Grießplätzchen (ohne Fett)

1 Ei oder Eiersatzmittel, 1 Tasse Zucker, 1 Tasse Mehl, 2 Tassen Grieß, 3 bis 4 Eßlöffel Milch, 1 Backpulver.

Das Ei oder Eiersatzmittel wird mit dem Zucker verrührt, das Mehl mit dem Backpulver gesiebt und mit dem Grieß und der Milch dazugegeben. Man rührt den Teig gut durch, setzt kleine Häufchen auf das Blech und bäckt die Plätzchen goldbraun.

Braune Kugeln

100 Gr. Roggenmehl, 60 Gr. Kakaomilchpulver, ¼ Tasse Milch, 60 Gr. Zucker, 10 Gr. Fett, etwas Zucker zum Wälzen.

Das Roggenmehl wird in einer Pfanne ohne Fett hellgelb geröstet. Dann fügt man das Kakaomilchpulver, Milch, Zucker und Fett dazu und verarbeitet alles auf. Man formt Kugeln, die man in Zucker wälzt und trocknen läßt.

Sirupbonbons

1 gehäufter Eßlöffel Mehl, 4 Eßlöffel Wasser, 125 Gr. Zucker, 1 Eßlöffel Mehl, 4 Eßlöffel Sirup.

Das Mehl wird mit dem Wasser glattgerührt. Dann fügt man die übrigen Zutaten hinzu und kocht das Ganze etwa 20 Minuten unter ständigem Rühren. Man formt Kugeln, die man in Zucker wälzt und trocknen läßt. Oder man gießt die Masse vom Feuer, gießt sie auf einen gefetteten Teller und läßt sie erkalten. Kurz bevor die Masse völlig erstarrt, schneidet man sie in Würfel.

Auch für Soldaten, die von der Front kamen und auf Heimaturlaub waren, gab es Sonderzuteilungen.

schlecht ausgerüstet, ohne Winterbekleidung und ungenügend verpflegt. Und so konnte der Empfang eines Feldpostpäckchens auch zur Erhöhung der »Kampfmoral« beitragen.

Die Soldaten machte jeder *»Gruß aus der Heimat«* glücklich. Und um das auch zu dokumentieren, wurden selbst Dankesbriefe veröffentlicht, in denen es hieß:

»Euer Päckchen kam gerade zur rechten Zeit, denn mein Stimmmungsbarometer war ... auf den Nullpunkt gelangt.«

Zu Weihnachten gab es regelmäßig gesonderte Zuteilungen an Lebensmitteln. Selbst 1943 noch wurden zusätzlich 500 Gramm Weizenmehl, 250 Gramm Zucker, 125 Gramm Butter, 50 Gramm Bohnenkaffee und eine halbe Flasche Schnaps zur Verteilung gebracht, um es *»in Backwerk zu verwandeln«*. Kein Kind sollte auf seinen Weihnachtsteller verzichten müssen.

Titelblatt der »NS Frauen-Warte«, Heft 4, Dezember 1943

Kriegsprinten

Zutaten: 185 g Rübenkraut, 100 g Zucker, 375 g Mehl, vier Gramm gemahlener Fenchel, vier Gramm gemahlener Anis, ½ Tasse Milch, ½ Päckchen Backpulver, Eiweiß zum Bestreichen.

In einer Pfanne lässt man das Rübenkraut zusammen mit dem Zucker heiß werden, bis eine flüssige Masse entsteht. In die gibt man dann Fenchel, Anis und die Milch hinein.

Das mit dem Backpulver gemischte und gesiebte Mehl wird mit dieser Masse vermengt und zu einem glatten Teig verarbeitet. Der Teig wird dann fingerdick ausgerollt.

Mit dem Kuchenrädchen radelt man etwa vier Zentimeter breite und acht Zentimeter lange Streifen aus, die mit Eiweiß bestrichen werden. Auf ein Backblech setzen. Die Backzeit beträgt etwa 15 Minuten bei 200 Grad Hitze.

Falsche Marzipankartoffeln

Zutaten: 1½ Tassen Milch, zwei Tassen feiner Grieß, drei Tassen Zucker, etwas Bittermandelöl, etwas Kakao und/oder Puderzucker.

Die Milch aufkochen lassen. Unter ständigem Rühren werden Grieß und Zucker hinein gestreut und einige Tropfen Bittermandelöl daran geträufelt. Das Ganze muss dann zehn Minuten kochen. Aus der noch warmen Masse werden kleine Bällchen geformt, die man in Kakao und/oder etwas gesiebtem Puderzucker rollt.

Kartoffelkekse

Zutaten: 50 g Fett, 250 g gekochte und geriebene Kartoffeln (vom Tage zuvor), 200 g Weizenschrotmehl, Saft und Schale einer (unbehandelten) Zitrone, Eiaustauschmittel (oder ein Ei), 125 g Zucker, etwas Salz, ein Päckchen Backpulver, etwas Milch.

Alle Zutaten werden gut miteinander verknetet. Der Teig wird dünn ausgerollt. Dann sticht man kleine Plätzchen aus, bestreicht sie mit Milch und backt sie im Ofen bei mäßiger Hitze hellbraun.

Tutti-Frutti-Leckerle

Zutaten: 125 g Studentenfutter, ein Esslöffel Haferflocken, ein Esslöffel Mehl, ein Eiweiß, eine Messerspitze Backpulver.

»Kein Fest, das wir in unserem Leben feiern, ist so erfüllt von sinnbildhafter Bedeutung wie das Weihnachtsfest... Viele Plätze in den Familien sind auch in diesem Jahre leer, die meisten von ihnen nur für eine Zeitspanne, manche aber auch schon für immer.
Doch auch in diese Reihen wird das Fest Trost bringen.
Wie aus der tiefen Nacht des Jahres immer wieder strahlend und schön die Sonne sich erhebt, so steigt aus dem Tod das Leben. Dies ist das Geheimnis vom ewigen Kreislauf des irdischen Daseins: Alles Leben hebt sich aus dem Dunkel ins Licht, um wieder ins Dunkel zu münden und wiederum neu zu erstehen in eine neue Helligkeit...«

Lore Bauer-Hundsdörfer in »Das Blatt der Hausfrau«, Heft 7, Dezember 1940

Die Anleitung zum Basteln eines »Tannenbaums fürs Feldpostpäckchen« findet sich im »Blatt der Hausfrau«. Ein Schnittmuster wurde gleich mitgeliefert. Der Baum war aus »dunkelgrünem festem Papier«:

»Als Fuß und zugleich Behälter wird eine 12 mal 25 cm große Schachtel mit Buntpapier bezogen... Schmuck aus Buntpapier und kleine Kerzen geben den festlichen Glanz.«

Rosinen und Nüsse klein hacken. Mit Mehl, Haferflocken, Backpulver und Eischnee in einer Schüssel mischen. Kleine Häufchen auf ein gefettetes Backblech setzen. Bei guter Mittelhitze im Backofen hellbraun backen.

Mohrrüben-Napfkuchen

Zutaten: 250 g Mehl, 200 g roh geriebene Möhren, ein Ei, Salz, ½ Tasse Milch, 75 g Zucker, ein Päckchen Vanillezucker, ein Päckchen Backpulver, je ein Fläschchen Rumaroma und Zitronenaroma.

Das Mehl mit dem Backpulver mischen und in eine Schüssel sieben. Die geriebenen Möhren und alle anderen Zutaten nach und nach dazu geben. Gut verrühren.

Zum Schluss das Eiweiß zu Schnee schlagen und unterziehen. In eine Backform füllen. Bei 250 Grad 45 bis 50 Minuten backen.

Die Nationalsozialisten versuchten, das Weihnachtsfest und das germanische Sonnenwendfest miteinander zu verknüpfen, auch die jeweiligen Symbole. Das Weihnachtslied links und das Gedicht darunter stammen aus dem Jahre 1943. Der Autor war ein Nachkomme des Dichters Matthias Claudius.

Die Rezepte zeigen es – die Zeit des Mangels im Kriege ließ die Umsätze jener Firmen in ungeahnte Höhen wachsen, die Ersatzmittel herstellten: der Oetker, der Reese oder Doehler – Kriegsgewinnler der ganz anderen Art.

Die Vorschläge fürs »Festtagsmenü« in den Frauenzeitschriften wurden im Laufe des Krieges von Jahr zu Jahr dürftiger.

Zum Weihnachtsfest 1944 sollte es (falsche) Krebssuppe (mit Möhren als Krebsersatz) geben, Festtagskraut (Weißkraut sollte tortenförmig zerlegt und die Teile, mit Eiaustauschmittel paniert, gebraten werden) und als Nachtisch eine »nougatähnliche Süßigkeit« (aus Haferflocken, Kornkaffee, etwas Zucker, Rum- und Mandelaroma, ein wenig Butter und Kakao).

... auch Weihnachten 1942!

Private Eisenbahnfahrten zu den Festtagen sollten unterbleiben.
Sie waren nur mit einer Sondergenehmigung möglich.

Es gibt wichtigere Dinge!
Eine Frage: „Warum gibt es nicht mehr Schnaps?" — Und die Antwort darauf

[Zeitungsartikel in Fraktur, nicht vollständig lesbar]

Heute Verdunkelung von 17.37—9.38 Uhr.

Aus dem »Westfälischen Beobachter«

Für die Feiertage wurde auch Alkohol bereit gestellt. Zur Jahreswende 1943/44 zum Beispiel gab es Sonderzuteilungen:

> »Wir werden den letzten Tag des Jahres diesmal still feiern... Aber das werden wir uns doch nicht nehmen lassen, wenn das alte Jahr Abschied nimmt, auf ein siegreiches neues Jahr anzustoßen.«

Hier zwei Rezepte für »alkoholische Mischgetränke«:

Familienpunsch

Zutaten: ½ l heißer Tee, 250 g Zucker, eine Flasche Rotwein, ¼ l Rum.

Tee aufbrühen, ziehen lassen und dann abgießen in ein Bowlengefäß, das auf einer Herdplatte warm steht. Zucker zugeben. Auflösen. Rum und Rotwein hinzu schütten. Der Punsch soll heiß werden, darf aber nicht kochen.

Sellerie-Bowle

<u>Zutaten:</u>   zwei Sellerieknollen, ½ l Rum oder Arrak, zwei Esslöffel Zucker, zwei Flaschen Weißwein, eine Flasche Rotwein.

Mit der Schale weich gekochte, zarte Sellerieknollen werden mit kaltem Wasser übergossen. Schälen. In zwei Zentimeter dicke Scheiben schneiden und in ein Bowlengefäß geben.

Nun übergießt man die Scheiben mit Rum und fügt den Zucker zu. Gut zugedeckt drei bis vier Stunden ziehen lassen. Dann gießt man zwei Flaschen Weißwein und eine Flasche Rotwein darüber und setzt das Bowlengefäß auf geschlagenes Eis. Sehr kalt servieren.

Erzeugungs-Schlacht im Kriege

Obwohl es hieß *»Wir sind noch immer satt geworden«*, waren die Lebensmittelrationen mittlerweile geschrumpft, was ursächlich mit dem geänderten Frontverlauf zu tun hatte.

Als die Ukraine *»verloren ging«*, konnten die Felder der Bauern dort nicht mehr ausgeplündert werden, als die alliierten Truppen in Italien marschierten und Frankreich zurückeroberten, hörten die Lebensmittel-»Einfuhren« aus diesen Ländern auf.

Wie man die Menschen in den von Deutschen besetzten Ländern hungern ließ, um *»in der Heimat«* die Ernährung zu sichern, mag das Beispiel Polen verdeutlichen: 1941 bekamen in Warschau Deutsche 2.100 Kalorien pro Tag zugeteilt, »Ausländer« 1.200, Polen 600 und Juden 150...

Das Jahr 1942 brachte eine neue deutsche Offensive im Osten. Verlorenes »Terrain« sollte *»wiedergewonnen«* werden: Im Mai wurde die Halbinsel Kertsch zurückerobert, deutsche Truppen erreichten den Kaukasus und seine Erdölfelder, drangen bis Stalingrad vor und hatten am 18. November *»90 Prozent der Stadt in der Hand«*.

Wehrbauern hielten Einzug in die besetzten sowjetischen Gebiete. Der Gauleiter von Ostpreußen, Erich Koch, wurde Reichskommissar für die Ukraine und verkündete ein »Aufbauprogramm«.

Während die deutschen Soldaten wieder »vorwärts« marschierten, taten in den besetzten Ländern SD, SS, die Geheime Feldpolizei des Admiral Canaris und Teile der Wehrmacht ihr grausiges Werk: Sie zerstörten Fabriken, plünderten Äcker, raubten Städte und Dörfer aus, ermordeten und verschleppten Millionen russischer Menschen. Sie vergewaltigten, brandschatzten, vergasten.

In der »Heimat« reichten derweil die Arbeitskräfte nicht mehr aus. Die *»Verluste des Russlandfeldzuges müssen wettgemacht werden«.* Frauen wurden aufgefordert, sich zum Arbeitseinsatz zu melden.

»Millionen deutscher Hausfrauen haben heute eine doppelte Verpflichtung: Zu der Sorge für das Wohl der Familie sind in noch stärkerem Maße die Aufgaben des Berufes getreten...

Und doch ist eine sorgsame Haushaltsführung jetzt nötiger denn je. Dabei ist die Ernährung besonders wichtig; trotz wenig Zeit – kann doch mit Sorgfalt und Abwechslung gekocht werden. Denn eine richtige Ernährung ist die Grundlage zur Erhaltung von Gesundheit und Leistungskraft.«

Dieses Zitat stand als Motto in einem der vielen Kochbücher, die jetzt erschienen.

Eine Frau, die gezwungen war, zehn Stunden und mehr täglich in der Fabrik zu arbeiten, konnte nicht noch warmes Essen für ihre Familie kochen. Das bedeutete, das Frühstück musste ausgiebiger sein. Den Kindern und (sofern vorhanden) dem Mann mussten Brote mitgegeben werden. Und es wurde angestrebt, die Hausfrauen zu veranlassen, auch das Abendbrot kalt zu servieren.

Der Nebeneffekt: Solche Essgewohnheiten, die nun als *»zeitgemäß«* galten, sparten zusätzlich Energie.

Die schlechte Ernährungslage hatte allenthalben, vor allem in den Großstädten der Industriegebiete, das Stadtbild verändert. In Gelsenkirchen war schon 1941 vom damaligen Oberbürgermeister Böhmer verfügt worden, dass das städtische

Diese Broschüre »Trotz wenig Zeit – gut gekocht«, herausgegeben von der Reichsfrauenführung, enthielt hauptsächlich Rezepte für kalte Gerichte, für Brotaufstriche, Rohkost und ähnliches.

Gas sparen heißt Waffen schmieden!

Die Hausfrau spart Gas zugunsten der Kriegswirtschaft / Wann wird am meisten Gas verbraucht?

»Kulturland, das früher fast ausschließlich der Blumenzucht für die Parkanlagen und Erholungsflächen im Stadtgebiet galt, in erster Linie für den Gemüseanbau hergerichtet« werden sollte. Die Parole hieß: »Gemüse ist wichtiger als Blumen!«

Im Frühjahr 1942 waren 58 Morgen städtischen Grünlandes mit Gemüse bepflanzt, und im Herbst konnten davon 2.500 Zentner Gemüse geerntet werden. Gott sei Dank!

Denn in diesem Jahr sollte sich die Versorgung mit Nahrungsmitteln in Deutschland noch einmal drastisch verschlechtern. Am 6. April wurden die Brot-, Fleisch- und Fettrationen teilweise erheblich gekürzt.

Ein so genannter Normalverbraucher erhielt jetzt pro Woche nur noch 2.000 Gramm Brot statt 2.250 vorher, 206 Gramm Fett statt 269 und 300 Gramm Fleisch statt 400.

Für Obst und Gemüse führten die Ernährungsämter eine Mangelkarte ein. Auf die Abschnitte der neuen Karte wurde »Mangelgemüse und sonstige Mangelware« abgegeben.

Die Zuteilung erfolgte jeweils auf gesonderten Aufruf in den Tageszeitungen. Aber es wurde halt nicht aufgerufen.

1943. Um die Ernährungslage in Deutschland stand es schlecht. Auch wenn in Zeitungsartikeln das Gegenteil behauptet wurde – die Schlangen vor den Lebensmittelläden wurden immer länger, und man bekam immer weniger zu kaufen.

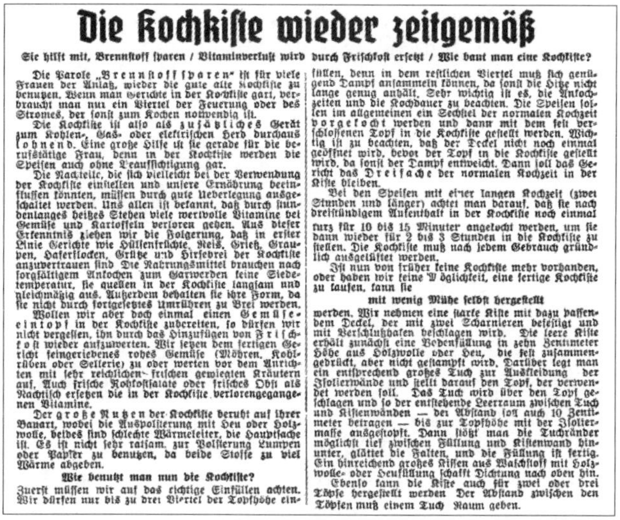

Die Kochkiste wieder zeitgemäß

Sie hilft mit, Brennstoff sparen / Vitaminverlust wird durch Frischkost ersetzt / Wie baut man eine Kochkiste?

Die Parole „Brennstoff sparen" ist für viele Frauen der Anlaß, wieder die gute alte Kochkiste zu benutzen. Wenn man Gerichte in der Kochkiste gart, verbraucht man nur ein Viertel der Feuerung oder des Stromes, der sonst zum Kochen notwendig ist.

Die Kochkiste ist also als zusätzliches Gerät zum Kohlen-, Gas- oder elektrischen Herd durchaus lohnend. Eine große Hilfe ist sie gerade für die berufstätige Frau, denn in der Kochkiste werden die Speisen auch ohne Beaufsichtigung gar.

Die Nachteile, die sich vielleicht bei der Verwendung der Kochkiste einstellen und unsere Ernährung beeinflussen könnten, müssen durch gute Ueberlegung ausgeschaltet werden. Uns allen ist bekannt, daß durch stundenlanges heißes Stehen viele wertvolle Vitamine bei Gemüse und Kartoffeln verloren gehen. Aus dieser Erkenntnis ziehen wir die Folgerung, daß in erster Linie Gerichte wie Hülsenfrüchte, Reis, Grieß, Graupen, Haferflocken, Grütze und Hirsebrei der Kochkiste anzuvertrauen sind. Die Nahrungsmittel brauchen nach sorgfältigem Ankochen zum Garwerden keine Siedetemperatur, sie quellen in der Kochkiste langsam und gleichmäßig aus. Außerdem behalten sie ihre Form, da sie nicht durch fortgesetztes Umrühren zu Brei werden.

Wollen wir aber doch einmal einen Gemüseeintopf in der Kochkiste zubereiten, so dürfen wir nicht vergessen, ihn durch das Hinzufügen von Frischkost wieder aufzuwerten. Wir setzen dem fertigen Gericht feingeriebenes rohes Gemüse (Möhren, Kohlrüben oder Sellerie) zu oder werten vor dem Anrichten mit sehr reichlichen frischen gewiegten Kräutern auf. Auch frische Rohkostsalate oder frisches Obst als Nachtisch ersetzen die in der Kochkiste verlorengegangenen Vitamine.

Der große Nutzen der Kochkiste beruht auf ihrer Bauart, wobei die Auspolsterung mit Heu oder Holzwolle, beides sind schlechte Wärmeleiter, die Hauptsache ist. Es ist nicht sehr ratsam, zur Polsterung Lumpen oder Papier zu benutzen, da beide Stoffe zu viel Wärme abgeben.

Wie benutzt man nun die Kochkiste?

Zuerst müssen wir auf das richtige Einfüllen achten. Wir dürfen nur bis zu drei Viertel der Topfhöhe einfüllen, denn in dem restlichen Viertel muß sich genügend Dampf ansammeln können, da sonst die Hitze nicht lange genug anhält. Sehr wichtig ist es, die Ankochzeiten und die Kochdauer zu beachten. Die Speisen sollen im allgemeinen ein Sechstel der normalen Kochzeit vorgekocht werden und dann mit dem fest verschlossenen Topf in die Kochkiste gestellt werden. Wichtig ist zu beachten, daß der Deckel nicht noch einmal geöffnet wird, bevor der Topf in die Kochkiste gestellt wird, da sonst der Dampf entweicht. Dann soll das Gericht das Dreifache der normalen Kochzeit in der Kiste bleiben.

Bei den Speisen mit einer langen Kochzeit (zwei Stunden und länger) achtet man darauf, daß sie nach dreistündigem Aufenthalt in der Kochkiste noch einmal kurz für 10 bis 15 Minuten angekocht werden, um sie dann wieder für 2 bis 3 Stunden in die Kochkiste zu stellen. Die Kochkiste muß nach jedem Gebrauch gründlich ausgelüftet werden.

Ist nun von früher keine Kochkiste mehr vorhanden, oder haben wir keine Möglichkeit, eine fertige Kochkiste zu kaufen, kann sie

mit wenig Mühe selbst hergestellt

werden. Wir nehmen eine starke Kiste mit dazu passendem Deckel, der mit zwei Scharnieren befestigt und mit Verschlußhaken beschlagen wird. Die leere Kiste erhält zunächst eine Bodenfüllung in zehn Zentimeter Höhe aus Holzwolle oder Heu, die fest zusammengedrückt, aber nicht gestampft wird. Darüber legt man ein entsprechend großes Tuch zur Auskleidung der Isolierwände und stellt darauf den Topf, der verwendet werden soll. Das Tuch wird über den Topf geschlagen und so der entstehende Leerraum zwischen Tuch und Kistenwänden — der Abstand soll auch 10 Zentimeter betragen — bis zur Topfhöhe mit der Isoliermasse ausgestopft. Dann stößt man die Tuchränder möglichst tief zwischen Füllung und Kistenwand hinunter, glättet die Falten, und die Füllung ist fertig. Ein hinreichend großes Kissen aus Waschstoff mit Holzwolle- oder Heufüllung schafft Dichtung nach oben hin.

Ebenso kann die Kiste auch für zwei oder drei Töpfe hergestellt werden. Der Abstand zwischen den Töpfen muß einem Tuch Raum geben.

Aus der »Gelsenkirchener Allgemeinen Zeitung«

Zwar hatte der Oberbefehlsleiter Herbert Backe in einer Rede zur »fünften Kriegserzeugungsschlacht« behauptet: *»Deutschland ist auch durch Hunger unbesiegbar!«*

Zwar hatte man selbst die *»Biene in den Dienst der Volksernährung«* gestellt – sie sollte nicht nur Honig liefern, sondern durch *»ihr Bestäuben auch die Erträge der Feld- und Gartenfrüchte steigern«*, aber bereits im Mai 1943 wurden die Fleischrationen erneut gekürzt. Begründung: der harte Winter 41/42. Diesmal war es die Gerste, die man wegen der schlechten Ertragslage nicht als Tierfutter, sondern als Brotgetreide verwendet hatte, und die *»nicht ernährten Tiere«* fehlten nun als Schlachtvieh.

Außer einer geringfügigen Erhöhung der Brotrationen gab es von der »Erzeugerschlacht« keine »Siege« zu melden.

Sicher – irgendwann wurden dann auch die Warteschlangen vor den Geschäften wieder kürzer. Das Anstehen lohnte nicht mehr. Es gab selten mehr als Nährmittel zu kaufen. Doch was ließ sich damit schon anfangen? Die Versuchsköche des »Deutschen Frauenwerkes« wussten Rat. Und über Geschmacksprobleme sollte die Veröffentlichung eines Experiments hinweg helfen, das in Schweden durchgeführt worden war: Da hatte man festgestellt, dass wir eigentlich mit den Augen essen, und *»die Farbigkeit unserer Nahrung an unseren Geschmacksempfindungen«* den größten Anteil hat. Und das muss man sagen: Aussehen tat das, was 1943 auf die Tische der Volksgenossen in der Heimat kam, wunderbar.

Falsches Hirn

Zutaten: 65 g Haferflocken, zwei Tassen Milch, eine gehackte Zwiebel, ein Esslöffel Butter, Margarine oder Mayonnaise, zwei Eier, Salz, weißer Pfeffer, ein Esslöffel Reibekäse.

Die Zwiebel dünstet man in etwas Fett (nicht braun werden lassen!), gibt Flocken und Milch dazu und kocht unter Umrühren auf. Abkühlen lassen. Die Eier mit Salz und Pfeffer unterrühren. Die Masse in kleine Förmchen füllen, mit Mayonnaise oder Butter bestreichen, mit Käse bestreuen. Im Backofen überbacken.

Foto der Versuchsküche des »Frauenwerkes« zum Thema »Sellerie«. Zu sehen sind: Sellerieklöße, Sellerie-Möhrengemüse und gefüllter Sellerie.

Hiseröllchen

Zutaten: 200 g Hirse, ½ l Wasser, Salz, eine Tasse Milch, ein Ei, eine Messerspitze Natron, zwei Esslöffel Semmelbrösel, Vanille, zwei Esslöffel Zucker.

Hirse waschen. Mit Wasser und Salz zum Kochen bringen. Weich quellen lassen, so dick, dass der Löffel darin stehen bleibt. Kalt werden lassen. Ei, Milch, Zucker, Vanille und Natron nacheinander darunter rühren.

Fingerdicke Röllchen formen, in Semmelbröseln wenden, auf ein gefettetes Backblech legen, 30 Minuten bei 220 Grad backen. Man kann die Röllchen auch mit Kräutern oder mit durchgedrehten Fleischresten machen.

Graupenpuffer

Zutaten: 250 g Graupen, ein Liter Magermilch, ein Ei, zwei Esslöffel Mehl, ein Esslöffel gehackte Petersilie, eine fein gehackte Zwiebel, Salz, Milcheiweißpulver.

Die Graupen in der Milch weich kochen. Die restlichen Zutaten unterrühren. Mit einem Esslöffel kleine Puffer formen, in heißem Fett backen.

Notzeiten

»Die deutsche Niederlage wurde 1944 an allen Fronten offenkundig; der Ring der Gegner zog sich enger und fester um Deutschland, das, von Hitler und seinen Genossen brutal vergewaltigt, keinen Ausweg aus seinen Leiden sah, nachdem der Versuch am 20. Juli, den Tyrannen zu beseitigen, gescheitert war und von diesem mit unvorstellbarer Grausamkeit gerächt wurde...«

So oder so ähnlich wird das Jahr 1944 in unseren Geschichtsbüchern beschrieben.

Die deutschen Frauen wurden an »Deutsche Notzeiten« erinnert. An Jena und Auerstedt.

Und sie wurden aufgefordert, sich zum Kriegseinsatz zu melden, wenn das noch nicht geschehen war.

Zu Jahresbeginn begann »eine Vitamin-C-Aktion«: Statt der Gemüse-Wochenration gab es eine Rolle Vitamin-Drops mit Zitronengeschmack.

In der 58. Zuteilungsperiode konnten für 90 Gramm Butterschmalz 250 Gramm Schweinefleisch bezogen werden ohne entsprechenden Ersatz. Da wussten Eingeweihte, dass die Fettration bald knapp werden würde. Und dass für die Schweine kein Futter mehr da war.

Der Reichsnährstand feierte *»fünf Jahre Vollkornbrotaktion«* mit den Worten:

»Vollkornbrot ist kein Kriegsbrot, Vollkornbrot ist Gesundheitsbrot.«

Doch wer bekam damals schon noch Vollkornbrot?

Auf die Fettkarten der 62. und 63. Zuteilungsperiode wurde an Stelle von Butterschmalz eine neue Fettsorte ausgegeben: Fleischschmalz, ein Gemisch aus 50 Prozent Schweinefett und 50 Pro-

»Es ist bemerkenswert, daß folgende Punkte in den abgegebenen Schülerarbeiten immer wiederkehren: Das Meckern und Geschimpfe über verknappte Waren, die Feststellung, daß die Menschen mit dem Brot nicht mehr auskommen... Weiter werden die Gerüchte über erneute Lebensmittelrations-Kürzungen in den Hausarbeiten behandelt ... und Gerüchte, die wissen wollen, daß Gefangene mehr Lebensmittel zugeteilt erhalten als die deutsche Zivilbevölkerung.«

Aus einem Bericht des Sicherheitsdienstes in Dortmund über Aufsätze einer 7. Volksschulklasse zum Thema »Was die Leute über den Krieg sagen«.

Ende 1944 waren auch die Gaststätten »im Kriegseinsatz«. Personal, soweit entbehrlich, wurde zur Wehrmacht, zum Volkssturm oder in Rüstungsbetriebe kommandiert. Die Gäste sollten sich selbst bedienen. Ausländischen Zwangsarbeitern, die sich in manchen Gaststätten das Stammgericht als markenfreie Zusatzverpflegung holten, wurde das Betreten »deutscher Gaststuben« verboten.

Bahnhofshotelbetriebe
INHABER: B. MEISTERFELD
HOTEL-RESTAURANT
Fernsprecher: Büro 23836 / Restaurant Oefftl. F. 25734
BUNTE BÜHNE
TROCADERO-PILSSTUBE

Küche und Keller

Hotel-Restaurant
GELSENKIRCHEN, DEN

Tag m/Fleischgerichten : Mittwoch, den 12. 1. 44

Stammgericht Rm o,65 : - markenfrei -
Steckrüben b ü r g e r l i c h

Gedeck Rm 1,1o : - 5o g Fl.,1o g F.-
Legierte Suppe
Mettwurst m/Wirsing bürgerlich

Gedeck Rm 1,60 : - 1oo g Fl.,1o g F.-
Legierte Suppe
Schweinebraten m/Kohlrabi u. Salzkartoffeln

Gedeck Rm 2,- : - 1o g Fett -
Legierte Suppe
Hühnerfrikasse m/Salzkartoffeln

Gedeck Rm 2,- : - 1oo g Fl., 15 g F.-
Legierte Suppe
Zunge in Aspic m/Bratkartoffeln

ab 16 1/2 Uhr

Tasse Tagessuppe ....o,3o   Portion Heringssalat o,5o
Tasse O.Schwamssuppe ....o,4o   Wurstschnittchen o,6o
Appetithappen ....o,2o   5o g Fl., 5o g Brot
5o g Brot   Restaurationsschnittchen 1,oo
Schn.wachspaete ....o,5o   5o g Fl., 5o g Brot
5o g Brot
Schwedenhappen ....1,oo   Ersatzgerichte :
1oo g Brot
Muscheln in Aspic m/Kart.Salat.o,8o
Muscheln marin. m/Salzkart.....o,9o

zent Schweinefleisch »*ohne jeglichen Salz-Zusatz*«. Das Fleischschmalz sollte als Fett zum Kochen oder zur Herstellung von Brotaufstrich verwertet werden. Dabei ergaben »*187 Gramm rohes Fleischschmalz ausgebraten (15 Minuten) 60 Gramm reines Fett und etwa 55 Gramm Grieben … ausgelassen (zehn Minuten) 135 Gramm Fleischschmalz*«.

Pro Kartenabschnitt wurden 80 Gramm Fleischschmalz abgegeben und der Rat erteilt, Gemüse künftig ohne Fett zuzubereiten.

Von Stephan Cohn stammen die Zeichnungen auf dieser und der folgenden Seite. Cohn war dreizehn Jahre alt, als er 1943 in das Konzentrationslager Auschwitz verbracht wurde. Anschließend wurde er nach Groß-Rosen und nach Buchenwald »evakuiert«. Hier erlebte er 1945 seine Befreiung. Seine Bilder hat er danach, wohl zwischen dem 26. Mai und dem 5. Juni 1945 gezeichnet: ein Versuch, das eigene Erleben zu bewältigen.

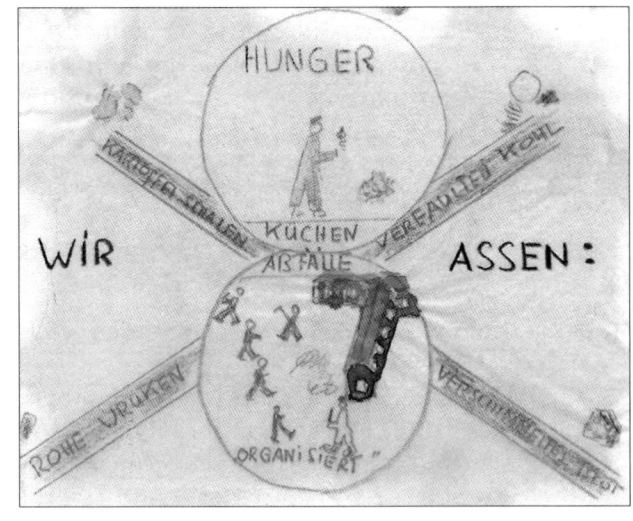

Besonders schlimm war die Ernährungslage in den Konzentrationslagern.

Im KZ Buchenwald zum Beispiel bestanden die täglichen Verpflegungsrationen aus einem Liter Suppe (oft ohne Gemüse oder Kartoffeln) und zwischen 300 und 500 Gramm Brot. Und das bei schwerster Arbeit von vierzehn und mehr Stunden Dauer.

Wollten sie nicht verhungern, gab es für die Häftlinge nur die Möglichkeit, auf Außenkom-

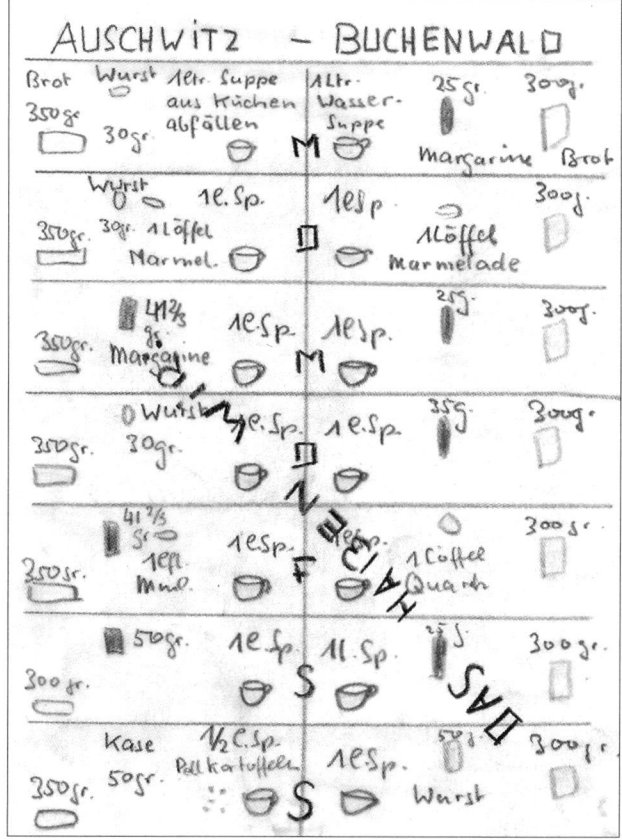

Auf seiner Zeichnung links vergleicht Stephan Cohn die Rationen von Auschwitz und Buchenwald.

mandos Wildkräuter oder ähnliches zu sammeln, Lebensmittel zu »organisieren« oder in der Häftlingskantine ihre Rationen aufzubessern.

Die Kantine hatte die SS eingerichtet, um Unterstützungsgelder, welche bestimmte Lagerinsassen von ihren Angehörigen empfangen durften, abzuschöpfen.

»Gemüsewurst« konnte man dort davon kaufen oder Brühwürfel.

Mitte 1944 beherrschten alliierte Flugzeuge den Luftraum über Deutschland.

Beinahe jeden Tag und jede Nacht wurden Bombenangriffe geflogen. Und es gab kaum eine Stadt in Deutschland, die nicht Ziel von Luftangriffen geworden wäre.

Die Bomberflüge hatten das Leben in Deutschland entscheidend verändert: Kinder waren aus den gefährdeten Gebieten evakuiert worden, in die österreichischen Berge, nach Böhmen...

Bombenschäden waren zu beseitigen, Brände zu löschen, Trümmer wegzuräumen. Für die Ausgebombten musste eine Unterkunft besorgt und sie mussten verpflegt werden.

Gemeinschaftsküchen wurden eingerichtet. BDM und Deutsches Frauenwerk kochten um die Wette. Und wo keine Räume zur Verfügung standen, wurden Gulaschkanonen im Freien aufgestellt.

1944 veröffentlichten die Zeitungen Methoden wie auch »Ausgebombte« kochen konnten, ohne fremde Hilfe in Anspruch nehmen zu müssen.

Das Bild rechts stammt aus »Das Blatt der Hausfrau«.

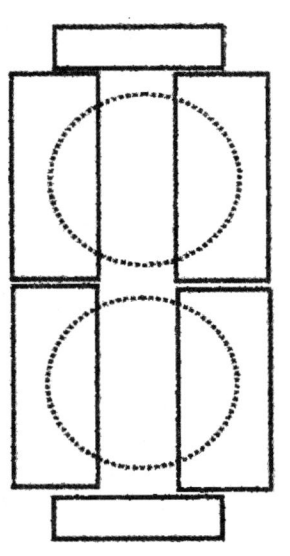

So wird der „Germanenherd" gebaut,

auf dem man, wenn Gas oder Strom nach Fliegerangriffen versagen, im Freien oder in einem überdachten Raum als Notbehelf gut kochen kann.

Rechts: Feuerstelle für zwei Kochtöpfe, gebaut aus sechs Ziegelsteinen. Je zwei glatte Steine legt man für die Längsseiten glatt aufeinander in einem Abstand von etwa 12 cm; dieser Zwischenraum bildet das Feuerloch. Vorn und hinten stellt man hochkant je einen Ziegelstein davor, damit die Außenluft die Flammen nicht zu hoch an die Kochtöpfe schlägt. Diese werden schwarz, aber das Saubermachen lohnt erst, wenn man sie wieder auf dem richtigen Herd gebrauchen kann. Wer einen länglichen Rost auftreiben kann, schiebt ihn zwischen die Ziegelsteine, dann hat die Feuerstelle von unten Luft. Hat man keinen, müssen Papier- oder Holzwolle, Holz und Kohlen recht luftig geschichtet werden. Gegen Regen schützt man die Feuerstelle durch ein Holzdach.

Die alliierten Flugzeuge warfen bald nicht nur Bomben ab, sondern auch Flugblätter und gefälschte Lebensmittelmarken. Wurden die Flugblätter im allgemeinen abgegeben bei der Kriminalpolizei oder

der Gestapo – die Lebensmittelmarken, meist Fleischmarken, wurden benutzt. Trotz der Androhung von Sondergerichtsverfahren und der Todesstrafe.

Die Lage auf dem Lebensmittelmarkt war mehr als schlecht. Daran änderten auch versprochene Sonderrationen wenig. Im Dezember 1944 sollte es 125 Gramm Fleischwaren zusätzlich geben. Allerdings hieß es auch:

»Wer keine Abschnitte mehr hat, erhält die doppelte Ration nicht.«

Aber wer hatte am Ende einer Zuteilungsperiode noch Fleischmarken übrig?

Was in den Notzeiten auf den deutschen Tisch kommen sollte, verrieten die Frauenzeitschriften, kurz bevor sie ihr Erscheinen *»im Rahmen der notwendigen Maßnahmen«* einstellen mussten: Suppe aus Roggenschrot, Hirse, im Ofen überbacken, Graupen mit Endivien... Und Gemüse sollte man möglichst roh essen. Meist waren es Suppen, deren Rezepte veröffentlicht wurden.

Grießsuppe

<u>Zutaten:</u> Drei Esslöffel Grieß, ein Liter Gemüsebrühe, Salz, Pfeffer.

Grieß in einem Topf ohne Fett braun anrösten. Mit der Brühe ablöschen.

Etwa zehn Minuten kochen lassen. Mit Salz und Pfeffer abschmecken.

Aus: »Das Blatt der Hausfrau«, 1944

Süßspeise aus Gerstengrütze und Puddingpulver, Rezept im Text. Die Gerstengrütze /schmeckt, auf diese Weise gekocht, besonders gut. Für den Sonntagstisch verziert man die Speise mit Marmelade und reicht eine leckere Soße dazu, die man mit etwas Puddingpulver und halb Milch, halb Wasser herstellen kann; man rührt ein wenig Marmelade hinein, süßt und schmeckt mit einem käuflichen Geschmacksstoff, am besten Zitrone, ab.

Brotauflauf mit ,Vanillesoße. Auch der Brei aus geriebenem trockenem Brot, das in manchem Haushalt jetzt öfter übrigbleibt, gehört zu den nahrhaften und sättigenden Speisen. Das aufgeweichte Brot wird mit Zucker, Milch und einem geschlagenen Ei oder der entsprechenden Menge Milei verrührt, in einer Auflaufform gebacken, bis die Oberfläche schön braun ist. Wenn man kann, gibt man ein paar Butterflöckchen auf die Masse.

Kriegsallerleisuppe

Zutaten: Zwei Liter Wasser, 50 g Fett, ein Kopfsalat, eine Tasse Sauerkraut, die Blätter von zwei Rettichen, die Blätter von einem Blumenkohl, drei große Kartoffeln, eine Stange Lauch, eine Möhre, ein Esslöffel Mehl, Salz, 10 g Hefe, eine Zwiebel.

Zwiebel klein schneiden, in dem Fett anrösten. Mehl darüber stäuben, braun werden lassen. Mit Wasser ablöschen. Salz und Hefe zugeben. Die Kartoffeln schälen und würfeln. Salat, Möhren, Lauch, Blumenkohl- und Rettichblätter nach dem Waschen mit dem Sauerkraut fein hacken. Zusammen mit den Kartoffeln an die Brühe geben. Etwa 40 Minuten kochen lassen.

Aus:
»Das Blatt der Hausfrau«,
1944

STATT KARTOFFELN KANN MAN KOHLRÜBEN NEHMEN

Kohlrübenklöße. Möglichst trocken gekochter Kohlrübenbrei wird mit so viel Roggengrütze oder halb Grieß, halb Roggenmehl vermischt, daß man Klöße formen kann. Man würzt mit Salz und gehackten Kräutern und kocht die Klöße in leicht gesalzenem Wasser.

Kohlrübenmus. Gargekochte Kohlrübe wird zu Brei gestampft, mit etwas Mehl oder Grieß, Salz, gehackten Kräutern und einem Stich Fett vermischt und ein paar Minuten durchgekocht, ehe man das Mus mit einem Fleisch- oder Gemüsegericht reicht.

Kohlrübenbratlinge. Aus Kohlrübenbrei stellt man einen festen Teig her, wie er bei den Kohlrübenklößen oder beim Kohlrübenmus angegeben ist. Man formt Bratlinge, die mit Milei G und Bröseln leicht paniert und dann in einer Pfanne gebacken werden.

Hirsekoch

Zutaten: 250 g Hirse, ½ l Wasser, ½ l Magermilch, zwei Esslöffel Zucker, Zitronenaroma, drei Äpfel.

Hirse waschen, in dem Wasser weich kochen lassen. Die Äpfel schälen und in Würfel schneiden. Mit der Milch dazu geben. Mit Zucker und Zitronenaroma abschmecken. Danach noch 10 Minuten zugedeckt stehen lassen.

Gemüsesülze

Zutaten: Ein Schweineohr oder eine Schweinepfote, ½ Kohlrabi, ½ Sellerieknolle, zwei Möhren, eine Stange Lauch, ¼ Blumenkohl, eine saure Gurke, ¼ Wirsing, Salz, ¾ l Wasser, sechs Esslöffel Essig, Pfeffer.

Gemüse putzen und waschen. Kohlrabi, Sellerieknolle, Möhren und Wirsing in feine Scheiben schneiden. Blumenkohl zu kleinen Röschen zerpflücken. Das Gemüse im eigenen Saft fast weich schmoren lassen. Kalt stellen.

Das Schweineohr und/oder die Schweinepfote in Salzwasser sehr weich kochen lassen. Das Fleisch heraus nehmen. Die Brühe mit Essig, Pfeffer, Salz und Gurkenwürfelchen mischen. Das Gemüse in eine flache Schüssel geben. Die Brühe darüber gießen. Kalt stellen. Wenn es erkaltet ist, stürzen.

Die letzten Reserven

Im letzten Kriegsjahr sollte dann auch auf bisher ungenutzte Ressourcen zurückgegriffen werden.

Kinder und Frauen wurden angehalten, wild wachsende Gemüse und Beeren zu sammeln. Im Vorwort einer Schrift, die 1944 vom »Reichsausschuss für Volkswirtschaftliche Aufklärung« herausgegeben wurde, heißt es unter anderem:

>*Was der deutsche Boden bringt, muß heute mehr denn je bis ins letzte verwertet und ausgenutzt werden. Wir haben einen großen Reichtum an unseren Wildpflanzen, an dem wir nicht vorübergehen sollten. Wildpflanzen beanspruchen kein Ackerland, sie brauchen nicht gesät und gepflegt zu werden, wir brauchen sie nur zu ernten. Wildgemüse, Wildfrüchte, Wildkräuter und deutsche Teepflanzen bieten uns eine gesunde zusätzliche Ernährung, die wir nicht außer acht lassen wollen.«*

Die Reichsfrauenführung lieferte die Rezepte dazu. Manches, was damals in großer Not zu essen empfohlen wurde, gilt heute in Nobelrestaurants als Delikatesse und muss teuer bezahlt werden.

Sauerampfersuppe

Zutaten: 250 g Sauerampfer, 50 g Fett, ein Liter
Gemüsebrühe, zwei Esslöffel Sahne, Salz,
zwei Kartoffeln.

Kartoffeln in der Brühe weich kochen. Zerstampfen. Die geputzten Sauerampferblätter werden fein nudelig geschnitten und in Fett angeröstet. In die Brühe geben, aufkochen lassen. Mit Salz und Sahne abschmecken.

Löwenzahnsalat

Zutaten: 300 g Löwenzahnblätter (man nimmt
nur junge Blätter), 20 g Speck, eine Stange Lauch, ein bis zwei gekochte Kartoffeln, Salz, ein Esslöffel Essig, ½ Tasse
Milch, eine kleine Zwiebel.

Speckwürfel in einer Pfanne auslassen. Lauch und Zwiebel in Ringe schneiden und dazu geben. Die gekochten Kartoffeln in die Pfanne reiben. Mit Milch, Essig und Salz alles gut verrühren. In die lauwarme Tunke gibt man die fein geschnittenen Löwenzahnblätter und lässt den Salat gut durchziehen. Kalt servieren.

Eintopf aus Vogelmiere

Zutaten: 500 g Vogelmiere (gesammelt wird das
blühende Kraut ohne Wurzeln), 150 g
Haferflocken, ein Kilo Kartoffeln, zwei
Liter Gemüse oder Fleischbrühe, 50 g
geräucherter Speck, Salz.

Vogelmiere waschen, klein hacken. Kartoffeln schälen und würfeln.

Gemüse, Kartoffeln und Haferflocken werden in der Brühe weich gekocht.

Ein Viertel des rohen gehackten Gemüses wird zurückbehalten und erst an das gar gekochte Gericht gegeben. Mit gerösteten Speckwürfeln und Salz abschmecken.

Brennesselauflauf

Zutaten: 1 ½ kg Brennesseln (die jungen Triebe
mit zarten Blättern), 250 g Brot, 40 g
Fett, eine Zwiebel, Kräuter, eine dünne
Stange Lauch, Kräuter, ein Ei, Salz.

Broschüre der Reichsfrauenführung, in der zum Sammeln von Wildkräutern Ratschläge wie diese erteilt wurden:

»Das Pflücken geschieht am besten am Spätnachmittag, nachdem die Pflanzen den ganzen Tag der Sonnenbestrahlung ausgesetzt waren. Nehmt von einer Pflanze nicht zuviel Blätter und knickt nicht die jungen Triebe, damit die Pflanze weiterwachsen kann.«

Man lässt die gut gewaschenen Brennesselblätter in wenig Salzwasser weich kochen, gießt ab und dreht sie durch die Fleischmaschine. Das Brot in feine Scheiben schneiden. In Fett anrösten. Zwiebel und Lauch klein hacken und ebenso wie die gewiegten Kräuter (z.B. Liebstöckel, Dill, Bohnenkraut, Basilikum) zugeben. Schließlich schlägt man das Ei darüber und rührt alles miteinander gut durch. Salzen.

Die Masse wird in eine gefettete Auflaufform gefüllt und bei guter Mittelhitze etwa 30 Minuten im Ofen gebacken.

Nachtkerzengemüse

Zutaten: 500 g Wurzeln von Nachtkerzen, eine Tasse Milch, ein Esslöffel Mehl, Salz, 10 g Fett, ein Esslöffel Petersilie.

Genommen wird die Pfahlwurzel der zweijährigen Nachtkerze. Sie wird vor dem neuen Trieb ausgegraben. Wurzel waschen, dünn abschälen und zu Stiften schneiden. In Salzwasser gar kochen. Mehl in heißem Fett anbräunen, Milch einrühren und

»Die meisten Wildgemüse lassen sich wie Spinat verwenden... Großblättrige Gemüse wie Huflattich und Breitwegerich können wie Kohl zubereitet werden, geben auch vorzügliche Gemüsewickel mit Fleisch-, Semmel-Haferflockenfülle und dergleichen ab.«

Aus:
»Zeitgemäßer Haushalt«, Schriftenreihe der Märkisches Elektrizitätswerk AG

Aus der »Gelsenkirchener Allgemeinen Zeitung«

eine Soße bereiten, die mit Salz und Petersilie abgeschmeckt wird. Die Nachtkerzenwurzeln in die Soße geben und so servieren.

Nicht nur der Verbrauch von Wildgemüse wurde propagiert, auch Berberitzen und Vogelbeeren, Hagebutten und Holunderbeeren sollten *»an den Sträuchern und Bäumen nicht ungenutzt verkommen«*.

Holundersuppe

Zutaten: 500 g Holunderbeeren, ½ l Wasser, ½ l Milch, ein Esslöffel Kartoffelmehl, drei Esslöffel Zucker.

Die Holunderbeeren in Wasser weich kochen. Kartoffelmehl mit etwas Milch anrühren und dazu geben. Zucker einrühren. Mit Milch auffüllen. Man kann die Suppe kalt oder warm essen.

Berberitzenmarmelade

Zutaten: 500 g Berberitzen, 500 g Birnen, 300 g Zucker, eine Tasse Wasser.

Die Berberitzen werden nach dem ersten Frost gesammelt. Die Beeren waschen, säubern, entstielen und in Wasser weich kochen. Durch ein Sieb passieren. Birnen schälen, schnitzeln und mit dem gewonnenen Berberitzenmark und -saft unter Zusatz von Zucker zu Marmelade kochen. Noch heiß in Gläser füllen. Verschließen.

Auch mit Eichelmehl sollte gekocht werden. Ganz ungiftig dürfte dieses Mehl freilich nicht gewesen sein. Hier die Rezepte der »NS-Frauenschaft« dazu:

Eichel-Knäckebrot

Zutaten: 250 g abgezogene Pellen von Pellkartoffeln, 125 g Eichelmehl, zwei Esslöffel Haferflocken, ein Teelöffel Selleriesalz, ein Teelöffel gemahlener Kümmel.

Die Kartoffelschalen werden durch den Fleischwolf gedreht. Mit Eichelmehl, Haferflocken und den Gewürzen zu einem Teig verkneten. Auf einem bemehltem Brett dünn ausrollen. In Stücke schneiden. Auf ein leicht bemehltes Backblech legen. Zehn bis fünfzehn Minuten bei 220 Grad knusprig backen lassen.

Eichelnougat

Zutaten: Eine Tasse Malzkaffee, drei Esslöffel Grieß, eine Tasse grob gehackte Eichelstückchen, drei Esslöffel Zucker, einige Tropfen Bittermandelaroma.

Kaffee aufkochen, Grieß einstreuen und so lange kochen lassen und dabei rühren, bis sich die Masse vom Topfboden löst. Eichelstücke, Zucker, Gewürz und, falls vorhanden, etwas Fett darunter kneten. Kugeln formen. Trocknen lassen.

Eichel-Kaffee

Eicheln in einer geschlossenen Pfanne heiß werden lassen, bis sich die Schalen leicht entfernen lassen. Noch warm durch den Fleischwolf drehen. Die durchgemahlenen Eicheln werden in einer heißen Pfanne braun geröstet. Überbrühen wie Kaffeemehl.

Apropos Kaffee-Ersatz. Den sollte man auch aus den Wurzeln des Löwenzahns herstellen können. Dazu werden die Wurzeln geschält, in kleine Würfel geschnitten und im heißen Backofen auf einem Backblech braun geröstet. Danach die »Röstung« in der Kaffee-Mühle mahlen.

Auch die Früchte des anderen »deutschen« Baumes, der Buche, sollten gesammelt werden.

Aus Bucheckern konnte man eine Wurst herstellen, die – so hieß es in den entsprechenden Anweisungen – *»leberwurstähnlich«* schmecken sollte.

Bucheckernwurst

Zutaten: 500 g gekochte Kartoffeln, eine Tasse ausgekernte Bucheckern, eine große Zwiebel, Pfeffer, Salz, Majoran.

Kartoffeln, Bucheckern und die Zwiebel durch den Fleischwolf drehen. Mit Pfeffer, Salz und Majoran würzen. In ein Glas geben und im Wasserbad ca. 20 Minuten kochen lassen. Noch heiß verschließen.

»Die Eichel ist als Nahrungsmittel heute neu entdeckt. Rösten Sie reife Eicheln leicht in einer zugedeckten Pfanne, bis die Schalen platzen. Schälen Sie sie bis auf den Kern und kochen Sie sie zwei bis drei Minuten in Salzwasser (60 g auf ein Liter). Die so entbitterten Eicheln drehen Sie trocken und zerkleinert mehrmals durch den Wolf und sieben sie. Sie erhalten so ein hochwertiges, nicht unangenehm schmeckendes Mehl, das Sie bis höchstens zur Hälfte jedem anderen Mehl beifügen können, wobei es mindestens zehn Minuten der Koch-, Back- oder Brathitze ausgesetzt sein sollte.«

Aus dem »Eichelkochbuch« der NS-Frauenschaft

In der »NS Frauen-Warte« wurde dieser Wettbewerb 1944 ausgeschrieben. Das Preisgeld freilich konnte niemand mehr entgegennehmen. Die »NS Frauen-Warte« gab es nicht mehr. Ende 1944 erschien die letzte Ausgabe der Zeitschrift.

Offener Wettbewerb
zur Ermittlung eines Verfahrens zur Entbitterung der wilden Eberesche

Der Gauausschuß Sachsen für gärungslose Früchteverwertung ruft zu diesem Wettbewerb auf, da gerade im Sachsengau außerordentlich häufig die wilde Eberesche vorkommt, die wegen ihres Bitterstoffgehaltes in den meisten Fällen nur als Vogelfutter dient. Das Ziel der Arbeit des Gauausschußes ist die Heranziehung möglichst vieler Edelebereschen, bis dahin ist es aber notwendig, die wilde Eberesche für die menschliche Ernährung zu verwenden. Das Preisausschreiben soll zur Ermittlung eines einfachen Verfahrens der Entbitterung der wilden Eberesche führen, unter möglichster Schonung, wenn nicht überhaupt Erhaltung aller Inhaltsstoffe. An Preisen stehen zur Verfügung:

1. Preis RM. 1000.—   2. Preis RM. 600.—   3. Preis RM. 400.—

Das Preisrichterkollegium wird gestellt durch die Mitglieder der Wissenschaftlichen Arbeitsgemeinschaft des Gauausschußes. Das Preisausschreiben ist für alle deutschen Volksgenossen offen. Letzter Einsendetermin: **30. November 1944** an den Gauausschuß für gärungslose Früchteverwertung, Dresden A 1, Lingnerplatz 1.

Das Jahr 1945 brachte das Ende des »tausendjährigen« Reiches.

Die alliierten Truppen drangen in das Gebiet »Großdeutschlands« vor. Bei ihrem Vorrücken trafen sie immer wieder auf Zeugnisse von Gräueltaten der braunen Verbrecherhorden: Auf Konzentrationslager, auf Massengräber, auf verhungerte KZ-Häftlinge. Und in den deutschen Städten stießen die Besatzungstruppen überall auf Gehenkte: Wehrmachtsangehörige, die Hitlers Befehlen zur Zerstörung aller Verkehrs-, Nachrichten-, Industrie- und Versorgungsanlagen oder zur Verteidigung der zu »Festungen« erklärten Städte nicht Folge geleistet hatten.

Am 30. April begingen Hitler, Goebbels und andere »Führer« des »Dritten Reiches« in Berlin Selbstmord. Zwischen dem 4. und dem 8. Mai 1945 kapitulierten die verbliebenen deutschen Truppen an allen Fronten. Der Krieg war vorbei, die Nazi-Führer waren gestürzt. Und den Deutschen würde es bald noch schlechter gehen als während des Krieges. Aber das hatten sie sich schließlich selbst zuzuschreiben.

Als
Schmalhans
Küchenmeister
war

»An das deutsche Volk: Ich, General Dwight D. Eisenhower, Oberster Befehlshaber der Alliierten Streitkräfte, gebe hiermit Folgendes bekannt: Die Alliierten Streitkräfte, die unter meinem Oberbefehl stehen, haben jetzt deutschen Boden betreten. Wir kommen als ein siegreiches Heer, jedoch nicht als Unterdrücker. In dem deutschen Gebiet, das von Streitkräften unter meinem Oberbefehl besetzt ist, werden wir den Nationalsozialismus und den deutschen Militarismus vernichten, die Herrschaft der Nationalsozialistischen Deutschen Arbeiterpartei beseitigen, die NSDAP auflösen sowie die grausamen, harten und ungerechten Rechtssätze und Einrichtungen, die von der NSDAP geschaffen worden sind, aufheben. Den deutschen Militarismus, der so oft den Frieden der Welt gestört hat, werden wir endgültig beseitigen. Führer der Wehrmacht und der NSDAP, Mitglieder der Geheimen Staatspolizei und andere Personen, die verdächtigt sind, Verbrechen und Grausamkeiten begangen zu haben, werden gerichtlich angeklagt und, falls für schuldig befunden, ihrer gerechten Bestrafung zugeführt.«

ALS DER KRIEG im Mai 1945 auf dem europäischen Kontinent zu Ende war, wurde das Denken der Menschen in Deutschland (so die US-amerikanische Zeitschrift »LIFE«) vor allem von drei Problemen beherrscht: Wie werde ich satt? Wo kann ich wohnen? Was ist mit meinen Angehörigen?

Das erste Problem schien lösbar, zumindest für eine gewisse Zeit. Viele Deutsche nutzten das Chaos der letzten Tage des »Dritten Reiches« und versorgten sich mit dem Notwendigen. M. Slowinsky aus Bochum erinnert sich:

»Wir wurden nachts wach, weil es auf der Straße sehr unruhig war. Ein Blick aus dem Fenster machte uns klar, was los war. Mit Bollerwagen und Taschen war alles unterwegs. Das große Plündern hatte begonnen. In der Nähe waren zwei Lebensmittelgroßhandlungen... Als ich ankam, blieb mir fast die Luft weg. So viele Menschen... Große Zuckersäcke flogen aus dem ersten Stock..., die Leute standen knöcheltief im Speiseöl. Jeder wollte etwas haben. Ich erwischte eine große Tüte und einen Karton mit Gläsern. In der Tüte war Salz und in den Gläsern waren eingelegte Kürbisse. Na, wenigstens etwas!«

Diese Art Übereignung von Lebens- und Überlebensmitteln wurde später »fringsen« genannt nach dem Kölner Kardinal Frings, der dazu den »Segen« der Kirche erteilt hatte. (*»Wir leben in einer Zeit, da in der Not auch der einzelne das wird nehmen dürfen, was er zur Erhaltung seines Lebens und seiner Gesundheit notwendig hat, wenn er es auf andere Weise durch seine Arbeit oder durch Bitten nicht erlangen kann.«*) Es gab kaum andere Wege, wollte man nicht verhungern, denn die Lage war verzweifelt.

Die Städte waren zerbombt. Auf den Straßen lagen meterhoch die Trümmer. Die Gas-, Wasser- und Stromversorgung war an vielen Stellen zusammengebrochen. Die Kanalisationsnetze waren zerstört. Es gab keine Müllabfuhr, keine Post, kaum Telefonverbindungen. Das gesamte Verkehrs- und Transportsystem war lahm gelegt, Eisenbahnstrecken, Brücken, Schiffahrtswege und Straßen waren weitgehend nicht benutzbar. In den Wohnungen, in denen Leben noch möglich war, hausten

*Straße einer
Ruhrgebietsstadt
im Jahre 1945*

vier- oder fünfmal soviel Menschen wie vor dem Krieg. Und die Lebensmittelknappheit zog die Bevölkerung in Deutschland noch mehr in Mitleidenschaft als in der Kriegszeit.

In der 75. Lebensmittelzuteilungsperiode, die vom 30. April bis zum 27. Mai 1945 dauerte, gab es für den Normalverbraucher (neben anderem) 475 Gramm Fleisch und Fett, 6.800 Gramm Brot und zehn Kilogramm Kartoffeln. Von da an wurde die Versorgung mit Nahrungsmitteln immer schlechter. Es gab kaum Schlachtvieh, es gab zu wenig Kartoffeln. Diese Situation war vorauszusehen. Bereits im Juni 1945 heißt es in einer »Anweisung zur deutschen Ernährungslage« der britischen Besatzungsbehörde:

»Folgende Tatsachen sind von größter Bedeutung für die Bevölkerung der britischen Besatzungszone:

1. *Die Nahrungsmittelreserve ist sehr gering.*
2. *Alles anbaufähige Land, und wenn es auch nur ein Schrebergarten ist, muß bestellt werden.*
3. *Vor allem sind diejenigen Gemüsearten anzubauen, die für den Winter aufbewahrt werden können, wie z. B. Kartoffeln, Steckrüben und Bohnen.*
4. *Wenn diese Arbeit nicht mit größter Energie angepackt wird, droht eine Hungersnot...«*

Auf der Konferenz von Potsdam hatten die Alliierten für die Lebensmittelbewirtschaftung in Deutschland, das jetzt in vier Zonen geteilt war, folgende Richtlinie beschlossen:

*Die Karikaturen der ersten
Zeitungen nach dem Krieg
hatten die Ernährungslage
zum Thema.*

»Der ... Lebensstandard in Deutschland darf nicht höher sein als der Durchschnitt aller europäischen Länder ausschließlich Großbritannien und der Sowjetunion, aber einschließlich der süd- und osteuropäischen Länder... Die Ausländer müssen die doppelte Menge an Nahrungsmitteln erhalten, die die deutsche Zivilbevölkerung erhält, aber niemals weniger als 2.000 Kalorien pro Person und pro Tag.«

Das System der deutschen Ernährungsverwaltung und Lebensmittelbewirtschaftung, das sich in der Zeit des Krieges bewährt hatte, wurde von den Alliierten im Großen und Ganzen übernommen.

Es wurden neue Lebensmittelkarten hergestellt oder die Hakenkreuz-Embleme auf den alten Marken überdruckt. Insofern blieb alles beim Alten,

In den Tageszeitungen und den amtlichen Bekanntmachungen erschienen jede Woche Tabellen mit den »aufgerufenen« Lebensmittelkarten-Abschnitten. Und es war eine Wissenschaft, diese zu entschlüsseln.

Rechts: Aus »Bekanntmachungen der Stadt Gelsenkirchen«

Lebensmittel-Zuteilung
für die 2. Woche der 78. Zuteilungsperiode (vom 30. Juli bis 5. August)

Das Landesernährungsamt Unna hat folgende Verpflegungssätze festgesetzt, die hiermit bekanntgegeben werden

Karten	Brot je 500 g dann 500 g auf kleine Abschnitte	Brot 300 g od Zwieback oder Keks 250 g	Fleisch je 50 g	Butter 125 g	Kaffee-Ersatz 25 g	Zucker 125 g	Nähr-mittel 50 g	Kinder-nähr-mittel 125 g	Vollmilch	Frisch-gemüse 250 g
78 E	15+16	—	20–22	19	27	25	29	—	—	28
78 Jgd	15–17	—	20–22	19+23	27	25	29	—	—	28
78 K	15–17	—	20–22	19+23	27	25	29	—	tgl. 1/2 Ltr.	28
78 Klk	15	—	20–22	19	27	25	—	24	tgl. 1/2 Ltr.	28
78 Klstk	— (500 g)	17 Klstk	20–22	19	27	25	—	24	tgl. 1/2 Ltr.	28
78 TSv/Schr/E	215+216	—	—	204+219	227	225	212+229	—	—	—
78 TSv/Schl.Jgd	215–217	—	—	204+219	227	225	212+229	—	—	—
78 TSv/Schr/K	215–217	—	—	204·219	227	225	212+229	—	tgl. 1/2 Ltr.	—
78 TSv/Scal/Kl	215	—	—	219	227	225	—	224	tgl. 1/2 Ltr.	—
78 TSv kea/Klstk	— (500 g)	217 Klstk	—	219	227	225	—	224	tgl. 1/2 Ltr.	—
78 SV/E	—	—	—	—	—	—	—	—	—	—
78 SV/Jgd	—	—	—	—	—	—	—	—	—	—
78 SV/K	—	—	—	—	—	—	—	—	—	—
78 SV/Klk	—	—	—	—	—	—	—	—	—	—
78 SV/Klstk	—	—	—	—	—	—	—	—	—	—
Verdsck und zusätzliche Milch	—	—	—	7 M 62,5 g	—	—	2 M 175 g	—	tgl. 1/2 Ltr.	—

nur die Rationen wurden immer kleiner. Im Winter 1945 sanken die Zuteilungen auf täglich 1.000 Kalorien: klitschiges Brot, angefrorene Kartoffeln, gepanschte Milch...

Es gab zahlreiche Ratschläge, wie man mit der Mangelsituation fertig werden sollte, Ratschläge, die aus Kriegszeiten schon sattsam bekannt waren: Kartoffeln sollten »sachgemäß« eingekellert und vor dem Verderb geschützt werden. Man sollte Gemüse »restlos verwerten« und die Küchenabfälle als Viehfutter zur Verfügung stellen. Man sollte Eicheln sammeln und Preiselbeeren, Sojabohnen anbauen und die Kochkiste zur Nahrungszubereitung benutzen. Man sollte in Gärten und Balkonkästen Gemüse anbauen.

Wie man mit den Rationen zurecht kommen sollte, verrieten Wochenspeisepläne; die wurden in den Tageszeitungen abgedruckt.

Und man machte allerlei Versprechungen: Gegen Kohlenlieferungen sollten Fische ins Ruhrgebiet kommen.

Westfalens Oberpräsident versprach im Oktober 1945 gleichbleibende Rationen für den bevorstehenden Winter: »*Keiner soll im Winter hungern!*«

Er konnte sein Versprechen nicht halten. Auch der britische Feldmarschall Montgomery erkannte die »Zeichen der Zeit«:

»*Mein vorläufiges Ziel ist eine Zuteilung an die deutsche Bevölkerung von 1.500 Kalorien pro Tag, aber selbst diese Menge kann wegen Verteilungsschwierigkeiten nicht überall ausgegeben werden.*

Die Lage wird noch dadurch verschlimmert, daß die diesjährige Ernte ungewöhnlich schlecht ist. Es gibt nur eine Lösung: Man muß Lebensmittel nach Deutschland einführen.«

112.500 Tonnen Weizen sollten geliefert werden. Nur Teile davon kamen in Deutschland an. Das Brotgetreide sollte vor allem Bergleuten zugute kommen, die ohnehin höhere Zuteilungen erhielten.

»*Es ist eine Selbstverständlichkeit, daß den Lebensmittelzulagen des schwer arbeitenden Bergmannes vor allem der Vorrang gebührt.*«

Die ersten Kochbücher, die nach dem Krieg, lizensiert von den alliierten Militärbehörden, erscheinen konnten, gehörten zu einer Reihe von dünnen Broschüren, die das Institut für Ernährung und Verpflegungswissenschaft in Berlin-Dahlem herausgab.
Was auffiel, war die Schrift: In der so genannten »deutschen« Schrift durfte nichts mehr veröffentlicht werden.

Besser ging es der Landbevölkerung, den Bauern. Zu ihnen kamen die Städter in Scharen angereist, um im Tauschhandel gegen Teppiche oder Schmuck ein paar Eier oder Speck zu ergattern.

Aus dem, was man eingetauscht oder gehamstert hatte, was man für viel Geld auf dem Schwarzen Markt gekauft hatte, aus dem wenigen, für das man stundenlang angestanden hatte, daraus wurde dann etwas gekocht.

Und es gab Kochbücher, die Rezepte für diese Notzeiten propagierten. Es waren die ersten Bücher der Nachkriegszeit.

Sie enthielten Anweisungen zur Verwendung von Wildfrüchten und von Wildgemüse oder zur Herstellung von Brotaufstrichen und Soßen.

*»Jetzt, in Zeiten einer besonderen Ernäh-
rungsnot..., (da) Kartoffeln und Brot ... gegenwärtig die Grundlage unserer Ernährung (sind),
hat die Soße eine noch viel größere Bedeutung
als bisher. Sie muß über manchen Mangel bei
Tisch hinweghelfen...«*

Statt Fleisch eine Soße, die zumindest nach
Fleisch schmeckte. In Übergangszeiten oder im
Winter, in Zeiten, da es nicht ausreichend Gemüse geben würde, sollte die Gemüsesoße *»in Aktion treten«* und *»Ersatz schaffen mit konzentrier-
tem Geschmack«*.

Löwenzahn-Soße

Zutaten: Eine Handvoll Löwenzahnblätter, eine
Tasse Milch, ein Esslöffel Mehl, Salz,
etwas Fett.

Mehl in etwas Fett anrösten. Mit Milch sämig kochen. Junge Löwenzahnblätter waschen und sehr
fein hacken. Zugeben. Salzen. Ziehen lassen. Soßen aus Spitzwegerich oder Vogelmiere werden
nach dem gleichen Verfahren hergestellt.

Grüne Soße

Zutaten: 20 g gemahlene Gerstengrütze, zwei Tassen Spinatblätter, eine kleine Salzgurke, ½ l Gemüsebrühe, 5 g Hefe, ein Esslöffel gehackte Petersilie, Salz.

Die Gerstengrütze wird in der Brühe weich gekocht.
Wer will, kann sie in Wasser vorquellen lassen.
Die klein gehackte Gurke, den fein geschnittenen
Spinat und die Petersilie unterrühren. Salzen. Kurz
aufkochen, dann fünf Minuten quellen lassen. Die
Hefe in ein wenig Brühe auflösen. Zugeben. Um-
rühren.

Hagebuttensoße

Zutaten: Eine Tasse getrocknete Hagebutten, ½ l
Wasser, eine Nelke, eine Prise Zimt, einige Tropfen Zitronenaroma, ein Esslöffel Mehl.

Die Hagebutten unter einem Tuch mit einem Stö-
ßel zerklopfen. Mit der Gewürznelke zusammen

*Mit Kriegsschrott wurde
versucht, den Mangel an
Herden zu beheben.
Dieser Kohleofen war
einer der ersten
Massenartikel, der in
deutschen Betrieben
wieder produziert werden
durfte. Er hieß »Hexe«.*

im Wasser 20 Minuten kochen lassen. Mehl leicht anbräunen. Die Brühe durch ein Sieb streichen und mit der Einbrenne verrühren. Mit Salz, Zimt und Zitronenaroma abschmecken.

Das Jahr 1946 brachte eine weitere Verschlechterung der Lebensmittelversorgung mit sich. Bereits im Februar wurden die Rationen in der britischen Zone gekürzt und auf täglich rund 1.000 Kalorien festgesetzt. Weitere Kürzungen wurden im Juni und Juli notwendig. Betroffen davon waren die Zuteilungen von Zucker, Fisch und vor allem von Fett. Davon sollte es nur noch halb soviel geben wie Anfang des Jahres: 50 Gramm pro Kopf in der Woche. Der Leiter des Wirtschaftsausschusses der britischen Kontrollkommission, Sir Cecil Weir, erklärte:

Pferdefleisch, das war 1946 nichts Ungewöhnliches. Wenn ein Pferd verunglückte und getötet werden musste, wie hier in Gelsenkirchen, wurde es gleich am Unfallort geschlachtet.

»*Fette haben ihren Nutzen darin, daß sie unerfreuliche Speisen schmackhaft machen, aber die ernährungsmäßige Notwendigkeit für Fette wird sehr übertrieben...*«

Obwohl Millionen Tonnen Lebensmittel aus Holland und anderen europäischen Ländern, aber auch aus Übersee in die britische Zone eingeführt wurden, obwohl selbst die sowjetische und die US-Zone Lebensmittel lieferten und immer wieder versprochen wurde, die Lebensmittelzuteilungen zu erhöhen, standen im Herbst 1946 in der britischen Zone neue Kürzungen bevor: Das Brot wurde knapp. Die Menschen hungerten.

Da keine Küchengeräte zu kaufen waren, mussten diese aus Stahlhelmen, Geschoss-Hülsen u.ä. gepresst werden. Zum Selbstbau waren Konservendosen der Besatzungstruppen besonders geeignet.

Das hatte Folgen, »kriminelle« Folgen: Lebensmittelmarken wurden gestohlen, gefälscht, unterschlagen und verschoben. Mit gestohlenen Zigaretten wurde ein schwunghafter Handel getrieben und bestochen. Es wurde schwarz geschlachtet. Riesige Lager mit gehorteten Lebensmitteln wurden entdeckt, voller Gemüse und Kartoffeln, zum Teil verschimmelt und verfault.

Lebensmittel wurden auch gefälscht zum Verkauf gebracht: Milch wurde gepanscht (und hieß dann »Blaumilch«), Wurst mit Mehl- und Wasserzusätzen »gewichtet«, das wenige vorhandene Mehl mit Gips gestreckt. Park- und Friedhofsanlagen – mittlerweile zu Gemüsefeldern umgewandelt – wurden geplündert.

Die Urteile, die gegen gefasste »Lebensmittelverbrecher« gesprochen wurden, waren hart und reichten bis zur Todesstrafe.

Immer wieder gab es Meldungen wie diese: *»241 Schweine auf dem Transport erstickt«, »Zurückgehaltene Nahrungsmittel werden entdeckt«, »Kartoffeln trotz Frostwarnung ungeschützt auf Transport geschickt«* oder *»Getreide verdarb auf dem Feld/Großgrundbesitzer sabotieren unsere Ernährung/Felder nicht abgeerntet«.* Schuld gab man auch den Bauern.

Das Verhalten der Bauern kannten viele aus eigenem Erleben von ihren Hamsterfahrten. Dabei wurde versucht, Lebensmittel für Wertgegenstände aller Art einzutauschen, vom Schmuckstück bis hin zum Teppich oder zur Tischwäsche.

Auch Arbeiter waren unter den Hamsterern, Arbeiter, die, wenn ihre Betriebe ihnen keine »Beschaffungstage« gewährten, Fehlschichten in Kauf nahmen, um Nahrungsmittel für sich und ihre Familien zu besorgen.

Die Nahrungsmittel, welche die Bauern den Hamsterern verhökerten, fehlten bei der Zuteilung landwirtschaftlicher Produkte an die Städte. Die Fehlschichten minderten Kohleförderung und industrielle Produktion.

Es wurde weniger exportiert als möglich. Und mithin fehlten auch zum Lebensmittelimport dringend benötigte Devisen.

Diese »Abzweigung« von Nahrungsmitteln, ihr Verkauf an Hamsterer und Schwarzmarkthändler, war möglich trotz »strengster Ablieferungspflicht«

Gelsenkirchener Hausfrauen nach erfolgreicher Hamsterfahrt

Na Schulze - wieder gesund?

*Oben:
Aus der »Westfälischen Rundschau«
Unten:
Aus dem »Westdeutschen Volksecho«*

der Bauern und deren Kontrolle und obwohl allen *»schlecht wirtschaftenden«* Landwirten die Zwangsverpachtung ihrer Höfe angedroht wurde.

Zugegeben, die Ernte 1946 war nicht besonders. Ihr Ergebnis wurde trotzdem herunter gelogen, und folglich wurde auch das Ablieferungssoll der Bauern zu niedrig angesetzt.

Wen wundert da, dass der Ruf nach einer Bodenreform immer lauter wurde, dass man Großgrundbesitzer enteignen wollte.

Im Juni 1946 richteten deutsche Politiker (Adenauer, Schumacher, Reimann u.a.) und Bischöfe (Frings und Marahrens) einen Aufruf an die Bauern:

»Der Hunger klopft an unsere Türen. Ihr wisst, wie groß die Not in der Stadt ist...

Wir können diese furchtbare Notlage, die zu den schwersten Erschütterungen führen kann, nur dann überwinden, wenn ihr mehr als eure Pflicht tut...

Deswegen wird Mitte dieses Monats eine Sammelwoche stattfinden, in der jeder anstän-

Dieser Getreideberg stellt meine beste Kapitalanlage dar; ich fürchte nur, daß die Hungersterblichkeit später die Nachfrage verringert und keine hohen Preise mehr zu erzielen sind.

dige Bauer das abgibt, was er noch irgendwie von den Vorräten seines eigenen Haushalts entbehren kann...«

Das Ergebnis der Lebensmittelsammelwoche in den Dörfern der britischen Zone war erstaunlich. Zusammen kamen: 6.630 Doppelzentner Getreide, 10.500 Doppelzentner Kartoffeln, 89.200 Kilo Fett und Butter, 52.600 Kilo Obst und Gemüse, 563.400 Stück Eier und anderes. Die Sammlung ermöglichte zumindest eine vorübergehende Linderung der Not.

Care-Pakete

Es begann im Jahre 1946: Die Verteilung von so genannten CARE-Paketen, verschickt aus den USA von einer Organisation, die sich »Cooperative for American Remittances to Europe« nannte und im Dezember 1945 als Zusammenschluss amerikanischer Wohlfahrtsorganisationen gegründet worden war.

Um diese Pakete ranken sich allerlei Legenden. So soll sich in einem nur ein riesiger Stein befunden haben, in einem anderen eine goldene Uhr, in einem dritten gar eine Schreibmaschine. Je nachdem, wie gering oder hoch die Absender in den USA die ehemaligen Feinde und baldigen Verbündeten in Deutschland einschätzten.

Wer dort als Privatperson einen Deutschen mit einem Paket bedenken wollte, musste unter Angabe der Empfängeranschrift fünfzehn Dollar bei irgendeiner Bank einzahlen, und die CARE-Stellen in Amerika würden ein Paket zusammenstellen, dessen Inhalt in Deutschland hochwillkommen wäre.

Es machte in jenen Tagen auch eine Geschichte die Runde, deren Glaubhaftigkeit zumindest aus heutiger Sicht bezweifelt werden muss. Da hatte ein Handwerksmeister aus Erding bei München ein Päckchen von seinen Verwandten aus den USA erhalten. Suppenwürfel, so vermuteten der wackere Bayer und seine Frau nach langem Rätseln, würde das Päckchen enthalten. Neben der milden Gabe lag ein Zettel »Brief folgt«. Der Inhalt des Päckchens wanderte in die Küche, die Suppe daraus aber schmeckte nicht. Der nachfolgende Brief brachte die Aufklärung: Die vermeintlichen Suppenwürfel waren die Asche der in Amerika verstorbenen Großmutter, deren letzter Wunsch es war, in Deutschland begraben zu liegen. Solche Geschichten standen in den Zeitungen als offizielle Meldungen, und das nicht zu Silvester oder zum 1. April.

Dass auch die CARE-Pakete mit einem bestimmten Zweck verbunden waren, zeigte sich, als neben den reinen »Liebesgaben« CARE-Pakete an die Bergarbeiter verteilt wurden. Die Päckchen sollten die Kohleförderung steigern. Und ihre Verteilung war an Auflagen gebunden.

In der ersten Phase sollten die Untertagearbeiter in Steinkohlegruben bedacht werden, die sechzehn Wochen lang ihr Produktionsziel erfüllten. Die CARE-Pakete waren also eindeutig zur Leistungssteigerung bestimmt, und das hatte Gründe. Der deutsche Export ins Ausland bestand in den ersten Nachkriegsjahren fast ausschließlich aus Kohle und Holz. Die Exportkohle wurde zum Teil als Reparationsleistung verbucht.

Aber alle Bemühungen, die Kohleförderung zu steigern, waren seit dem Februar 1946, dem Monat mit der bis dato höchsten Produktionsziffer nach dem Krieg, erfolglos geblieben.

Über die Gründe herrschte zwischen deutschen und alliierten Stellen Einmütigkeit. Schuld war neben dem zu hohem Durchschnittsalter der Grubenbelegschaften, fehlenden Arbeitskräften und unzumutbaren Wohnverhältnissen der Arbeiterfamilien vor allem die unzureichende Ernährung der Bergarbeiter. Auf einen Nenner gebracht: Wer hungert, kann nicht dieselbe Arbeitsleistung erbringen, wie jemand, der gut genährt ist.

Also wurden zwischen dem 28. Juli und dem 8. November 1947 252.940 CARE-Pakete mit je 40.000 Kalorien verteilt.

Eine zweite Phase des »Ansporrnprogramms« sollte in Kraft treten, wenn eine Grube ihr Produktionsziel erreicht hatte.

Die Verteilung eines dritten Paketes wurde Anfang 1948 für eine sechzehnprozentige Steigerung der Kohleförderung in Aussicht gestellt. Aber die CARE-Pakete waren im Ruhrgebiet nicht mehr unumstritten.

Die Kumpels hatten spitz gekriegt, dass die Pakete nicht die uneigennützige Gabe waren, für die

»Mein Onkel Hugo
schickte mir
ein Care-Paket, der Gute.
Als ich es sah,
als ich es sah,
wie war mir da zumute.
Erst blähte ich mich selbst
vor Stolz,
dann blähte sich mein
Magen.
Als ich es aß,
als ich es aß,
konnt' ich es nicht
vertragen.
Hab' Dank,
du altes USA-Schwein,
daß du den Speck
gespendet
und Onkel Hugo,
ja auch du,
daß du ihn hast gesendet.
Doch unter uns,
vom deutschen Schwein
wär' mir der Speck noch
lieber.
Es gibt ihn nicht,
es gibt ihn nicht –
na, red'n wir nicht
darüber...«

Aus dem Programm des Düsseldorfer Kabaretts »kom(m)ödchen« im Jahre 1946 Autor: Bert Markus

Eine Verteilungsstelle für CARE-Pakete im Ruhrgebiet.

Die Pakete enthielten unter anderem Büchsenfleisch, Büchsenfett, Kekse, Nährmittel, Dosenmilch, Zucker, Fruchtpudding, Büchsengemüse, Kakao, Büchsenmarmelade, Kaffeepulver, Erdnüsse in Büchsen, Büchsenkäse, Schokolade, Salzkekse und Malzmilchtabletten, dazu Zigaretten, Streichhölzer, Seife, Salz, Papierhandtücher und Toilettenpapier...
Wenn heute allerdings behauptet wird, alles, was aus den USA gekommen war, sei in Deutschland willkommen gewesen, so stimmt das nicht. Es gab durchaus Vorbehalte.

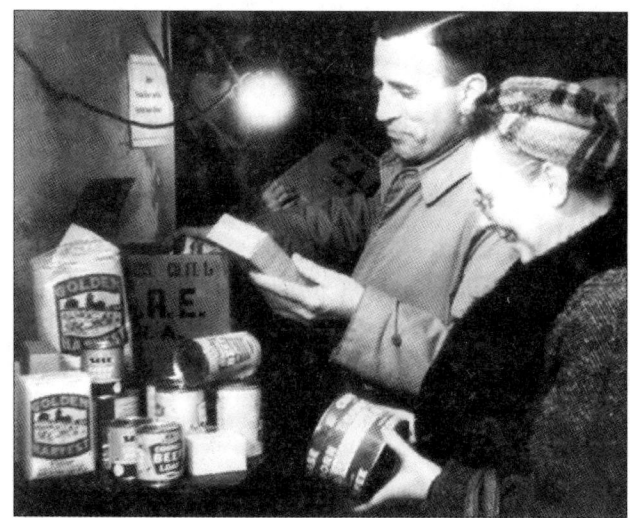

sie ausgegeben wurden, sondern dass sie teuer bezahlt werden mussten. Fünf Dollar kostete das CARE-Paket die Deutschen, nicht Reichsmark wohlgemerkt, sondern dringend benötigte Devisen. Darüber hinaus waren die Bergmannsfrauen mit dem Paket-Inhalt (zum Teil so genannte »Menü-Packungen« aus der amerikanischen Heeresverpflegung) unzufrieden.

»Zuviel Dosen, zuviel Blech«, sagte eine von ihnen einem Reporter der »Westfalenpost«.

Manches der schwer erarbeiteten CARE-Pakete wanderte auch auf den Schwarzen Markt. Bis zu 6.000 Mark brachte dem Bergmann der Verkauf eines Paketes, das dann für 9.000 Mark weiter veräußert wurde.

Das Geld wurde gebraucht, um dringend benötigte Waren wie Kleider oder Stoffe schwarz einkaufen zu können.

Es gab auch Leute in den USA, die mit den Büchsen, die für die CARE-Pakete nach Deutschland bestimmt waren (oder als Einsatzrationen für die eigenen Soldaten), Geschäfte machten. In vielen der Büchsen, die glückliche Bergmannsfrauen aus den CARE-Paketen holten und in denen sie Fleisch vermuteten, wie die Aufschrift »Braised Beef« verhieß, fanden sie nur Sehnen und Knochen.

War es das, wofür die Männer so hart gearbeitet hatten?

Dosenfleisch enthielten diese Päckchen in vier Varianten: als reines Fleisch, gemischt mit Gemüse, wobei das Gemüse vorherrschte, als Corned-beef oder als Fleischpaste (Leberpaste, Rindfleisch-paste usw.). Hier einige Rezepte:

Falsche Rouladen

Zutaten: vier Brötchen, eine Zwiebel, vier Esslöffel Dosenfleisch, ein Teelöffel Thymian, ein Teelöffel Petersilie, Salz, Pfeffer, zwei Tassen Gemüsebrühe, ein Esslöffel Mehl, 10 g Fett.

Die Brötchen werden halbiert und ausgehöhlt. Das weiche Brot zerpflücken und etwas anfeuchten. Zwiebel, Petersilie und Thymian fein wiegen und mit einer Messerspitze Fett leicht anrösten. Zusammen mit dem eingeweichten Brot und dem Dosenfleisch zu einem Fleischteig verarbeiten. Würzen.

Die halbierten Brötchen damit füllen, wieder zusammenlegen und mit einem Faden zusammenbinden.

Fett in eine Pfanne geben. Die Brötchen darin anbraten. Mit der Gemüsebrühe übergießen.

Noch etwa zehn bis fünfzehn Minuten dünsten lassen.

Mehl mit etwas Wasser anrühren. Den verbliebenen Saft damit zu einer Soße binden.

Oben:
Aus »Westdeutsches Volksecho«
vom 6. Januar 1948

Unten:
Aus »Westdeutsches Volksecho«,
Dezember 1946

Falscher Braten

Zutaten: 450 g Konservengemüsefleisch, zwei Esslöffel Haferflocken, ein Ei (ein Esslöffel Trockenei), zwei gekochte Kartoffeln, ein Esslöffel Semmelbrösel, etwas Fett.

Gemüsefleisch in eine Schüssel geben. Das Ei (das Trockenei-Pulver wird, wenn vorhanden, ohne es anzurühren, dazu gegeben), die Haferflocken und die Kartoffeln mit dem Fleisch durchkneten.

Den Teig 30 bis 40 Minuten lang stehen lassen, damit er durchziehen kann

Das Salzen entfällt, wenn der Konserveninhalt bereits gesalzen ist.

Aus dem Teig wird dann ein Braten geformt und in Semmelbröseln gewendet. Mit wenig Fett in einer Pfanne anbraten.

In den heißen Ofen stellen und dort fertig garen lassen.

Cornedbeef-Pfannkuchen

Zutaten: eine Tasse Mehl, zwei Scheiben Corned-
beef, eine Tasse Milch, ein Ei (ein Esslöffel Trockenei), eine gekochte Kartoffel, Fett zum Backen.

Cornedbeef zerpflücken. Mit Mehl, Milch, Ei und
Salz zu einem Teig verarbeiten. Die Kartoffel hinein reiben. Mit wenig Fett kleine Pfannkuchen backen.

Bei den ersten Wahlen
1946 wurde der Hunger
instrumentalisiert.
Rainer Gries in seinem
Buch »Die Rationen-
Gesellschaft«:

»Offen oder verdeckt
stellten alle
Besatzungsmächte
Rationenerhöhungen im
Tausch gegen politisches
Wohlverhalten in
Aussicht.«

In Hamburg hatten geschäftstüchtige Unternehmer, gleich ihren amerikanischen Kollegen, schnell
die Profite gewittert. Auch sie spezialisierten sich
auf die Herstellung von Büchsenfleisch. Die Rohstoffe besorgten sie sich von einem Abdecker, der
ihnen Fleisch krepierter Pferde, Hunde, Katzen,
teils mit gefährlichen Krankheiten, und das Fett
von Kadavern lieferte. Preis für eine Büchse
»Fleisch« auf dem Schwarzmarkt: sechzig bis ach-
zig Mark.

Dass sich mit dem Büchsenfleisch gute Geschäfte machen ließen, hatte sich bald herumge-
sprochen, nicht nur bei Deutschen und Amerikanern.

Im Herbst 1947 boten die Schweizer der gemeinsamen Verwaltung für Ernährung der amerikanischen und der englischen Besatzungszone Fett
und Büchsenfleisch im Austausch gegen deutsches
Vieh an. Zehntausend Stück alte Ochsen und ab-
gemolkene Kühe wollten sie einführen und dafür
liefern:

»...Amerikanische Rindfleischkonserven bes-
ter Qualität, ... Hammelfleisch in Weißblech-
büchsen, ... Ia Gefrierfleisch südamerikanischer
Herkunft und ... verschiedene Fette in Büchsen,
Fässern und Kisten...«

Zum Schluss noch ein Rezept zur Verwendung
von Fleischpaste oder, wie es damals hieß, »Meat-
Paste«:

Meat-Grießspeise

Zutaten: 150 g Meat-Paste, eine Zwiebel, eine Tasse Grieß, ¼ l Brühe, Salz, ein Teelöffel
Öl, ein Esslöffel gehackte Petersilie.

Die klein gehackte Zwiebel lässt man in Öl anbräunen und gibt die Meat-Paste dazu. Etwas anbraten lassen. Mit heißer Gemüse- oder Fleischbrühe ablöschen, Grieß einrühren. Würzen. Etwa
zehn bis fünfzehn Minuten kochen lassen. Auf eine
Platte geben. Mit Petersilie bestreuen. Mit Salat
servieren.

Big Dinner in German Style

Die 100. und die 101. Zuteilungsperiode brachten im Frühjahr 1947 einen neuen Tiefpunkt in
der Lebensmittelversorgung.

So erhielt beispielsweise die Gelsenkirchener
Bevölkerung während der 100. Zuteilungsperiode
pro Kopf täglich 41,2 Gramm Nährmittel, 339,2
Gramm Brot, 4,9 Gramm Fett, 14,3 Gramm
Fleisch, 12,6 Gramm Zucker, 16 Gramm Marmelade, 35,7 Gramm Gemüse, 4,4 Gramm Kaffee-Ersatz, 26,7 Gramm Fisch und 4,4 Gramm Käse. Jeder Gelsenkirchener Normalverbraucher erhielt

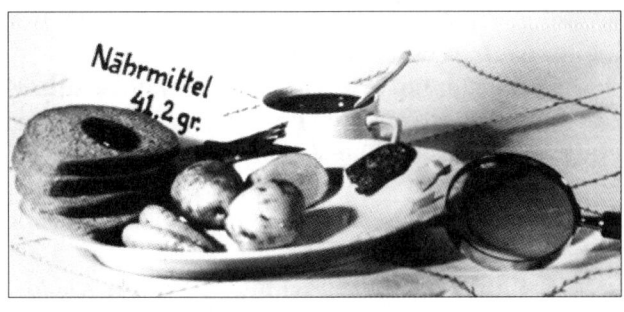

*Die Lebensmittelration
der 100.
Zuteilungsperiode*

also 826,8 Kalorien täglich. Die Menschen in anderen Städten waren noch weit schlimmer dran.
In Wuppertal gab es täglich nur 650 Kalorien, im
Landkreis Konstanz kamen Anfang 1947 nur 629
Kalorien »zur Verteilung«: Rationen, die dem Mindestbedarf des menschlichen Körpers in keiner
Weise gerecht wurden und auf Dauer zu schweren
gesundheitlichen Schäden führen mussten. Wer
damals als Kind zum Hungern verurteilt war, hatte später an den Folgeerscheinungen zu leiden.

Zur gleichen Zeit notierte der Schwarze Markt
übrigens 250 Mark für ein Pfund Butter.

Zur gleichen Zeit wurde von den alliierten Truppen ein Teil der in Deutschland produzierten Lebensmittel requiriert für den Bedarf der eigenen

Ich rechne hin,
ich rechne her,
doch dadurch
werden's auch nicht mehr.

*Aus dem
»Westdeutschen
Volksecho«
Oben:
14. Oktober 1947
Unten:
5. September 1947*

**Mutti, warum hat man uns
nicht das Gemüse gegeben,
anstatt es verfaulen zu
lassen?**

**Ach Kind, das ist
Wirtschaftspolitik, eine
hohe Kunst, die wir nie
begreifen werden.**

Soldaten. Und an den Schulen im Ruhrgebiet sangen die Kinder:

> *»Deutschland, Deutschland, ohne alles,
> ohne Butter, ohne Speck,
> und das bißchen Marmelade
> frißt uns die Besatzung weg.«*

In diesen Tagen schwerster Not bekam Oberst Newman, der Direktor der US-amerikanischen Militärregierung für Großhessen, Gäste zum Mittagessen: Senatoren und Abgeordnete aus den USA. Und denen wollte er nun einen *»Begriff von der deutschen Ernährungslage«* geben, wie er sagte (auf englisch natürlich). Er ließ ihnen ein »Big Dinner in German Style« servieren. Zynismus? Ein Gag? Oder ehrliches Anliegen?

Der (deutsche) Koch wurde angewiesen, pro Person Lebensmittel von etwa 600 Kalorien Wert zu verkochen. Die Speisenfolge: Gemüsewassersuppe, Kartoffeltörtchen mit Lauchringen, als Dessert Schwarzbrotapfelschaum und zum Abschluss eine Tasse Kaffee-Ersatz.

Selbstverständlich ist es uns gelungen, die Rezepte, nach denen dieses »Mahl« zubereitet wurde, in Erfahrung zu bringen. US-amerikanische Zeitungen und Zeitschriften hatten in großer Aufmachung darüber berichtet.

Dabei fällt auf, dass die Kalorienrechnung des, wie gesagt, deutschen Kochs nicht so ganz gestimmt haben kann.

Was hier für ein einziges Mittagessen verbraucht wurde, stand den Deutschen oft nur für einen ganzen Tag zur Verfügung.

Gemüsewassersuppe

Zutaten: eine Stange Lauch, zwei Möhren, ein Stück Sellerie, ¼ Kopf Wirsing, ein Stück Liebstöckelwurzel, eine Kartoffel, ¾ l Wasser, Salz, Pfefferersatz, ein Esslöffel klein gehackte Petersilie.

Das geputzte und gewaschene Gemüse (außer der Petersilie) wird durch den Fleischwolf gedreht. In einen heißen Topf geben. Mit kochendem Wasser auffüllen. Würzen. Die rohe Kartoffel hinein reiben. Etwa 20 Minuten köcheln lassen. In Tassen füllen. Mit Petersilie bestreuen.

Kartoffeltörtchen mit Lauchringen

Zutaten: Acht Kartoffeln, eine Stange Lauch, eine Zwiebel, Salz, Pfeffer, Majoran, ein Teelöffel Paprikapulver, 20 g Margarine, eine Tasse Brühe, 200 g Schweinefleisch.

Fleisch in dünne Scheibchen schneiden und in etwas Fett zusammen mit der klein geschnittenen Zwiebel leicht anbräunen lassen. Mit Brühe auffüllen. Salzen.

In der geschlossenen Pfanne zehn Minuten lang dünsten lassen. Mit Pfeffer und Majoran abschmecken.

Die frisch gekochten Kartoffeln werden gepellt, der Länge nach durchgeschnitten und mit einem Löffel etwas ausgehöhlt. Mit dem Fleisch füllen. Die Kartoffelreste durch ein Haarsieb in die Fleischsoße streichen, damit diese etwas Bindung bekommt. Das Fleisch mit Soße übergießen. Lauch in Ringe schneiden und in etwas Fett leicht anschwitzen. Mit einer Prise Salz abschmecken. Die gefüllten Kartoffeln mit Lauchringen belegen, mit Paprikapulver bestreuen.

Also, das hast du ja heute wieder ganz entzückend gemacht.

Aus der »Westfälischen Rundschau« vom 15. März 1947

Schwarzbrotapfelschaum

Zutaten: Vier Scheiben Schwarzbrot, ½ Tasse Wasser, ein Esslöffel Zucker, ein Teelöffel Zimt, zwei Äpfel, ein Eiweiß.

Die Äpfel werden fein gerieben und mit Zimt und Zucker verrührt. Brotscheiben mit Wasser anfeuchten, mit einer Gabel zerdrücken und mit dem Apfelbrei mischen. Eiweiß steif schlagen und vorsichtig unter die Apfelmasse ziehen. Mit der Masse werden vier kleine Auflaufförmchen gefüllt, die man etwas eingefettet hat. Im heißen Ofen bei 200 Grad ca. 15 bis 20 Minuten überbacken lassen. In den Förmchen servieren.

Eigentlich war alles ein Missverständnis und beruhte auf einem Übersetzungsfehler.

Auf die Frage der für ausländische Hilfeleistungen zuständigen Besatzungsoffiziere, was am nötigsten für die Ernährung der Bevölkerung in der britischen und amerikanischen Besatzungs-

Goldene Zeiten

»Das Goldene Zeitalter«
sei ausgebrochen,
lästerten die deutschen
Zeitungskolumnisten
und dichteten dazu:

*»Der Mais
ist gekommen.
Das Brot
sieht herrlich aus,
so goldgelb und lieblich,
als wär's ein Eierschmaus.
Wir essen es gerne,
doch wär es
furchtbar nett,
wir hätten
außer Maisbrot
auch wieder
Fleisch und Fett.«*

*Unten:
Aus der
»Westfälischen Rundschau«
vom 3. Mai 1947*

zone gebraucht werde, hatten deutsche Experten »Korn« gesagt und Getreide gemeint.

Der Dolmetscher hatte »Korn« mit »corn« übersetzt und damit recht getan, was die Engländer anging.

Die Amerikaner allerdings verbinden mit dem Begriff »corn« ausschließlich Mais.

Sie hatten sich gewundert, aber nicht nachgefragt. Die Händler und Erzeuger in den USA hatten sich ebenfalls gewundert und vor Freude die Hände gerieben.

Ende 1946, Anfang 1947 trafen erste Schiffsladungen mit Mais ein, zu einer Zeit, da Deutschland in eine neue Hungerkatastrophe stürzte.

Was wiederum ein gewisser Herr Semler (CDU), seines Zeichens Direktor des Bizonen-Wirtschaftsamtes, in einer berühmt gewordenen Rede im Januar 1948 zum Anlass nahm, die Amerikaner ob ihrer Hilfeleistungen für die Deutschen zu beschimpfen: Aus den USA habe man im wesentlichen Mais und Hühnerfutter geschickt, und dafür müssten die Deutschen dann auch noch teuer bezahlen.

»Chicken feed«, sagte er, und – kein Wunder – die US-Amerikaner waren tief beleidigt, dieser

---

Vom Maisbrot in die Traufe

Ich wußte nicht, ob der Kloß im Hals saß oder im Magen, auf alle Fälle war irgendwo etwas verstopft. Die Kinnladen hatten Muskelkater, solchen Anstrengungen waren sie eben nicht gewachsen. Meine Frau schimpfte über das abgebrochene Küchenmesser, dem kleinen Klaus schmerzte die große Zehe ... da war ihm eine Doppelschnitte draufgefallen.

Auf dem Tisch sah es so verlockend aus, goldgelb, wie der eierreiche Friedenskuchen, aber nach dem ersten Biß in die feste Masse wußte man: das war kein Brot, das war ein Gegner. — Das ewige Klingeln nebenan machte mich verrückt. Aber wer war schuld? ... das Maisbrot. Mein Nachbar ist nämlich Zahnarzt, er hat seine Sprechstunden verdoppelt.

„Gibt es denn — hick — gar kein — hick — anderes Brot?" — Auch das noch! Der Schlucken nahm heftige Ausmaße an. Meine Frau versuchte es mit Wasser, auf den Rücken klopfen, tief atmen, sechs Kniebeugen, Arme hochhalten, heißen Kaffee und „Aaaaaah"-sagen. Erschöpft sank ich in die Sofaecke. „Ist dir besser?" — „Ja, danke, meine Liebe, jetzt ist es — hick — nein, noch — hick — nicht." — Früher habe ich immer eine Zigarette geraucht, das half. Aber meine Frau hatte auch keine mehr, so mußte ich — hick — eben warten bis — hick — ... Es klingelte. „Aaaaaah, guten Tag, mein — hick — Lieber, entschuldige, aber ich — hick — habe ..." „Macht nichts, macht nichts. Freue mich, dich mal wiederzusehen. — Aber mit deinem „hick" ist ja unangenehm. Da hilft am besten ... hast du eine Pfeife da? — Großartige Marke, mit Pflaumenmus und Veilchenblättern fermentiert." — Es ist wunderbar, wie eine Erlösung. Tief saugte ich den Rauch ein. Der gute Freund schmunzelte über meine Zufriedenheit. „Na, das ist ne Sorte, was?" — „Also, Karlchen, der Ta — hickhick — bak bekommt mir ausge — hick — Entschuldige, aber mir — hickhick — wird ganz — hick — ... das liegt sicher an den Veilchen — hickhick — blättern."   W. Sch.

Ausdruck war verstanden worden. Der Direktor wurde von den Militärgouverneuren entlassen. Aber so weit ist es noch nicht.

Es kam also Mais nach Deutschland. Und man konnte Mais kaufen, Maiskolben, Maiskörner, Maismehl, Maisgrieß, Mais in Dosen und in Tüten...

Es gab Maismischbrot zu kaufen, wenn es überhaupt Brot zu kaufen gab. Mit reinem Maisbrot und Maisbrötchen wurde »experimentiert«. Und bereits in der dritten und vierten Woche der 99. Zuteilungsperiode (März 1947) wurde Maismehl an Stelle von Speisekartoffeln verteilt.

Aber auch dafür, als Ausgleich für fehlende Kartoffeln, stand der Mais bald nicht mehr zur Verfügung »in Folge Inanspruchnahme der Maisvorräte für die Broterstellung«, wie es amtlich hieß.

Mit fünf Pfund Maisbrot, einem halben Pfund Maisgrieß und zwei Heringen pro Kopf sollte die Bevölkerung im Ruhrgebiet eine Woche lang auskommen, was natürlich nicht möglich war.

In den Kochbüchern des Jahres 1947 erschienen folgerichtig allerlei Anleitungen, was man mit dem ungewohnten Mais anfangen könnte.

So wurde zum Beispiel angeregt, die Maiskolben einfach in Salzwasser zu kochen, 10 bis 20 Minuten lang, je nach Größe, nachdem man sie von den Hülsen befreit hatte.

Dann sollten sie, mit etwas Fett bestrichen, gegessen werden.

Woher man das Fett bekommen sollte, wurde nicht gesagt.

Und es wurde ausführlich erklärt, wie man Popcorn herstellen konnte.

Neben solchen, für die deutsche Bevölkerung eher exotisch anmutenden Vorschlägen, gab es auch ernsthafte Anregungen, an denen sich per Inserat auch die Firma Oetker beteiligte.

Maiskuchen

Zutaten: Zwei Tassen Maisgrieß, eine Prise Salz, eine Tasse Haferflocken, ein Teelöffel Backpulver, 50 g Zucker, eine Tasse Milch, eine Tasse Rübenkraut.

Zucker in die Milch einrühren. Nach und nach Haferflocken, Salz, Backpulver und Maisgrieß zu-

Der Lohn reicht nicht!

Aus dem »Westdeutschen Volksecho«

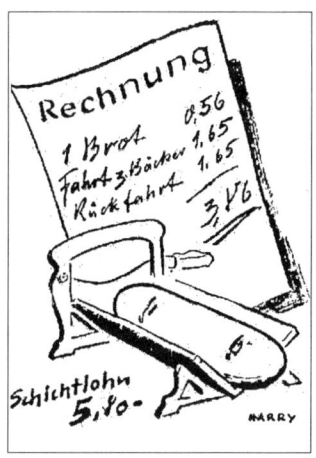

geben und daraus einen Teig herstellen. Eine Springform ausfetten. Die Hälfte des Teiges einfüllen. Mit Rübenkraut bedecken. Den Rest des Teiges darüber streichen. Bei 200 Grad 30 Minuten backen. Der Maiskuchen wird am besten noch warm gegessen.

Maispuffer

Zutaten: ½ l Wasser, eine Tasse Maisgrieß, Salz, eine Möhre, ein Stück Sellerie, eine Stange Lauch, ein Esslöffel Petersiliengrün, Fett zum Backen.

»Der Mais,
der Mais,
ein jeder weiß,
das ist die Wurst
am Stengel...«

Aus einem Schlager
der Nachkriegszeit

Wasser zum Kochen bringen. Unter ständigem Rühren den Maisgrieß einstreuen. Zehn Minuten kochen lassen. In eine Schüssel geben. Möhre und Sellerie fein reiben. Lauch in dünne Streifen schneiden. Das Gemüse mit dem Maisgrieß, gehackter Petersilie und Salz zu einem Teig verrühren. In heißem Fett kleine Puffer backen.

Dr. Oetker-Werbung
aus der Nachkriegszeit

Mais-Chratzete

Zutaten: ¼ l Wasser, ¼ l Milch, 150 g Maisgrieß, ein Teelöffel Salz, eine Zwiebel, ein Esslöffel Öl.

Die Zwiebel klein schneiden und in einem Topf ohne Fett anrösten. Nach und nach Wasser, Milch und Salz dazu geben. Den Maisgrieß einstreuen und zu einem dicken Brei kochen. Kalt werden lassen. In einer Pfanne etwas Öl erhitzen. Jeweils eine dünne Schicht Brei hinein geben. Goldgelb backen, wenn möglich dabei wenden. Mit Esslöffel und Gabel in kleine Stücke zerreißen, wieder anbacken, wieder zerreißen, bis die Chratzete knusprig gebacken ist.

Grüne Klöße

Zutaten: 150 g Schwarzbrot, 150 g Brennesseln,
etwas Wasser, 60 g Maismehl, 60 g Rog-
gen- oder Gerstenmehl.

Schwarzbrot in Wasser etwa 30 Minuten einweichen. Brennesselblätter fein wiegen. Mit dem Mehl
und dem leicht ausgedrückten Brot gründlich verkneten. Klöße formen. In Salzwasser gar ziehen
lassen.

Das Missverständnis zwischen Deutschen und
Alliierten um den Mais war nicht der einzige Übersetzungsfehler mit »Folgen«. Bei einer anderen Gelegenheit boten die US-amerikanischen Offiziere
aus Frankfurt am Main »Grease« aus Heeres-
beständen an.

Die Deutschen verstanden »Grieß«, dachten,
Maisgrieß sei gemeint, und lehnten diese Gaben
dankend ab.

*Auf jedem kleinen
Fleckchen Erde, selbst
zwischen den Trümmern,
wurde Gemüse angebaut.*

Wo Mangel herrscht, müssen Phantasie und Einfallsreichtum weiterhelfen.

1948 erreichten Phantasie und Einfallsreichtum im zerstörten Deutschland einen Höhepunkt.
Es war die große Zeit der Ersatzmittel und Falsi-
fikate. Und die Leute übertrafen sich gegenseitig
im Ersinnen immer neuer Ersatzmöglichkeiten.

Es gab nichts, was sich nicht ersetzen ließ, es
gab kaum etwas, das sich nicht den Bedürfnissen
der Zeit gemäß einer neuen Bestimmung zuführen
ließ.

Einiges davon war schon aus der Kriegszeit
bekannt. Das Milei-Pulver etwa. Nährstoff- oder
Nährkrafttabletten. Wo Bohnenkaffee fehlte, wurde Kaffee-Ersatz aufgebrüht aus Korn oder Eicheln.

Ersatzmittel

Wenn Tee nicht importiert werden konnte, wurde »deutscher Tee« getrunken, Mischungen aus Ebereschen-, Linden- und Brombeerblättern zum Beispiel. Es gab Trockenfleisch, Trockengemüse, Trockenfisch, Trockenkartoffeln...

»Trocken«-Produkte kamen auch aus den USA nach Deutschland. Besonders berüchtigt waren dabei die Trockenkartoffeln, daumennagelgroße, rautenartig geformte Stücke, die in Wasser eingeweicht und dann gekocht oder gebraten, einen unglaublichen Geruch von sich gaben.

Küchenwinke für die Verwendung von Trockenkartoffeln

1. 100 Gramm Trockenkartoffeln entsprechen in ihrem Kaloriengehalt 500 Gramm Frischkartoffeln, sparsamste Schälung vorausgesetzt.
2. Trockenkartoffeln werden kurz kalt gewaschen.
3. Trockenkartoffeln werden am besten in der fünffachen Menge kalten Wassers eine $3/4$ Stunde eingeweicht (nie länger als 1 Stunde!). Also: 100 Gramm Trockenkartoffeln in 500 Gramm ($1/2$ Liter) Wasser.
4. Einweichwasser i m m e r zum Kochen mitverwenden.
5. Eingeweichte Trockenkartoffeln werden wie geschälte Frischkartoffeln verarbeitet zu Salzkartoffeln, Eintöpfen, Suppen, Brei usw.
6. Die Kochzeit von eingeweichten Trockenkartoffeln beträgt 30—45 Minuten.
7. Fehlt einmal die Zeit zum Einweichen, so erhöht sich die Kochzeit um ca. 10 Minuten.
8. Kartoffelreis eignet sich hauptsächlich zur Herstellung von Suppen und Brei.
9. Rote s ü ß e Trockenkartoffeln sind eine Spezialart der gewöhnlichen Kartoffel und nicht etwa aus e r f r o r e n e n süß gewordenen Kartoffeln hergestellt.
10. Rote süße Trockenkartoffeln werden behandelt und verwendet wie gelbe Trockenkartoffeln.

Im November 1945 erhielten Kinder von drei bis sechs Jahren in der britischen Zone Nährstangen als Sonderzuteilung. Für 25 Gramm Fettmarken wurde 100 Gramm Fettstreckpaste ausgegeben. Als Brotaufstrich wurde Eiweißpaste angeboten. Statt Marmelade wurde im September 1946 Ersatzmarmelade verteilt, so genannte »Karamelade«. Und natürlich fanden sich auch in den Kochbüchern der Zeit allerlei »Ersatz-Rezepte«.

Deutscher Kakao

Zutaten: Vier Rote Bete oder Rübenkraut und etwas Milch.

Rote Bete schälen, grob reiben, in ein Tuch füllen und fest auspressen. Die Raspeln werden auf ein Backblech gestreut. Bei starker Hitze im Ofen solange braun rösten, bis sie vollkommen trocken sind. In einer Kaffeemühle zu Mehl mahlen. Wie Kakao-Pulver verwenden.

Man kann statt des Rote-Bete-Pulvers auch Rübenkraut nehmen. Das lässt man in einem Tiegel karamellisieren und setzt es dann unter Rühren gekochter Milch zu.

Tomatenhonig

<u>Zutaten:</u> 500 g Tomaten (es können rote oder grüne sein), 500 g Kürbisfleisch ohne Kerne, ¼ l Wasser, 300 g Zucker, Schale einer ungespritzten Zitrone, ein kleines Stück Ingwer.

Tomaten und Kürbisfleisch in Stücke schneiden. In Wasser mit Zitronenschale und Ingwer weich kochen. Ein Tuch über einen Topf spannen. Den Kürbis-Tomaten-Brei darauf geben und den Saft ablaufen lassen. Den Saft mit dem Zucker bis zur Gelierprobe einkochen lassen. Heiß in vorbereitete Gläser füllen. Sofort verschließen.

Wer den Eigengeschmack des »Honigs« mit anderen Geschmacksrichtungen überdecken möchte, hat dazu beim Kochen des Fruchtfleisches Gelegenheit.

So kocht man, um zum Beispiel »Lindenblütenhonig« zu erhalten, die von den Stielen gelösten Blüten der Sommer- oder Winterlinde mit.

Die Zeit der Ersatzstoffe war auch die große Stunde der Chemiker. Aromastoffe wurden hergestellt und in Massen verkauft. In kleinen verkorkten Gläschen, Phiolen und Ampullen. Und es gab kaum ein Lebensmittel, dessen Geschmack sich nicht künstlich erzeugen ließ als »naturidentischer Aromastoff«.

Von den Erfahrungen, die in jenen Jahren gemacht wurden, zehrt noch heute eine ganze Industrie. Einige der Betriebe, die solche Ersatzstoffe herstellten, hat der Lebensmittelmangel in der Kriegs- und Nachkriegszeit reich gemacht.

Die Chemiker dachten natürlich nicht nur darüber nach, wie man Geschmacksstoffe synthetisch herstellen könnte. Sie wollten mit ihren Ideen dort helfen, wo der Mangel am größten und die »Volksgesundheit« bedroht war.

Es wurden Verfahren entwickelt, wie man aus Holz Zucker gewinnen könnte. Auch Eiweiß und Butter konnte man synthetisch gewinnen. Das

»Unser Jahrhundert macht sich enorm:
Alles serviert es in Pulverform,
Pulver zum Leben und Pulver zum Sterben,
Pulver gegen zu rasches Verderben,
Pulver für Ernten und Pulver zum Düngen,
Pulver für Damen zum Wiederverjüngen,
Pulver zum Kaffee- und Suppe versüßen,
Pulver in Dosen bei nassen Füßen...
Pulverkartoffeln und Pulverspinat,
Pulver zum Würzen für Kohl und Salat,
Pulver aus Milch und Pulver aus Ei.
(Immer noch besser als Pulver und Blei!)
Doch der alles verpulvernde Magen, der läßt bescheiden und höflich fragen:
Wann gibt es wieder zur Osterfeier endlich mal richtige Ostereier?«

Aus der »Westfälischen Rundschau«, 1948

**Ich frage zum letzten Mal:
»Wer von euch hat sich
erlaubt,
das Eipulver zu legen?«**

*Aus der »Westfälischen
Rundschau«*

bräunlich-flockige Eiweiß erinnerte in Geschmack und Geruch, darf man Zeitungsmeldungen glauben, an Kräuterkäse.

Professor von Drigalsky von der Medizinabteilung des großhessischen Innenministeriums bezeichnete die Herstellung künstlichen Eiweißes als *»die letzte Möglichkeit, um die sich rapide ausweitende Tuberkulose wirksam zu bekämpfen«.*

In einem Fettsäurewerk in Witten hätte man 7.200 Tonnen Speisefett synthetisch herstellen können, man hätte künstliche Butter oder künstliche Seife produzieren können. Zunächst stand das Werk aber auf der Demontageliste. Das war 1946.

1947, als das so genannte Produktionspermit (also die Betriebserlaubnis) erteilt worden war, wurde über Kosten diskutiert.

Der Herstellungspreis für ein Pfund Kunstbutter wurde mit drei Mark veranschlagt, *»während der Preis einer gleichen Menge öliger Fette aus Ölfrüchten, die in großen Mengen in den Hafenplätzen Afrikas lagern und dem Verderben ausgesetzt sein sollen, mit Einschluß der Transportkosten nur 20 Pfennig zu stehen käme«.* So die Landesregierung.

Die Befürworter der synthetischen Fettherstellung machten die Gegenrechnung auf: Für die Erzeugung einer Tonne synthetischen Speisefetts seien sieben Tonnen Kohle erforderlich. Für die Einfuhr einer Tonne Naturfett sei die Ausfuhr von siebzig Tonnen Kohle nötig, um Devisen für die Bezahlung zu erhalten.

*»Was wollen Sie haben?
Zucker, Butter, Ananas,
Rum,...?
Ist alles zu haben – als
Aroma!
In natura wollen Sie's?
Da fragen Sie mal beim
Goldschmied da
drüben...«*

So lautete die Unterschrift
zu diesem Bild in der
Zeitschrift »Heute«, 1946.

Die Menschen an der Ruhr litten weiter Fett-
mangel. Als dann endlich produziert werden sollte, fehlten die zur künstlichen Speisefettherstellung
nötigen Basisstoffe Glyzerin und Paraffin-Gatsch
(ein Nebenprodukt der Kohlehydrierung). Viele der
Werke, die aus Kohle Benzin gewinnen konnten,
hatten noch keine Produktionsgenehmigung erhalten.

Nach diesem langen Hin und Her begann die
Fettsäureproduktion endlich Ende August 1947.
Das Paraffin-Gatsch lieferten Krupp-Benzin und die
Zeche Viktoria, allerdings nur 300 Tonnen monat-
lich, das Wittener Werk konnte die doppelte Men-
ge verarbeiten.

Hergestellt wurde zunächst vor allem Seife, um
einem dringlichen Mangel mit gesundheitlichen
Folgen abhelfen zu können.

Bleibt noch von dem schier unglaublich anmutenden Verfahren zu berichten, aus Holz Leberwurst herzustellen.

Diese Höchstleistung deutscher Nahrungsmit-
telforschung gelang in dem »Zellstoffwerk Wild-

Die Hausfrau
bevorzugt bei ihren Einkäufen
die von allen gelobten
Deubel
ERZEUGNISSE

Die Zeit der
Ersatzlösungen war auch
die große Stunde der
Firmen, von denen die
Zutaten für das häusliche
Backen kamen.
Nahrungsmittelbetriebe
wie Deubel, wie Reese,
Döhler, Weltkrone und
andere.
Mit Werbekampagnen
wurde um die Kundschaft
gebuhlt.
Dr. Oetker startete eine
Serie von Kleinanzeigen
in den Tageszeitungen mit
Rezepten für Tortenböden,
Waffeln, Sirupgebäck,
diverse Plätzchensorten
und vieles andere.
»Sparsamste« Rezepte,
immer unter Verwendung
von Dr.-Oetker-
Produkten, versteht sich:
Backpulver für die mehl-
und butterlosen
Hausfrauen und
Aromastoffe zum Backen
gleich liter- und
ballonweise.
Um bei der herrschenden
Papierknappheit der
steigenden Nachfrage
gerecht werden zu
können, nahm die Firma
Reese selbst leere Tütchen
und Packungen zurück,
um daraus neues
Verpackungsmaterial
herzustellen.

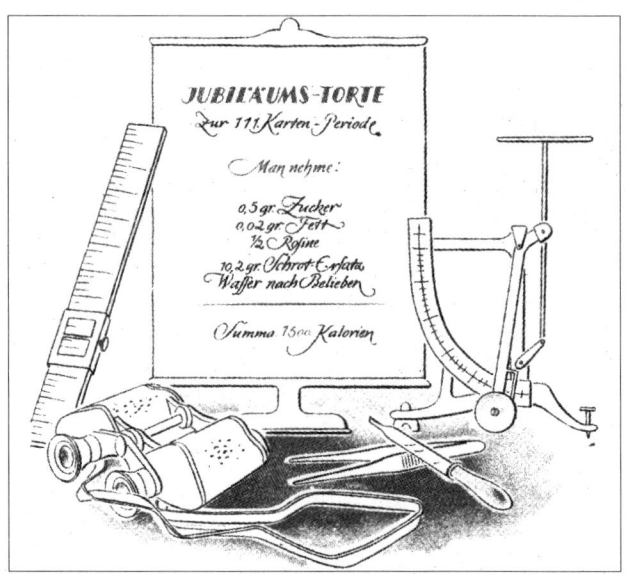

hausen«, in einem kleinen Ort im Sauerland gelegen. In diesem Werk wurde Zellstoff aus Holz hergestellt.

Bei diesem Verfahren entstehen Ablaugen. Diese Ablaugen dienten, mit Gelatine verdickt und mit Pilzbrut geimpft, einem Fadenpilz als Nährlösung. Und die Pilze, die nun auf der Nährlösung wuchsen, enthielten Eiweiß.

Eiweiß und Nährlösung wurden getrennt. Das Eiweiß wurde in Kübeln nach Gütersloh transportiert, dort in einer Lebensmittelfabrik gefärbt, mit Gewürzen und Aromastoffen versehen und in Dosen eingelötet. Als »Protosan«, *»Eiweißnahrung nach Art der Leberwurst«*, kam es auf den Markt, als so genannte »Eiweißpaste«.

Falsche Leberwurst

Zutaten: Zwei Zwiebeln, ein Esslöffel Öl, 100 g Hefe, ein Esslöffel Grieß, ein Esslöffel Semmelbrösel, Salz, ein Teelöffel gehacktes Majoran, ¼ l Brühe.

Die klein gehackte Zwiebel mit der Hefe unter ständigem Rühren hellbraun rösten. Brühe zugeben. Grieß und Semmelbrösel einrühren. Würzen. Alles zu einem streichfähigen Brei verrühren. Abkühlen lassen. Den Brei in ein feuchtes Leinentuch geben und länglich wie eine Wurst formen. Kalt stellen.

Deutsches Beefsteak 1947

Zutaten: 250 g Haferflocken, eine Tasse Wasser,
eine Zwiebel, ein Esslöffel Schnittlauch,
Pfeffer, Salz, ein Esslöffel Semmelbrösel,
ein Ei oder Eiaustauschmittel, etwas Fett
zum Backen.

Die Haferflocken mit heißem Wasser verrühren. Mit
der klein gehackten Zwiebel, dem klein geschnittenen Schnittlauch und evtl. einem Ei vermi-
schen.Würzen. Flache Klopse formen. In Semmelbröseln wenden. Auf beiden Seiten in wenig heißem Fett braten.

Falscher Kaviar

Zutaten: Ein Salzhering mit Rogen, ein Esslöffel
Grieß, eine Tasse gekochter Kaffee, eine
Zwiebel, ein Teelöffel Essig, ein Teelöf-
fel Senf.

Grieß in dem Kaffee zu Brei kochen. Kalt stellen.
Den Hering wässern, von der Haut befreien und
entgräten. Auch vom gewässerten Rogen die Haut
entfernen. Salzhering und Zwiebel durch den
Fleischwolf drehen. Die Paste mit Senf, Essig und
dem Kaffee-Grießbrei gut mischen. Zum Schluss
den Rogen dazu geben.

Schul-Speisungen

Am meisten hatten natürlich die Schwächsten unter dem Hunger zu leiden, die Armen, die Alten,
die Kinder. Wieder einmal.

Schon Ende 1945 wurde, um der Unterernährung bei Kindern entgegenzuwirken, auf Anordnung der Militärregierung an allen Schulen der britischen Besatzungszone an fünf Tagen in der Woche eine warme Speise ausgegeben.

Die Mahlzeit bestand an drei Tagen der Woche
aus 50 Gramm zerkleinerten Biskuits, 15 Gramm
Zucker und 20 Gramm Trockenmilch, an den übrigen Tagen aus 30 Gramm Biskuits, 40 Gramm
Grießmehl oder Weizenflocken, zehn Gramm Fett
und fünf Gramm Salz.

Anlass für diese Maßnahme waren Daten, die
über den Gesundheitszustand der Schulkinder
bekannt geworden waren.

1946 berichtet eine Frau aus Dortmund im »Westdeutschen Volks-Echo«:

»Wir sind gezwungen, unsere Kinder, wenn sie nicht zur Schule gehen, bis mittags im Bett liegen zu lassen. Auf Grund der Ernährung sind die Kinder kraftlos und müde. Wir haben in Dortmund seit sechs Wochen keine Nährmittel, kein Kinderstärkemehl und keinen Pudding gesehen... Wollen Sie einmal unseren Küchenzettel hören? Morgens eine Scheibe Brot mit Eiweißpaste, mittags drei Scheiben Brot mit Tunke, abends eine verdünnte Suppe mit einer Scheibe Brot. Da das Brot jedoch nicht ausreicht, muß ich sehr oft Steckrüben geben. So gehen meine Kinder langsam zugrunde.«

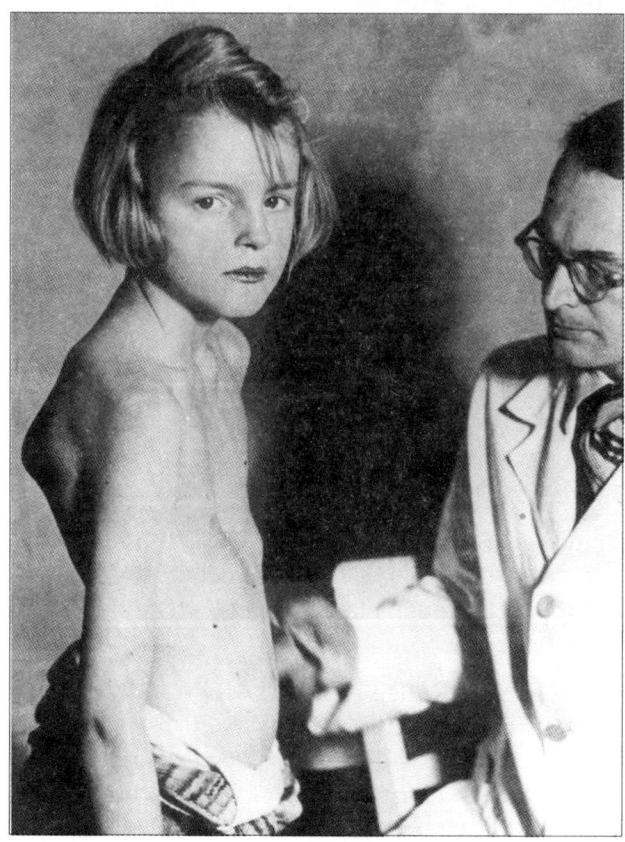

Ex-US-Präsident Hoover, Vorsitzender eines von US-Präsident Truman eingesetzten Ausschusses zur »Bekämpfung der Notlage der Welt«, schätzte in einem ersten Bericht 1946 die Zahl der unterernährten Kinder in Europa auf 20 bis 30 Millionen. Als Beweis für die Dringlichkeit, Sofortmaßnahmen zu ergreifen, nannte er die hohe Sterblichkeitsziffer in manchen deutschen Großstädten, wobei das Kinder- und Säuglingssterben besonders erschreckte.

Bei einer Umfrage und einer ärztlichen Untersuchung an einer Münchner Vorortschule unter Acht- bis Vierzehnjährigen wurde festgestellt: 65 Prozent der Kinder kamen in die Schule, ohne gefrühstückt zu haben, die Hälfte hatte kein Pausenbrot, 55 Prozent waren unterernährt und nur 20 Prozent konnten als gesund bezeichnet werden, 25 Prozent litten an Krankheiten wie Tuberkulose, Hautinfektionen u.ä.

Die ersten Schulspeisungsprogramme konnten, obwohl 1946 die Schulkinder an sechs Wochentagen gespeist werden, die Not nur lindern, nicht beseitigen.

Im April 1946 wurden durch das britische Rote Kreuz so genannte »Pacifics« an Kinder in der britischen Zone verteilt: Verpflegungspäckchen, die eigentlich für die britischen Fernost-Truppen vorgesehen waren und jeweils die Tagesration für einen Soldaten enthielten.

»Sie sollen dazu dienen, den Schulkindern in den großen Städten ... markenfreie Mahlzeiten zu bescheren.«

Auch das neutrale Ausland startete zur Linderung der allgemeinen Not in Deutschland Hilfsprogramme. Aus der Schweiz, von der evangelischen Basler Kirche, kam die so genannte »Schweizerspende«:

Von der Schweizerspende wurden in Gelsenkirchen allein im Juli 1947 31.400 Liter Suppe und 7.500 Liter Milch an Kinder ausgegeben, im März 1948 waren es 40.300 Liter Suppe.

»Die Schweizerspende, eine Gabe des Schweizer Volkes an die notleidenden Völker, hilft gegenwärtig vielen europäischen Ländern mit Medikamenten, Werkzeugen, Baustoffen, mit Kinderspeisungen und durch die Betreuung von Flüchtlingen. So werden jetzt auch in Deutschland in einer größeren Zahl der am meisten beschädigten Städte durch die Schweizerspende Kinderspeisungen durchgeführt...«

Anfang Oktober 1946 begann auch das Schwedische Rote Kreuz mit einem Programm zur Speisung von Schulkindern. In vielen deutschen Städten wurden Suppenküchen eingerichtet. 300 bis 350 Kalorien soll eine Portion »Schwedensuppe« ent-

halten haben. Der Speisezettel war natürlich wenig abwechslungsreich, aber darauf kam es ja auch nicht an.

Es gab Nudelsuppe, Gemüsesuppe, Erbsensuppe, jeweils mit etwas Fett und Fleisch, und süße Suppen. Wir haben einige dieser Rezepte für die Schulspeisungen gefunden und wollen sie hier wiedergeben, reduziert in den Mengenangaben für den Bedarf einer vierköpfigen Familie.

Kinderfrühstückssuppe

Zutaten: 100 g zerkleinerte Plätzchen oder Biskuits, ein Esslöffel Zucker, ein Esslöffel Trockenmilch, ein Esslöffel Puddingpulver, ein Liter Wasser.

Wasser zum Kochen bringen. Das Milchpulver mit einem Schneebesen einrühren. Zuckern. Die Plätzchenkrümel dazu geben. Das Puddingpulver wird in ein wenig Wasser aufgelöst und untergerührt. Kurz aufkochen lassen.

Gemüsesuppe

Die Speisungen hatten Erfolg. Bei ärztlichen Reihenuntersuchungen wurden monatliche Gewichtszunahmen von bis zu zwei Kilogramm bei den Kindern festgestellt.

Zutaten: 50 g Hackfleisch, zwei große rohe Kartoffeln, Salz, etwas Majoran, 1½ l Wasser, 500 g Gemüse (entweder Weißkohl, Bohnen und Erbsen oder Möhren, Sellerie und Wirsing).

Hackfleisch in einem Topf anbraten. Das klein geschnittene Gemüse dazu geben und anschmoren lassen. Mit Wasser auffüllen. Weich kochen lassen. Die Kartoffeln in die Suppe reiben. Mit Salz und Majoran würzen.

Milch-Haferflocken-Suppe

Zutaten: 1½ l Magermilch, eine Tasse Haferflocken, ein Esslöffel Zucker, ein Esslöffel Marmelade.

Magermilch zum Kochen bringen. Die Haferflocken einstreuen und etwa 20 Minuten quellen lassen. Mit Zucker und Marmelade, die man in etwas Wasser glatt gerührt hat, süßen.

Nicht nur Schweden und Schweizer helfen. Im Juni traf aus Island eine Lebertranspende ein. Und wie

im Ersten Weltkrieg halfen ab 1947 auch wieder US-amerikanische Quäker.

Sie schickten die so genannte »Cralog-Spende« (= »Council of Relief Agencies Licensed for Operation in Germany«). Aus dieser Spende erhielten bis in das Jahr 1948 hinein Tausende Kinder jeweils neun Wochen lang viermal wöchentlich eine Speisung. Zwei Gerichte wurden von den Helfern ausgegeben: 24mal eine Süßspeise, 12mal eine Schmalzspeise.

Allerdings – es gibt über diese Speisungen aus der Schweiz, aus Schweden, aus den USA und Großbritannien und den anderen Ländern auch weniger Positives zu berichten.

Ein Teil der für die Schulspeisungen gedachten Lebensmittel war auf dem Schwarzen Markt wie-

Das Schweizer, das schwedische Volk, sie haben großzügige Spenden nach Deutschland geschickt. Freilich vergessen sollte man dabei nicht:
Die Banken in der Schweiz, die Industrie dort oder in Schweden haben im Krieg mit Deutschland Geschäfte gemacht, haben am Krieg verdient. Und ohne Krieg hätte es eine Nachkriegszeit nicht geben müssen.

derzufinden. So wurde 1947 in Münster ein Koch verhaftet, der über sechs Monate hin aus dem Vorratslager der Küche für die Schulkinderspeisungen 16 Zentner Schmalz gestohlen hatte, das er auf dem Schwarzen Markt für 140 bis 160 Mark pro Pfund von Mittelsmännern vertreiben ließ. Bisweilen mischten – so sagte man – auch die Helfer selbst bei solchen Geschäften mit.

Bevor wir über das Ende der Nachkriegszeit mit der Währungsreform berichten, soll nachgeholt werden, was ausgelassen wurde. So war bis jetzt nur die Rede von der Ernährungslage in den West-Zonen.

In der sowjetischen Besatzungszone haben sich die Jahre bis zur Gründung eines eigenen Staates freilich etwas anders abgespielt.

»Wia tun ja schon, wat wa
können – ab nu verjrößre ma
hier de Anbaufläche.«

Hunger ist ein
schlechter Koch

»Verzeihung, was gibt's denn hier?«
»Det kann ich Sie nich sagen, ick stell mir
prinzipiell an jede Schlange, irgend wat
wird's schon geben.«

DER REPORTER der »Westfälischen Rundschau«, der sich hinter dem Kürzel »-ow.« verbarg, berichtete am 3. Dezember 1947 von Abenteuerlichem. Unter dem Titel »Autotrip in die Ostzone« schilderte er eine Reise aus der britischen in die SBZ, die sowjetisch besetzte Zone Deutschlands:

»Wir fahren bis vor die englische Sperre,... zu der in einem grünen Häuschen befindlichen Kontrollstelle... Wir erhalten unsere Interzonenpässe gestempelt zurück, das Tor öffnet sich, und wir kommen zum russischen Schlagbaum, der von einem jungen Soldaten der Roten Armee geöffnet wird.

In einem Holzhäuschen, nicht so schön wie drüben, dafür aber der Tisch mit rotem Tuch drapiert und darüber ein schreiend buntes Stalin-Bild, werden wir registriert. Es geht humorvoll zu. Der russische Soldat spricht mich als ›Chef‹ an und fragt nach wohin und ob mit ›Maschin‹...

Eine Gruppe russischer Offiziere taucht auf. Einer tritt auf den Fahrer zu und sagt mit bestimmter Höflichkeit, gegen die Widerspruch sinnlos ist: ›Kamerad, du mir geben Benzin.‹ ... Wir gießen ihm 6 bis 8 Liter in sein Motorrad, er bedankt sich ... durch Händedruck und eine korrekte Verbeugung. Auf der Strecke nach Magdeburg ist wenig Autoverkehr; längs der Autobahn stehen zahlreiche Menschen mit Gepäck, die mitgenommen werden wollen... Die Straßen sind verhältnismäßig gut...«

»Moskau, so lautete die Interpretation, wolle vom Nachkriegschaos in Europa und der Welt nur profitieren... Mehr und mehr setzte sich die Überzeugung durch, daß es nun Ziel sowjetischer Deutschlandpolitik war, mit Hilfe der ihnen ergebenen deutschen Kommunisten die Kontrolle über ganz Deutschland zu erringen...«

Der Historiker Rolf Steininger in seiner »Deutschen Geschichte«

Stopp. Hier sollten wir zunächst einmal einhalten.

Nach dem Ende des Zweiten Weltkrieges war Deutschland in vier Besatzungszonen, Berlin in vier Sektoren geteilt worden. Dies sollte ein vorübergehender Zustand sein. Aber bereits im Frühjahr 1946 kam es zu einer Wende vor allem in der britischen Deutschlandpolitik.

In allerlei Memoranden und Kabinettsvorlagen des britischen Außenministers Bevin wurden Planspiele nach dem Motto »Was passiert, wenn...« veranstaltet und mögliche Ziele und Folgen britischer Politik erörtert. Bevin zog bei seinen Überlegungen eine Teilung Deutschlands, die Bildung eines westdeutschen Staates, mit ins Kalkül. Mögliche Folgen:

»Wir müßten unsere Zone (oder Westdeutschland) politisch und wirtschaftlich gegenüber dem Osten abschotten. Wir müßten z.B. eine eigene Währung und mit ziemlicher Sicherheit eine andere Nationalität einführen. Dies alles – was im Endeffekt dazu führen würde, Westdeutschland in einen gegen die Sowjetunion gerichteten Westblock zu integrieren – würde den endgültigen Bruch mit den Russen bedeuten.«

Man beschloss: Keine Aufgabe des Potsdamer Abkommens, aber durch die Bildung starker Länder größtmögliche Schwächung einer zukünftigen, kommunistisch beherrschten Zentralregierung.

Mit diesen Leitlinien britischer Politik ging Bevin 1946 in die Konferenzen der Außenminister der USA, der UdSSR, Frankreichs und Großbritanniens.

Der sowjetische Minister Molotow durchschaute die britischen Pläne, auch die Franzosen waren nicht einverstanden.

Nur der US-Außenminister Byrnes folgte der britischen Linie und forderte seinerseits alle Zonen zu einem wirtschaftlichen Zusammenschluss auf, um »die katastrophale Wirtschaftslage in Deutschland zu verbessern«. Ein Angebot, das in

»Den Sieg über Deutschland hatte Großbritannien mit dem finanziellen Ruin des Landes bezahlt...
Um die 22 Millionen Menschen in der eigenen Besatzungszone ... nicht verhungern zu lassen, hatte man ... bis Juni 1946 eine Million Tonnen Lebensmittel geliefert, die mit geliehenen amerikanischen Dollars bezahlt worden waren, Dollars, die man für das eigene Land mehr als dringend benötigte.«

Rolf Steininger in seiner »Deutschen Geschichte«

Zeichnung von Herbert Sandberg aus dem Jahre 1946
Bildunterschrift:

»Das deutsche Gebäude. Da baut nun jeder seine Ecke.
Wie soll das mal unter ein Dach?«

Wirklichkeit nur an Großbritannien gerichtet war. Und richtig – Byrnes und Bevin vereinbarten den »*wirtschaftlichen Zusammenschluß*« der britischen und der amerikanischen Besatzungszone, die so geannte »Bizone« sollte gebildet werden.

Ziel sowjetischer Politik war die deutsche Teilung damals nicht. Auch die USA hielten lange an der Einheit Deutschlands fest. Eigentliche Vordenker dieser Politik und der Einbindung eines westdeutschen Staates in ein »westliches Bündnis« waren britische Politiker.

Und die britischen Pläne finden bei manch einem deutschen Politiker durchaus Unterstützung. Konrad Adenauer, seit 1946 Vorsitzender der CDU in der britischen Zone, gehörte dazu. Und auch Kurt Schumacher, Vorsitzender der SPD in den drei Westzonen und entschiedener Gegner der So-

»Ich glaube, daß die deutsche Hauptstadt eher im Südwesten liegen soll als im weit östlich gelegenen Berlin...«

Konrad Adenauer in einem Interview der »Welt« im November 1946

Zeichnung von Herbert Sandberg aus dem Jahre 1946
Bildunterschrift:

»Die Menschen werden immer schlechter, sie sind einfach zu faul, auf den Schwarzen Markt zu gehen ... lieber verhungern sie.«

zialistischen Einheitspartei, ging in seiner übersteigerten antikommunistischen und antisowjetischen Haltung den Weg zur deutschen Teilung nur allzu bereitwillig mit:

»Man muß soziale und ökonomische Tatsachen schaffen, die das Übergewicht der drei Westzonen über die Ostzone deklarieren. Die Prosperität der

Westzonen ... kann den Westen zum ökonomischen Magneten machen. Es ist ... kein anderer Weg zur Erringung der deutschen Einheit möglich als diese ökonomische Magnetisierung des Westens, die ihre Anziehungskraft auf den Osten so stark ausüben muß, daß auf die Dauer die bloße Innehabung des Machtapparates dagegen kein sicheres Mittel ist.«

Es sollte mehr als vierzig Jahre dauern, bis sich diese Visionen in politische Realität wandeln würden.

Aber kommen wir zurück zu unserem Reporter von der »Westfälischen Rundschau« auf seinem Weg durch die Ostzone:

»Über Halberstadt nähern wir uns Wernigerode... Die Geschäftsauslagen (sind) genau wie in der britischen Zone – es gibt markenfreien Brotaufstrich, Aromen und Essenzen und auf Zuckermarken Bonbons und Fondant. Vor der Verkaufsstelle der ›Täglichen Rundschau‹, die von der russischen Militärregierung herausgegeben wird, sieht man jeden Morgen eine Schlange. Die Wernigeroder behaupten, das sei nur des vielen Papiers wegen. Abends in einem Lokal treffen wir alte Freunde. Eine russische Patrouille geht kontrollierend durchs Gastzimmer; auf allen Tischen stehen reichlich Schnapsgläser und Schnapsflaschen herum. Überall, wo wir einen Besuch machen, kommt sogleich die Schnapsflasche auf den Tisch. Man erzählt mir, daß in Sachsen-Anhalt 135.000 Zentner Kartoffeln zu Schnaps ver-

»Schuldig!«
Zeichnung von Ismar
Kallweit aus dem Jahre
1946

brannt worden seien, und trotzdem soll es noch 280 Pfund Kartoffeln Zuteilung pro Kopf geben... Die freie Käuferwahl des Handels ist ausgeschaltet, die Lenkung der Waren läuft über die Ämter für Handel und Versorgung vom Herstellerbetrieb direkt an den Groß- und Einzelhandel unter starker Bevorzugung der Konsumgenossenschaften.«

Der Reporter hat richtig beobachtet: So völlig anders als in den westlichen Besatzungszonen war die Versorgung der Ost-Bevölkerung in den ersten Nachkriegsjahren nicht.

1945 hatte die SMAD, die sowjetische Militäradministration, Tagesrationen für Nahrungsmittel festgesetzt.

Dabei wurde die Bevölkerung in sechs Gruppen eingeteilt (später waren es fünf, dazu kamen

Dass es auch in der sowjetisch besetzten Zone kleine, aber feine Unterschiede bei der Verteilung der Lebensmittel gab, zeigt sich, wenn man die Verordnung genau liest: Da zählten zu den »Schwerstarbeitern« z.B. auch die Oberbürgermeister der großen Städte und zu den »Schwerarbeitern« die Leiter der Parteiorganisationen (also Funktionäre), Landräte oder *»besonders namhafte antifaschistische«* Künstler.

	Brot	Nähr-mittel	Kar-toffeln	Zucker	Marme-lade	Fleisch	Fett
1. Schwerstarbeiter	450	40	500	25	30	40	20
2. Schwerarbeiter	400	40	400	25	30	40	20
3. Sonstige Arbeiter	350	20	300	20	30	25	10
4. Angestellte	250	15	300	20	30	20	10
5. Kinder bis zu 15 Jahren und Schüler	200	10	300	25	30	15	10
6. Übrige Bevölkerung	200	10	300	15	30	—	—

zwei Zonen: die Stadtbevölkerung und die Landbevölkerung, soweit sie nicht in der Landwirtschaft tätig war). Bauern und Landarbeiter waren Selbstversorger und wurden nur in Ausnahmefällen berücksichtigt.

Diese Rationen stiegen – und da sind wir schon bei den Unterschieden – im Laufe der Jahre etwas an. Vor allen Dingen verringerten sie sich nicht wie im Westen.

Für einzelne Gruppen gab es Sonderrationen: für werdende und stillende Mütter zum Beispiel, für Heimkehrer aus der Kriegsgefangenschaft, für Kranke, aber sinnigerweise auch für Reisende in die und aus den Westzonen.

Was weiter auffällt, ist, dass sich die Kartoffel- und Fleischrationen erheblich von denen im Westen unterschieden.

Der »andere« Anfang

Am 9. Mai 1945 trafen sich in Berlin Anastas Mikojan, damals stellvertretender Vorsitzender des Rates der Volkskommissare der UdSSR, und der Chef der rückwärtigen Dienste der Roten Armee, General Chruljow, um über die Ernährung der Bevölkerung in der sowjetischen Besatzungszone zu beraten.

Festgestellt wurde: Es waren keine oder kaum Lebensmittel da, die zur Verteilung gebracht werden konnten. So wurde verfügt, dass zum Beispiel zur Versorgung der Berliner Bevölkerung die erste und die zweite belorussische Front und die erste ukrainische Front (das waren Armee-Einheiten) 105.000 Tonnen Getreide, 18.000 Tonnen Fleischprodukte, 4.500 Tonnen Fett, 6.000 Tonnen Zucker, 50.000 Tonnen Kartoffeln, 4.000 Tonnen Salz und 350 Tonnen Kaffee neben anderem bereitzustellen hatten. Und es wurde die Ausgabe von Lebensmittelmarken beschlossen.

In seinem Buch »In der Hauptrichtung« erinnert sich N. A. Antipenko an die Besprechung:

»Wir waren noch mit der Zufuhr von Lebensmitteln beschäftigt, als in Berlin die vielfältigsten Gerüchte umgingen. Man flüsterte sogar, die Lebensmittelausgabe werde nur veranstaltet, damit alle Deutschen dort erwischt werden könnten. Um so größer war das Erstaunen, als die Läden am ... 15. Mai um 8 Uhr geöffnet wurden

Auch in der sowjetisch besetzten Zone wurden politisches Wohlverhalten der Bevölkerung und ihre Versorgungslage miteinander verknüpft.

und nichts anderes als die Ausgabe von Lebensmitteln geschah. Kurz zuvor hatte Mikojan den Text auf den Lebensmittelmarken durchgesehen und mich gefragt: ›Und was für Kaffee gedenken

Sie an die Deutschen auszugeben?‹ ›Ersatzkaffee.‹ ›Warum keinen echten?‹ Ich antwortete, daß in den Lagern der Front kein Bohnenkaffee vorhanden sei... Mikojan erwiderte: ›Auf Lager haben Sie keinen, aber in der Sowjetunion gibt es welchen. Bemühen Sie sich, auf den Abschnitten an Stelle von Kaffee – Bohnenkaffee zu drucken.‹ ... Während wir diese Berichtigung vornahmen, sandte ... Moskau einen Zug mit Bohnenkaffee für Berlin ab... Die Berliner waren überrascht... Sie wollten nicht recht daran glauben, daß ihnen gerade die Russen ›Kaffee‹ bringen würden, aber sie erhielten ihn und sogar für einen oder zwei Monate im Voraus, damit die Packung nicht geteilt werden musste.«

Für besonders Bedürftige wurde Essen aus der sowjetischen Truppenverpflegung gekocht und verteilt.

Bereits im Juni 1945 hatte die KPD in ihrem Aufruf zum Aufbau Deutschlands gefordert, eine Bodenreform in die Wege zu leiten, den Großgrundbesitz zu liquidieren und das Land an Landarbeiter und landarme Bauern zu übergeben.

Sachsen-Anhalt erließ dann im September eine erste Verordnung zur Bodenreform, andere Länder und Provinzen folgten.

Alle Großgrundbesitzer mit Gütern von über 100 Hektar und der Grundbesitz von aktiven Nazis und Kriegsverbrechern mit dem gesamten Vermögen und landwirtschaftlichen Inventar wurden entschädigungslos enteignet.

Zwei Drittel dieses Landes wurde an 120.000 Landarbeiter und landlose Bauern verteilt, an 166.000 landarme Bauern und Kleinpächter und an rund 91.000 Umsiedler. Die Größe eines solchen neuen oder erweiterten Hofes lag zwischen fünf und zehn Hektar. Ein Drittel blieb in staatlicher Hand, wurde zu volkseigenen Gütern oder von der »Vereinigung der gegenseitigen Bauernhilfe« bewirtschaftet.

Den Bauern, denen durch die Bodenreform Land zugeteilt worden war, wurde ein großzügiger Kredit gewährt. Und sie bekamen Hilfe aus der Stadt. Schuljungen und Jungarbeiter meldeten sich zur Feldarbeit.

Die sowjetischen Besatzungsbehörden stellten Pferde, Saatgetreide und -kartoffeln zur Verfügung. Auch sie hatten an guten Ernte-Erträgen ein lebhaftes Interesse. Konnte sich die Besatzungszone weitgehend aus eigener Kraft ernähren, mussten

»Die Bauern der Orte Fränkenau, Burghäseler und Klosterhäseler haben mit Entrüstung festgestellt, daß auf den Gütern Burg- und Klosterhäseler trotz der ... Lebensmittel- Knappheit und der dadurch drohenden Hungersnot ... große Teile des Landes ... brach liegen geblieben sind... Wir verlangen, daß diese Betriebe zu Gunsten landarmer Bauern und Landarbeiter ... enteignet werden. Wir geloben, alles zu tun, um dieses Brachland sofort mit in unsere Herbstbestellung einzubeziehen.«

Brief der Bauernschaft an die Provinzialverwaltung im Jahre 1945

Zeichnung von Oscar Nerlinger
Bildunterschrift:

»Ihr Schweine wollt immer mehr haben!«

Lebensmittel nicht aus der UdSSR importiert werden, die dort ebenso dringend benötigt wurden.

Glaubt man Zeitzeugen, herrschte in den ersten Jahren nach dem Zweiten Weltkrieg in der sowjetischen Besatzungszone besonders auf dem Land eine gewaltige Aufbruchstimmung.

Jeder gab sein Bestes, und die Ergebnisse waren dementsprechend gut. Die Bevölkerung hatte

Dass es mit den Bauern durchaus auch Probleme gab, zeigen Aufrufe wie der oben. Offenbar wurden die Ablieferungspflichten oft nicht eingehalten.

Chronik – Meldungen aus Tageszeitungen

(zitiert nach der Zeitschrift »Ulenspiegel«):

Die fünfzehnjährige Ingeborg schlägt mit einem Beil sieben Mal auf den Kopf einer alten Frau, bei der sie sich gerade befindet. Ursache: Die Frau hat ihr nicht von der Marmelade abgegeben, die sie vom Lande geschickt bekam.

Ein Greis kommt spät abends von der Arbeit auf dem Bau nach Hause. Als er sich in der Küche eine Scheibe Brot abschneidet, sagt seine Frau, die Scheibe sei zu dick. Im darauf folgenden Streit erwürgt der Mann die Frau.

Arbeit und ausreichend zu essen, zum Beispiel Kartoffeln:

Möhrenpuffer

Zutaten: 750 g Möhren, zwei große, rohe Kartoffeln, eine Zwiebel, ein Ei, drei Esslöffel Kartoffelmehl, Fett zum Ausbacken, Majoran, Salz, Pfeffer.

Die Möhren werden geputzt und auf einem Reibeisen grob gerieben, ebenso die Kartoffeln. Die Zwiebel klein hacken.

Mit Salz, Pfeffer, etwas Majoran, dem Kartoffelmehl und dem Ei gut verrühren. Mit einem Löffel legt man kleine Puffer in heißes Fett und backt sie auf beiden Seiten.

Falsche Spiegeleier

Zutaten: Ein Kilo Kartoffeln, ¼ l Magermilch, ein Esslöffel Mehl.
Für die Füllung:
Reste von gekochtem Blumenkohl, ein Esslöffel Tomatenmark, Pfeffer, Majoran, Salz.

Die geschälten, gewürfelten Kartoffeln werden in Salzwasser weich gekocht. Man gießt das Kochwasser ab und zerstampft die Kartoffeln, die man dann mit Milch zu einem dicken Brei kocht. Dabei etwas Mehl darunter mischen. Runde Platten (in Spiegeleiergröße) auf ein gefettetes Blech streichen. Während diese mit Unterhitze backen, bereitet man die Füllung: Gemüsereste klein hacken, mit Tomatenmark, Pfeffer und Majoran gut verrühren und in einem Topf heiß werden lassen. Auf die gebackenen Platten geben, so dass noch ein weißer Rand zu sehen ist. Mit Salat servieren.

In dem ersten Rezept wird Kartoffelmehl erwähnt. Das kann man heute natürlich fertig kaufen. Man kann es allerdings auch selber machen:

»Mahlen Sie frische Kartoffelschalen, so fein es geht, durch den Wolf. Tun Sie sie dann über einer Schüssel in ein feines Sieb, schütten Sie Wasser darüber – etwa zwei Drittel Wasser auf ein Drittel Schalen – und rühren Sie das Ganze gründlichst durch, so daß die gemahlenen Scha-

len im Sieb bleiben, die Kartoffelstärke aber mit dem Wasser in die Schüssel tropft. Dieses Wasser schütten Sie dann ab. Die am Schüsselboden abgesetzte Stärke geben Sie, nachdem Sie sie noch einmal zur Säuberung durchgespült haben, auf einer mit Pergamentpapier belegten Trockenhorde (gemeint ist ein Lattengestell) ins laue Backrohr oder ins Freie zum Durchtrocknen. Ein Pfund Kartoffelschalen bringt etwa 25 Gramm Kartoffelmehl.«

Noch ein Tipp gefällig? Bitte schön!

»Besonders kräftigen Geschmack der Kartoffel (erreicht man), wenn man um jede Kartoffel einen Ring schält und sie dann wie Pellkartoffeln im Salzwasser kocht.«

Mecklenburger Kartoffelauflauf

Zutaten: 750 g gekochte Kartoffeln, ein Hering, eine Zwiebel, 30 g Fett, ½ l saure Milch, ein Esslöffel Mehl, ein Ei, 25 g geriebener Käse, Salz, etwas geriebene Muskatnuss, Pfeffer, Semmelbrösel.

Die Kartoffeln kochen. 250 Gramm davon reiben und mit Fett, Salz, Pfeffer, Muskatnuss und dem Eigelb zu einem Teig verarbeiten. Das steif geschlagene Eiweiß vorsichtig darunter ziehen. Der geputzte und entgrätete Hering wird in kleine Würfel geschnitten und mit der grob gehackten Zwiebel angedünstet. Der Rest der Kartoffeln wird in Scheiben geschnitten, und der Boden einer gefetteten Auflaufform wird damit belegt. Die Kartoffeln mit dem Hering bedecken, mit saurer Milch übergießen und als letzte Schicht den Kartoffelteig darüber streichen. Mit geriebenem Käse und Semmelbröseln bestreuen. Den Auflauf im Backofen etwa 45 Minuten backen.

Kartoffeltorte

Zutaten: 300 g Zucker, einige Tropfen Mandelessenz, 100 g geriebene Haselnusskerne, ein Paket Vanillezucker, etwas Zitronensaft, ein Teelöffel Arrak, zwei Eier, ein Pfund Kartoffeln, ein Päckchen Backpulver.

Chronik –
Meldungen aus
Tageszeitungen
(zitiert nach der Zeitschrift »Frischer Wind«):

Im Frühjahr wurden Kleingärtner und Kolonisten aufgefordert, jeden freien Fleck mit Sonnenblumen zu bepflanzen, denn Sonnenblumenkerne geben Öl und helfen unsere Fettversorgung zu verbessern. Leider tat der Rat des Kreises Meißen nichts, um den fetthaltigen Segen zu verwerten, und langsam verschimmeln die kostbaren Kerne.

In Erkner bei Berlin hatten die Kinder Hunger, weil die Mutter kein Brot bekam. Die Mutter bekam kein Brot, weil der Bäckerladen geschlossen war. Der Laden war geschlossen, weil der Meister kein Mehl hatte. Der Meister hatte kein Mehl, weil der Konsum in Rüdersdorf nichts lieferte. Der Konsum lieferte nichts, weil er kein Benzin besaß. Er besaß kein Benzin, weil ein Bürokrat an seinem Schreibtisch schlief.

Eine Frau findet auf einem Bahnhof ein kleines Mädchen, das beim Einsteigen seine Mutter verloren hat.
Die Frau, die für ihr gleichaltriges Kind keine Wäsche hat, zieht dem Findling die seine aus.

Zucker mit zwei Eigelb, der Mandelessenz, Haselnusskernen, Vanillezucker, Zitronensaft und Arrak (oder Wodka) verrühren. In diese Masse werden die gekochten, geriebenen Kartoffeln gegeben (eine mehlige Art eignet sich am besten) und das Backpulver. Den steif geschlagenen Eischnee unterziehen. Der Teig wird in einer eingefetteten, mit Semmelbröseln ausgestreuten Springform im mittelwarmen Ofen gebacken. Backzeit: etwa eine Stunde. Man kann die Torte nach dem Erkalten mit einem Zwirnsfaden in Scheiben schneiden und mit Apfelmus oder einer säuerlichen Marmelade (zum Beispiel Holundermarmelade) füllen. Mit Puderzucker bestäuben.

im Kreis Luckenwalde fanden

am 3. Juni 1947 in Luckenwalde
am 6. Juni 1947 in Heinsdorf und Jüterbog
am 9. Juni 1947 nochmals in Jüterbog

Schauprozesse

statt, in denen Unterlieferer in Milch, Eiern und Kartoffeln zu folgenden Strafen verurteilt wurden:

Hermann Hagen, Dobbrikow
wegen Nichterfüllung der Pflichtablieferung in Kartoffeln . . . . 3 Monate Gefängnis

Robert Kaiser, Dümde
wegen Milchunterlieferung . . . . 2 Jahre Gefängnis

Walter Handke, Bochow
wegen Nichterfüllung der Pflichtablieferung in Kartoffeln . . . . . . 6 Monate Gefängnis
2 500,– RM Geldstrafe

Gustav Ziegler, Jüterbog II
wegen Nichterfüllung der Pflichtablieferung in Eiern . . . . . . 600,– RM Geldstrafe

Selma Müller, Dennewitz
wegen Nichterfüllung der Pflichtablieferung in Milch . . . . . . 3 Monate Gefängnis
3 500,– RM Geldstrafe

Diese Urteile gebe ich hiermit der Bevölkerung zur Kenntnis und warne alle übrigen Unterlieferer, in Zukunft ihren Ablieferungspflichten pünktlichst nachzukommen, da sie sonst ebenfalls mit strengster Bestrafung, gemäß Befehl 160 der SMA und des Kontrollratsgesetzes Nr. 50, zu rechnen haben.

Luckenwalde, den 11. Juni 1947

Der Landrat
Dr. Ludwig

Schauprozesse gegen Bauern, die ihr Ablieferungssoll nicht erfüllt hatten, fanden seit 1945 immer wieder statt. Abgeschreckt haben sie die Landbevölkerung aber wohl nur bedingt.

Der Beginn einer konsequenten Planwirtschaft war ein zweiter Punkt, in dem sich die Ostzone von den Westzonen unterschied. Es begann damit, dass die Bauern ein bestimmtes Pflichtsoll an Lebensmitteln abzuliefern hatten. Kontrolliert wurde das von so genannten »Erfassern«. Wie das in der Praxis aussah, mag eine Geschichte aus Sachsen verdeutlichen, welche die Zeitschrift »Frischer Wind« veröffentlichte:

»Gerichshain bei Wurzen ist ein reizendes Dörfchen mit klugen Bewohnern. Fleißig sind sie

auch. Und daß das Gemüse in diesem Jahr nicht so üppig sproß, war nicht ihre Schuld.

Zwar ist das Gemüse für den Verbraucher (marken-)frei, aber so frei nun auch wieder nicht, daß es dem Bauern überlassen bleibt, ob er Kohl baut oder nicht.

›Wenn Sie Ihr Gemüsesoll nicht erfüllen können‹, sagten die Erfasser, ›muß Ihre Sau dran glauben!‹

Als Ausgleich. Wehklagend rang das Gerichshainer Bäuerlein die Hände und lief verstört umeinand. Sein Säulein, sein liebliches Säulein!

Doch Gerichshainer sind schlau. Das Bäuerlein spannte seine Pferde an den Wagen und fuhr nach Leipzig in die Großmarkthalle. Denn Gemüse ist ja frei! Er spielte ein bißchen Verbraucher, lud sich den Wagen voll, zahlte und rollte zurück gen Gerichshain. Er fuhr durch das Tor der Erfasser, lud ab und war aller Sorgen ledig.

Die Erfasser fuhren mit dem Kohl nach Leipzig in die Großmarkthalle und verkauften ihn an denselben Händler, der ihn dem Bäuerlein überlassen hatte. Es war also alles beim alten. Der Kohl, ein bißchen mitgenommen allerdings, lag wieder friedlich in den Boxen und harrte weiterer Verwendung. Aber – auch fünfmal abgelieferter Kohl macht nur einmal satt!«

Um die Verteilung von Konsumgütern und Lebensmitteln zu regeln und die Preise überwachen zu können, wurden durch den Befehl mit der Nummer 176 der sowjetischen Militäradministration die Konsumgenossenschaften wieder eingeführt. Der »Konsum«, wie er in der Bevölkerung hieß (mit Betonung auf der ersten Silbe), war 1899 gegrün-

Links:
Leipziger Metallarbeiter übergeben Neubauern landwirtschaftliche Maschinen und Haushaltsgeräte.

Konsumgenossenschaften waren Verbraucher-Organisationen (bei der Gründung meist Zusammenschlüsse von Arbeitern), die durch den gemeinsamen Großeinkauf von Lebensmitteln und Konsumgütern Kosten einsparen und diese preiswert in kleinen Mengen an ihre Mitglieder (später auch an Nichtmitglieder) weitergeben konnten.

det worden als »Konsumgenossenschaft Berlin und Umgebung«. Damals hatten sich drei Genossenschaften zusammengeschlossen und einen Laden im Arbeiterbezirk Wedding eröffnet. Da wurden billiges Brot, Kartoffeln und Salzheringe angeboten. Jeder durfte dort einkaufen, aber die Mitglieder der Genossenschaft bekamen zusätzlich an der Kasse Marken, quasi Gewinnanteile oder Rückvergütungen, die sie am Jahresende gegen Waren eintauschen oder wieder investieren konnten. Unter den Nazis musste der »Konsum« die Liquidation beschließen. In der Zentrale machte sich die SS breit und führte die Ladenkette weiter, dabei wurde das Liefernetz noch dichter. Auf diese Vielzahl von Verkaufsstellen konnte 1945 zurückgegriffen werden.

Zeichnung von Oscar Nerlinger
Bildunterschrift:

»Theater der Zeit. ›Hilfe für die Flüchtlinge – einfach lächerlich, wir werden ja selbst nicht satt.‹«

In einem solchen »Konsum« erhielt Inge Boermann in Berlin ihre erste feste Anstellung. Sie war 1926 in einer kleinen polnischen Stadt in der Nähe von Danzig aufgewachsen. In den letzten Kriegsmonaten hatte sie ein Lager der Kinderlandverschickung auf Hela betreut und war dann geflüchtet:

»Im Konsum arbeiten hieß, Kniffe lernen, Gramm für Gramm abwiegen, Pfennig für Pfen-

nig abrechnen und sich nie beim Mogeln erwischen lassen. Die Kundschaft paßte höllisch genau auf, ob nicht die Waage schief stand oder ein Schluck Milch in der Kelle blieb. Damals habe ich 80 Mark verdient...

Einer meiner Kunden hat mir dann zu einer Berufsausbildung verholfen. Er leitete den ersten Neulehrerkurs in Potsdam. Der Kurs begann 1945..., der Abschluß wurde handschriftlich auf einem Zettel quittiert. In Werder klappte es dann, eine Stelle zu finden. Ich wurde Handarbeitslehrerin...

Schulspeisungen gab es in Werder schon verhältnismäßig früh. Die bedürftigsten der Kinder erhielten ein Frühstück: einen halben Liter Milch und ein Roggenbrötchen, an besonders guten Tagen mit Topfwurst bestrichen. Das Lehrpersonal war von aller Schulspeisung damals noch ausgeschlossen.

Eigentlich war es in jenen Jahren eine Gnade, im Havelland zu leben, die Lebensmittel wachsen dort an den Bäumen und Sträuchern, und einem Städter muß das alte Obstanbaugebiet wie ein Schlaraffenland erschienen sein. Die ›Obstmucker‹ waren jedoch Fremden gegenüber sehr verschlossen, aber in jedem Fall waren sie geschäftstüchtig. Es war also nicht schwer, Lebensmittel einzutauschen – wenn man was zum Tauschen hatte. Ein Flüchtling hatte natürlich nichts. Aber stoppeln durfte ich im Sommer auf den Feldern zwischen Gählsdorf und Plötzin. Zu Geburtstagen gab es fast immer Stachelbeertorte. ›Glibber‹ stellte man aus Kartoffelmehl her, in dem Obstsaft verrührt wurde, dann aufkochen. Auch das Kartoffelmehl wurde selbst hergestellt: Das Wasser, was aus Kartoffelkloßteig ausgedrückt wurde, blieb so lange stehen, bis sich die Stärke am Boden abgesetzt hatte. Das Wasser vorsichtig abgießen und den Satz trocknen lassen. Kartoffelschalen wurden – vor allem um 1945 herum – immer weiter verwendet. Durchgedreht und mit Salz und Zwiebeln vermengt, ergeben sie ein Kloßmehl. Die Masse wird zu ... Scheiben geformt und ohne Fett auf der ... Herdplatte gebraten...

Besonders an heißen Tagen haben alle Durst. Wir hatten da ein Rezept von den Landarbeitern, von den polnischen Schnittern: die Essigbrause,

Inge Boermann hat in ihren Aufzeichnungen einige Rezepte aus der Nachkriegszeit notiert:

Kohlrabischnitzel
Kohlrabi in Scheiben schneiden, halbgar kochen. Panieren und braten. Dazu: Kartoffelbrei.

Obstgrütze
Grütze quellen lassen. Zusammen mit Rhabarber und Süßstoff kochen.

Falscher Spinat
Brennessel oder Melde abbrühen. Mit einer Tasse Graupen andicken. Geht auch mit Sauerampfer.

220

*und die wurde für Lehrer und Schüler zuberei-
tet – ein Glas Wasser, ½ Teelöffel Zucker, ½ Teelöffel Essig, eine Messerspitze Natron...*

*1948 war dann das erste Ausbildungsjahr ge-
schafft, die erste Lehrerprüfung bestanden. Die
jungen Kollegen planten eine große Feier, mit
Kartoffelsalat, allerdings ohne Mayonnaise. Inzwischen erhielten nicht nur die Schüler, sondern
auch die Lehrer täglich ein schwarzes Brötchen
zum Frühstück.*

*Die Lehrer sammelten ihre Brötchen drei Tage
für das Fest. Einer der Kollegen hatte gute Be-
ziehungen zum Roß-Schlächter und konnte dort
zehn Pfund Pferdeknochen kaufen. Davon wurde in der Schulküche eine Fleischbrühe gekocht.
Das Fleisch wurde von den Knochen gepult, mit
Zwiebeln durch den Wolf gedreht – fertig war der
Brötchenaufstrich. Dazu für jeden einen Teller
Brühe und Kartoffelsalat. Ein paar Tage später
freilich stand dann in einer unserer Lokalzeitun-
gen die Schlagzeile: ›Ein halbes Pferd der Volkswirtschaft entzogen! Werders Lehrer feiern Or-
gie.‹ Da die Quittung des Roß-Schlächters noch
vorhanden war, ließ sich leicht ein Dementi ab-
fassen, was auch tatsächlich gedruckt wurde.
Dabei erfuhren wir auch, wer uns denunziert
hatte – die Reinemachefrau.«*

Zwei Befehle: Nr. 168/46 und Nr. 234/47

Zwei Befehle der SMAD, der sowjetischen Militäradministration für Deutschland, sollten das
alltägliche Leben in der sowjetischen Besatzungszone und später in der DDR nachhaltig beeinflussen, ohne dass dieses zunächst sichtbar wurde.

1946 wurde auf SMAD-Befehl das Institut für
Ernährung und Verpflegungswissenschaften in
Potsdam-Rehbrücke gegründet.

Dieses Institut war später Teil der Deutschen
Akademie der Wissenschaften in Berlin und kümmerte sich vor allem um die Gemeinschaftsverpflegung und Probleme der Großküche.

Jedes Kantinenessen in der SBZ und später in
der DDR ist hier »erdacht« und »erprobt« worden.

Untersucht wurden aber auch die »Gesunde
Ernährung der im Bergbau Tätigen«, der »Vitamin-
C-Verlust bei der Speisenzubereitung«, »Ernährung

Zeichnung von Rudolf Schlichter aus dem Jahre 1947
Bildunterschrift:

»Der Lebensmittel-Transport-Begleiter: ›...und ich sage Ihnen, wir müssen eben alle miteinander leiden.‹«

unter Bordbedingungen« oder »Die richtige Ernährung des Kraftfahrers«.

Erzeugnisse der industriellen Lebensmittelproduktion wurden hier entwickelt und/oder getestet, von der Konserve bis zum »Zwiebackbrei mit Banane«, vom Roggenbrot (anderes gab es in der Nachkriegszeit kaum) bis zum »Aubi«, einem alkoholfreien Bier.

In den Publikationen des Instituts fanden sich zunehmend Wortneuschöpfungen, welche die deutsche Sprache wirklich bereichert haben: »Grillettas« und »Sättigungsbeilagen«, »Ketwurst«, »Alkolat« oder »Schokoladenhohlkörper«. Eine der ersten Publikationen des Instituts, veröffentlicht von einem Leipziger Verlag, der zur Nazi-Zeit schon für das »Deutsche Frauenwerk« tätig gewesen war, widmet sich den Brotaufstrichen:

Heringsaufstrich

Zutaten: Ein Salzhering, zwei gekochte Kartoffeln, eine Zwiebel, ein Apfel, 20 g Speck, eine Prise Zucker.

Den Salzhering waschen und entgräten. Mit Apfel, Zwiebel und Kartoffeln durch den Fleischwolf drehen. Den Speck würfeln und ausbraten. Untermischen. Mit einer kleinen Prise Zucker abschmecken.

Gemüseaufstrich

Zutaten: 100 g gekochte Kartoffeln, 50 g Möhren, 50 g Rettich, 50 g Sellerie, eine Zwiebel, eine Salzgurke, ein Teelöffel Senf, ein Esslöffel Öl, Salz.

Die gekochten Kartoffeln und das Gemüse werden durch den Fleischwolf gegeben und mit Senf, Salz und Öl verrührt.

Falsches Gänsefett

Zutaten: ein Esslöffel Schweineschmalz, eine Zwiebel, ein Apfel, drei Esslöffel Grieß, ½ l Wasser, ein Teelöffel Majoran, Salz.

Der gewürfelte Apfel und die zerkleinerte Zwiebel werden in dem Schweineschmalz angeröstet und in das kochende Wasser gegeben. Dann den Grieß einrühren.

Fünf Minuten aufkochen lassen. Mit Majoran und Salz würzen. Kalt stellen.

Kinder warten auf die Essensausgabe in ihrer Schule. Die Schulspeisungen in der SBZ bestanden aus einem Frühstück und einem (warmen) Mittagessen. Zum Frühstück gab es Brot oder Brötchen, oft mit Topfwurst bestrichen. Die Topfwurst hieß bei den Kindern »Tote Oma«.

Topfwurst

Zutaten: 100 g Speckwürfel, 200 g Blutwurst, eine Tasse Zwiebeln, eine Tasse Sauerkraut, ein Apfel, drei gekochte Kartoffeln, Salz, Pfeffer, je ein halber Teelöffel Majoran, Thymian und Basilikum, wenn vorhanden.

Die Blutwurst, Zwiebeln, Sauerkraut, den klein geschnittenen Apfel und die Kartoffeln mehrmals

durch den Fleischwolf drehen. Den sehr klein gewürfelten Speck und die Gewürze dazu geben. Gut
durchrühren.

Apropos Schulkinder. Anfang 1946 war die »Zentrale für Drogen und Wildfrüchte« von der Deutschen Verwaltung für Handel und Versorgung in
der sowjetischen Besatzungszone als allein zustän-
dige Stelle beauftragt, »*das Sammeln, den Anbau,
die Verarbeitung usw. von Tee-, Heil- und Ge-
würzkräutern, Wildgemüsen, Wald- und Wildfrüchten zu organisieren, zu lenken und zu fördern.*«

Die Hauptlast der Sammlungen hatten (wie
schon in der Nazi-Zeit) die Lehrer und Schüler zu
tragen. 1946 waren das Ergebnis der Sammlungen in der sowjetischen Besatzungszone: 402 Tonnen Heil- und Teekräuter, 455 Tonnen Weich-
früchte, 2.000 Tonnen Kastanien, 428 Tonnen Eicheln und 58 Tonnen Bucheckern.

Neben den üblichen Wildbeeren, -gemüsen und
-kräutern sollten vor allem Kastanien gesammelt
werden, keine Ess-, sondern Wildkastanien. Im
»Zentralblatt« der »Zentrale für Drogen und Wildfrüchte« mit dem Namen »Natur und Nahrung«
wurde erklärt:

»*Das Kastanienmehl dickt ebenso gut wie
weißes Weizenmehl (wenn nicht noch besser), hat
einen feinen, nußartigen Geschmack und paßt
dadurch besonders gut zu Hefe-Erzeugnissen.*«

Die Kastanien wurden industriell getrocknet,
entbittert und zu Mehl vermahlen.

Für das Sammelgut gab es Prämien – in Form
von Kastanienmehl. Für das Jahr 1947 wurde eine
deutliche Erhöhung der zu sammelnden Kastani-
en auf 3.200 Tonnen geplant (die allerdings nicht
erreicht wurde).

1947 war einem harten, kalten Winter ein lan-
ger, heißer Sommer gefolgt. Und diese sehr ungüns-
tigen Witterungsverhältnisse hatten schwere Dürre-
schäden angerichtet. Die Versorgung der Bevölkerung mit Lebensmitteln war nicht mehr gesichert.
Die auf den Lebensmittelmarken verheißenen Mengen konnten nicht geliefert werden.

Die Menschen hatten keine Wahl, sie blieben
der Arbeit fern, gingen (wie schon 1945) verstärkt

»Natur und Nahrung«
lieferte gleich die Rezepte
zur Verwendung von
Kastanienmehl mit:

Süßer Brotaufstrich
Kastanienmehl kalt
anrühren und in die
siedende Flüssigkeit
(Wasser oder – wenn
vorhanden – Milch)
geben. Nach dem ersten
Aufwallen vom Feuer
nehmen. Süßen und mit
beliebigem Aroma
verfeinern.

Tortenfüllung
Vier Esslöffel
Kastanienmehl werden
mit einem Teelöffel
gemahlenem Kornkaffee,
etwas Zucker und Milch
verrührt. Mit der Masse
einen Tortenboden
bestreichen.

aufs Land, um sich bei den Bauern im Tausch gegen Sachwerte das Lebensnotwendige zu besorgen, oder bearbeiteten ein eigenes Stück Land.

Das wiederum führte in den Betrieben zu Produktionsstagnationen. Ein Kreislauf, der unweigerlich in die Katastrophe führen würde, zumal die Arbeitsproduktivität und -moral in der SBZ einen absoluten Tiefstand erreicht hatte.

Unter dem Motto *»Mehr produzieren, gerechter verteilen, besser leben«* versuchten die auf dem 2. Parteitag der SED versammelten Funktionäre dem Einhalt zu gebieten.

Aber mit Aufrufen zu *»erhöhten Anstrengungen bei der Festigung der revolutionären Errungenschaften im Kampf gegen Hunger und Kälte für die Verbesserung der Lebensbedingungen«* war dem Chaos in Versorgung und Produktion nicht beizukommen.

Die SMAD ging einen Schritt weiter und erließ den Befehl Nr. 234 *»Über Maßnahmen zur Erhöhung der Arbeitsproduktivität und zur weiteren Verbesserung der materiellen Lage der Arbeiter und Angestellten der Industrie und des Verkehrswesens«.*

Darin wurden die *»Länderregierungen, Verwaltungsorgane und Betriebsleitungen«* verpflichtet, *»konkrete Maßnahmen zur Steigerung der Arbeitsproduktivität, zum Kampf gegen Bummelantentum sowie zur Verbesserung der Lebenslage der Arbeiter und Angestellten«* zu ergreifen.

Und wieder einmal stellte die Politik fest, dass (Arbeits-)Moral und Essen irgendwie zusammenhängen. Sollten die »Werktätigen« erst mehr arbei-

Warmes Essen für die Arbeiterinnen und Arbeiter gab es in einer Leipziger Wollkämmerei auf Grund des Befehls 234.

ten, und dann würden sie auch mehr zu essen bekommen? Oder umgekehrt, wie viele Arbeiter forderten?

Die SMAD ging einen dritten Weg.

Nach der Verordnung einer Reihe von sozialpolitischen Maßnahmen (neuer Lohnformen wie Leistungszuschlägen, Verbesserung des Arbeits- und Unfallschutzes, höherer Lohnsätze für Frauen, Maßnahmen zur Weiterbildung, verkürzter Arbeitszeiten für Jugendliche, verbesserter Urlaubsregelungen und medizinischer Versorgung u.ä.) hieß es in dem Befehl Nr. 234:

»Zur Verbesserung der Ernährung von Arbeitern und Angestellten der Betriebe der führenden Industriezweige und des Transportwesens ist ab 1. November 1947 täglich eine warme Mahlzeit über die auf die Hauptkarten erhaltenen Rationen hinaus einzuführen... Die Länderregierungen und der Präsident der Deutschen Verwal-

Weil 1947 die Lebensmittel für die Zusatzverpflegung nicht ausreichten, half der sowjetische Militärkommandant von Berlin, Generalmajor Kotikow, mit Truppenverpflegung bei der Versorgung, mit der nach ihm benannten »Kotikow-Spende«.

tung für Handel und Versorgung haben die Bereitstellung von Lebensmitteln guter Qualität für die zusätzliche warme Verpflegung ... zu sichern... Es ist vorzusehen, daß Betriebe, die durch eigene Schuld ihren Produktionsplan systematisch nicht erfüllen und sich um eine Verbesserung ihrer Arbeit nicht bemühen,... zeitweilig von der zusätzlichen warmen Verpflegung ausgeschlossen werden können.«

Daneben sollten für gute Produktionsleistungen über die festgelegten Normen hinaus (in der

SBZ wurde also bereits 1947 in weiten Bereichen die sowjetische Planwirtschaft praktiziert) Konsumwaren wie Schuhe oder Bekleidung an die »Werktätigen« verkauft oder als Prämien verteilt werden.

Die Betriebe begannen, Werksküchen und Speisesäle (und Polikliniken und Kindergärten) zu bauen.

Dabei wussten sie natürlich, dass Gemeinschaftsverpflegung auch Nahrungsmittel einspart. Wer für viele kocht, kann ökonomischer wirtschaften.

Für die Betriebe, welche die Zusatzverpflegung finanzieren mussten, war dies ein vergleichsweise gutes Geschäft, wenn sich das warme Essen durch mehr Arbeitseinsatz auszahlte.

Probleme bereitete allerdings die Bereitstellung der Lebensmittel, mit denen dort gekocht werden sollte. »Hunger«, so hieß es, »ist ein schlechter Koch«. Um ihren eigenen Befehl in die Tat umzusetzen, mussten die Sowjets wieder einmal helfen und Mittel aus ihrer Truppenverpflegung zur Verfügung stellen.

Ob die Zusatzverpflegung geholfen hat, die Arbeitsproduktivität zu steigern? Wir wissen es nicht. Die veröffentlichten Zahlen sprechen dafür, aber die wurden schon damals geschönt.

Ein Pfund Holzwurst, bitte!

Um mit den Versorgungsproblemen des Jahres 1947 fertig zu werden, taten die SED, die Behörden und die sowjetische Militäradministration in der SBZ dreierlei:

Sie versuchten die landwirtschaftliche Produktion anzukurbeln, sprich: die Ergiebigkeit der Böden zu erhöhen, sie gingen besonders drastisch gegen Hamsterer, Lebensmittelschieber und Schwarzhändler vor, und sie versuchten, mit Hilfe der Wissenschaft Ersatz für fehlende Nahrungsmittel zu schaffen.

Am dringendsten wurden Eiweiß und Fett benötigt.

Das 1947 in der sowjetischen Besatzungszone vorhandene Vieh reichte bei weitem nicht aus, um auch nur den Mindestbedarf an tierischem Eiweiß für die Ernährung der Menschen zu decken.

Man begann, Schlachtabfälle aus Dänemark einzuführen. Aber die mussten mit Devisen bezahlt werden. Devisen gab es in der SBZ kaum, jedenfalls nicht in solcher Menge, dass an eine dauerhafte Lösung des Fleischproblems zu denken war. In der schon erwähnten Zeitschrift »Natur und Nahrung« schrieb Professor Dr. Wilhelm Ziegelmayer:

»Die außerordentlich ungünstige Fleischlage Deutschlands, die durch die vermehrte Abschlachtung von Vieh in Folge der schlechten Futterversorgung eine weiter abfallende Tendenz zeigt, zwingt zu der Erörterung der Frage, ob es nicht notwendig wäre, die Streckung und den Ersatz von Fleisch in geeigneter Weise, insbesondere über Kasein, sowie Sojamehl und Trockenhefe, die beide ein dem Fleischeiweiß nahe kommendes Eiweiß enthalten, stark zu fördern. Selbst bei optimistischer Beurteilung der Ernährungslage werden der deutschen Bevölkerung in Zukunft kaum mehr als durchschnittlich täglich 70 Gramm Fleisch gegenüber einem friedensmäßigen Verbrauch von 140 Gramm zugeteilt werden können. Diese durch Streckung oder Ersatz auf 100 Gramm zu erhöhen, wird als eine wichtige Ernährungsaufgabe der kommenden Zeit angesehen.«

Was der Professor meinte, war »Bratlingspulver«, ein eiweißhaltiges Nährmehl, das die Nahrungsmittelindustrie als Fleischersatz und/oder Fleischstreckmittel einst für den deutschen Soldaten entwickelt hatte, das aber (zuletzt während des Zweiten Weltkrieges) auch in den »normalen« Handel gelangt war.

Es bestand aus Gersten- und Haferflocken, Sojamehl, Kasein, Trockenhefe, Kochsalz und Gewürzen und sollte, wenn es nicht allein gebraucht wurde, zum Beispiel mit Hackfleisch im Verhältnis 50:50 gemischt werden.

Kasein und Soja gab es in der SBZ nur in sehr geringen Mengen. Also wurde »Milei«, Milcheiweißpulver, statt Kasein verwendet und Rapsschrot statt Soja. Das »neue« Produkt kam dann als so genanntes »Manoa«-Bratlingspulver auf den Markt.

In Rodleben bei Dessau wurde nach dem Vorbild des Fettsäurewerkes in Witten an der Ruhr

Kasein ist ein wichtiger, zu den Phosphorproteiden zählender Eiweiß-Bestandteil der Milch.

Auf dem Kinderärzte-Kongress 1947 in Berlin wurde auf die Nährhefe als wertvoller Baustein zur Ausfüllung der Eiweißlücke hingewiesen. Es sei dringend notwendig, Kindern bis zu sechs Jahren 20 Gramm täglich zusätzlich zu verabreichen.

Zur Steigerung der »fachlichen Leistung und zur Förderung des Qualitätsgedankens« wurde 1947 ein Wettbewerb für Kartoffeltrocknungs-Erzeugnisse veranstaltet. Der Wettbewerb erstreckte sich auf Kartoffelflocken, Kartoffelwalzmehl und Trockenspeisekartoffeln in Scheiben und Schnitzeln.

228

»*Frage:*
›Woraus besteht eigentlich
Eifo-Suppe?‹
Antwort:
›Eifo-Suppe ist eine
Kürbis-Suppe mit
geschroteter Gerste.‹«

Aus:
»*Die Welt der Frau*«,
1947

»*Butterproduktions-*
Erfüllung erste und zweite
Dekade völlig
unbefriedigend.
Milcherfassung energisch
steigern.
Produktionsauflage muß
unter allen Umständen
erfüllt werden.
Nichterfüllung zieht
strengste Maßnahmen
nach sich. gez. Streit.«

Telegramm der
Landesregierung
Brandenburg
an den Rat des Kreises
Luckenwalde

»*Gegen die*
Beschlagnahme meines
eingeweckten Fleisches
während meiner
Abwesenheit
am 26. Juli 1947
erhebe ich Widerspruch
und beantrage
gerichtliche
Entscheidung.«

Eingabe des
Bürgermeisters von
Kolzenburg, der ohne
Genehmigung ein
Schwein geschlachtet
hatte, dessen Fleisch nach
der Beschlagnahme an
zwei Altersheime verteilt
worden war.

eine Anlage zur Herstellung synthetischer Fett-
säure errichtet, die auf eine Jahresproduktion von
300 Tonnen ausgelegt war.

Die Leuna-Werke entwickelten ein Verfahren zur
Herstellung künstlicher Leberwurst aus Holz und
zwar lange bevor es im Zellstoffwerk Wildhausen
in der britischen Zone gelang, »Protosan« herzustellen. Hier wie dort machten sich Zeitungsjour-
nalisten darüber lustig. Im »Westdeutschen Volksecho« meinte ein gewisser »Krahenpoot«:

»*Als wir in der Schule in der Naturkunde-Stun-*
de die Holzkäfer durchnahmen, sagte unser
Naturkundelehrer:
›Wenn die Menschen so weit sind wie die Holz-
käfer und können Holz verdauen, dann hat alle
Menschennot ein Ende.‹
Dieser ... Lehrer kannte sich in der Naturkun-
de ausgezeichnet aus. Die Holzwurst ist nun da.
Die Deutschen haben sie natürlich erfunden in
ihren Leunawerken. Und wo sonst Giftgase ge-
kocht wurden, dampfen die Holzwürste mit
Leberwurstgeschmack in der chemischen Retor-
te des Holzmetzgers.
Unser Naturkundelehrer war trotzdem ein
blutiger Anfänger-Optimist. Er kannte nicht die
besondere Naturkunde des Menschen. Es wird
vermutlich erst dann anders, wenn jeder seine
eigene Säge hat und geht an seinen eigenen Le-
ber- oder Blutwurstbaum und sägt sich sein ei-
genes Trumm Wurst zum Frühstück.
Die Leunawerke liegen im anderen Deutsch-
land, und die Holzwurst kommt selbst auf Kar-
ten nicht in unsere Zone. Um wieviel besser ha-
ben da die Holzböcke ihre Darmfrage geregelt.
Sie essen das Zeug einfach zwei Mal, haben dop-
pelt was davon und auf die Zuständigkeit blasen
sie sich was in ihrem Loch, in dem sie alle ge-
meinsam fressen.«

Auf den Feldern der sowjetischen Besatzungszone wurde versucht, mit dem Anbau von Kohl-
oder Zuckerrüben als Zweitfrucht die Unterver-
sorgung 1947 ein wenig zu lindern. Martin Wallner lebte damals mit seiner Mutter in Pretzsch:

»*Als der große Hunger begann, standen die*
Menschen zur Erntezeit scharenweise am Feld-

rand, bis die Bauern das Feld zum Stoppeln frei-
gaben. Zur Hacke ließ sich am besten ein Wehr-
machtsklappspaten umfunktionieren, mit dem
ein Feld mühsam Zeile für Zeile durchgehackt
wurde. Zuckerrüben wurden damals auf jedem
Fleckchen Erde angebaut.

Wir Jugendlichen sollten den Bauern bei der
Feldarbeit und bei der Ernte helfen, aber ich war
wohl zu faul, lieber habe ich die Rüben geklaut...

Die haben wir dann nachts geholt. Das war
viel spannender, als für irgendwen zu arbeiten.
Wir waren vier. Kleine Gruppen waren die be-
währte Einsatzform, schon, weil man immer einen brauchte, der für die anderen Schmiere
stand. Zwischen Pretzsch und Schmiedeberg lagen zwei einzelne Gehöfte. In einem davon betrieb der ehemalige Müller, für den es jetzt nicht
viel zu mahlen gab, eine Sirupkocherei. Man gab
die Rüben ab. Der Müller kochte die in umfunk-
tionierten Waschkesseln zu Sirup, und der konnte in Eimern wieder nach Hause getragen werden. Ausgeliefert wurde immer etwas weniger,
als die Rüben hergaben, um die Arbeit zu be-
gleichen.«

Transportkontrolle:
sächsische
Gewerkschaftler
im Einsatz als
Volkskontrolleure.
»Die Volkskontrolle richtet
sich auch gegen die
zunehmende
Wirtschaftssabotage
kapitalistischer
Unternehmer«, hieß es.
Dass es vereinzelt solche
Sabotage-Akte gegeben

Um Leuten wie Martin Wallner, vor allem aber pro-
fessionellen Dieben das »Handwerk zu legen«,
wurden der »Flurschutz« und die organisierte
»Volkskontrolle« geschaffen. Die Gewerkschaften
riefen ihre Mitglieder auf, in Volkskontrollaus-
schüssen Produktion und Verteilung von Lebensmitteln und Konsumgütern zu überwachen.

hat, steht fest. Ob diese
allerdings, wie Gerüchte
und Zeitungsberichte
Glauben machen wollten,
damals schon vom Westen
aus gesteuert waren, darf
bezweifelt werden.

Speise-Karte.

TRAUM
DES ARMEN FRESSERS

Ich hungre, friere, Himmel ist mein Dach,
Die Nacht ist alles, nichts ist mir der Tag,
Ins Elendhaus kommt Distel, Strunk und Baum,
Da träumt der Hungrige den satten Traum:

Ich hocke an dem wurmzerfressnen Tisch,
Ich fresse schmatzend einen weißen Fisch,
Ich schneide durch das braune Fleisch vom Rind,
Ich zerre einen Käse aus dem Spind.

Ich stopfe schwitzend Kuchen in den Mund,
Ich saufe goldnen Wein gleich aus dem Spund,
Ich beiße in die Birne, daß das Naß
Vom Wein, vom Obst mich füllt gleich einem Faß.

Ich öffne meinem Mädchen kühn das Kleid,
Ich sehe Schlechtigkeit und Herrlichkeit,
Ich fliege taumelnd zu den Himmeln hin,
Ich weiß, daß ich in tiefen Höllen bin.

Ich fresse Tiere. Tiere fressen mich.
Wir sind zwei Brüder, jener Wurm und ich.
Und, ach, ihr edlen, gotterfüllten Armen,
Habt mit dem Gottverlorenen Erbarmen.

WOLFGANG WEYRAUCH

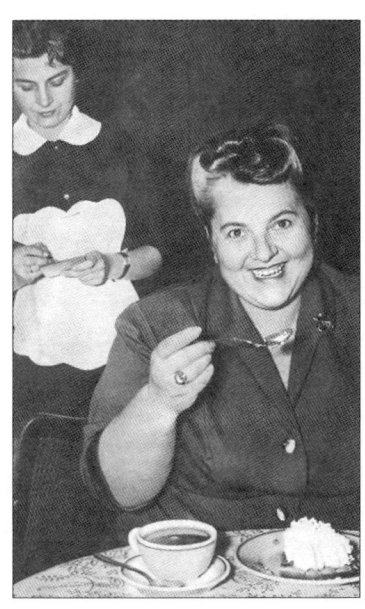

Die fetten
Jahre kommen

ANFANG APRIL 1948 unterzeichnete US-Präsident Truman das von Senat und Repräsentantenhaus verabschiedete Auslandshilfegesetz. Damit konnte der Marshallplan anlaufen.

Dieser Plan, benannt nach dem US-Außenminister G. C. Marshall, war ein Wirtschaftshilfeprogramm für die Partnerländer der USA in Europa. Die Ostblockländer lehnten es ab. Es umfasste Sachlieferungen (Waren, Dienstleistungen, technische Hilfe u.a.), vor allem Lebensmittel und Rohstoffe, sowie Kredite.

Karikatur aus der »Westfälischen Rundschau«. Unter der Karikatur stand der Text:

»Was meinst du, Sam, ob wir gemeinsam versuchen, den Karren noch mal flott zu machen? Oder lassen wir ihn ganz ausschlachten?«

Kontrolle! Szene 3. Klasse

Vorher:

Die junge Dame: „Mein Gott, Zonengrenze! Ob der Ami kontrolliert?"

Der flotte Herr: „Nee, meine Dame, der nicht! Aber die deutsche Polizei!"

Die junge Dame: „Was mach ich bloß mit meinem Pfund Kaffee?"

Der flotte Herr: „Wissen Sie was? Totsicherer Trick! Legen Sie ihn ins Gepäcknetz unter meinen Hut."

Tragischer Höhepunkt:

Der Beamte: „Kontrolle, meine Herrschaften! Wer hat was? Tee, Schokolade, Butter, Kaffee . . ." (Eisiges Schweigen). Beamter schnuppert: „Wissen Sie, hier riecht's doch nach Kaffee." Der flotte Herr: „Na, dann schauen Sie doch mal unter den Hut dort oben." Der Beamte lüftet und nickt: „Beschlagnahmt!" Der flotte Herr: „Ja, meine Dame, den sind Sie los!" (Beamter ab) Eisiges Schweigen, Entsetzen . . . . später allgemeine Entrüstung.

Nachher:

Die junge Dame: „Mein Herr, wie konnten Sie! Ich finde keine Worte."

Der flotte Herr: „Aber ich." (Steht auf, öffnet seinen Reisekoffer). „Darf ich Ihnen ihr Pfund zurückgeben, Sie waren meine Rettung, Gnädigste. Ich hatte nämlich 'nen halben Zentner mit." Beifall und Zischen im Abteil je nach moralischem Rückgrat.

Aus der »Westfälischen Rundschau« 1948

Zweifellos haben sich die Marshallplan-Gelder belebend auf die Wirtschaft der drei Besatzungszonen ausgewirkt und auch die Lebensmittelversorgung unmittelbar verbessert. Es standen mehr Devisen zur Verfügung. Es konnten Nahrungsmittel importiert werden.

Im Mai 1948 fand eine einmalige Zuteilung von Zitronen statt, aus Holland kam Spinat. Und es wurde Kaffee aus Brasilien eingeführt. Ein achtel Pfund sollte pro Kopf der Bevölkerung ausgegeben werden, Kaffee minderer Qualität, »Rio 5« oder »Rio 7« hießen die Sorten, Kaffee, der – schenkt man Geschmackszeugen Glauben – nach dem Genuss einen durchdringenden Geschmack von Karbol auf der Zunge hinterließ.

Kaffee kannte man bis dato nur aus CARE-Paketen, oder er musste zu unerschwinglichen Preisen auf dem Schwarzen Markt gekauft werden. Dieser Schwarzmarkt-Kaffee kam aus den Niederlanden oder Belgien und wurde von gut organisierten Banden über die Grenze geschmuggelt. So genannte »Grenzführer« brachten Trägergruppen über die Grenze, jeweils sechs Mann, jeder mit 60 Pfund Kaffee beladen. Aber bei den immensen Schwarzmarkt-Preisen lohnte sich der Schmuggel auch für »Amateure«. Gegen sie waren Zoll und Polizei nicht so hilflos wie gegen das organisierte Verbrechen.

Die Dürener Polizei setzte in Eisenbahnzügen Spezialbeamte ein, »Kaffeeriecher«, die Kaffeeschmuggler am Geruch der mitgeführten Ware ausmachen sollten. Die Schmuggler stellten sich sogleich auf den Transport grüner, nicht gebrannter Bohnen um.

Gegen die Schmuggler wurde rücksichtslos von der Schusswaffe Gebrauch gemacht. Das hatte manchmal tragische Konsequenzen, zumal es oft Kinder waren, die da schmuggelten.

Im Januar 1948 wurde im Aachener Grenzwald der 14-jährige Sohn eines Zollbeamten (!) durch einen Kopfschuss getötet. Man fand bei ihm ein halbes Pfund Kakao, ein halbes Pfund Kaffee und ein Päckchen Backpulver.

Im Rahmen der ERP-Hilfe (ERP = European Recovery Program, so wurde der Marshallplan offiziell genannt) waren auch Tabaklieferungen in Höhe von 40 bis 50 Millionen Pfund aus den USA angekündigt.

Ende April 1948 wurde von der Militärregierung das in der Bizone bestehende Brauverbot aufgehoben.

Es durfte wieder Bier gebraut werden: Ein Bierersatzgetränk mit einem Stammwürzegehalt von 1,7 Prozent. Dafür wurden den Brauereien bis zu 3.800 Tonnen Gerste monatlich zur Verfügung gestellt. Die Bierabgabe erfolgte nur gegen Brotmarken, eine 50-Gramm-Marke für 1,5 Liter Bier. Den Münchnern schmeckte das dünne Gebräu nicht, sie traten in einen »Bierstreik«.

Bier, Zigaretten, Kaffee – wenn das nicht deutliche Anzeichen einer Verbesserung waren!

Die USA waren »in« bei der deutschen Bevölkerung, besonders bei den jungen Menschen. »Man« trug knallig bunte Krawatten, hörte US-Schlager und trank Coca-Cola, wenn man es sich erlauben konnte. Englisch fand Eingang in die deutsche Sprache... Klar, dass dieser Trend auch die deutschen Essgewohnheiten veränderte.

Diese Broschüre wurde in Essen gedruckt, aber Gestaltung und Text kamen aus den USA. In dem Heftchen wurde die Lage in Deutschland dargestellt (waren 1938 noch 64,5 Millionen Tonnen Getreide produziert worden, sind es 1947/48 nur 48,9). Es wurde die Uneigennützigkeit der USA betont (»Wir brauchen nur fünf Prozent der Kosten des letzten Krieges auszugeben, um den Frieden zu sichern!«). Und die Zaubermacht des Kapitalismus wurde in rosigen Farben geschildert (»Im vernüftigen Austausch der Güter und in der zweckdienlichen Lenkung der Produktion in aller Welt liegt die Wurzel des dauerhaften Friedens.«).

Die folgenden Rezepte haben wir in einem deutschen Kochbuch aus dem Jahre 1948 gefunden:

Hot Combination Sandwich/1. Variante

Zutaten: Vier Scheiben Weißbrot, vier Scheiben dünn geschnittener Käse, etwas Margarine, ein Ei, ein Esslöffel Mehl, Salz, ein Teelöffel Paprikapulver und ein Esslöffel Milch.

Die Weißbrotscheiben werden dünn mit Margarine bestrichen.

Ei, Mehl, Milch und Salz gut mit einem Schneebesen zerschlagen. Kurz in einer heißen Pfanne stocken lassen. Auf die Brotscheiben verteilen. Mit Käse belegen. Mit Paprikapulver bestreuen. Im heißen Ofen überbacken.

Hot Combination Sandwich/2. Variante

Zutaten: Acht Scheiben Weißbrot ohne Rinde, vier Blatt Salat, 100 g Hackfleisch, Salz, Pfeffer, eine Zwiebel, zwei Esslöffel Haferflocken, etwas Fett zum Braten, eine Tomate.

Hackfleisch mit Zwiebelwürfeln, Salz, Pfeffer und Haferflocken zu einem Fleischteig vermischen und daraus vier dünne Puffer braten. Weißbrotscheiben mit je einem Salatblatt belegen. Darüber einen Puffer und Tomatenscheiben geben. Mit Weißbrotscheiben zudecken.

Einkellerungs-Bonbons

Bevor allerdings soweit die Segnungen des Marshallplans über das deutsche Volk hereinbrechen konnten, mussten natürlich Vorkehrungen getroffen werden.

Erzählen wir also ein Stück weit Geschichte rückwärts. Werfen wir einen Blick auf die »wirkenden Ursachen«.

1948 stand die Gründung eines deutschen Weststaates bevor. Wahlen sollten vorbereitet werden, und noch 1948 sollte eine provisorische Regierung auf Trizonen-Ebene, also unter Einschluss der französischen Besatzungszone, gebildet werden.

Weiter waren eine Währungsreform vorgesehen und Maßnahmen zur Steigerung der industriellen Produktion und des Lebensstandards in diesem deutschen Weststaat.

Während »*ein kleines Häuflein Diplomaten*« und einige deutsche Politiker folgenschwere Beschlüsse über die Zukunft Deutschlands fassten, hungerten die Menschen an Rhein und Ruhr, an Isar und Elbe. Wieder einmal! In einem Kommentar des »Westdeutschen Volks-Echos« vom 9. Januar 1948 hieß es vorausschauend:

»Wieder einmal scheint es angesichts der politischen Situation notwendig geworden zu sein, die deutsche Bevölkerung für neue politische ›Geschenke‹ reif zu machen, wobei der Hunger nach altbewährter Praxis ein vorzüglicher Helfer ist. Fett- und Fleischmangel setzte ein; der halbe Zentner Kartoffeln ist schon längst verzehrt, so daß die Bevölkerung des Ruhrgebiets im Augenblick tatsächlich nur noch von Brot und Wasser lebt... Auffallend ist, daß solche Lücken in der Verpflegungsdecke immer gerade dann entstehen, wenn irgendein politischer Rummel steigen soll. So war es im Vorjahre, als man uns mit dem Zweizonenabkommen beglückte, und so ist es heute wieder kurz vor der faktischen Ausrufung eines Weststaates.«

»Ein kleines Häuflein Diplomaten macht heut' die große Politik. Sie schaffen Zonen, ändern Staaten, und was ist hier mit uns im Augenblick? Wir sind die Eingeborenen von Trizonesien... Wir haben Mägdelein mit feurig-wildem Wesien... Wir sind zwar keine Menschenfresser, doch wir küssen um so besser...«

Aus einem Schlagertext, der 1948 zum »Hit« wurde.

Die Tagesration der 110. Lebensmittelzuteilungs- Periode hat auf wenigen Löffeln Platz.

In der 110. Lebensmittelzuteilungsperiode, die vom 5. Januar bis zum 1. Februar 1948 dauerte, erreichte die Ernährungslage vor allem im Ruhrgebiet einen neuen Tiefpunkt. In Gelsenkirchen gab es für den Normalverbraucher täglich 321,4 Gramm Brot, 35,7 Gramm Nährmittel, 4,4 Gramm Kaffee-Ersatz, 17,8 Gramm Fisch, 7,1

Gramm Fleisch, 2,2 Gramm Käse, 8,9 Gramm Zucker und 16,1 Gramm Marmelade.

Die Lage war katastrophal. Schon in der 109. Periode waren Fleisch- und Fettmarken nicht beliefert worden. In Dortmund wurden an manchen Tagen nicht einmal 450 Kalorien erreicht.

Die Gewerkschaften forderten die Einstellung der Kohlenlieferungen. Und wieder gab es Demonstrationen und Streiks.

Die »Ernährungsexperten« bei der Bizonen-Verwaltung in Frankfurt reagierten hilflos. Wie sollten sie auch Verständnis für die hungernden Menschen aufbringen? Ihr eigener Speisezettel unterschied sich sehr von dem der so genannten Normalverbraucher.

Gegen die Abgabe von 25 Gramm Fett-, 75 Gramm Fleisch-, 400 Gramm Brot- und 100 Gramm Nährmittelmarken pro Woche erhielten sie an jedem Arbeitstag drei Mahlzeiten: vier Scheiben Brot und ein Schälchen Vierfruchtmarmelade mit ganzen Früchten zum Frühstück, zum Mittag-

In Essen legten 50.000 Werktätige die Arbeit nieder, in Köln streikten die Straßenbahner, in Gelsenkirchen die Belegschaft des Glasproduzenten Delog, aber auch in Bochum, Hagen, Oberhausen, Duisburg, Mühlheim und Dinslaken kam es 1948 zu Arbeitskämpfen.

essen Suppe als Vorspeise, als Hauptgericht Gemüse der Jahreszeit und Fleisch (ca. 125 Gramm), als Dessert Eis oder Pudding, zum Abendessen wieder eine Vorspeise, als Hauptgang Fisch oder Fleisch und einen Nachtisch als Abschluss. Dabei ließ sich gut denken und planen.

Eine befristete »*Buttersperre für Selbstversorger*« wurde verkündet.

Der »Reichsnährstand« wurde – nun endlich, drei Jahre nach Kriegsende – aufgelöst.

Und schließlich wurde – statt die notleidende Bevölkerung mit Lebensmitteln zu versorgen – das »Nothilfegesetz zur Ermittlung, Erfassung und Verteilung von Lebensmittelbeständen« beschlossen, das im Volksmund »Speisekammergesetz« genannt wurde. Grund: der Paragraph sieben dieses Gesetzes, der so genannte »Schnüffelparagraph«:

»Alle Haushaltsvorstände sind verpflichtet, Angaben über die an einem Stichtag in ihrem Ei-

Karikaturen
aus dem
»Westdeutschen
Volks-Echo«

gentum oder Gewahrsam befindlichen Bestände an Mehl und Kartoffeln zu machen, sofern diese Bestände für Mehl die Rationen für eine Zuteilungsperiode und für Kartoffeln die zulässige Einlagerungsmenge überschreiten...«

Etwas freilich war merkwürdig: 1948 gab es mit einem Mal so viel Zucker wie noch nie seit Kriegsende. Dafür gab es keine Kartoffeln und kaum Fleisch. Ein Teil der Bevölkerung war mit je 25 bis 50 KIlo Einkellerungskartoffeln versorgt worden, aber diese Vorräte hatten nur bis in die dritte Woche der 110. Zuteilungsperiode gereicht und waren Anfang 1948 aufgebraucht.

Um im darauf folgenden Jahr nicht noch einmal das gleiche Dilemma bei der Kartoffelversorgung zu erleben, wurden den Landwirten »Zuckerprämien« gewährt: 25 Kilo Zucker für je 100 Doppelzentner Kartoffeln, die im Rahmen des festgesetzten Solls abgeliefert werden mussten; für je 100 Doppelzentner über das Soll hinaus sollte es 50 Kilo Zucker geben. Als »Vorschuss« auf diese Prämien sollten bis Ende Juni 1948 zehn Kilo Zucker je Hektar Kartoffelanbaufläche verteilt werden. Auch die Milchablieferung wurde mit Zucker prämiert: ein Kilo je Kuh und Monat.

Von der 111. bis zur 114. Zuteilungsperiode sollte es Zucker statt der versprochenen Kartoffeln geben: an Stelle von je 1.000 Gramm Kartoffeln 170 Gramm Weißzucker. Allerdings – die Ernährungswirtschaftsbürokratie hatte, wie so oft, nicht funktioniert.

Der Zucker war nicht in der erforderlichen Menge vorhanden. Man hatte es für zweckmäßig gehalten, aus dem reichlich zur Verfügung stehenden Zucker Riesenmengen von Bonbons herstellen zu lassen. Und diese wurden nun verteilt statt des Zuckers, der statt der Kartoffeln ausgegeben werden sollte.

»Einkellerungsbonbons« nannten die Leute sie und machten sich bittere Gedanken darüber, wie man denn die Statt-Kartoffeln-Bonbons am bes-

Brottransport
in Bremen 1948

ten einlagern könnte, und höhnten, es gäbe wohl nichts »Originelleres als einen Mittagsspeisezettel, bestehend aus zwei Scheiben Brot, einer Tüte Bonbons und einer Handvoll Steckrübenstreifen«.

Wie auch immer – es gab Zucker im Frühjahr 1948, und mithin wurden vermehrt Süßspeisen und Kuchen zubereitet nach allerlei abenteuerlichen Rezepten.

Kaffeekrem

Zutaten: ¼ l Wasser, drei Teelöffel Kaffee-Ersatz, ¼ l Milch, zwei Esslöffel Grieß, eine Prise Salz, ein Esslöffel Zucker.

Von Wasser und Kaffee-Ersatz kocht man einen Kaffee, den man einige Zeit ziehen lässt. Den abgeseihten Kaffee in heiße Milch schütten. Eine Prise Salz, Zucker und Grieß einrühren und alles unter ständigem Schlagen langsam kochen lassen, bis der Grieß weich ist. Vom Feuer nehmen und die Masse bis zum Erkalten mit einem Schneebesen weiter schlagen. In Schälchen füllen. Die Masse kann man mit einem Klecks Marmelade oder einem Stückchen Kleingebäck, etwa einem Mürbeteigplätzchen, garnieren.

Ausriss aus dem Nachkriegskochbuch »Schmalhans kocht trotzdem gut«

Grundrezept für warme Süßspeisen: 1 Liter Flüssigkeit, Geschmackszutaten, 80 bis 130 g Bindestoff, Salz und Zucker. Arbeitsgang ist — wenn nichts vermerkt — stets der gleiche. ¾ Liter Flüssigkeit kalt ansetzen und aufkochen, ¼ Liter der Flüssigkeit mit Bindestoff kalt anrühren, unter Rühren in die kochende Flüssigkeit gießen und aufkochen lassen, abschmecken.

GRIESSBREI: 1 Liter Milch, 100 g Grieß, Salz, Zucker, Aroma.

HAFERFLOCKENBREI: 1 Liter Milch, 150 g Haferflocken, 10 Minuten quellen lassen.

GRÜTZEBREI: 1 Liter Milch oder Molke, 150 g Grütze, einige Stunden einweichen, 30 Minuten quellen lassen.

Schaumspeisen (kalt hergestellt): 1 bis 2 Eiweiß, 250 g Marmelade oder eingekochtes Obst (Preiselbeeren), Apfelmus oder Rhabarber. Beides zusammen zu steifem Schnee schlagen.

MOSTSCHNEE: 1 Tasse Apfelmost, 1 Tasse Zucker (knapp), 1 Eiweiß. Alles kalt schlagen, bis ein fester, schlagsahneähnlicher Schaum entsteht.

Veränderung: durch Verwendung von Stachelbeer- oder Rhabarbersaft oder jedem anderen Obstsaft.

Osterpudding

Zutaten: 250 g geriebenes Schwarzbrot, eine Tasse gemahlene Nüsse, ein Ei, eine Tasse Milch, zwei Esslöffel Zucker, 50 g Zitronat, etwas Fett.

Das Ei mit dem Zucker schaumig rühren. Nach und nach Brotbrösel, Nüsse, Milch und geraspeltes Zitronat zufügen.

Die Masse wird in eine Puddingform gefüllt, die man vorher mit Fett ausgepinselt hat. Im Wasserbad 30 bis 40 Minuten kochen lassen.

Not - im Spiegel der Zahl

(Eig. Ber.) Die Verbesserung der Lebensmittel-rationen in der 113. und 114. Zuteilungsperiode kam noch eben zur Zeit um eine Katastrophe zu verhindern, wie aus dem nun vorliegenden amtlichen Gesundheitsbericht der Stadt Gelsen-kirchen für 1947 hervorgeht. Die Hungerrationen, die 1946 eine Krankenzulage für 24 355 Per-sonen erforderlich machten erreichte 1947 die erschreckende Zahl von 102 785. Offene Tuber-kulose als direkte Folge stieg von 15,3 v. H. (pro 10 000 Einwohner im Jahre 1946) bis auf 19 v. H. Es ist verwunderlich, daß diese Zahl nicht noch stärker emporschnellte. Im gleichen Zeitraum nahmen auch die Geschlechtskrankheiten in erheblichem Umfange zu, so daß im Ver-gleich zu 1938 ein Ansteigen um das Sechsfache zu verzeichnen war. Eine Untersuchung der Schulkinder zeigte ein überaus trauriges Resultat: über 50 v. H. waren unterernährt. In Anbe-tracht dieser Tatsache ist die Tätigkeit der in- und ausländischen Hilfsorganisationen für die zusätzliche Kinderspeisung und Versorgung mit Lebertran nicht hoch genug zu werten und anzu-erkennen.

Aus der
»Westfalenpost«,
Mai 1948

Gelsenkirchener Rundschau

Kindergeschichten ·1948

Vor einem Schaufenster in der Gel-senkirchener Neustadt steht eine Mut-ter mit ihrem Kinde. Im Fenster steht eine kleine Madonna und daran die Zahl „15". Das Kind fragt: „Mutti, kostet das 15 Punkte?" „Nein — Mark" antwortet die Mutter. „Und wieviel Punkte?" fragt das Kind zurück. „Keine", antwortet die Mutter wiederum. Und mit erstaunten Augen meint das Kind: „Ganz ohne Punkte?" —

Eine Mutter in Buer-Hassel hat ihrem kleinen Dreijährigen das Zuckernaschen verboten. Denn Zucker ist rar, seitdem wir infolge der Abtrennung des Ostens kein Zuckerüberschußland mehr sind. Als die Mutter wieder einmal zu Besor-gungen ausgegangen ist, überkommt es den Kleinen von neuem; er geht an die Zuckerdose und nascht. Die Mutter kehrt heim und merkt es natürlich: „Ich habe es dir doch verboten! Warum hast du genascht?" Da blickt der Kleine die Mutter an und er blickt auf das an der Wand hängende Bild des Vaters, der immer noch im Osten in Gefangenschaft ist; und sagt: „Ich habe Vati gefragt und der hat ja gesagt." G. K.

Aus der
»Westfälischen
Rundschau«

Falsche Kastanientorte

<u>Zutaten:</u>   250 g weiße Bohnen, eine Tasse Zucker, ein Päckchen Backpulver, ein Ei.

Die Bohnen werden mit wenig Wasser gar gekocht und durch ein Sieb passiert. Mit Zucker, Back-pulver und dem Eigelb gut verrühren. Das Eiweiß steif schlagen. Unterziehen.

Den Teig in eine gefettete Tortenform geben. Bei 200 Grad etwa 45 Minuten lang backen. Nach dem Abkühlen kann man die Torte durchschneiden und mit Marmelade füllen.

Natürlich gab es Cafés in der Nachkriegszeit, in denen man Süßspeisen und Kuchen bekommen konnte, wenn auch nicht immer. Sie erfreuten sich regen Besuchs, waren Treffpunkt und Meinungs-börse.

Einiges in diesen Cafés des Jahres 1948 wür-de uns heute seltsam vorkommen.

Zum Beispiel die Kaffeehausgäste, die dort zur kalten Jahreszeit dick eingepackt in Hut und Man-tel, einen Schal umgebunden, an den Tischen sa-ßen. Die Cafés waren nicht beheizt. Der Kaffee war in den allermeisten Fällen Ersatz-Kaffee, dessen Geschmack sich mit Worten nicht beschreiben lässt.

Und an der Kuchentheke waren nur wenige Ar-ten von Gebäck gegen Abgabe von Lebensmittel-marken zu erhalten. Zum Beispiel solche:

Bienenstich aus Erbsen

<u>Zutaten:</u>   Teig: 250 g Mehl, 15 g Hefe, etwas Milch (oder Wasser), 50 g Zucker, 40 g Fett. Bienenstich: 200 g gelbe Erbsen, zwei Esslöffel Haferflocken, 10 g Fett, einige Tropfen Mandel-Aroma, 75 g Zucker.

Die Erbsen über Nacht einweichen. Für den Teig Mehl in eine Schüssel sieben, in eine Vertiefung etwa ein achtel Liter warme Milch oder Wasser schütten, Hefe hinein bröckeln, mit etwas Mehl vermischen und etwa zehn Minuten gehen lassen. Dann mit den übrigen Zutaten zu einem Teig schla-gen, durchkneten, mit einem Tuch bedecken und erneut gehen lassen. Die eingeweichten Erbsen ab-tropfen lassen und durch den Fleischwolf drehen.

Mit 50 Gramm Zucker und dem Mandel-Aroma verrühren. Den Teig auf einem gefetteten Backblech ausrollen. Mit dem »Bienenstich« (sprich: Erbsenmus) bestreichen und nochmals gehen lassen.

Den Rest Zucker in einem Pfännchen braun werden lassen, unter ständigem Rühren Fett zugeben und die Haferflocken. Die Masse mit einem Messer vorsichtig auf den Bienenstich streichen.

In den gut vorgeheizten Ofen schieben und bei 200 bis 225 Grad etwa 25 bis 30 Minuten backen. Wenn möglich, vor starker Oberhitze schützen.

Kartoffelhörnchen

Zutaten: 200 g Mehl, 50 g Fett, 80 g Zucker, ein Päckchen Backpulver, ein Päckchen Vanillinzucker, 250 g Kartoffeln, Hagebutten-Marmelade zum Bestreichen.

Einen Tag alte, gekochte Kartoffeln reiben, mit Fett, Zucker, Mehl und Backpulver zu einem Teig verarbeiten. Gut durchkneten. Nicht zu dünn ausrollen und in handgroße Vierecke schneiden.

Mit Hagebutten-Marmelade bestreichen. Über Eck aufrollen. Auf ein gefettetes Blech setzen und bei 200 Grad etwa 25 Minuten backen. Wer will, kann die fertigen Hörnchen mit Puderzucker bestäuben.

Neues Geld

Am 20. Juni 1948 kam dann die Währungsreform. An diesem Sonntag erhielt jeder deutsche Bürger der Westzonen 40 Deutsche Mark – so heißt die neue Währung – im Umtausch gegen die gleiche Menge Reichsmark, später noch einmal 20 DM.

Fast jeder Bürger bekam das neue Geld. Denn diese Kopfbeträge wurden an den Stellen ausgezahlt, die auch die Lebensmittelkarten ausgaben, unter denselben Voraussetzungen wie diese. Wer also keine Arbeit hatte, keinen Anspruch auf Lebensmittelmarken, bekam auch kein Geld.

Das neue Geld war in den USA gedruckt worden. 915 Tonnen Banknoten wurden unter scharfer Bewachung nach Frankfurt transportiert und von dort weiterverteilt. Zehn Milliarden DM wur-

*Währungsreform
in Nordrhein-Westfalen:
peinlich genaue
Kontrollen auch durch
britische Militärpolizei vor
den Geldumtauschstellen.*

*»Die Währungsreform
war tatsächlich die größte
Enteignungsaktion für
Bargeldbesitzer in der
deutschen Geschichte; sie
brachte ungewöhnliche
Ungerechtigkeiten mit sich.«*

Der Historiker
Rolf Steininger

den in Umlauf gesetzt, und dazu kamen noch einmal etwa drei Milliarden DM Buchgeld.

Das neue Geld sollte nicht nur die Reichsmark ersetzen, die als Zahlungsmittel nur noch in seltenen Fällen akzeptiert wurde.

Es sollte auch die unterschiedlichen Währungen ablösen, die mittlerweile in Umlauf waren, das »Alliierten-Geld«, das die alliierten Truppen bereits 1945 bei ihrem Einmarsch zur Verteilung gebracht hatten, und das Notgeld, ein Gutschein-Geld, das einige Städte gedruckt hatten, um die leeren Kassen ihrer Kommunen zu füllen.

Auch Ersatzwährungen wie Gutscheine, welche die Kaufleute statt des fehlenden (weil gehorteten) Kleingeldes selbst gemalt hatten, Zigaretten, Tauschscheine, Punktechecks und ähnliches sollten vom Markt verschwinden. Die Spaltung des

Marktes in »offizielle« und Schwarzmarktpreise sollte beendet werden.

Die Sowjets traf die Währungsreform unvorbereitet. Als sie in ihrer Zone am 23. Juni 1948 ebenfalls eine Geldreform durchführten, wurden keine neuen Banknoten gedruckt, die alten Geldscheine wurden überstempelt oder überklebt (und infolgedessen »Tapeten-Mark« genannt).

Als die Westmächte die neue Währung auch in den West-Sektoren Berlins einführten, sperrte die Sowjetunion die Land- und Wasserwege für den Personen- und Güterverkehr zwischen West-Berlin und der »Trizone«, eine Blockade, die bis zum 12. Mai 1949 dauern sollte. Der westliche Teil der Stadt musste aus der Luft versorgt werden.

Man hört heute auch immer wieder, alle Westdeutschen hätten am Tag der Währungsreform das gleiche Geld bekommen und somit auch die gleichen Chancen für einen Neuanfang gehabt. Das stimmt nicht. Wer altes Geld, Reichsbanknoten hatte, musste dies auf Konten bei Banken und

*Gutschein-Geld
der Stadt Stuttgart
aus dem Jahre 1945*

Alliiertes Militärgeld

Alle Tage ist kein Sonntag ...
Gelsenkirchener Bilderschau um die „D"-Mark

Immer hereinspaziert, meine Herrschaften! Sie sehen hier die einmalige Gelsenkirchener Bilderschau rings um die „D"-Mark. Immer hereinspaziert! Noch für die alten Preise! Kinder zahlen die Hälfte. Kleiner, mach dem Onkel vom schwarzen Markt mal Platz. Na, Oma kommense mal ruhig rein und sehnse sich das mal an. Herein, meine Herrschaften! Was Sie hier sehen, Fräulein Ida, das war noch nie da! Achtung, Achtung, eilen Sie, meine Herrschaften, die Vorstellung beginnt!

Bild 1

Hier sehen Sie den schwarzen Markt im Gelsenkirchener Hauptbahnhof am Freitagabend. Eine Pulle Schnaps 2600 Mark; sehen Sie den jungen Mann da drüben; der hat eben gerade für vier Pullen Fusel 56 000 Mark bezahlt. Stimmung wie im Fasching. Geldkarneval. Taumel vor dem drohenden Erwachen. Verzweifelt stöhnt ein Schwarzmarkthändler angesichts des nahenden Endes seiner Herrlichkeit: „Wollen die uns denn wirklich vor die Hunde gehen lassen?"

Bild 2

Und hier, meine Damen und Herren, werfen Sie einen Blick in die Straßenbahn am Samstagmorgen. Sehen Sie die die verzweifelte Schaffnerin? Kein Mensch mehr hat Kleingeld; denn Kleingeld ist auf einmal Währungsvorschuß geworden. „Haben Sie kein Kleingeld? Haben Sie kein Kleingeld?" „Nicht einen Pfennig, Fräulein!" Erst als die Schaffnerin, wie Sie sehen, drohend das Haltesignal läuten läßt, holt der Fahrgast zwanzig Pfennig aus der Tasche.

Bild 3

So, und hier ein toller Fall: Jemand, der behauptet, kein Brot mehr backen zu können, weil er kein Mehl mehr hätte. Und draußen steht das Volk und wartet auf Brot. Hm ... „Also, wenn Sie nicht umgehend anfangen zu backen", tönt eine amtliche und sehr deutliche Stimme, „dann hat er sich bei Ihnen überhaupt ausgebacken!" Und daraufhin beginnt der Schornstein wieder zu rauchen, und zwar so kräftig, daß zum Backen und Verkaufen sogar der Sonntag noch zu Hilfe genommen werden muß. Sehense, meine Herrschaften, wie schön, wie schön!

Bild 4

Kleiner, nimm den Finger aus der Nase und geh mal auf die Seite die Herrschaften wollen jetzt sehen, wie es am Sonntag auf den Gelsenkirchener und Buerschen Kartenstellen zuging. Meine Herrschaften, es war herzzerreißend! Selbst Schutzleute gerieten außer sich. So ein Gedränge war das den

ganzen Tag bis beinahe in die Nacht hinein! Sehense, wie die Leute schimpfen, als wenn se gar kein Geld haben wollten. Sie schimpfen auf das Wirtschaftsamt. Ja, meine Herrschaften, wenn man jahrelang nur den Mangel organisiert hat, wie kann man dann jetzt auf einmal eine solche Fülle organisieren! Das geht doch nicht oder doch?"

Bild 5

Nun, meine Herrschaften, ein ganz trauriges Bild. Ein Beamter am Montagmorgen beim Nervenarzt. Im tiefsten Delirium. Hören Sie, was er in einemfort phantasiert: „Vierzig, achtzig, hundertzwanzig, hundertsechzig. Grand mit Vieren aus der Hand, spielt fünf, angesagt sechs, sieben, acht, hundertsechzig! Passe! Passe! Passe!" Der arme Mann. Er hat am Sonntag das neue Geld ausgegeben! Jetzt liegt er da in seinem „D"-Mark-Delirium.

Bild 6

Nachdem Sie sich, meine Damen und Herren, von diesem traurigen Anblick erholt haben, zeige ich Ihnen nun ein freundlicheres Bild. Sehen Sie mal her: Hier bietet ein Schwarzhändler den Schnaps schon für 18 Mark Neugeld an und die Amis für 50 Pfennig und den Bohnenkaffee für 35 Mark. Aber, meine Herrschaften, nehmen Sie sich Zeit. Die Sachen werden noch billiger. Gehen Sie sorgfältig mit Ihren vierzig Piepen um. Sie werden staunen, was alles Ihnen dafür geboten wird! Vorsicht, Vorsicht, alle Tage ist kein Sonntag wie der 20. Juni!

Bild 7

Meine sehr verehrten Damen und Herren! Als letztes zeige ich Ihnen jetzt ein Gelsenkirchener Zukunftsbild. Was Sie auf diesem Bild sehen, das ist der glücklich strahlende Normalverbraucher und mit seiner vierköpfigen Familie 160 Mark Neugeld besitzende Herr Müller. Sein Stammkino hat ihm durch Extraboten einen festen Dauerplatz für sämtliche Filme bis Ende 1950 angeboten. Sein Handwerker hat ihn für zwei Wochen markenfrei zum Essen eingeladen, wenn er bei ihm sofort anfangen darf. Und soeben hat ihm sein Lebensmittelhändler per Dreirad ein Tütchen Pfefferersatz ins Haus gebracht.

Damit ist unsere Bilderschau beendet. Hochverehrtes Publikum! Namens der Direktion danke ich Ihnen für Ihren Besuch und Ihre geschätzte Aufmerksamkeit. Hoffentlich hat Ihnen dieser aufregende Sommerkarneval gefallen. Und hoffentlich kommen Sie auch über den noch langen Fastenzeit gut hinweg. Vor allen Dingen aber, Du kleiner Mann von der Straße! Paß Du ganz besonders auf Deine Pfennige auf! Und nicht nur darauf!

G. K.

*Ausriss aus der
»Westfälischen
Rundschau«
vom 22. Juni 1948*

Verdeckt:
Reichsbanknote

Darüber:
Das »neue« Geld

Sparkassen einzahlen. Alle Bank- und Sparguthaben, auch schon bestehende, wurden in die neue Währung »umgewandelt«.

Für 100 Reichsmark sollte es zehn DM geben, tatsächlich waren es aber nur DM 6,50. Zahlungsverpflichtungen (z. B. Mieten) wurden im Verhältnis 1:1 umgestellt, für Schuldverhältnisse (z. B. Bankkredite) musste nur ein Zehntel des Betrages in neuer Währung zurückgezahlt werden.

Der »kleine Mann« wurde so wieder einmal um sein Erspartes gebracht. Die Aktien der Unternehmer, die als verurteilte Nazis zum Teil in den Gefängnissen saßen, behielten indes ihren Wert und wurden im Verhältnis 1:1 umgestellt. Und jeder, der Sachwerte besaß, war fein heraus und wurde in unvertretbarem Maße bevorzugt.

Am Montagmorgen, am Tag nach der Währungsreform, glaubten die Menschen ihren Augen nicht trauen zu dürfen. Die Schaufenster waren dekoriert mit Waren, die Tage zuvor, teils jahrelang, nicht zu bekommen waren.

Die übervollen Läden machten deutlich, in welchem Ausmaß in der Zeit vorher Waren zurückgehalten worden waren. Der Handel nutzte natürlich die Euphorie der Verbraucher über das Angebot solch lange entbehrter Kostbarkeiten zu massiven Preiserhöhungen. Der Schwarze Markt brach zusammen. Die Warenbewirtschaftung wurde nach und nach aufgehoben. In der Industrie konnten die Firmen ihr Betriebskapital erhöhen, konnten investieren, neue Maschinen kaufen, rationeller produzieren.

Viele Menschen wurden dabei zunächst arbeitslos, aber das kümmerte nur die Betroffenen. »Es geht aufwärts!« hieß es.

Mit Ochsenblut
und Schweinegalle

WENN ES RICHTIG IST, dass »*die Kochkunst ein Gradmesser der Kultur und der Geistesbildung*« eines Volkes ist, dann muss es um die DDR wenig gut bestellt gewesen sein.

Dass es mit den kulinarischen Genüssen der DDR nicht so weit her war, hatte Ursachen. Da war zum einen jenes Institut in Potsdam-Rehbrücke, das sich (zentral!) um die Ernährung der DDR kümmerte (und zwar auf wissenschaftlicher Grundlage). Dabei konnte natürlich nichts Schmackhaftes herauskommen.

Zum anderen war da die Ausbildung zum Koch (bzw. zur Köchin). Diese war »*vereinheitlicht*«. Und so waren es nur einige wenige »Chef«-köche, die das Kochen in der Republik bestimmten.

Zum Dritten sind es selbstverständlich auch die Zutaten, die zum Kochen zur Verfügung stehen, welche die Qualität eines Essens bestimmen. Und da machte sich der Verlust von Know-how schmerzlich bemerkbar.

Viele Nahrungsmittelunternehmer waren in den Westen abgewandert und hatten ihre Rezepturen und Patente mitgenommen. Außerdem ließ die Qualität der landwirtschaftlichen Produkte im Laufe der Jahre immer mehr nach. Und Einfuhren aus dem Westen verboten sich schon aus ideologischen Gründen.

Schließlich – was will man von einer Esskultur in einem Land erwarten, in dessen Nachschlagewerken unter dem Stichwort »Essen« zu lesen ist:

»Individuelle Reproduktion der Lebens-, Leistungs- und Genußfähigkeit durch Verhaltensweisen und Tätigkeiten, die entsprechend der histo-

»1948 Spätlese«
Zeichnung
von Josef Hegenbarth

*risch-konkreten Entwicklung natürlicher und
sozialer Lebensbedingungen gesellschaftlich
möglich ist und für den einzelnen entsprechend
seiner klassengebundenen Stellung im gesell-
schaftlichen Reproduktionsprozeß erreichbar
sind... Kraftverausgabung oder andere Ursachen
für Ermüdung erfordern notwendigerweise eine
entsprechende Phase der Reproduktion von Energie und Leistungsfähigkeit. In Folge der raschen Entwicklung der Produktivkräfte, des
schnellen Fortschritts in der Vergesellschaftung
der Arbeit und der verschiedenartigen Wirkungen der Urbanisierung und Industrialisierung
wird die Sicherung der Bedingungen zur effekti-*

»Komm raus, du trauriger
Knabe – sonst wird die
Grube zum Grabe.«

Zeichnung
von Helmut Beier

*ven Reproduktion individuell unterschiedlicher
Energie und Kraftpotentiale in wachsendem
Maße von gesamtgesellschaftlichen Lösungen
abhängig.«*

Man kann nur vermuten, was da gesagt werden
soll: Essen dient dazu, verausgabte Arbeitskraft
zu erneuern. Und: Im Rahmen des technischen
Fortschritts ist die Kantine der ideale Ort dafür.

Allerdings – man tut den Küchenmächtigen in
der DDR Unrecht, wenn man allein ihrer Phanta-

sielosigkeit die ganze kulinarische Katastrophe anlastet. Eigentlich Schuld daran trägt die Teilung Deutschlands.

Zunächst war die Währungsreform, rechtlich gesehen, ein Bruch des Potsdamer Abkommens. Da die neue Währung auch in den Westsektoren Berlins eingeführt wurde, war die Stadt praktisch geteilt.

Die Sowjets reagierten und verhängten eine Blockade über Berlin. Einen Tag nach der Sperrung aller Zufahrtswege befahl US-General Clay die Einrichtung einer Luftbrücke. Im Juli 1948 flogen die ersten der so genannten »Rosinen-Bomber«. Und sie setzten ihre Flüge 45 Wochen lang fort. Unermüdlich. Bei Tag und Nacht. Bei nahezu jedem Wetter.

Bis zum 12. Mai 1949 sollten die Alliierten auf 279.114 Flügen rund 2,3 Millionen Tonnen Güter nach West-Berlin bringen. 61 Soldaten kamen bei Unfällen ums Leben.

Seit dem 8. Juli 1948 wurden auch Kohlen per Flugzeug nach Berlin geliefert.

Mit der »Berlin-Blockade« hatte der »Kampf der Systeme« begonnen, der so genannte »Kalte Krieg«, der immer auch ein Kampf um die bessere Versorgung der Bevölkerung mit Lebensmitteln und Konsumgütern war.

Das zeigte sich deutlich 1951, als der erste Fünf-Jahr-Plan der DDR vorgestellt wurde:

»Die sich ständig verbessernde Lebenshaltung ist einer der stärksten Hebel im Kampf um die Verwirklichung unserer nächsten nationalen Ziele. Sie wird unseren Brüdern und Schwestern im Westen überzeugend darlegen, daß den werktä-

tigen Menschen erst in einer fortschrittlichen Demokratie eine wirklich lebenswerte Zukunft gesichert ist.«

Freie Läden

Am 15. November 1948 wurden im sowjetisch besetzten Sektor von Berlin und in anderen Städten der sowjetischen Besatzungszone Geschäfte und Gaststätten der staatlichen Handelsorganisation eröffnet.

In diesen so genannten »freien« Läden sollten Waren des täglichen Bedarf, Nahrungsmittel und Genussmittel verkauft werden und das, ohne Lebensmittelmarken oder Bezugsscheine einsetzen zu müssen.

In den Geschichtsbüchern der DDR sollte es fortan heißen, die Läden und Gaststätten seien eingerichtet worden, um »den Schwarzen Markt zu bekämpfen und schließlich zu liquidieren« und um »das Kartensystem in der Versorgung allmählich abzubauen«. Auch den »Spekulationen« der (privaten) Großhändler wollte man entgegenwirken. Aber das ist nur die halbe Wahrheit.

Vor allem sollte natürlich der Geldüberhang abgeschöpft werden und gegenüber dem Westen ein »Konsumventil« geschaffen werden. »Die über die Warenzirkulation in der HO erzielten Gewinne aus der Produktion volkseigener Betriebe kommen als Investitionsmittel der Volkswirtschaft, der Volksbildung und dem Gesundheitswesen

Im Herbst 1948 hielt ein US-amerikanischer Armeelastwagen in der Leipziger Straße (das ist im Sowjetsektor Berlins gewesen) vor dem gerade eröffneten HO-Lebensmittelladen. Die Soldaten warfen den Passanten Apfelsinen zu (die es in dem HO-Laden natürlich nicht zu kaufen gab) und amüsierten sich über die »Gier« der Menschen.

Eröffnung eines »freien Ladens« in der sowjetischen Besatzungszone. »WOP« bedeutet »Waren ohne Punkte«.

zugute«, ließ man die Leute wissen. Tatsächlich verschwanden die Gewinne oft genug im Labyrinth planwirtschaftlicher Kanäle.

Mit der HO entstand in der sowjetischen Besatzungszone ein »doppeltes« staatliches Preissystem: niedrige (subventionierte) Preise für Waren auf Lebensmittelmarken oder Punktekarten, für Waren also, die das Existenzminimum gewährleisten sollten, und sehr hohe Preise für nicht rationierte Waren. Noch einmal ein Zitat aus einem DDR-Geschichtsbuch dazu:

»Die HO erwies sich als stabile ›Konkurrenz‹ des Schwarzmarktes, dessen Preise sie unterbot. Im Unterschied zu den Schiebern garantierte sie auch die Güte ihrer Waren. Sie ... verschaffte den Werktätigen überhaupt erst die Möglichkeit, ihren Mehrverdienst auf legalen Märkten zu realisieren.«

In der westlichen Presse wurden die HO-Geschäfte als »Wucherläden« beschimpft.

Die Menschen in der sowjetischen Besatzungszone nahmen die neuen Läden überwiegend positiv auf. Alle Berichte, auch die in den westli-

chen Zeitungen, stimmten darin überein: Der An-
drang vor den HO-Läden war groß. Die Qualität
der Waren wurde allgemein gelobt.

Der Erfolg ermutigte die staatliche Handelsorganisation in den nächsten Jahren (ähnlich wie
wir das heute von Supermarktketten kennen) eine
eigene Produktpalette herstellen zu lassen und in
ihren Läden anzubieten. Es gab »HO Makkaroni
mit Eier-Zusatz«, die Backmischung »HO Back-
fertig mit allen Zutaten« oder »HO Eierlikör«. Dazu
wurden die entsprechenden »Verbrauchsanweis-
ungen« geliefert. In »HO-Rezepte für festliche Tage«
ist zu lesen:

*»Festtage – Feiertage! Richtig genießen kön-
nen wir sie, wenn wir werktags fleißig geschafft
haben. Überall wird gearbeitet, um den Fünf-
jahrplan zu erfüllen, durch den wir uns Frieden
und Einheit Deutschlands sichern werden. Oft
bleibt für Küchenfragen nur wenig Zeit. Aber da
zu Feiertagen gutes Essen gehört und bei uns
einer dem anderen hilft, haben wir Ihnen Rezepte für Backwerk und Gerichte zusammengestellt,
die schnell bereitet sind. Bitte erkennen Sie
daran, daß wir Ihnen nicht nur tadellose Ware
verkaufen möchten, sondern auch bei deren Zubereitung helfen wollen.«*

Die Rezepte selbst brachten wenig Neues: Sand-
torte und Pfefferkuchen, Nudeln mit Roulade und
Grießklöße.

Auch die HO-Gaststätten waren beliebt, jedenfalls so lange, wie die Kellnerinnen und Kellner sich

Bilder in einem
Zeitungsbericht über den
Einkauf in einem HO-
Laden.
Bildunterschriften:

*»Wenn man den
Angehörigen freier
Berufe, die im Westsektor
wohnen, kein Geld
umtauscht, soll man sich
nicht wundern, daß wir
ausschließlich im
Ostsektor einkaufen.«*
(oben)

*»Da mein Mann nur
Ostgeld verdient, ist das
HO-Geschäft für mich
eine gern benutzte
Einrichtung. Was hier
fehlt? –
Herrenunterwäche,
Damenschlafanzüge,
Taschentücher!«*
(links)

Frage:
»Warum werden
überhaupt Lebensmittel in
den HO-Geschäften frei
verkauft, statt daß man die
Zuteilungen für die
niedrigen Kartengruppen
erhöht?«
Antwort:
»Die Lebensmittelrationen
werden aus dem
Ablieferungssoll der
Bauern beliefert. Aber
über sein Soll hinaus
produziert der Bauer
Lebensmittel... Diese ...
Mengen kauft jetzt die HO
auf und bewilligt dem
Bauern dafür höhere
Preise... Durch diesen
Mehrverdienst wird das
Interesse des Bauern zur
Produktionssteigerung
angeregt.«

Frage:
»Ist es zu vertreten, daß
die Spaltermark
(so wurde die neue
Westwährung im Osten
genannt)
besitzenden Westberliner
durch den Einkauf in den
HO-Läden am meisten
profitieren?«
Antwort:
»Warum sollen die Kreise,
die unseren Aufbau zu
sabotieren versuchen,
daran gehindert werden,
sich an seiner
Finanzierung zu
beteiligen. Außerdem
tragen sie damit zur
Verknappung der D-Mark
im Westen bei, und das ist
das Ziel, was es zu
erreichen gilt.«

um die Gäste bemühten. Das war in der Anfangszeit noch so, sollte sich aber ändern.

Ein Reporter der Zeitschrift »Für Dich« besuchte das HO-Restaurant am Berliner Alexanderplatz. Hier Auszüge aus seinem Bericht:

»Vor der Speisekarte des HO-Restaurants in der Königstraße ... stauen sich die Menschen... ›Det is nischt für uns‹, meint bittergehässig eine ältere Frau zu ihrem Sohn, ›det is bloß für die Schieber und Bonzen!‹ ... Wir sind ... von Tisch zu Tisch gegangen. Haben gefragt und uns mit Gästen, mit Kellnern, mit dem ›Fräulein HO‹, mit elegant gekleideten Frauen, die ›schnell einen Happen essen wollten‹, unterhalten... Wir freuten uns über den Appetit, den eine junge Angestellte, die im Westen wohnt, aber im Ostsektor arbeitet, entwickelte. ›Die Schweineohren, überhaupt die Qualitäten der Gerichte sind hier vielfach besser als bei uns‹, sagen uns die Gäste aus den Westsektoren. Doch wir stellten bei den vielen Gesprächen fest, daß weit mehr Ostberliner als Westberliner in die HO kommen. Und noch etwas fiel uns auf: Schieber und Bonzen fehlen hier.«

Die HO-Läden und -Restaurants waren also zunächst ein Erfolg. Das Ziel, die Aktivitäten von Schiebern und illegalen Händlern einzudämmen, wurde freilich nicht erreicht. Vielmehr häuften sich die Berichte über Wirtschaftsverbrecher.

Auch wenn das heute von Historikern immer wieder in Zweifel gezogen wird – seit der Währungsreform bis in die sechziger Jahre hinein hat es im Zeichen des »Kalten Krieges« auch immer wieder Sabotageakte gegen die Versorgung mit Lebensmitteln in der sowjetischen Besatzungszone und später in der DDR gegeben. Dafür liegen zahlreiche Beweise vor, auch solche von »dritter«, von »neutraler«, von unbeteiligter Seite. Was da gemacht wurde, beschreibt der US-amerikanische Journalist John Dornberg:

»Ein bewährter Trick bestand darin, gefälschte Bahntransportbefehle einzuschleusen, damit dadurch große Lieferungen von Butter, Kartoffeln, Kohle und Erzen aufgehalten oder in die falsche Richtung umgeleitet wurden. Das Ergeb-

nis waren Versorgungslücken und Knappheit. So gelang es im Herbst 1950..., fünf Tiefkühlwaggons mit polnischer Butter, die für Leipzig bestimmt war, nach Rostock ›umzudirigieren‹, wo sie so lange auf dem Abstellgleis standen, bis die Butter ranzig geworden war... Im nächsten Winter verdarben hunderte Waggonladungen Kartoffeln auf Abstellgleisen von Dutzenden von Bahnhöfen.«

Besonders »erfolgreich« im Kampf gegen die so genannte »Ostzone« waren zwei (Untergrund-)Organisationen. Die UGO, eine »unabhängige« Gewerkschaftsorganisation, und die KGU, die im Jahre 1948 gegründete »Kampfgruppe gegen Unmenschlichkeit e.V.«. Über letztere berichtet Hans Teller in seinem Buch »Der kalte Krieg gegen die DDR«:

»Immer wieder zerstörten ›KGU‹-Agenten durch bewußt falsches Rangieren und das Blockieren von Weichen Güterwagen der Deutschen Reichsbahn mit wertvollen Ladungen und Lebensmitteln...

Einer dieser Terroristen ... führte ... absichtliche Zusammenstöße von Waggons herbei. Dabei wurden zwölf Waggons mit Medikamenten und Schlachtvieh, die für die Versorgung der Berliner Bevölkerung bestimmt waren, zerstört...

Der ... hervorgerufene Sachschaden betrug allein bei einem der zerstörten Waggons mehr als 20.000 DM.

Zu den ... Untaten der ›KGU‹-Banditen gehörte auch die Störung der lebenswichtigen Versorgung von Säuglingen und Kleinkindern durch die Unbrauchbarmachung der noch lange knappen Trockenmilch mit Seifenpulver und anderen chemischen Zusätzen.«

Ein anderes Problem – für beide Seiten – war der Schmuggel. Millionenwerte wechselten über die Berliner Sektorengrenze oder die Zonengrenze.

Trotz der relativ hohen Preise in den HO-Läden lohnte sich der Einkauf im Osten wegen des günstigen Umtauschkurses zwischen West- und Ostmark. Textilien vor allen Dingen waren es, die über die Grenze »gingen« und in Helmstedt oder anderen grenznahen Städten zu einem Drittel des

Sabotage gegen die Lebensmittel-Versorgung.

In Borna bei Leipzig werden die Ställe von 13 Neubauernhöfen angesteckt.

In Mecklenburg deckt die staatliche Kontrolle die Verschiebung von Sachwerten in Höhe von 30 Millionen DM in den Westen auf.

Die Leitung des Ministeriums für Handel und Versorgung (der gerade gegründeten DDR) verschiebt Tausende von Tonnen Zucker nach West-Berlin.

»Meine kleine Tochter mußte ich acht Wochen nach der Geburt bereits mit Trockenmilch ernähren, da sie Kuhmilch nicht vertrug.
Ich muß nun immer wieder ... feststellen, daß die Trockenmilch ... von der HO ... oft alt war, was ich auch auf dem Etikett lesen konnte... Da meine Tochter aber ... auf diese Milch, bei der der Verbrauchstermin überschritten war, schlecht reagierte, schrieb ich an die Herstellerfirma, ... bekam aber von dort nur ausweichende Antworten.«

Aus einem Brief an »Die Frau von heute«

Westpreises verkauft wurden. Aber auch Kaffee, amerikanische Zigaretten, Schokolade und anderes wurden geschmuggelt.

Es gab freilich Meldungen von der »Lebensmittelfront« des »Kalten Krieges«, deren Wahrheitsgehalt eher umstritten sein dürfte und die wohl mehr der Propaganda dienten.

1950 zum Beispiel meldete die DDR-Nachrichtenagentur ADN, von US-amerikanischen Flugzeugen seien Kartoffelkäfer auf die Äcker des Ostens abgeworfen worden, um die Ernte zu vernichten.

Tatsache ist, dass auch im Westen, in Belgien, Holland oder Frankreich über eine *»außergewöhnliche Invasion von Kartoffelkäfern«* in diesem Jahr berichtet wurde. Die Amerikaner brauchten also gar nicht nachzuhelfen.

Natürlich wurde auch im Westen Propaganda gemacht. Da hieß es etwa 1953 in der »Westdeutschen Allgemeinen Zeitung«:

»Acht Menschen in Sachsen-Anhalt (Sowjetzone) sind in der letzten Zeit an Kehlkopfkrebs gestorben, nachdem sie sogenannte Bino-Erzeugnisse gegessen hatten. Der Berliner Senator für Gesundheitswesen warnt aus diesem Grund natürlich vor dem Genuß etwa auch in Westdeutschland noch im Handel befindlicher Bino-Waren. Die Bino-Erzeugnisse wurden im elektrochemischen Kombinat Bitterfeld (Sowjetzone) hergestellt und sind Suppenwürzen und Brühwürfel, die aus Abfällen der Igelit-Produktion gewonnen werden sollen. Die Produktion wurde inzwischen verboten.«

Warum gerade acht Sachsen-Anhaltiner an den Bino-Erzeugnissen gestorben sind (bei Millionen Verbrauchern dieser Produkte), warum sie gerade Kehlkopfkrebs bekamen (und nicht Magenkrebs) und wie der ursächliche Zusammenhang zwischen dem »Genuss« von Bino-Produkten und einer angeblichen Krebserkrankung herzustellen ist, das bleibt das Geheimnis dieses Berichtes.

Aber zurück zur real existierenden Sabotage und Wirtschaftskriminalität!

Wer erwischt wurde, wer ins Lager oder Gefängnis kam, für den war das luxuriöse Leben zwischen Ost und West definitiv vorbei. Bericht eines Häftlings:

Die Bino-Speisewürze sollte – die Flaschenform zeigt es – Maggi im Osten ersetzen. Bino wurde von der SAG (sowjetischen Aktiengesellschaft) Kaustik Bitterfeld hergestellt und auch im Westen verkauft, war also eine durchaus ernst zu nehmende Konkurrenz für Maggi. Igelit war ein Kunststoff, der im elektrochemischen Kombinat Bitterfeld hergestellt wurde. Fensterglas machte man zum Beispiel daraus (das sich bei Sonneneinwirkung mit der Zeit dunkel färbte) und Schuhe (die sich nicht reparieren ließen).

»Um sechs Uhr war Zählappell... Anschließend gab es Frühstück, bestehend aus 200 Gramm klitschigem, dunklem Brot, einem Teelöffel Zucker und einem halben Liter Rübenkaffee, der in einem Blechnapf verabfolgt wurde.

Das nächste Essen gab es um 12 Uhr. Es bestand aus einem dreiviertel Liter dünner Graupensuppe mit zwei bis drei Möhrenscheiben und einigen wenigen Fleischfasern.

Um 18 Uhr erhielten die Häftlinge eine Mischung von Kartoffelbrei und Sauerkraut in Größe einer Kinderfaust als Abendbrot. Das gab es während der gesamten Dauer meiner Untersuchungshaft, also von April bis August 1949 als Verpflegung ohne jede Abwechslung.«

Bei der geringen und schlechten Kost starben viele der in den Lagern und Gefängnissen Inhaftierten den Hungertod.

Die Ernährungslage für sie änderte sich erst Mitte der fünfziger Jahre.

Ein eigenes Land

Was sich schon nach der Währungsreform angekündigt hatte, trat 1949 ein. Als Reaktion auf die Verkündung des von den Westmächten genehmigten »Grundgesetzes für die Bundesrepublik Deutschland« am 23. Mai 1949 wurde eine Woche später die »Verfassung der Deutschen Demokratischen Republik« vom 3. Volkskongress angenommen. Und am 7. Oktober 1949 beschloss der »Deutsche Volksrat« in Berlin:

»Der Deutsche Volksrat erklärt sich zur Provisorischen Volkskammer im Sinne der von ihm am 19. März 1949 beschlossenen, vom 3. Volkskongress am 30. Mai 1949 bestätigten Verfassung der Deutschen Demokratischen Republik.«

Das war die Geburtsstunde der DDR, und damit gab es zwei Staaten in Deutschland. Lebensfähig war der neue Staat im Osten nicht.

Um wenigstens die Ernährung der Bevölkerung zu sichern, wurde die UdSSR um Hilfe gebeten. Und die Sowjetunion schickte 380.000 Tonnen Getreide und 20.000 Tonnen Fett. Ansonsten behalf man sich, so gut es eben ging, und die Verhältnisse es zuließen.

Wissen Sie, Kollegin, wenn ich geahnt hätte, daß Gänsebraten im Film Pappmaché ist, wäre ich niemals Schauspieler geworden.

»Die Pflicht zur Kenntlichmachung des Ersatzlebensmittels gilt als erfüllt, wenn die als Abnehmer in Betracht kommenden Kreise oder Einzelpersonen daraus entnehmen können, daß und nach welcher Richtung hin die Ware von dem echten bzw. vollwertigen Lebensmittel abweicht. Wie weit die Aufklärung im Einzelnen gehen muß, läßt sich nicht in eine allgemein gültige Formel fassen.«

Aus:
»Natur und Nahrung«
17/18 1949

Nehmen wir als Beispiel die Schokolade. Zeit ihres Bestehens litt die DDR unter Kakao-Knappheit. Ersatzstoffe mussten her. Die Patentschriften der DDR zu diesem Thema erklären, was drin war in der so genannten »Schokolade«:

- DD 205 605 »Verfahren zur Herstellung eines kakaoaromahaltigen Pulvers durch die Verarbeitung von Kakaoschalen«,
- DD 226 763 AI »Verfahren zur Herstellung eines kakaoähnlichen Produktes aus einheimischen roten Rüben«,
- DD 245 355 AI »Verfahren zur Gewinnung eines Kakaopulversubstitutes aus Getreidekeimen und deren thermische Reaktion mit Zuckern«.

Um die Schokoladenfarbe zu erreichen, wurde der Mischung nach dem Bericht von Zeitzeugen Ochsenblut zugesetzt. Auch für die (teure) Füllung von Schokoladenpralinen hatte man ein kostengünstiges Verfahren entwickelt: Erbspüree mit Zucker und Aromastoffen. Und die »Süßtafel mit Gebäckperlen« bestand teilweise aus Silage (Viehfutter aus vergorenem Grünzeug).

Ähnlich wurde mit dem Bier verfahren. Keine Rede war da vom deutschen »Reinheitsgebot«. Malz durfte *»aus Ersparnisgründen«* durch Gerstenflocken, Reis- oder Maisgrieß sowie Zucker ersetzt werden. War kein Hopfen vorhanden, wurde dem Bier Schweinegalle zugesetzt.

Das Nachmachen und Verfälschen war in der DDR nur dann verboten, wenn *»es den Zweck verfolgt, ...im Handel und Verkehr zu täuschen«*. Wer also im Laboratorium versuchte, ein bekanntes hochwertiges Lebensmittel aus billigeren Grundstoffen nachzuahmen, fiel nicht unter dieses Verbot. Wer dieses neue Lebensmittel dann in den Handel brachte, musste es entsprechend kennzeichnen. Aber das Gesetz zur Kenntlichmachung hatte so viele Schlupflöcher, das es in der real existierenden Wirklichkeit kaum Anwendung fand. Es gab allerdings Ausnahmen. Aus »Natur und Nahrung« 3/4 1949:

»Das Ministerium für Handel und Versorgung Sachsen weist aus gegebener Veranlassung darauf hin, daß in verstärktem Maße ein als ›Speck- bzw. Schinkenaroma‹ oder ›Suppenwürze, flüs-

*sig‹ bezeichnetes Erzeugnis sich im Handel be-
findet, das durch den Herstellungsbetrieb lediglich als ›Räucheressenz‹ angeboten wird und für
Fleischereien und ähnliche Betriebe zum Einreiben von Würsten und Schinken vorgesehen ist.
Durch den Großhandel wurden die Erzeugnisse
in die Einzelhandelsgeschäfte geleitet und somit
den Verbrauchern angeboten.*

*Nach dem Genuß dieser Aromen treten unan-
genehme Begleiterscheinungen in Form von Ma-
gen- und Darmerkrankungen auf. Die Ursache
hierzu ist der bei der Herstellung zur Verwendung kommende Holzessig.*

*Die Herstellung, der Verkauf und die Verwen-
dung dieser Speck- und Schinkenaromen bzw.
unter anderem Namen bezeichneten Fabrikate
ist untersagt.«*

In der DDR hatte sich die Herstellung von Aromen zu einem wichtigen Wirtschaftszweig entwickelt. Und es gab kaum etwas, das sich nicht nach-
ahmen ließ, besonders wenn die Bauern nicht liefern konnten oder wollten: Arrak-, Rum- und Mandelaroma (aus Mandelölen und Benzoldehyd), Mar-
zipanersatz, Butter-, Zitronen- und Vanille-Aroma

Achtung!

Obst- und Gemüseanbauer!

Eure Pflichtablieferung von Obst und Gemüse ist unbefriedigend!

Die Erfüllung der Pflichtablieferungsmengen zu bestimmten Terminen und in ent-
sprechender Gütevorschrift ist Gesetzespflicht!

Das Kabinett der Landesregierung hat am 29. Juni 1949 in der Verordnung über die
Sicherstellung der Pflichtablieferung und über die Verstärkung des Aufkaufs von
Gemüse und Obst im Land Brandenburg nachstehende Ablieferungstermine festgelegt:

Gemüse bis 10. Juli 1949	mindestens	8	Prozent des Jahressolls		
" " 20. Juli 1949	"	10	" " "
" " 31. Juli 1949	"	13	" " "
" " 10. Aug. 1949	"	15	" " "
" " 20. Aug. 1949	"	17	" " "
" " 30. Aug. 1949	"	20	" " "
Frühobst " 10. Juli 1949	"	70	" " "
" " 15. Juli 1949	"	80	" " "
" " 20. Juli 1949	"	90	" " "
" " 31. Juli 1949	"	00	" " "

Bei Nichterfüllung der Pflichtabgabe zu den festgesetzten Terminen erfolgt strenge
Bestrafung auf Grund der Wirtschaftsstrafverordnung und Lieferung von hoch-
wertigen Ersatzprodukten (Milch, Butter, Schweinefleisch usw.).

Der freie Verkauf von Obst und Gemüse darf erst erfolgen, wenn die fristgemäße
Ablieferung gewährleistet ist.

Der Verkauf von Übersoll-Obst- und -Gemüsemengen an Spekulanten (wilde Händler)
ist strafbar! Eure Übersoll-Obst- und -Gemüsemengen gehören den Kindern, den
Kranken, unseren Werktätigen und nicht den Saboteuren unserer Wirtschaft!

*Aufforderung des
Ministerpräsidenten des
Landes Brandenburg zur
Ablieferungspflicht der
Bauern im Jahre 1949*

(aus Vanille-Extrakt und Acetyl-Isoeugenol), Honig-, Ananas- und Nussaroma, Sahne- und Zimtersatz, Himbeer- und Schokoladenaromen, Kuchen- und Lebkuchengewürze, Specktunken-, Anisaroma und vieles mehr.

Auf der ersten Berliner Nahrungsmittelmesse, die im Februar 1950 im Haus Vaterland am Potsdamer Platz stattfand, konnte die Bevölkerung diese Produkte bewundern. Vierzig Betriebe stellten dort aus, darunter auch 21 private Unternehmen. Neben den Aroma- und Gewürzproduzenten waren das vor allem Betriebe der Süßwarenindustrie, der industriellen Backwarenherstellung und Nährmittelfabriken.

Die Schokoladenfabrik Tangermünde stellte ihr »Espade-Dessert« vor (»*eine abwechslungsreiche Fondantmischung in geschmackvollen Packungen*«). Die »Erste Berliner Zwieback-, Keks- und Lebkuchenfabrik ›Gnom‹« bot Spekulatius, Mürbe- und Tortenkekse an (»*bei diesen Erzeugnissen ist die Friedensqualität nahezu erreicht worden*«).

Und der volkseigene Betrieb »Lactacida« konnte mit einer »Neuerung« aufwarten: Die »Telosäure« sollte zum Hilfsmittel des Bäckers werden, weil sie »*ein Nachsteifen des Teiges hervorruft ... (und) dem Brot eine gleichmäßig große Porung, milden Geruch und Geschmack verleiht*«. Was auffiel? Die neuen Phantasienamen mancher Produkte, deren Einführung und Gewöhnung Probleme bereitete, aber notwendig war, weil die »alten« Namen identischer Produkte geschützt waren.

Fehlt noch der Hinweis, wie die Bürger und Bürgerinnen des neuen Landes die vielen neuen Produkten verwendeten. Tatsache ist, sie benutzten sie nur im Notfall. Sie kochten, wie sie es gewohnt waren. Noch.

»*Festtage sind Schlemmertage*«, hieß es auch in der DDR. Und in manch' einer Zeitschrift wurden Anregungen für ein außergewöhnliches Menü gegeben. In der Frauenzeitschrift »Für Dich« meinte eine Autorin unter der Überschrift »*Ein Sonntag von früh bis abends*«:

»*Wenn wir an einem Sonntag oder einem Festtag einmal von früh bis abends ›etwas Besonderes‹ zubereiten möchten, fehlen uns Anregungen,*

Ein »festlich gedeckter Tisch« aus »Unser Kochbuch«.
Serviert werden sollten:

»Pilzsuppe, zu der die kleinen Brötchen bestimmt sind, gefüllter Fisch mit Tomatenpaprika, Zunge mit Schwarzwurzeln und Butterreis, Pfirsiche auf Vanille-Eis mit Schlagsahne, Mürbeteigplätzchen.«

denn: Wer hat heute noch ein Kochbuch? Und wenn, so sind die Rezepte darin viel zu üppig...«

»Für Dich« empfahl zum Frühstück: Haferflockenmüsli, süße Suppe, Rührei zum Brot, Fruchtmilch für die Kinder.

Zum Mittag: Frühlingssuppe (Brühe mit Schoten) oder falsche Hühnersuppe, weiter Rindfleisch in Branntwein oder Kümmelkoteletts und Schichtpudding.

Zum Nachmittagskaffee standen gefüllter Streuselkuchen oder Schichttorte mit Fondants zur Auswahl.

Und zum Abendbrot sollte es belegte Brote geben mit den Fleischresten vom Mittag als Belag und Eiernudelsalat. Hier einige der Rezepte:

Süße Suppe

Zutaten: ½ l Milch, ½ l Wasser, eine Tasse Haferflocken, ein Esslöffel Zucker, ein Esslöffel Marmelade.

Die Haferflocken in Wasser kochen. Milch, Zucker und die Marmelade zugeben. Nochmals aufkochen lassen.

Falsche Hühnercremesuppe

Zutaten: ¾ l Knochenbrühe, ¼ l Milch, zwei Esslöffel Mehl, ein Teelöffel Fett, ein Esslöffel gehackte Petersilie, ein Eigelb, Salz, Pfeffer.

Das Mehl in einem Topf mit dem Fett anschwitzen, aber nicht braun werden lassen. Mit der Brühe ablöschen. Aufkochen lassen. Milch einrühren. Ein Eigelb verschlagen und in die Suppen fließen lassen. Mit Salz und Pfeffer abschmecken. Mit Petersilie bestreuen.

Rindfleisch in Branntwein

Zutaten: 300 g Rindfleisch zum Schmoren, zwei Zwiebeln, ein Esslöffel Öl, ein Esslöffel Mehl, ½ l Brühe, ½ Tasse Branntwein, Salz, Pfeffer.

Das Fleisch in Scheiben schneiden. In eine Schüssel legen, mit Zwiebelringen belegen, den Branntwein darüber gießen und zugedeckt 24 Stunden stehen lassen.

Das Öl in einem Topf erhitzen. Das Fleisch darin anbraten lassen. Zwiebelringe dazu geben. Mit Mehl bestäuben. Mit Brühe ablöschen. Den Branntwein angießen. Salzen. Pfeffern. Im geschlossenen Topf gar schmoren lassen.

Schichtpudding

Zutaten: ½ l Milch, ein Esslöffel Zucker, 100 g Grieß, zehn Plätzchen (oder Zwieback), ein Esslöffel Marmelade.

Milch mit Zucker und Grieß aufkochen, bis der Brei beginnt, fest zu werden. Dabei das Rühren nicht vergessen. Die Hälfte des Puddings in eine

Anspruch und Wirklichkeit: Bild aus einem Kochbuch, publiziert in der neu gegründeten DDR – geschmorter Rinderbraten mit Rosenkohl, Gänsebraten mit grünen Klößen, Hackbraten mit Möhren und Eiern... – für den »normalen« Bürger kaum erhältliche Köstlichkeiten.

flache Schale schichten, die zuvor mit kaltem Wasser ausgespült wurde. Mit Plätzchen oder Zwieback belegen. Den Rest des Grießbreis mit Marmelade verrühren. Die Plätzchen damit bedecken. Kalt stellen.

Gefüllter Streuselkuchen

Zutaten: Teig: 80 g Butter oder Margarine, 100 g Zucker, ein Ei, 150 g Mehl, zwei Teelöffel Backpulver, zwei Tassen Apfelmus. Streusel: 150 g Mehl, 75 g Butter, ein Päckchen Vanille-Zucker, 100 g Zucker, ein Teelöffel Zimt.

Butter mit Zucker und Ei schaumig rühren. Das gesiebte Mehl mit dem Backpulver mischen. Darunter rühren. In eine gefettete Springform geben. Für die Streusel Mehl mit Zucker, Zimt und Vanillezucker mischen. Mit Butterstücken verkneten. Über den Teig bröseln.

30 bis 35 Minuten bei 180 Grad backen. Abkühlen lassen. Mit einem Faden in der Mitte durchteilen. Mit Apfelmus bestreichen und wieder zusammen setzen.

Eiernudelsalat

Zutaten: 250 g Suppennudeln, eine Tasse Mayonnaise, Fleisch- oder Wurstreste, eine Tasse Erbsen (aus der Dose), Pfeffer, Salz.

Nudeln in Salzwasser kochen. In einem Sieb abtropfen lassen. Fleisch- und/oder Wurstreste klein

Noch ein Bild aus der Gründerzeit der DDR. Diesmal werden verschiedene Nachspeisen vorgestellt: Waldmeistergelee mit Birnen, Weinsulz mit Pfirsichen und Kirschen; in den Gläsern: dreifarbige Quarkkrem, Schokoladenkrem mit Vanillepudding und rote Grütze.

schneiden. Ebenso wie die Erbsen und die Mayonnaise mit den Nudeln vermengen. Mit Pfeffer und Salz nachwürzen.

Ähnlich »schlicht« war auch das Essensangebot in den Kantinen, in denen die »Werktätigen« – und das war die Mehrzahl der Bürger und Bürgerinnen des neuen Staates – ihre Mittagsmahlzeiten einnahmen.

Richard Schielicke von jenem schon beschrieben Institut für Ernährung und Verpflegungswissenschaft in Potsdam-Rehbrücke schlug in seinem Werksküchen-Speiseplan für eine Woche (sechs Tage) folgende Gerichte vor:

Erbseneintopf mit Brot – Kartoffelsuppe, Nudeln mit Tomatentunke und Brot – Bratklops mit Spinat und Salzkartoffeln, Grießflammeri mit Karameltunke – Kerbelsuppe, Kartoffelklöße mit

In der Kantine des VEB Liebschwitzer Kammgarnspinnerei bei Gera erhielten Arbeiter und Arbeiterinnen täglich ein warmes Mittagsessen. Was es zu essen gab, wurde in Potsdam-Rehbrücke geplant.

Seit 1950 war die regelmäßige Schulspeisung auch per Gesetz geregelt. Was es zu essen gab...? – siehe oben.

Zwiebeltunke – Spargelsuppe, Grützeschnitte mit Kartoffeln und Rhabarberkompott – Kartoffelbrei mit Specktunke, Kopfsalat, Brot.

Eingesetzt werden mussten dafür unter anderem pro Person nur 100 Gramm Fleisch, 20 Gramm Fett, rund zwei Kilo Kartoffeln, 300 Gramm Nährmittel und 600 Gramm Brot (Brötchen).

Auf die Gemeinschaftsverpflegung wurde auch nach Gründung der DDR größter Wert gelegt. Anders wäre wohl auch die Erhöhung der Rationen (u.a. für Fett und Fleisch) gar nicht zu realisieren gewesen.

Affen-Fettpakete

Die Verpflegung war nicht das einzige Problem des Landes. Da waren zum Beispiel die Reparationen und damit die Demontagen.

Im Zweiten Weltkrieg waren nur zehn bis zwanzig Prozent der Fabriken in Deutschland zerstört worden. »*Gerade so viel, wie im Krieg an neuen Anlagen hinzugekommen war*« – so der Historiker Rolf Steininger.

Richtig hart traf es viele Industrieanlagen erst nach dem Krieg. Nach den Plänen der Besatzungsmächte sollten bis zum Frühjahr 1946 deutsche Anlagen, die für Reparationszwecke vorgesehen waren und die kriegswirtschaftlichen Zielen hätten dienen können, abgebaut und zerstört werden. In den westlichen Besatzungszonen veröffentlichten die Militärregierungen die so genannt »endgültigen Demontagelisten«. Aber es wurde letztlich nicht nach ihnen verfahren.

In den Westzonen wurden nur etwa fünf bis acht Prozent der Industrieanlagen demontiert im Wert von ca. vier Milliarden Mark. In der sowjetisch besetzten Zone und später in der DDR wurden bis 1953 Werte von ca. 66 Milliarden Mark demontiert.

Die westdeutschen Unternehmer ersetzten mit Hilfe US-amerikanischer Kredite die demontierten Anlagen durch hochmoderne Maschinen.

Die ostdeutschen (vor allem volkseigenen) Betriebe hatten diese Möglichkeit nicht. Und das sollte zu einer ungleichen Entwicklung des Wiederaufbaus führen. Wo sich im Westen der Lebens-

»*Von dem Wunsch geleitet, die Bemühungen des deutschen Volkes bei der Wiederherstellung und Entwicklung der Volkswirtschaft in Deutschland zu erleichtern ... hat die Sowjetregierung ... den Beschluß gefaßt, die restliche noch zu zahlende Summe an ... Reparationszahlungen um 50 Prozent herabzusetzen und ... die Begleichung ... mit Waren aus der laufenden Produktion auf 15 Jahre, beginnend mit dem Jahre 1951 bis zum Jahre 1965 einschließlich zu verteilen.*«

Aus einem Brief Stalins an DDR-Ministerpräsident Otto Grotewohl vom 2. Juni 1950

standard von Jahr zu Jahr verbesserte, musste im Osten zunächst ein weitgehender Neuaufbau der Industrie aus eigenen Kräften geleistet werden. Dabei wurden auch 576,1 Millionen Mark in den Ausbau der Nahrungs- und Genussmittelindustrie investiert:

Die Fischereiflotte sollte vergrößert werden.

Zwei neue Zuckerfabriken sollten aufgebaut werden. Kapazität: 50.000 Tonnen Zucker pro Jahr. Altanlagen waren zur Überholung vorgesehen.

»Aus Stahl wird Brot!« Mit diesen Worten grüßten die Stahlwerker den III. Parteitag der SED, auf dem ein Fünf-Jahr-Plan beschlossen wurde, der auch weitere Preissenkungen in den HO-Läden und -Gaststätten bringen sollte und eine *»fühlbare Erhöhung der Lebensmittelrationen«.* Walter Ulbricht meinte, die Planerfüllung würde *»schließlich zu einer Verbesserung unserer Lebensverhältnisse führen, die weit über den Vorkriegsstand der werktätigen Menschen hinaus geht«.*

In den Fettwerken von Wittenberge, Magdeburg und Gotha war geplant, die Ölpressereien und Extraktanlagen zu erweitern. Die Investitionen sollten die ausreichende Versorgung der Bevölkerung mit Margarine sichern.

In Rostock sollte eine neue Ölmühle für die Importölsaaten gebaut werden.

Neben diesen Verbesserungen in der Nahrungsmittelindustrie sollte auch »im Kleinen« versucht werden, den Menschen in der DDR mehr Lebensmittel anzubieten. Den Bauern wurde gestattet, ihre »freien Spitzen« (also Obst, Gemüse u.ä., das sie über das Ablieferungssoll hinaus produzierten) frei zu verkaufen. Wie so etwas aussah, beschreibt eine Reportage in »Die Frau von heute« unter der Überschrift »Freier Markt in Angermünde«:

»Angermünde ist eine Stadt ohne reiche Leute. Die meisten Einwohner sind Eisenbahner oder kleine Verwaltungsangestellte, selten ist das

Gehalt höher als 350 Mark. Industrie gibt es kaum: zwei, drei Kommunalbetriebe mit nicht mehr als 60 Arbeitern und dann eine Reihe von selbständigen Handwerkern...

Samstag ab sechs Uhr bieten die Bauern der Umgebung ihre ›freien‹ Spitzen auf dem Markt an. Heute kostet ein Pfund Schweinefleisch 5,00 Mark. Der Preis regelt sich nach Angebot und Nachfrage. Rückenfett ist sehr begehrt und eine Mark teurer, dagegen gibt es Spitzbein und Schweinekopf schon für 1,50 Mark und Eisbein für 3,00 Mark... Rindfleisch kostet 3,50 Mark, Schleie, Zander, Aale, Hechte zwischen 2,00 und 2,50 Mark. Die Gemüsepreise liegen etwa 10 bis 20 Pfennig niedriger als in Berlin. Das Angebot ist größer als die Nachfrage...

Zwei Wochen vor Pfingsten fand der erste freie Markt statt – ein voller Erfolg!...

›Warum gibt es keine Eier, keine Butter, kein Mehl zu kaufen?‹ frage ich einen Volkspolizisten, der die Ausweise der Händler prüft.

›Weil unsere Bauern hier im Kreis ihr Soll in diesen Waren noch nicht erfüllt haben. Erst wenn sie vom Bürgermeister ihres Dorfes eine Beschei-

nigung beibringen, daß sie ihre Pflichtabgabe geleistet haben, bekommen sie eine Markterlaubnis...‹«

Der Artikel schließt mit einem euphorischen Ausblick auf die (zukünftige) Lebensmittellage und zieht Vergleiche zu Westdeutschland (wo es angeblich viel schlechter aussah).

Die Beschlüsse zu Investitionen, die Erhöhungen von Lebensmittelrationen, die Preissenkungen

Ein ganz anderes Bild von der DDR zeichneten westdeutsche Reporter, wenn sie aus der »Sowjetzone« berichteten. So beschreibt Ethel Schwirten die gedrückte Stimmung der Frauen auf einem Wochenmarkt in Frankfurt/Oder (links) unter der Überschrift »Man hört sie schweigen«. Und auch sie vergleicht das Leben in West und Ost (zum Nachteil des Ostens).
Bildunterschrift unter dem Bild oben:

»Alle warten geduldig auf die teuren HO-Würste, 1,85 Mark das Stück.«

266

Schnabel auf, Gerti, so billig kriegst du so was nie wieder.

So die Bildunterschrift zu der Karikatur. Brot, aber auch Haferflocken und Reis waren in der DDR billiger als z.B. Hühnerfutter (wenn es dieses überhaupt gab). Die Folge: Das Kleinvieh wie Hühner oder Gänse wurden mit subventioniertem Brot gefüttert.

in den HO-Läden setzten freilich voraus, dass die Subventionen, mit denen die Preise der bewirtschafteten Lebensmittel stabil gehalten werden konnten, aufgehoben wurden. Das betraf vor allen Dingen Fleisch, Fett, Brot, Milch und Fisch. Aber es sollte der DDR Zeit ihres Bestehens nicht gelingen, die Stützung der Preise für die Grundnahrungsmittel abzubauen. Es blieb auch gar kein anderer Ausweg. Zur »eigenen« Bevölkerung waren inzwischen die »Umsiedler« gekommen, Deutsche aus den jetzt polnischen, tschechoslowakischen oder russischen Gebieten.

Im September 1950 war ein neues Gesetz zur Unterstützung der Umsiedler in Kraft getreten. Für die so genannten »Neubauern« gab es zinslose Kredite zum Bau von Häusern und Wirtschaftsgebäuden. 10.000 Milchkühe wurden zur Verfügung gestellt. Umgesiedelte Handwerker bekamen 5.000 Mark Kredit zur Betriebsgründung.

Aufmarsch der Freien Deutschen Jugend 1950

Bereits vor Gründung der DDR hatte sich angedeutet, dass der Elan der Nachkriegsjahre, der Wille, »aus Ruinen« Neues zu schaffen, nicht anhalten würde.

Es schien nicht in das Bewusstsein der Menschen dringen zu wollen, dass es ihre eigenen Betriebe waren, die da produktiv arbeiten, ihre eigenen Geschäfte, die ihnen Profit, ihre eigenen Ländereien, die ihnen Früchte bringen sollten.

Getreu dem sowjetischen Vorbild wurde in der DDR die »Aktivisten«-Bewegung ins Leben gerufen. Leitbild dieser Bewegung war der Bergmann Adolf Hennecke. Der hatte am 18. Oktober 1948 im Oelsnitzer Steinkohlenrevier in einer Sonderschicht 24,4 Kubikmeter Kohle abgebaut – 387 Prozent der Tagesnorm.

Fortan waren die Zeitungen voll von den Taten der Aktivisten. Sie trafen sich auf Konferenzen, Orden wurden ihnen an die Brust geheftet, sie bekamen (erhebliche) Geldprämien (Hennecke hatte bei seiner ersten »Heldentat« noch mit 50 Mark, einer Flasche Branntwein, drei Schachteln Zigaretten, einem Pfund Fett und einem Anzugstoff zufrieden sein müssen). Der Soziologe Thomas Roethe:

»So wie die Deutsche Demokratische Republik nicht müde wurde, sich selbst ständig zu bejubeln,... herrschte auch im Volk beständige Geburtstags- und Feierstimmung. Ehe man sich versah, war das Plansoll schon wieder übererfüllt, die Norm war schon wieder übertroffen. Die Veralltäglichung des Heldentums, die unentwegte Belobigung und Auszeichnung, Würdigung und emphatische Zustimmung zu jeder Tätigkeit schufen ein Klima der allgegenwärtigen Beschönigung, in dem das Mindeste noch der Hervorhebung wert war: Fast ein jeder durfte sich als Held der Arbeit fühlen oder als Mitglied eines Kollektivs von produktiven Bannerträgern und Weltenstürmern.«

Entsprechend groß war auch das Selbstbewusstsein der DDR-Bürger. Und nur selten gab es Möglichkeiten, die eigenen Lebensumstände mit denen im »anderen« Deutschland zu vergleichen.

Die Jugendlichen freilich, die zu Pfingsttreffen oder zu Weltfestspielen aus der gesamten Republik nach Berlin anreisten, nutzten natürlich die Gelegenheit. Die Grenze war ja noch offen.

Sie fuhren mit der S-Bahn in den Westen, standen vor den Auslagen der Geschäfte, genossen die zahlreichen Vergünstigungen, die es für sie gab, gingen ins Kino und ließen sich auch beschenken – mit Lebensmittelpaketen, die von den »linientreu-

Der sowjetische Grubenarbeiter A. G. Stachanow soll 1935 seine Arbeitsnorm um 1.300 Prozent übertroffen haben.

Noch ein Aktivist: der Konditor Brückmann vom Berliner Betrieb »Aktivist«. Hier war schon der Name Verpflichtung.

Schönen Gruß von meinem Chef, und er läßt sagen, Sie möchten doch zwecks Ankurbelung seiner Produktion auch ein Bohnenflocken-Probe-Essen veranstalten!

Karikatur aus »Für Dich« zu einem vom West-Berliner Magistrat veranstalteten Kloßmehl-Probe-Essen mit »durchschlagendem« Erfolg.

Zeitungsausriss aus der »Westfälischen Rundschau« vom 14.3.1951

en« Mitgliedern der »Freien Deutschen Jugend« Affenfettpakete genannt wurden.

Da gab es also auf der einen Seite das ständige Selbstlob, den Glauben an eine »*wirkliche moralische Erneuerung*«, die Jubelfeiern und die selbsternannten »Helden der Arbeit«.

Auf der andere Seite stand die Entwicklung in Westdeutschland, wo man sich darauf verständigt hatte, die Vergangenheit trotzig zu verdrängen und Wohlstand zu schaffen.

Auf die Landsleute im Osten schaute man mitleidig herab.

Als »Deutsche Demokratische Republik« existierte der andere deutsche Staat bis in die jüngste Vergangenheit kaum. Er wurde »Ostzone« genannt oder »Sowjetzone«. Und die Zeitungen und Zeitschriften des Medienkonzerns Springer setzen die drei Buchstaben DDR in Anführungszeichen und sprachen von der »*sogenannten DDR*«: Der DDR wurde die Anerkennung versagt.

Die Bürger und Bürgerinnen der DDR, das waren unsere (armen) Brüder und Schwestern im Osten, die in Hunger und Armut lebten, so arm waren sie, dass man ihnen Päckchen mit Lebensmitteln schicken musste.

Diese »Päckchen nach drüben« waren eine besonders gute Idee, denn was konnte besser als der Päckcheninhalt beweisen, wie gut es den Westdeutschen ging. Und die Päckchen, offiziell abgelehnt, wurden im Osten gern angenommen.

VoPo kassiert Lebensmittelpakete

Maßnahmen gegen Patenschaft für politische Häftlinge

Berlin. (WR.) Sofortige „Gegenmaßnahmen" gegen die vom Untersuchungsausschuß freiheitlicher Juristen eingeleitete „Patenschaft für politische Häftlinge" sind, wie das Informationsbüro West erfährt, auf einer Dienstbesprechung der Leitung des Zuchthauses **Brandenburg-Görden** erörtert worden.

Danach sollen ab sofort Pakete an Häftlinge nur noch ausgehändigt werden, wenn einwandfrei feststeht, daß sie von den „unmittelbaren" Angehörigen aus der Sowjetzone stammen. Ebenso sollen nur noch in Paketen verschickte Lebensmittel ausgehändigt werden, die „nachweislich" aus der Sowjetzone stammen. In Fällen, in denen angenommen werden könne, daß die Pakete oder deren Inhalt aus dem Westen kommen oder von „Mittelsmännern" finanziert worden sind, sol- len sie beschlagnahmt und an die Landesvolkspolizeibehörde in **Potsdam** abgeliefert werden.

Auf Vorschlag des Leiters des Zuchthauses Brandenburg, Volkspolizeikommandeur **Marquardt** (SEP), hat der Leiter der Hauptabteilung Haft- und Strafanstalten in der Hauptverwaltung „Deutsche Volkspolizei", **Gertig**, bereits verfügt, daß auch in den Zuchthäusern **Bautzen** und **Waldheim** und im Frauenzuchthaus **Hoheneck** ähnlich verfahren wird. Die Beschlüsse sollten geheimgehalten werden, da der erwartete unfangreiche Lebensmitteleingang, der beschlagnahmt werden kann, als „durchaus erwünscht im Sinne unserer kinderreichen Kollegen" bezeichnet wurde.

Dem war wenig entgegenzusetzen. Also mussten die DDR-Bürger auch selbst Päckchen packen können. Das Wort von der »Internationalen Solidarität« wurde mit neuem Leben erfüllt. Als sich 1950 Ost und West im Korea-Krieg gegenüber standen, durften die Berliner und Dresdener, die Spreewälder und die Bauern in der Magdeburger Börde Päckchen in den Norden Koreas schicken.

Überhaupt versuchte man, international Anerkennung zu erlangen. Das war natürlich in Richtung Osten besonders Erfolg versprechend.

Im September 1950 war die DDR in den Rat für gegenseitige Wirtschaftshilfe (RGW) aufgenommen worden. Die mit der Sowjetunion proklamierte Freundschaft, die Verbindung mit anderen »sozialistischen« Staaten gab der DDR die ihr anderswo versagte Geltung.

Pünktlich zur »*internationalen Einbindung*« der DDR erschienen in den Frauenzeitschriften Rezepte aus der UdSSR, der CSR, Polen oder Ungarn – Kochen und Essen wie die neuen Freunde:

Der RGW (auch COMECON) wurde am 25. Januar 1949 in Moskau als Reaktion auf die westeuropäische Wirtschaftspolitik ins Leben gerufen. Gründungsmitglieder waren neben der UdSSR Polen, die Tschechoslowakei, Ungarn, Rumänien und Bulgarien.

Pörkölt (Ungarn)

Zutaten: Ein Esslöffel Schweinefett, 250 g Kalbfleisch, 250 g Schweinefleisch, ¼ l Brühe, eine Zwiebel, zwei abgezogene Tomaten, ein Teelöffel Paprikapulver, Salz, Pfeffer.

In einem Topf das in Würfel geschnittene Fleisch in heißem Fett anbraten. Die klein gehackte Zwiebel dazu geben. Salzen und pfeffern. Mit der Brühe ablöschen. Jetzt die in Scheiben geschnittenen Tomaten darauf legen. Mit Paprikapulver bestreuen. Den Topf zudecken. So lange köcheln lassen, bis das Fleisch gar ist. Das Pörkölt kann man mit Salzkartoffeln servieren, aber auch mit Nudeln.

Jachnija (Bulgarien)

Zutaten: 500 g Fleisch zum Braten (z. B. Rind- und Schweinefleisch), zwei große Zwiebeln, ein Esslöffel Schweineschmalz, zwei Möhren, eine rote Paprika, Tomatenmark, eine Tasse Rotwein, saure Sahne, Salz, Paprikapulver, eine Tasse Brühe.

Fleisch in schmale Streifen schneiden. In heißem Schmalz anbraten. Möhren in Stifte, Paprika in Ringe schneiden, Zwiebeln halbieren. Dazu geben und mit anschwitzen lassen. Mit Salz, Paprikapulver und reichlich Tomatenmark würzen. Mit Brühe ablöschen. Rotwein aufgießen. Zugedeckt dünsten lassen. Mit viel saurer Sahne übergießen.

Soljanka (UdSSR)

<u>Zutaten:</u> 500 g Fischfilet (Rotbarsch oder »Seelachs«), eine große Zwiebel, drei Esslöffel Öl, zwei saure Gurken, zwei Esslöffel Kapern, eine Tasse Champignons, zwei Teelöffel Dill, ¾ l Wasser, drei Esslöffel Essig, Salz, Pfeffer, vier Teelöffel saure Sahne.

Zwiebel in Scheiben schneiden, in heißem Öl anbraten. Mit Wasser und Essig aufkochen lassen.

Rezepte aus der Zeitschrift »Für Dich«. Die Zeitschrift erschien wöchentlich im Tageszeitungsformat, war zweifarbig gedruckt und kostete 30 Pfennige. Herausgeber war der »Demokratische Frauenbund Deutschlands«, DFD.

Wie teilt man die Rationen ein? „FÜR DICH" will gern Ihr Helfer sein!

Kürbisnudeln

500 g gekochte Kartoffeln, ebensoviel Kürbis, Mehl, Salz, Zucker, Bratfett.

Die Kartoffeln werden durch den Wolf gedreht, mit dem fein geriebenen Kürbis und etwas Salz vermischt und so viel Mehl dazugegeben, daß man einen festen Teig bekommt. Hieraus formt man kleine Bouletten, die man in gut erhitzter Pfanne auf beiden Seiten braun brät. Man ißt sie zu Gemüse oder als Nachspeise mit Zucker bestreut.

Kürbis gebacken

Kürbis, Zucker, evtl. etwas Zitronensaft.

Der Kürbis wird mit der Schale in etwa 5 cm breite Streifen geschnitten und auf einer Porzellanplatte, die man zuvor mit einem Fettpapier dünn ausgestrichen hat, im Backofen gebraten. Nach zehn Minuten ungefähr sind die Scheiben gar. Man gießt, wenn man hat etwas Zitronensaft darüber und bestreut sie mit Zucker.

Kürbistorte

500 g Mehl, 250 g Kürbis, 1½ Päckchen Backpulver, Salz, Zucker nach Vermögen.

Der Kürbis wird roh gerieben oder durch den Wolf gedreht und mit dem Mehl, Zucker, etwas Salz, Backpulver und Wasser oder Milch zu einem zäh reißenden Teig verarbeitet. Wer es hat, kann auch etwas Fett an den Teig geben. Der Boden einer Springform wird mit Fett ausgestrichen der Teig hineingegeben und eine Stunde gebacken. Nach dem Erkalten schneidet man die Torte 1–2mal auf und füllt sie mit Marmelade. Besonders geeignet hierzu ist Marmelade aus grünen

Tomaten und Sanddornbeeren. Man sticht aus rohem Kürbis kleine Kugeln aus, kocht sie vorsichtig in Essig und reichlich Zucker und garniert damit die Torte. Die Brühe dickt man mit etwas Kartoffelmehl an und gibt sie über die Torte.

Melonensalat

1 kleine Wassermelone, etwas Zucker, beliebiges Obst, 2–3 Eßlöffel Kognak oder Likör.

Der Melone wird der Deckel abgeschnitten und mit einem rostfreien und nichtoxydierenden Löffel das Fleisch herausgeholt. Man schneidet es in Würfel und vermischt es mit anderen, ebenfalls zerkleinerten Obstsorten etwas Zucker und dem Alkohol. Das ganze läßt man eine Stunde zugedeckt durchziehen und füllt dann alles wieder in die Melone, die man recht kalt stellt und, wenn möglich, auf Eisstückchen serviert.

Melonenkaltschale

1 kleine Melone, Apfelsaft, 1 Likörgläschen Kognak, etwas Zucker, geriebener Ingwer.

Die Melone wird abgeschält, die Kerne entfernt und das Fleisch in kleine Würfel geschnitten. Man übergießt sie mit dem Apfelsaft, gibt wenig Zucker und etwas Ingwer dazu und läßt die Kaltschale gut durchziehen und kühlen. Beim Anrichten auf die Teller kann man kleine Makrönchen daraufjegen, die wir aus Haferflocken oder Fruchtkernen herstellen.

Melonensülze

1 Pfund Melonen, 2 Aepfel, Weinbeeren, Apfelsaft, 8 Blatt Gelatine.

Das Melonenfleisch wird würflig geschnitten, mit kleinen Apfelscheiben vermischt, eingezuckert und einige Stunden kühlgestellt. Dann läßt man den Saft abtropfen und schichtet das Fleisch mit Weinbeeren in eine gefettete Sülz- oder Puddingform. Den Saft ergänzt man durch Apfelsaft auf 2 Liter schmeckt mit Zucker ab und mischt ihn mit der eingeweichten und in etwas heißem Wasser aufgelösten Gelatine. Man gießt sie über das Fruchtfleisch und läßt die Speise erstarren. *Frau Lisel*

Die klein geschnittenen Champignons zugeben. Ein wenig köcheln lassen. Dann kommen die Kapern und die in Stifte geschnittenen Gurken in den Topf. Salzen und pfeffern. Erst zum Schluss wird der in Stücke geschnittene Fisch in der Brühe gedünstet (ca. acht bis zehn Minuten). In Teller füllen. Mit Dill und einem Teelöffel Sahne garnieren.

Die Soljanka gab es in unterschiedlichen Zubereitungsarten (zum Beispiel statt Fisch mit Schinken und Salami oder Bockwurst) oder unter Verwendung von Sauerkraut und Letscho (das ist eine Mischung aus Paprikaschoten und Tomaten) auf der Speisekarte von nahezu jedem DDR-Restaurant.

Russischer Heringssalat (UdSSR)

Zutaten: Vier Salzheringe, ½ l schwarzer Tee, eine Salzgurke, ein Apfel, eine rote Beete, ein gekochtes Ei, 125 g Quark, zwei Esslöffel Milch oder Joghurt.

Die Heringe säubern und entgräten. In fingerdicke Streifen schneiden. Über Nacht in kaltem schwarzen Tee stehen lassen. Quark mit Milch oder Joghurt verrühren. Die gekochte rote Beete, den Apfel und die Gurke auf dem Reibeisen fein reiben. In die Quarkmasse rühren. Salzheringe aus dem Tee nehmen. Mit der Quarkmasse mischen. Mit einem hart gekochten Ei verzieren.

Mehr Lohn – mehr Essen

Am 8. Juni 1952 wurde in Merxleben, Kreis Bad Langensalza, von 24 Neubauern die erste Landwirtschaftliche Produktionsgenossenschaft (LPG) gegründet. Ende 1952 gab es bereits mehr als 1.900 LPGs mit rund 37.000 Mitgliedern, in ihrer Mehrzahl Umsiedler, die durch die Bodenreform Neubauern geworden waren.

Es gab vor allem zwei LPG-Typen: Einer, bei dem nur die Felder kollektiv bewirtschaftet wurden, und ein anderer Typ, bei dem auch Wiesen und Wald, Vieh und landwirtschaftliche Maschinen gemeinschaftliches Eigentum wurden.

Juristisch blieb der Boden Eigentum der Bauern, und jedes Mitglied besaß eine »individuelle Hauswirtschaft«.

*Winter 1952:
die neu gegründete LPG
»Thomas Müntzer«
in Worin*

Industriebetriebe übernahmen Patenschaften für die LPGs, was konkret bedeutete, dass die Industriearbeiter »freiwillige« Erntehilfe zu leisten hatten. Der Ernährung der Bevölkerung *»aus der eigenen Kraft des Landes«* wurde also absoluter Vorrang eingeräumt. Es sollte nichts nützen.

Bauern, deren Betriebe in LPGs umgewandelt werden sollten, verließen die DDR. Unternehmer, deren Betriebe »volkseigen« wurde, taten es ihnen nach. »Republikflucht« nannte man das. 1953 verringerte sich die Zahl der privaten Industriebetriebe (nochmals) um 2.000, die der Großbauernhöfe (Höfe mit einer Größe über 50 ha) um 16.000.

Die Republikflüchtlinge nahmen ihre bewegliche Habe natürlich mit, ihre Steuern blieben sie schuldig. Das führte zu erheblichen Schwierigkeiten im Wirtschaftskreislauf und bei der Versorgung der Bevölkerung. Pläne wurden nicht erfüllt, besonders solche in der Lebensmittelindustrie nicht. Man versuchte, mit allen Mitteln gegenzusteuern.

Nachdem für Westberliner der Einkauf von Waren in den Ost-Berliner Geschäften schon gestoppt war, wurde ihnen nun auch der Verzehr von Spei-

Sowjetzone bremst Geschenksendungen

Nur kleine Mengen „Genußmittel" aus dem Westen gestattet – Beschlagnahme angedroht

BERLIN, 21. Oktober

Die Sowjetzonenregierung hat am 18. Oktober eine Verordnung erlassen, wonach Geschenksendungen aus der Bundesrepublik und West-Berlin nicht mehr als 250 g Kaffee, Kakao oder Schokolade und 50 g Tabakwaren enthalten dürfen. Sendungen, die gegen diese Bestimmungen verstoßen, werden entschädigungslos eingezogen.

Diese Maßnahme sei „im Interesse der Sicherung und Festigung des Aufbaues unserer Friedenswirtschaft" notwendig geworden. Es hätten sich Versuche gemehrt, „mit

Hilfe von Geschenksendungen Waren zu Spekulationszwecken einzuführen". Als Ersatz bietet die Sowjetzonenregierung die Möglichkeit an, Geschenksendungen bei der staatlichen Handelsorganisation (HO) gegen Bezahlung in Westmark zu bestellen.

In der gleichen Verordnung wird bestimmt, daß bei Geschenksendungen aus dem Ausland zusätzlich zu diesen Beschränkungen folgende Zollsätze eingeführt werden: Pro Kilo Kaffee 40 Ostmark, pro Kilo Kakao oder Schokolade 30 Ostmark und pro Kilo Tabakwaren 250 Ostmark. (ap)

Ausriss aus der WAZ vom Oktober 1952

Maßnahmen wie die Beschlagnahmung von Geschenkpaketen verschlechterten die Lebensmittelsituation in der DDR weiter. Im November 1952 lagen schon 50.000 Pakete in den Ost-Berliner Postämtern: Waren, die dem Wirtschaftskreislauf fehlten.

sen und Getränken in den Gaststätten, Cafés und Imbiss-Stuben gegen Ostgeld verboten.

Vorübergehend wurde die Bildung neuer LPGs eingestellt. Es sollte auf dem Lande »*kein neues Konfliktpotential*« entstehen können.

Am 9. April 1953 wurde nach einer Sitzung des Ministerrates der DDR »*im Zusammenhang mit der konsequenten Orientierung der Regierung ... auf die systematische Verbesserung der Lebenshaltung der Werktätigen*« unter anderem die Verbesserung des Werkküchenessens beschlossen (die Verpflegungsnormen für Fleisch, Fett und Zucker sollten verdoppelt werden).

Personen, die »*in der Deutschen Demokratischen Republik und im demokratischen Sektor von Groß-Berlin wohnen, ... (aber) in Westberlin*

*Jena Anfang der 1950er Jahre:
Schlange vor einem HO-Geschäft – wer einen neuen Kochtopf oder Eimer haben will, muss dafür (neben dem Preis) zwei alte Artikel der gleichen Art abliefern. Dies war eine Aktion innerhalb des Fünf-Jahr-Planes. Der Mangel ließ sich nicht mehr verbergen.*

beschäftigt sind oder dort eine selbständige Existenz haben«, sollten keine Lebensmittelmarken (also auch keine Zuteilungen zu subventionierten Preisen) mehr erhalten. Und der Beschluss »verpflichtet die Handelsorgane ... zugleich, durch die Einrichtung besonderer Geschäfte für Professoren und andere Wissenschaftler ... und für die Angehörigen der technischen Intelligenz den Einkauf zu erleichtern«. Solche »besonderen Geschäfte« gab es bereits für Politiker und andere »Funktionsträger«.

Dass diese Entscheidungen die Situation noch verschärfen würden, versteht sich. Während die einen bevorzugt wurden (wohl um sie im Lande zu halten), standen Menschenschlangen selbst vor Geschäften mit Waren minderer Qualität. Ein schlechtes Zeichen.

Wie es wirklich um die Ernährungslage im Osten bestellt war, zeigt am besten ein Bericht von Richard Ritterbusch, der 1952 sein Studium in Leipzig aufgenommen hatte. Er wohnte damals zur Untermiete bei Otto und Bertha Thiele, den zwei Wirtsleuten der Kneipe »Stehfest«:

Arbeiterkinder erhielten damals ein Stipendium von 180 Mark, »normale« Studenten 150 Mark. Das Wohnen zur Untermiete war trotz großer Wohnungsnot möglich. Vermittelt wurden die Wohnungen (»unter leichtem Druck«) von einem studentischen Wohnungsdienst, den die Uni betrieb.

»Zum Frühstück gab's Milch oder Tee, Brot mit Butter oder Marmelade. Marmelade war wohl das ›Studentenfutter‹ jener Jahre. Auf dem Schrank einer Studentenbude stand eine Batterie leerer Marmeladengläser, auf die es Pfand gab... Die philosophische Fakultät war in einem eigenen großen Haus untergebracht und verfügte selbst über eine Mensa. Als Hauptgericht sind mir Nudeln mit einer Scheibe gebratener Jagdwurst in Erinnerung geblieben. Am nächsten Tag gab es dann Jagdwurst mit Nudeln... Die spartanische Lebensweise gehörte zu unserem Programm. Abends wurde zu Hause gegessen: Brot mit Wurst (meistens Blutwurst). Besonders beliebt bei uns Studenten war auch die Pferdefleischgaststätte. Es gab Riesenbouletten, sehr preiswert. Während des Studiums habe ich wohl ein Pferd gegessen...«

In den Frauenzeitschriften des Jahres 1953 wurden Rezepte mit eigentümlichen Zutaten proklamiert. Topinambur sollte da angebaut und verkocht werden, ein »Aschenbrödel unter den Kulturpflanzen«. Topinambur gehört botanisch zu den Sonnenblumen und ist eine Knollensonnenblume. Und diese Knollen sollten verwendet werden. Sie seien sehr gut genießbar durch ihren hohen Gehalt an Zuckerstoffen. Und – was wichtiger war – Topinambur wird zwischen Oktober und Ende April geerntet, ist also ein Wintergemüse.

Topinambur (auf italienische Art)

Zutaten: 500 g Topinambur, 250 g Tomaten, ein Teelöffel Paprikapulver, zwei Zwiebeln, ein Esslöffel Öl, Salz, Pfeffer, etwas Brühe.

Die Topinambur-Knollen roh abschaben und in kleine Würfel, die Tomaten in Ringe schneiden. Zwiebeln klein hacken. In einem Topf das Öl heiß werden lassen. Das Gemüse darin anschwitzen. Brühe zugeben und zudeckt garen lassen. Würzen.

Topinambur-Krokant

Zutaten: Zwei Topinambur-Knollen, drei Esslöffel Zucker, ein Teelöffel Vanillezucker.

Die Topinambur-Knollen roh abschaben und fein raspeln. In einer Pfanne anrösten. Zucker und Vanillezucker zugeben und alles bräunen lassen. Die Masse auf einer kalten Marmorplatte glatt streichen. Erkalten lassen. In kleine Stücke brechen.

»Bei der Bedeutung, die heute jeder einheimischen Nahrungsquelle zukommt, ist es wohl auch gerechtfertigt, sich einmal mit der Zubereitung der Weinbergschnecken zu beschäftigen«, hieß es in »Natur und Nahrung«. Diese *»noch unentdeckte Eiweißquelle«* sollte zunächst gereinigt, dann in kochendes Salzwasser geworfen werden. Nach fünf bis sechs Minuten konnten die Schnecken dann in kaltem Wasser abgeschreckt und mit einer Gabel oder Nadel aus dem Gehäuse gezogen werden.

Schneckenragout

Zutaten: 200 g Schnecken, eine kleine Zwiebel, ein Stück Möhre, eine Stange Lauch, je ein Esslöffel gehackte Petersilie, Öl, Mehl, zwei Esslöffel Weißwein, Salz, Pfeffer, ¼ l Brühe.

Auch ganz gewöhnliche Sonnenblumen sollten angebaut werden.

»Durch Selbsthilfe und Initiative, durch Ausnutzung aller zusätzlichen Quellen ist es möglich, unsere Ernährung wesentlich zu verbessern«.

So wurde zur Durchführung einer Sonnenblumenaktion geworben.

Schneckenklopse
Man kocht die Schnecken mit Lorbeerblättern, Gewürzkörnern und einer kleinen Zwiebel in Salzwasser ab und dreht sie dann mit einem halben Hering durch den Fleischwolf. Die Masse wird mit einer kleinen Zwiebel, etwas Grieß und eingeweichtem Weißbrot bzw. Brötchen zu einem festen Teig verarbeitet. Dann formt man kleine Klöße und läßt sie in Salzwasser gar werden. Dazu macht man vom Kochwasser eine helle Tunke, der man nach Geschmack Essig, Zucker und etwas Milchpulver zusetzt.

Schneckenbratlinge
Die in Salzwasser gekochten Schnecken werden durch den Fleischwolf getrieben und mit eingeweichtem Weißbrot, einigen gekochten Kartoffeln, Zwiebeln, Salz, Pfeffer gut vermengt. Von diesem Teig formt man flache Bratlinge, die in geriebener Semmel gewälzt und mit Fett gebraten werden.

Gedünstete Schnecken
In einem Topf läßt man einen Eßlöffel Butter heiß werden, dünstet darin eine gehackte Zwiebel gelb, fügt die erforderliche Menge in gleich große Stücke zerschnittener Schnecken hinzu, deckt den Topf zu und läßt gar dünsten. Der sich bildende Saft wird mit Mehl angedickt, mit Salz und Paprika abgeschmeckt und mit gehackten Kräutern angerichtet.
Man kann die gedünsteten Schnecken aber auch in Meerrettich-, Tomaten-, Petersilien- oder Senfsoße reichen.

Schneckeneintopf
Die Schnecken werden in Salzwasser mit Suppengrün gekocht und herausgenommen. In das Kochwasser wird die notwendige Menge Kartoffeln (auch eingeweichte Trockenkartoffeln oder Kartoffelpulver) gegeben und eine Suppe gekocht. Die Schnecken werden dann mit einigen gekochten Kartoffeln durch den Fleischwolf getrieben. Unter diese Masse mengt man eine in wenig Fett gedünstete gehackte Zwiebel, schmeckt mit Majoran ab, formt kleine Klöße und läßt diese in der Kartoffelsuppe kurz ziehen.

Schneckensalat
Die erforderliche Menge in Salzwasser abgekochter Schnecken wird in einer Schüssel mit Essigwasser, geriebener Zwiebel, Salz, Pfeffer und etwas Öl zu Salat hergerichtet. Man kann die gekochten Schnecken auch zerkleinern und sie jedem beliebigen Kartoffel- oder Gemüsesalat beifügen.

276

»Meerschweinchen sind für die menschliche Ernährung nicht nur genießbar, sondern werden tatsächlich ... in Frankreich für die Ernährung herangezogen, d.h. nicht behördlicherseits, sondern auf dem Wege der Einzelbedürfnisse... Das Fleisch des Meerschweinchens hat denselben Geschmack wie das Fleisch des Hamsters.«

Aus:
»Natur und Nahrung«,
1949

Schnecken, wie beschrieben, vorbereiten. Öl in einem Topf heiß werden lassen. Schnecken, die gehackte Zwiebel und das klein geschnittene Gemüse zugeben. Mit Mehl bestäuben. Mit der Brühe ablöschen. Fünf bis zehn Minuten köcheln lassen. Wein angießen. Salzen. Pfeffern. Mit Petersilie bestreuen.

Im Mai 1953 veröffentlichte der (westdeutsche) Bundestagsausschuss für gesamtdeutsche Fragen einen Bericht an das (westdeutsche) Parlament über die Lage in der DDR. Darin wurde die Vermutung geäußert, dass mindestens 13 Millionen Menschen in der DDR auf Hilfe und Unterstützung von außen angewiesen seien, wenn sie nicht von der sich abzeichnenden Ernährungskrise hart getroffen werden wollten. Es fehlten vor allem Fett, Fleisch, Getreide und Kartoffeln. Die Belieferung der Lebensmittelkarten mit Margarine sei stark in Frage gestellt. Butter fehle fast ganz. Bei allen anderen Nahrungsmitteln beständen große Versorgungslücken. Erforderlich seien monatlich 6.400 Tonnen Fett und Fleisch und 64.000 Tonnen Kartoffeln. Diese Lebensmittelmengen könnten ohne weiteres im Bundesgebiet aufgebracht werden.

Genau das aber unterblieb. Vielmehr wurde ein Appell an die Bevölkerung gerichtet, *»durch Lebensmittelpakete die Notlage in der Sowjetzone zu lindern«*.

Zeitungsausriss aus der »Westfälischen Rundschau« vom 1.Juni 1953

Lebensmittelunruhen in Sowjetzone bei Berlin

Eig. Ber. BERLIN, 1. Juni

Zu Lebensmittelunruhen ist es in den letzten Tagen mehrfach in der sowjetzonalen Umgebung von Berlin gekommen. Ausgelöst wurden die Zwischenfälle durch Versuche der Volkspolizei, in West-Berlin eingekaufte Lebensmittel zu beschlagnahmen. So wurden in Hennigsdorf bei Berlin am Freitag drei Arbeiter des dortigen Stahlwerks, die für ihre Kollegen in West-Berlin Margarine und andere Lebensmittel besorgt hatten, auf dem Bahnhof von Volkspolizisten angehalten. Zwei von ihnen wurden gefesselt abgeführt, während der dritte fliehen konnte. Auf die Nachricht von dem Vorfall hin zogen 90 bis 100 Stahlwerksarbeiter zur Polizeiwache und erreichten nach einer Prügelei mit den Volkspolizisten die Freigabe der Verhafteten und der beschlagnahmten Lebensmittel. Eine Strafaktion gegen die beteiligten Arbeiter wird erwartet.

In Erkner, östlich von Berlin, ereigneten sich am Samstag ähnliche Zusammenstöße, bei denen die zur Beschlagnahmeaktion eingesetzten Volkspolizisten von den wütenden Arbeitern verprügelt wurden.

Butter, Margarine und Zucker, außerdem Erbsen, Bohnen und manche Teigwaren gibt es in den offenen Verkaufsläden der Sowjetzone schon seit Monaten praktisch nicht mehr zu kaufen. Angesichts dieses Mangels duldete die Volkspolizei eine Zeitlang das Hereinbringen mäßiger Mengen von Lebensmitteln aus West-Berlin. Jetzt scheinen jedoch scharfe Beschlagnahmeverfügungen ergangen zu sein.

Das war also die Lage vor dem 17. Juni 1953. Dazu kam eine instabile politische Situation: Am 5. März war Stalin gestorben, und der Kampf um seine Nachfolge war in vollem Gange. In der DDR hatte es Verhaftungen von Politikern gegeben. Schließlich wurde auch noch eine Preiserhöhung für Zuckerwaren und Fleisch verkündet. Und das alles sorgte in der Bevölkerung für eine beträchtliche Unruhe.

Als dann eine Erhöhung der Arbeitsnormen um zehn bis dreißig Prozent verkündet wurde, begann die Lage, außer Kontrolle der Regierenden zu geraten.

Der 17. Juni 1953 war kein »Volksaufstand«. Insgesamt haben zwischen dem 17. und dem 19. Juni nur etwa fünf Prozent der Berufstätigen in der DDR (also etwa 300.000 Menschen) die Arbeit niedergelegt.

In 272 (von etwa 10.000) Gemeinden kam es zu Demonstrationen.

Doch der Reihe nach: Am 16. Juni legten (nach Zeugenaussagen) wegen dieser Normerhöhungen Bauarbeiter, die an einem Prestige-Objekt in Ost-Berlin, den neuen Wohn- und Geschäftsgebäuden an der Stalinallee, beschäftigt waren, die Arbeit nieder, Gebäude, die später unter anderem eben diese Arbeiter mit ihren Familien bewohnen sollten. Sie marschierten zum Haus der Ministerien. 300 Arbeiter waren das zunächst.

Andere Bauarbeiter, Werktätige aus anderen Berliner Betrieben schlossen sich ihnen an. Ein Streik.

Die verantwortlichen Politiker im Haus der Ministerien und anderswo ließen sich nicht sprechen. Die Menge wuchs an. Bald waren es ein paar tausend Menschen, die da demonstrierten. Provokateure aus dem Westen Berlins wiegelten auf. Und mit einem Mal wurden auch politische Forderungen erhoben: »Freie Wahlen«, hieß es und »Rücktritt der Regierung«.

Auch an der »Tätigkeit« der »Westler« besteht heute kein Zweifel mehr. Sie wollten sich eine solche Gelegenheit nicht entgehen lassen. Aber einen »Putschversuch« haben sie sicher nicht unternommen.

Dazu waren sie zu wenige und zu schlecht organisiert.

»Eingeschleuste Provokateure und Angehörige staatsfeindlicher Gruppen stellten sich an die Spitze Unzufriedener, wiegelten zum Sturz der Regierung auf, besudelten und vernichteten die Symbole unseres Staates und der Arbeiterbewegung, misshandelten und ermordeten Funktionäre sowie klassenbewusste Arbeiter. Sie drangen in Dienststellen ein und erstürmten Gefängnisse... Doch das Kräfteverhältnis ließ es nicht mehr zu, den Sozialismus in der DDR zu beseitigen.«

Aus: Geschichte – Lehrbuch für Klasse 10, Berlin 1989

»Ich habe die Vermutung, daß die Verweigerung von Mehrarbeit nicht als Loyalitätsentzug gewertet werden kann... Im Gegenteil, die DDR-Regierung hatte sich durch die Erhöhung der Normen mit der Diktatur des Proletariats angelegt, das ... keinesfalls in die aus kapitalistischen Verhältnissen bekannte Arbeitsfron zurück wollte... Was die Streikenden ihrem sozialistischen System abringen wollten, war die Rücknahme von Arbeitsnormen, die den Leistungen westdeutscher Arbeiter vergleichbar gewesen wären.«

Aus: »Arbeiten wie bei Honecker – leben wie bei Kohl« von Thomas Roethe, Frankfurt 1999

Doch bestimmten Politikern im Westen kamen die Unruhen gerade recht. Im Herbst 1953 sollte ein neuer Bundestag gewählt werden.

Am 17. Juni war fast ganz Ost-Berlin im Ausstand. Am 17. und 18. Juni hatten die Streiks auf andere Städte übergegriffen.

In Berlin verhängte der sowjetische Stadtkommandant den Ausnahmezustand. Versammlungen jeder Art waren verboten. Aber die Lage entspannte sich nicht.

Parteibüros wurden angezündet. Parteifunktionäre wurden verprügelt. Panzer fuhren auf. Es kam zu Auseinandersetzungen. Steine flogen. Sowjetische Soldaten und Volkpolizisten schossen scharf. Es gab Tote und Verletzte.

Am 19. Juni war alles zu Ende. Die Unruhen waren mit Hilfe der Roten Armee blutig niedergeschlagen worden.

Der 17. Juni 1953 war kein faschistischer Putsch und kein Volksaufstand der Menschen in der DDR für Freiheit und deutsche Einheit. Er war ein Kampf der Menschen um ihr kleines alltägliches Glück und Wohlergehen, letztlich um ausreichendes und bezahlbares Essen – aber auch das ist ein Menschenrecht.

Satte Zeiten

DIE FRESSWELLE DER FÜNFZIGER JAHRE ist ohne die Zeit des Mangels während des Zweiten Weltkrieges und der Jahre danach nicht denkbar.

Die ausgehungerten Menschen stürzten sich im Sinne des Wortes auf die nun vorhandenen Lebensmittel wohl in der Befürchtung, es könnte bald wieder schlechter werden. Und wohl deswegen waren die fünfziger Jahre eine Zeit des »falschen« Essens. Es wurde (in sich) hineingestopft, was eben ging.

Und wer heute an die fünfziger Jahre denkt, erinnert sich vor allem ans Essen, wie der Journalist Wolfram Siebeck. Endlich wieder satt werden...:

Die Auslagen in den Lebensmittelgeschäften: zunächst nur bestaunte Köstlichkeiten, kurze Zeit später schon finanziell erschwingliche Alltagsware auch für Leute mit weniger großen Geldbeuteln.

»In der Bochumer Wohnung, wo ich 1949/50 immer noch mit Mutter und Großmutter wohnte, besuchten uns manchmal entfernt wohnende Tanten. Dann backte meine Mutter entweder ihre geliebte Buttercremetorte ... oder jenes ›Kalter Hund‹ genannte Gebilde... Bei solchen Tantentreffs, die als festliche Ereignisse eingestuft wurden, was am Gebrauch der bunten Sammeltassen und der versilberten Zuckerzange zu erkennen war, wurde viel von Delikatessen geredet, die man sich früher geleistet hatte und die es nun wieder zu kaufen gab. Gesprächsthemen waren ... die Rügenwalder Teewurst, die Pralinen von Most und Zimmermanns feine Kalbs-

leberwurst... Aber der Inbegriff der feinen Küche schien für die versammelten Damen das Ragoût fin zu sein...«

In dieser Zeit wechselten die Essgewohnheiten so schnell wie die Damenmode. Viel Neues gab es zu entdecken. Paprikaschoten und Olivenöl oder geflochtene Knoblauchzöpfe – Knoblauch, das war ja eine verbotene Kost gewesen. Und wer kannte schon Brokkoli oder Ingwer?

In den ersten markenfreien Jahren kam kein gesellschaftliches Ereignis ohne Schinkenröllchen oder Toast Hawaii, ohne Gulaschsuppe als Abschluss und kalte Ente oder Erdbeerbowle als Getränk aus.

Es war die Zeit der Grillteller und Grillspieße. Fleisch wurde mit Früchten kombiniert, Fisch mit Bananen. In den Gaststätten hielten die »Zigeuner«- und »Jäger«-Schnitzel Einzug. Als Dessert für alle Gelegenheiten wurde der »Eisbecher mit Früchten« erfunden, der auf jeden Fall jene undefinierbaren Frucht(?)-Stückchen aus den Konservendosen enthalten musste, die unter dem Namen »Frucht-Cocktail« verkauft wurden.

Warum uns die fünfziger Jahre noch heute so faszinieren? Nun, vielleicht weil sie das letzte »durchgestylte« Jahrzehnt waren: Tütenlampen und Nierentisch, Cocktailglas und gefüllte Tomaten, Architektur und Autodesign, Mode und Kunsthandwerk – alles »passte« zusammen. Dabei waren die fünfziger Jahre ein bizarres Jahrzehnt. Es

Nach dem Ersten Weltkrieg war die Benutzung von Knoblauch verpönt – es galt als Gewürz des »Erzfeindes« Frankreich. Unter den Nazis wurde Knoblauch als »Judenspeise« diffamiert.

Bei der Wahl zum ersten Deutschen Bundestag setzten die Parteien die Angst vor neuen Hungerzeiten zur Wahlwerbung ein.

gab zahlreiche Probleme in der Welt: Ungarn, der Kalte Krieg, Korea, die Angst vor einem Atomkrieg, der Kommunistenhass und seine Auswirkungen...

Aber das beschäftigte die Mehrzahl der Menschen im Westen Deutschlands nicht. Die fanden ihr Glück darin, endlich wieder konsumieren zu können.

Besonders Frauen wurden jetzt als Konsumentinnen gebraucht.

Nachdem sie sich beim Trümmerräumen und als Fabrikarbeiterinnen bewährt hatten, galt es nun, sie wieder in die Rolle der Hausfrau und Mutter zurückzudrängen. Als Köder dienten Wasch- und Küchenmaschinen, Capri-Idylle und wohnliche Behaglichkeit.

Eine »historische« Erfindung

Die fünfziger Jahre begannen 1949. Im April dieses Jahres hatten die USA, Großbritannien und Frankreich beschlossen, einen westdeutschen Staat zu bilden und den Deutschen ein, wenn auch beschränktes, Recht auf Selbstbestimmung einzuräumen.

Im August 1949 hatte die erste Wahl zum deutschen Bundestag stattgefunden, aus der die CDU als stärkste Partei hervorgegangen war.

Theodor Heuss wurde zum ersten Bundespräsidenten, Konrad Adenauer zum ersten Bundeskanzler der Bundesrepublik Deutschland gewählt.

Kurz nach diesen Wahlen, am 4. September 1949, geschah in Berlin, der Stadt »im Brennpunkt der Systeme« Bemerkenswertes.

An diesem Tag machte Herta Heuwer an ihrer armseligen Imbissbude in Charlottenburg eine Entdeckung, die in die Geschichte der deutschen Küche einging:

»Es regnete in Strömen ... Herta fror und beschloss, sich erst einmal ... kräftig zu stärken. Emsig mixte und probierte sie ein Dutzend Gewürzmischungen aus, patschte Ketchup drauf und übergoss damit eine fein geschnippelte Bratwurst.«

So beschreibt Ulrich Kubisch die Geburtsstunde der Currywurst.

Herta Heuwer wurde 1913 geboren und war aus Königsberg nach Berlin gekommen.

Ihr Mann Kurt war gerade erst aus der US-amerikanischen Kriegsgefangenschaft zurückgekehrt und hatte dort miterlebt, wie man Fleisch zusammen mit Ketchup und scharfen Gewürzen aß. Vielleicht hat sie das inspiriert.

Und weil ihre Kreation bei den Kunden gut ankam, ließ Herta sich ihre Soße beim Patentamt in München schützen.

Aus der Imbissbude, die Kurt ihr nach der Währungsreform zusammengezimmert hatte, wurde bald ein respektabler Betrieb, bei dem wöchentlich 10.000 Würste über die Theke gingen.

Als es mit Beginn des neuen Jahres möglich wurde, den größten Teil der Versorgung der bundesdeutschen Bevölkerung ohne Lebensmittelmarken abzuwickeln (einzig bei Zucker und Fett gab es noch Lieferprobleme, im März 1950 wurden aber auch hierfür die Rationierungen aufgehoben), wurde das zwar positiv gedeutet, gleichzeitig aber verglich man in den Publikationen der Zeit den Lebensstandard einst und jetzt:

»Während ein Facharbeiter im Jahre 1900 bei einer zehneinhalbstündigen Arbeitszeit nach Abzug der Steuern einen Tageslohn von 3,90 Mark zur Verfügung hatte, erhält er jetzt für einen acht-

Zeichnung aus der »Westfälischen Rundschau«

So sah 1950 der Monatsetat einer vierköpfigen Arbeiterfamilie aus. Die Hälfte des Verdienstes musste für Lebensmittel ausgegeben werden. Um die materiellen Lücken, die Krieg und Nachkriegszeit gerissen hatten, wieder auszufüllen, blieb nur wenig übrig.

stündigen Arbeitstag ... etwa neun DM durchschnittlichen Lohn.

Ein Kilo Brot, fünf Pfund Kartoffeln, ein Liter Milch, ein halbes Pfund Schmalz, zwei Eier, ein viertel Pfund Blutwurst, ein Pfund Rindfleisch, ein halbes Pfund Zucker, ein Pfund Weizenmehl und zwei Pfund Wirsingkohl kosteten seiner Zeit 2,35 Mark, während man heute dafür 7,36 DM ausgeben muß.«

So der Text zu einem Keystone-Bild unter dem Titel *»Was man sich für sein Geld kaufen kann«.*

Die Kaufkraft des Jahres 1900 war also noch nicht wieder erreicht. Andere klagten schon 1950: »*Wir leben über unsere Verhältnisse*«.

In Hamburg wurden Ausländer, die fanden, dass es den Deutschen schon wieder zu gut gehe, durch Trümmerfelder, zerbombten Hafenanlagen und in die Nissenhütten-Anlagen gefahren.

Tatsächlich gab es Anfang der fünfziger Jahre im Westen kein Land mit vergleichbarer Arbeitsleistung, das einen so niedrigen Lebensstandard für die Masse der Bevölkerung aufwies wie die Bundesrepublik.

Aber dass die Deutschen mehr zu essen hatten, ließ sich nicht mehr verbergen. Die Schulspeisungen konnten nach dem Auslaufen der US-amerikanischen »Hoover«-Spenden 1950 weitgehend eingestellt werden.

Zeitungsausriss aus der »Westfälischen Rundschau« vom 14.12.1950

Es wurde mehr Fleisch (und Wurst) gegessen, und Frischgemüse erhielt den Vorzug vor Konservenkost. Das wurde auch importiert, aus Frankreich, Italien und den Niederlanden vor allem.

11jährige kochte für 2 Brüder Erbsensuppe

Kinder hausten in Baracke — Eltern schickten sie von Köln nach Bremen

Von unserem ständigen BK-Korrespondenten

KÖLN, 13. Dezember

In einer Bremer Baracke fand eine Fürsorgerin drei Kinder im Alter von 15, 13 und 11 Jahren, die von ihren Eltern mit 30 DM von Köln nach Bremen geschickt worden waren. Die Eltern hatten bis November in Bremen gewohnt. Als der Vater arbeitslos wurde, stellten sie die Möbel in der Baracke unter und zogen nach Köln. Dort fanden beide Eltern Arbeit, konnten jedoch die Kinder nicht unterbringen. Sie schickten sie daher nach Bremen zurück, wo sie in der mit Möbeln vollgepackten Baracke hausen sollten.

Die Kinder richteten sich so gut es ging ein. Sie gingen zur Schule und besorgten sich alle zwei Tage von einer Bekannten ihr Essen. Wenn dieses nicht reichte, kochte das 11jährige Mädchen seinen beiden Brüdern Milch- oder Erbsensuppe. Jetzt wurden die Kinder vorläufig im Bremer Waisenhaus untergebracht.

Spanien lieferte Apfelsinen und Bananen, Tomaten und Wein, aus Dänemark kamen die Eier.

Diese Importe hielten die Preise auf einem niedrigen Niveau und verhalfen den Hausfrauen zu »*wenig bekannten*« Gerichten, wie die Zeitungen meinten.

Tomaten-Omelett

Zutaten: Ein Ei, eine Tomate, eine Zwiebel, etwas Fett, ein halber Esslöffel Mehl, etwas Milch, Salz.

Eidotter und Eiweiß voneinander trennen. Mehl mit Milch anrühren und mit dem Dotter verquirlen. Salzen. Eiweiß steif schlagen und unterziehen. In einer Pfanne Zwiebelringe und Tomatenscheiben in etwas Fett leicht dünsten. Mit dem Omelett-Teig übergießen.

Das zeigt, die Deutschen wollten wieder »echte« Lebensmittel essen. Sie hatten die Ersatzstoffe aus der Zeit nach dem Krieg »satt«.

Einzig die Fischwirtschaft hatte »*Probleme mit der deutschen Hausfrau*«. Fisch war nicht beliebt. Obwohl preiswert, konnte er nicht abgesetzt werden und wanderte oft in die Fischmehlfabriken.

Für »Luxus«-Lebensmittel wie Hummer, Austern, Kaviar, Südfrüchte und Kakao wurden Genussmittelsteuern erhoben. Ausgenommen waren nur Apfelsinen, Zitronen und Mandarinen. Besteuert wurden auch bestimmte Süß- und Backwaren.

Nach einigen zaghaften Ansätzen in der Nachkriegszeit startete die Industrie einen weiteren

Die »erste deutsche Einbauküche im Baukastensystem« nach dem Entwurf von Professor Dr. Werner Sell im wirtschaftsgeschichtlichen Museum Villa Grün, Dillenburg

Sell wurde 1900 in Berlin geboren und starb 1998 in Dillenburg. Seine Karriere begann 1933 als technischer Direktor der Eisenwerke in Burg. Hier erschloss der Ingenieur neue Absatzmöglichkeiten im Bereich der Hauswirtschaft für seinen Betrieb.

Versuch, mit neuen technischen Geräten die Küche zu erobern. Und diesmal mit umfassenden Erfolg.

Ein Pionier zur Gestaltung neuer Küchen war der Dillenburger Werner Sell. Bereits 1945 hatte der Professor (natürlich nach dem Vorbild der »Frankfurter Küche« von Margarete Schütte-Lihotzky) eine Einbauküche im Baukastensystem entworfen und ein Musterstück hergestellt. 1949 gründete er die »Sell Haus- und Küchentechnik GmbH«.

Küchenschränke aus Stahlblech, die Dortmunder Firmen produzierten, waren ebenfalls heftig begehrt.

Neben Elektroherd und Kühlschrank begannen auch weniger notwendige Geräte gekauft zu werden. So machte 1951 der »Turmix Infra-Grill« von sich reden, eine Art Waffelbackform, zwischen deren Rillen bei 3.800 Watt (!) Stromverbrauch sich mit Hilfe infraroter Strahlen (»*in Sekundenschnelle*«) Fleisch braten ließ.

Viel wichtiger aber war es, die Küchen mit der notwendigen Grundausstattung zu versehen. Um den Hausfrauen bei der Küchengestaltung und der Haushaltsführung (»*die Hausfrau verwaltet einen erheblichen Teil des Volksvermögens... 80 v.H. des Volksverbrauchs gehen durch ihre Hände*«) zu

Die typischen Küchengeräte der 1950er Jahre: elektrische Kaffee- und Küchenmaschinen

helfen, wurden in Westdeutschland 1952 acht hauswirtschaftliche Beratungsstellen eingerichtet.

Die »*rationelle*« Küche sollte zum Vollarbeitsplatz für die Frau werden. Und die Industrie wollte jede dieser Küchen zunächst mit fließendem kalten und warmen Wasser, mit Gas- oder Elektroherd und einem Kühlschrank ausstatten. 1953 hatten erst 5,3 Prozent aller Haushalte in der Bundesrepublik einen solchen Kühlschrank, 3,5 Prozent eine Waschmaschine und 9,8 Prozent einen Elektroherd. Und so waren zu den Weihnachtsfesten in den fünfziger Jahren Elektrogeräte die »Geschenkschlager«.

Viele der neuen Geräte kamen zunächst aus den USA, aber im Laufe der Jahre zogen die deutschen Hersteller nach.

1953 richtete die Deutsche Bundespost einen Sonderdienst ein: Wer nicht wusste, was er kochen sollte, konnte den Speisezetteldienst der Post anrufen. Er hatte »*Rezepte für den Küchentisch*« bereit.

Aus dem fernen Amerika kam auch eine »neue« Methode einzukaufen: der Selbstbedienungsladen (der dann später meist ein Supermarkt war). 1951 wurden die ersten solcher Läden in Deutschland eröffnet.

Gewöhnsbedürftig war es zwar, einen Wagen durch den Laden zu schieben und an einer zentralen Kasse zu bezahlen, aber es wurde wie alles, was von jenseits des Atlantiks kam, begierig aufgenommen.

Scharfe Cocktails, pikante Häppchen

Konrad Adenauer machte einen großen Bogen um sie, ebenso Oppositionsführer Erich Ollenhauer. Bundestagsvizepräsident Carlo Schmid hatte einen Stammplatz darin und Louise Schröder, einst Oberbürgermeisterin von Berlin, gehörte zu ihren Stammgästen.

Gemeint ist die Milchbar im Bonner Bundeshaus, die 1953 in Betrieb genommen wurde, die modernste ihrer Art in Deutschland.

Für 48.000 DM war für die Bundestagsabgeordneten eine neun Meter lange Bartheke entstanden mit zwölf Barhockern und »*gemütlich ausgepolsterten Ecken, um gesprächsweise zur Lösung aller drängenden Probleme beizutragen*« und um »*das Milchbewußtsein zu heben*«, wie der damalige Bundesernährungsminister meinte.

Sechzig Mixgetränke standen auf der Getränkekarte: »Göttertrank« und »Festkelch«, »Schok-Mocc« und »Sportsmann«. Und die – dem Vernehmen nach – »schmucken« Barmixerinnen waren mit Starmix, Quirlmix und Multimix aufs Beste ausgestattet.

Was für Bundestagsabgeordnete gut war, besaß auch für viele andere staatliche und städtische Institutionen Attraktivität. Also wurden Milchbars eingerichtet in Badeanstalten und Museen, in Universitäten und Theatern.

Aber nun einige Rezepte der Milchmixgetränke, die in den 1950er Jahren im Angebot der Milch-

Von Milchmixgetränken allein konnten die Milchbars meist nicht existieren. Also wurden (US-amerikanische) Softdrinks und Säfte mitangeboten.

bars waren. Zunächst solche ohne Zusatz von Alkohol:

Ballmilch

Zutaten: Eis, drei Teelöffel Grenadine, Saft einer halben Orange, Milch.

In einem Schüttelbecher halbvoll Eis Grenadine und Orangensaft gut durchschütteln. In ein Milchglas seihen. Mit kalter, frischer Milch auffüllen.

Rosa Traum

Zutaten: Eine halbe Tasse Himbeeren, Saft einer halben Zitrone, Vanillezucker, Schlagsahne und geraspelte Bitterschokolade zum Garnieren, ¼ l Milch.

Himbeeren (bis auf einige zum Garnieren), Zitronensaft und reichlich Vanillezucker (nach Geschmack) im Mixer verquirlen.

In ein Glas seihen. Mit Milch auffüllen. Mit einem Schlagsahnehäubchen versehen. Mit einigen Himbeeren und Schokoladenflocken garnieren.

Honigmilch (heiß)

Zutaten: Drei Esslöffel (flüssiger) Honig, ein Ei, etwas Zitronensaft, ein halber Teelöffel Zimt, ½ l Milch.

In einem Mixer Honig mit einem Ei und dem Zitronensaft verquirlen. Mit heißer Milch auffüllen. Durchmixen. Wenn Honig und Milch vollkommen verschmolzen sind, mit Zimt abschmecken.

Und nun noch zwei Milchmixgetränke, bei denen Alkohol die Hauptrolle spielt.

Schneeball

Zutaten: Ein Schnapsglas Gin, ein Schnapsglas Bananenlikör, ¼ l Sahne, Eis.

In einem Schüttelbecher halbvoll Eis Gin und Bananenlikör mixen. In ein Glas seihen. Mit Sahne auffüllen.

Mandarinenmilch

Zutaten: Zwei Teelöffel Zucker, Saft einer Mandarine, ½ l Milch, ein Schnapsglas Arrak.

In einem Schüttelbecher halbvoll Eis, Zucker, Arrak und Madarinensaft gut durchschütteln. In ein Glas seihen. Mit Milch auffüllen.

Solche Cocktails wurden auch auf Cocktailpartys kredenzt, die irgendwie zum Lebensstil der fünfziger Jahre gehörten wie Tütenlampen und Nierentische. Die Partys waren eine Mode, die natürlich aus Amerika kam und die die Deutschen erst lernen mussten.

In den Zeitungen und Zeitschriften gab es Tipps wie die folgenden unter der Überschrift »Wir haben Gäste«:

»Was aber gehört alles zu einer Party? Ein bis zwei soweit wie möglich ausgeräumte Zimmer, an deren Wänden soviel Sitzgelegenheiten angebracht sind, dass alle Gäste Platz finden... Ein großer oder mehrere kleine Tische, die das Büfett darstellen.

Diese Tische müssen weiße Tischdecken tragen und die Teller mit den Brötchen und kleinen Gabelbissen darauf hübsch arrangiert sein. In

Diese Saft-Bar wurde in West-Berlin eröffnet. Die Spezialität dort: Gemüsesäfte. Zum Beispiel: Selleriesaft, Honig und Zitronensaft als Gemüsecocktail.

*Beispiele für Party-Häppchen:
Räucheraalstücke mit Oliven garniert,
Roastbeefröllchen,
gefüllte Eier;
links gefüllte Grapefruits:
Die Früchte werden halbiert, ausgehöhlt und gefüllt mit einer Mischung aus Fruchtfleisch, Apfel, Sellerie, Krabben, Mayonnaise und Schlagrahm (oben).*

*Schinken- und Roastbeefröllchen,
gebutterte Kräcker, mit Rollschinken,
Spargelspitzen und Essiggurke belegt und gesulzt (½ l Essigwasser mit Supperwürze kochen und auf sieben Blatt aufgelöste Gelantine geben), und gefüllte Tomaten (unten).*

die Gabelbissen steckt man einen Zahnstocher... Es gibt bereits richtige Gabelbissen-Stäbchen aus buntem Zelluloid oder Plastik zu kaufen, die sehr hübsch aussehen, aber teuer sind, da sie nach Gebrauch ja weggeworfen werden müssen...

Auf dem ›Büfett‹ befinden sich auch die Flaschen mit dem Alkohol... Falls eine ›ganz richtige‹ Cocktailparty gegeben wird, dürfen Eiswürfelchen, Shaker oder Mixbecher, Barlöffel usw. nicht fehlen.«

Damit sind also die Ingredenzien für die Party beschrieben, fehlen noch die Rezepte für »Gabelbissen« und anderes auf dem kalten Büfett.

Gefüllte Tomaten

Von den Tomaten einen Deckel abschneiden, aushöhlen und innen salzen. Mayonnaise mit Wurststreifen, Gurkenwürfelchen und gekochten Erbsen verrühren. Mit Salz und Pfeffer abschmecken. Die Masse in die Tomaten füllen. Den Deckel wieder darauf setzen.

Wursttüten

Wurstscheiben (zum Beispiel Jagdwurst) auf einer Seite einschneiden. Eine Tüte drehen. Mit Mayonnaise füllen. Eine Spargelspitze hineinstecken.

Gefüllte Eier

Eier hart kochen. Längs aufschneiden. Das Eigelb herausnehmen. Mit Butter und Senf verrühren. Mit Salz und Pfeffer abschmecken. Mit Hilfe einer Spritztüte die Masse wieder in die Eier füllen. Mit fein geschnittenem Schnittlauch garnieren.

Toastecken

Toastbrot leicht anrösten. Erkalten lassen. Mit Butter bestreichen. Verschiedenartig belegen:
- Mit Ei-Scheiben, die gitterförmig mit Sardellen verziert sind.
- Mit Roastbeef, das mit Tupfen von Mayonnaise und/oder Remouladensoße garniert ist.
- Mit Mayonnaise bestreichen, darauf Tomatenscheiben und geviertelte hart gekochte Eier legen, mit Petersilie bestreuen.

Cocktailspieße

Hier eine Auswahl von Spießen, auf die gesteckt werden:
- Ein kleiner Rollmops, eine Cocktailtomate, ein Zwiebelchen.
- Eine Perlzwiebel, ein Schinkenwürfel, ein Radieschen.
- Ein Käsewürfel (z.B. Edamer mit Paprika bestreut), eine Traube.
- Ein Würfel Leberpastete, eine Cocktailtomate.

Schachbrettbrote

Pumpernickelscheiben dünn mit Butter bestreichen. Quark und Schmelzkäse mit Salz und Pfeffer verrühren. Über die Butter streichen. Brotscheiben mit der bestrichenen Seite nach oben überei-

Für die Augen eine Freude ... ... für den Gaumen ein Genuß

Auch die Kinder sollten ihre Partys feiern: an Geburtstagen oder zu anderen Gelegenheiten. Die Firma Dr. Oetker empfahl Götterspeise für das Kinder-Party-Büfett, verbessert als »Götterkrem«.

Den Inhalt eines Päckchens Dr. Oetker Götterspeise in einen kleinen Topf geben. Mit einem viertel Liter Wasser anrühren. Zehn Minuten quellen lassen. 100 Gramm Zucker hinzu geben. Unter Rühren erhitzen (nicht kochen!), bis sich alles gelöst hat. Erkalten lassen. Ein viertel Liter Apfelwein unterrühren. Schaumig schlagen. Ein viertel Liter Sahne mit 50 Gramm Zucker steif schlagen. Unter die Masse ziehen.

nander schichten (drei bis vier Schichten). Einen Teil mit einer Pumpernickelscheibe abdecken. In kleine Würfel schneiden. Im Schachbrettmuster zusammensetzen. Auf Spieße stecken.

Fehlt noch das für die Zeit typische Käsegebäck, das man natürlich auch selbst herstellen kann. Hier die Anweisung dazu aus dem Büchlein »Schöne Stunden, liebe Gäste«:

>»Blätterteig messerrückendick ausrollen, mit geriebenem Käse, Paprikapulver und/oder gehacktem Kümmel bestreuen, mit der Kuchenrolle noch einmal leicht andrücken und beliebige Muster ausstechen und formen.
> Mit Eigelb bepinseln und mit Mandeln, Paprika, Kümmel oder Mohn bestreuen, auf einem mit Wasser abgespülten Backblech in den heißen Backofen schieben und bei guter Hitze goldgelb backen... Nicht zu stark bräunen, dann schmeckt es bitter.«

Unverzichtbar für den häuslichen Barbetrieb: unter anderem Eiskübel, Barlöffel, Shaker mit Strainer und Zitronenpresse.

In den fünfziger Jahren entwickelte sich neben der Party- so etwas wie eine Barkultur.

Es war »schick«, in einer Hotel- oder Nachtbar zu sitzen, US-amerikanische Musik zu hören (oft »live« von deutschen Musikern nachgespielt) und, animiert von mehr oder weniger gutaussehenden Bardamen, Whisky oder Cocktails zu trinken. An eines dieser Getränke erinnert sich der schon zitierte Wolfram Siebeck:

>»Es vereinte den Schick des Nierentisches mit dem Zauber des magischen Auges des Dampfradios und hieß Nikolaschka... Es war Weinbrand, der mit einer gezuckerten Zitronenscheibe serviert wurde, auf die gemahlener Kaffee gehäu-

felt wurde. *Auf welche Weise man diese unsägliche Kombination herunterschluckte, darüber streiten sich die Zeugen.«*

Kaum ein Barkeeper machte sich die Arbeit, Kaffee für die »Nikolaschka« zu mahlen. Es wurde Kaffee-Extrakt (Nescafé) genommen. Aber hier nun das Rezept für »Nikolaschka« und einige andere Cocktails, die damals in Mode waren:

Nikolaschka

In eine Cocktailschale Cognac oder Weinbrand füllen. Eine Zitronenscheibe auf das Glas legen, die mit Zucker bestreut wird. In die Mitte gemahlenen Kaffee (oder Kaffee-Extrakt) häufeln.

Blue Lady

Zutaten: Zwei Zentiliter Cognac oder Weinbrand, zwei Zentiliter Curaçao, blau, zwei Zentiliter Zitronensaft, Zucker.

In einem Shaker mit Eis Cognac, Curaçao und Zitronensaft mixen. Den Rand eines Cocktailglases mit Zitronensaft bestreichen, in Zucker drücken. Cocktail einfüllen.

Wondernight

Zutaten: Ein halbes Schnapsglas Curaçao, grün, ein halbes Schnapsglas Gin, je zwei Zentiliter Curaçao Triple sec und Crème de Mandarines, Mandarinenstücke.

Zutaten in einem Shaker mit Eis gut durchschütteln. Zwei Mandarinenstücke in ein Crustaglas geben. Mit Cocktail auffüllen.

Black & White

Zutaten: Zwei Zentiliter Hennessy, zwei Zentiliter flüssige Schokolade (Nestlé), zwei Zentiliter Curaçao Triple sec, zwei Zentiliter Sahne.

In einen Shaker Eis geben. Hennessy und Schokolade gut schütteln. Als erste Lage in einen Cocktailcreamer füllen. Shaker säubern. Erneut mit Eis, Triple sec und Schlagsahne mixen. Vorsichtig über die erste Lage seihen.

In »Schöne Stunden, liebe Gäste« ist beschrieben, wie man den Cocktail zu sich nimmt:

»Kenner legen noch eine Kaffeebohne auf die Zitronenscheibe und zerkauen sie genüsslich, während der Kognak und das zarte Zitronenaroma die Magenwände kosen.«

294

Mit einer Gulaschsuppe wurde ein solcher Barbesuch üblicherweise abgeschlossen. Wolfram Siebeck:

»Mit Sicherheit ein Konservenprodukt. Daß ich mich an diese mit viel Mehl gedickte und mit Worcestersauce gewürzte Scheußlichkeit überhaupt erinnere, liegt sicherlich nicht an den gastrosophischen Reflexionen, die ich über meiner Suppentasse anstellte, sondern nur an der mondänen Umgebung.«

Päckchen nach drüben

Für den 16. September 1953 waren Bundestagswahlen angesetzt. Das wichtigste Wahlkampfthema war der erreichte Lebensstandard, besonders im Vergleich mit dem in der »Sowjetzone«.

Die Plakate der CDU waren besonders polemisch. Auf einem wurde ein abgehärmtes Ehepaar gezeigt, Bauern die beiden, dem Ansehen nach. *»Denkt an uns – wählt für uns CDU«*, forderte das Plakat.

Das Ehepaar, das die angebliche Not der DDR-Bürger verkörpern sollte, stammte aus Sieglar bei Bonn und erkannte sich auf dem Foto wieder. Es kam zu einer gerichtlichen Auseinandersetzung. Das Plakat musste überklebt werden.

Die Ereignisse des 17. Juni konnten dann gar nicht zu einem (für die CDU) besseren Zeitpunkt geschehen.

Folgerichtig stellte der am meisten eingesetzte Wahlkampf-Film der CDU den »17. Juni« in den Mittelpunkt. Andere Parteien hatten dem wenig entgegen zu setzen.

Nach den Ereignissen im Juni 1953 wurden die Westdeutschen verstärkt aufgefordert, Päckchen in den Osten zu schicken. Und um zu zeigen, wie gut es den Bundesrepublikanern ging, und um den Wahlerfolg zu sichern, wurden im Juli und August die Tee- und Kaffeesteuern gesenkt.

Adenauer gewann die Wahlen (und die absolute Mehrheit der Abgeordneten im Parlament). Die Päckchen nach drüben blieben über Jahre hin politisches Mittel im »Kampf der Systeme«.

Über eine Million Festtagspakete wurden zu Weihnachten 1954 allein aus Nordrhein-Westfalen in die DDR geschickt. 1956 gingen zum Christfest

Das
tägliche
Brot-

und was drauf gehört...

fünf Millionen Pakete aus Westdeutschland in die
»Zone«.

Um nicht beschlagnahmt zu werden, mussten
die Päckchen gewissen Regeln genügen, und man
musste sich an bestimmte Vorschriften halten.
Wichtig war, dem Paket oder Päckchen auch äu-
ßerlich einen »privaten Charakter« zu geben:

*»Deshalb ist es ratsam, die Paketaufschrift und
das ... Inhaltsverzeichnis, das in einem offenen
Umschlag auf der Rückseite der Sendung anzu-
bringen ist, nicht mit der Schreibmaschine, sondern in Handschrift auszufertigen... Auf der linken Seite der Aufschrift ist der Vermerk anzu-
bringen: ›Geschenksendung! Keine Handelswa-
re!‹«*

Jede/r DDR-Bürger/in durfte zunächst nur zwölf
Päckchen pro Jahr »in Empfang nehmen«.

Ein Päckchen durfte bis zwei, ein Paket bis sie-
ben Kilo schwer sein und nicht mehr als je 250
Gramm Kaffee, Schokolade oder Kakao und 50
Gramm Tabakwaren enthalten.

Es sollte immer auch Waren enthalten, welche
in der Lage waren, *»die Überlegenheit des Westens
zu demonstrieren«*: Ceylontee und Seidenstoffe
(1953), Südfrüchte und Damenwäsche (1954)
oder »gute« Wurstkonserven und Schuhe (1955).
Bedrucktes Papier (Bücher, Zeitschriften, Zeitungen) und der Versand anderer Medien (z.B. von
Schallplatten) führte unweigerlich zur Beschlagnahme.

Kontrolliert wurde streng und langwierig, was davon abhalten sollte, leicht verderbliche Lebensmittel zu schicken. Seit 1955 wurden die Pakete sogar durchleuchtet. Wie man heute weiß, verschwanden bei den Kontrollen auch jede Menge dieser Päckchen und Pakete.

Es gab übrigens auch einen Päckchenverkehr in umgekehrter Richtung. Empfänger waren die Familien verhafteter westdeutscher Kommunisten.

Auch wer »aus der Zone« zu Besuch in den Westen kam, sollte ein Paket erhalten. Solche Aktionen gab es besonders vor Feiertagen. An der Grenze wurden Gutscheine ausgeteilt, die man dann in den Bahnhofsmissionen gegen ein Sieben-Pfund-Paket eintauschen konnte. Bei eineinhalb Millionen Besuchern im Jahr ein teures Unternehmen. An Weihnachten 1956 waren wenige Tage vor Heiligabend keine der »Weihnachtsgaben« mehr vorrätig.

Pakete »nach drüben« wurden bis 1989 in die DDR geschickt.

Die Sicherung der Lebensmittelversorgung haben diese »Geschenksendungen« allerdings nicht gewährleistet, auch wenn das heute immer wieder behauptet wird.

Am 17.8.1956 hatte das Bundesverfassungsgericht die KPD verboten. Bereits kurz nach der Bundestagswahl 1953 war begonnen worden, kommunistische Funktionsträger zu verfolgen und einzusperren.

Negerkuss oder Mohrenkopf

Der Richter am Bremer Amtsgericht benutzte sein Taschenmesser für die Rechtsfindung. Damit sezierte er zwei braune Gebilde, die vor ihm auf dem Tisch standen.

1954 war nämlich ein heftiger Streit zwischen Firmen in Hamburg und Bremen entbrannt, die sich auf die Herstellung jener »Negerküsse« genannten und mit Schokolade überzogenen Schleckerei spezialisiert hatten. Und um diesen Schokoladenüberzug ging es.

Als die Weltmarktpreise für Kakao 1953 bzw. 1954 in die Höhe schnellten, gingen Bremer Negerkuss-Fabrikanten dazu über, für den Überzug eine Fettglasur zu verwenden, was erheblich billiger war als Kakaobutter.

Das freilich rief den Staatsanwalt auf den Plan (wohl informiert von der Hamburger Konkurrenz). Der Vorwurf: Lebensmittelfälschung. Die Kakaoverordnung verbiete »*Schokoladencharakter durch*

Geruch oder Aussehen« vorzutäuschen. Eine Ausnahme lasse die Verordnung nur bei *»tortenähnlichem Frischgebäck«* zu. Zum Beispiel bei einem »Mohrenkopf«.

Auf die Erwähnung des »Mohrenkopfes« schien der Verteidiger nur gewartet zu haben. Negerkuss oder Mohrenkopf – das sei doch das Gleiche.

»Mitnichten«, entschied der Richter nach Inaugenscheinnahme und verurteilte die Bremer Süßwarenfabrikanten.

Zu dieser Negerkussgeschichte passt ein Rezept, das typisch ist für die fünfziger Jahre:

Kalter Hund

Zutaten: Eine Tasse Zucker, zwei Eier, sechs Esslöffel Kakao, ein Päckchen Vanillezucker, 50 g gemahlene Mandeln, 250 g Palmin, Kekse nach Bedarf.

Eier, Zucker und Vanillezucker werden kremig geschlagen. Kakao und gemahlene Mandeln darunter rühren. Palmin zerlassen und dazu geben. Eine Kastenform mit Pergamentpapier auslegen. Den Boden mit der zubereiteten Masse bedecken. Mit Keksen belegen. Darauf wieder die Kakaomasse schichten usw. Die oberste Schicht muss Kakaomasse sein. Drei bis vier Stunden in den Kühlschrank stellen. Stürzen.

Für den »Kalten Hund« wurden bevorzugt Leibniz-Kekse verwendet. Nach dem Erkalten konnte er, wie auf dem Foto, oben mit Mandeln und Cocktailkirschen verziert werden.

Stand noch zu Beginn der fünfziger Jahre das Sich-Satt-Essen im Vordergrund (der Pro-Kopf-Verbrauch war auf 3.000 Kalorien täglich gestiegen; Lebensmittel waren von allen Gütern am ehesten bezahlbar), wollte man nun nicht nur reichlich,

Durch die deutschen Städte rollten in jener Zeit die Werbewagen der Ernährungsindustrie (links der Maggi-Fridolin), um ihre neuen Produkte vorzustellen. Die Umsatzzuwächse der Nahrungsmittelhersteller waren nach einem anfänglichen Boom bescheiden geblieben (bei der Nährmittelproduktion hatte es von 1950 bis 1957 nur eine Steigerung von 12 Prozent gegeben). Nun hatten sie begonnen, sich auf die Zubereitung und Konservierung der Nahrungsmittel zu spezialisieren: Fertiggerichte aus der Dose oder Suppen aus der Tüte. Mit der Fleischbeschaffung hatte dieser Industriezweig übrigens keine Probleme: Ein Gramm Fleisch in der Tüte reichte bereits aus, um eine Suppe »Fleischsuppe« nennen zu dürfen.

sondern auch gut essen. Das Nahrungsmittelangebot weitete sich aus.

Der Fleischverbrauch nahm zu und hatte bis 1960 das Vorkriegsniveau überstiegen. Das deutsche Schwein konnte indes mit dem Kotelett-Verbrauch nicht Schritt halten. Es hatte zu wenige Rippen. Im Siegkreis, am »Institut für Tierzucht und Fütterung« der Universität Bonn wurde an einem »neuen« Schwein gearbeitet. Und das sollte so aussehen:

»Bei 110 Kilo Gewicht von mittlerer Größe, (soll es) nicht zu lang (sein), weil sonst der Rückenspeck zu dünn wird. Die Schinken sollen so groß wie möglich sein, das Tier soll straff in der dünnen Haut sitzen, viel Muskelansatzfläche an den Knochen und viel Fleisch haben... Es muß ein guter Futterverwerter sein und keine zu lange Mastdauer beanspruchen.«

Und das »neue« Schwein sollte (wie schon bestimmte Züchtungen im benachbarten Ausland) sechzehn Rippenpaare haben.

Ende der fünfziger Jahre »erschütterte« der so genannte »Nitrit-Skandal« die noch junge Bundesrepublik und führte den Verbrauchern erstmals deutlich vor Augen, was sie da eigentlich mit Fleisch und Brot, Kartoffeln oder Pudding zu sich nahmen.

Mitte der fünfziger Jahre »tobte« in Nordrhein-Westfalen ein so genannter »Wurstkrieg«. Die mit der Lebensmittelüberwachung beauftragten staatlichen Stellen stritten sich mit den Wurstherstellern, wieviel phosphathaltige Präparate der Wurst zugesetzt werden durften.

In anderen Bundesländern werde mit den Bestimmungen dazu weniger rigide umgegangen, meinten die Wurstproduzenten, als einer der ihren 1957 zu einer Geldstrafe wegen Lebensmittelverfälschung verurteilt worden war.

Der »Wurstkrieg« veranlasste die Kontrolleure, sich das Fleisch einmal genauer anzusehen. In Württemberg, zunächst in Stuttgart, dann im ganzen Land, später auch in anderen Bundesländern, wurde man fündig. Man fand Nitrit im Fleisch, eine Chemikalie, die zur »Umrötung« eingesetzt wurde: Das Fleisch sah röter, also »frischer« aus und »hielt« außerdem länger. Allein in Württemberg wurde gegen 287 Personen ermittelt. Dort war auch ein Toter zu beklagen: Ein 15jähriger Stuttgarter Metzgerlehrling hatte sich mit Nitrit vergiftet.

Der Skandal zog immer weitere Kreise, in Bayern, in Norddeutschland, in Hessen... Es kam zu zahlreichen Prozessen, bei denen neben Metzgern auch Apotheker und Pharmaproduzenten unter Anklage standen.

Journalisten blieben der Chemie in den Nahrungsmitteln auf der Spur und fanden darin *»mehr als 1.000 Zusätze«*.

Allein das Brot sollte dreißig verschiedene Chemikalien enthalten mit so schwierig zu buchstabierenden Namen wie Nitrosylchlorid, Natriumpyrophosphat oder Perkarbamid.

Die bundesdeutschen Esser focht das alles nicht an. Sie ließen sich ihren Appetit nicht verderben.

Sie aßen weiter und das zu fett. Der Fettanteil an ihrer Nahrung war mit 37 Prozent viel zu hoch. Schon 1952 hatten die Zeitungen erstmalig wieder ein Übergewicht des Durchschnittsdeutschen gemeldet (1½ Kilo bei den Männern, etwas weniger bei den Frauen).

Der Verbrauch an Roggenbrot (nicht an Weißbrot), an Kartoffeln (nicht an Fleisch) und Hülsenfrüchten sank; Frischobst, besonders Südfrüchte, wurden mehr gekauft. Stark zugenommen hatte auch der Genuss von Geflügel, Käse, Bienenhonig und Süßigkeiten und von alkoholischen Getränken. »Feinkostwelle« wurde das genannt.

Mit Hilfe von Phosphat konnte der Wurst mehr Fett zugesetzt werden, ohne dass dieses »schmeckbar« war.

Gemeint ist Natriumnitrit, das Natriumsalz der salpetrigen Säure. Es ist in geringen Mengen auch im Pökelsalz enthalten.

Aus:
»Deutsche Illustrierte«
1957

Da es die Entwicklung auf dem Arbeitsmarkt erlaubte, dass Frauen wieder vermehrt einem Beruf nachgehen konnten, wurde das zusätzliche Geld Ende des Jahrzehnts nun auch massiv in die Modernisierung des Haushalts gesteckt. Bevorzugtes Objekt dieses Modernisierungseifers war die Küche. In Ausstellungen wie der Kölner Haushaltswarenmesse waren die neuesten Entwicklungen zu besichtigen: Spülen und Herde aus Nirosta-Stahl oder ein »Bamix« genannter Zauberstab, der schlagen, quirlen, häckseln und mahlen konnte.

Getestet wurden solche Geräte in der Bundesforschungsanstalt für Hauswirtschaft in Stuttgart. Von hier aus konnten der Industrie Ratschläge erteilt werden, bestimmte Produkte wie die »denkende« Kochplatte oder der »denkende« Gasherd zur Serienreife zu entwickeln. Eine der Neuheiten, die hier Ende der fünfziger Jahre angeschlossen und ausgemessen werden, sollte später zu einer Veränderung der Essgewohnheiten vieler Menschen in Deutschland führen: der Mikrowellenherd.

Der »*Elektronenherd*«, so sein Name damals, war zwar schon 1947 erfunden worden, aber bis dato nur auf Fachmessen zu sehen gewesen. Seit 1957 war er serienreif und konnte gekauft werden (für 3.500 DM). Auf der Messe »Der häusliche Kreis« in Stuttgart wurde das »*Wundergerät*« in Betrieb gezeigt.

Der Reporter der WAZ war begeistert: Ein Pfund Erbsen war in vier, ein Kuchen in zwei Minuten tischfertig. Und dabei bewahrten »*die Nahrungsmittel ihren Geschmack, ihre Farben, ihre Vitamine und Mineralien besser ... als bei heute üblichen Kochvorgängen*«. Was so nicht stimmte. Aber davon wird noch die Rede sein.

Die Wirtschaft boomte. Und als die Nährmittelproduzenten neue Ertragseinbrüche befürchten mussten, kam ihnen die Bundesregierung mit einer Empfehlung zu Hilfe.

Die deutsche Hausfrau sollte Vorräte anlegen, um »*einer eventuellen Versorgungskrise zu begegnen*« und um »*die staatliche Vorratshaltung zu ergänzen*«. Eingelagert werden sollte ein Wochenbedarf »*geeigneter und haltbarer Lebensmittel*«. Die Angst vor einem neuen Krieg (der dann ein Atomkrieg sein könnte) saß tief in den Köpfen der Menschen.

Die »denkende« Kochplatte schaltete sich automatisch ein und aus, konnte die Temperatur regeln und so auch das Überkochen oder Anbrennen verhindern. Entwickelt worden war sie von Prof. Schöberle. Der »denkende« Gasherd funktionierte ähnlich mit Hilfe eines Thermostates.

Kochen und Essen
genau wie im Fernsehen

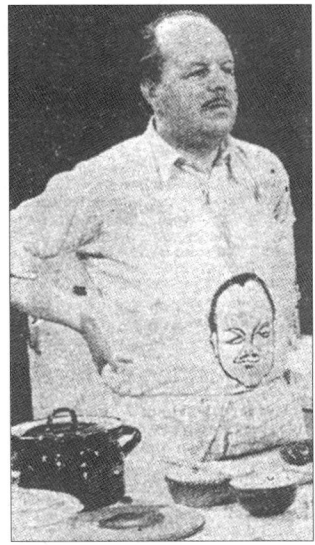

MAN SCHRIEB den 20. Februar 1953, da erschien auf den wenigen Bildschirmen, die es schon in bundesdeutschen Wohnzimmern gab, ein freundlicher Herr mit Glatze und dünnem Oberlippenbart und bereitete vor den Augen der staunenden Fernsehzuschauer Spaghetti »auf neapolitanische Art«. Der Mann, der dort kochte, nannte sich (nach seinem Heimatort) Clemens Wilmenrod (eigentlich hieß er Carl Clemens Hahn).

Mehr als zehn Jahre lang bat er im Deutschen Fernsehen »zu Tisch«.

Wilmenrod war nicht der erste Fernsehkoch der TV-Geschichte (diese Ehre gebührt Marcel Boulestrine, der am 21. Januar 1937 erstmals durch die Sendereihe »Cooks Night Out« der BBC geführt hatte). Aber er bestimmte die Essgewohnheiten und das Konsumverhalten der westdeutschen Nation mit und leistete einen Beitrag zu »Internationalisierung« der deutschen Küche. Zu seinen wohl berühmtesten »Kreationen« gehörte der »Toast Hawaii«.

Toast Hawaii

Zutaten: Vier Scheiben Toastbrot, zwölf Scheiben roher (»Frühstücks«-)Schinken, vier Ananas-Scheiben (aus der Dose), vier Scheiben Käse-Scheibletten, ein Teelöffel Paprikapulver, vier Cocktail-Kirschen, etwas Butter, etwas Fett.

Das getoastete Brot etwas abkühlen lassen. Dünn mit Butter bestreichen. Den Schinken in wenig Fett anbraten. Je drei Scheiben auf eine Scheibe Toast legen. Mit einer Ananas-Scheibe bedecken. Darauf eine Käse-Scheiblette geben. Mit Paprika bestreu-

Wilmenrod verstand es schon in den fünfziger Jahren, sich wie kein anderer zu vermarkten. Sein Konterfei und seine Rezepte erschienen auf Mehlpackungen (rechts) und auf zahlreichen anderen Medien. Außerdem schrieb er Kochbücher (oben).

en. Im Grill oder im Ofen so lange überbacken, bis der Käse zu schmelzen beginnt. In die Mitte eine Cocktailkirsche spießen.

Diese Kombination von Fleisch und (Süd-)Früchten hat zweifellos Wilmenrod in die deutschen Küchen gebracht. Seine Art zu kochen, entwickelten jene, die in seine Fußstapfen traten zur wahren »Meisterschaft«.

Wilmenrod machte 1964 seine letzte Fernsehsendung. Drei Jahre später erschoss er sich.

Was dem Westen recht war, musste natürlich auch der DDR billig sein. Der berühmteste Fernsehkoch des Deutschen Fernsehfunks war Kurt Drummer. Er war Chefkoch der »Vereinigung Interhotel«, Leiter einer Meisterprüfungskommission und des Küchenleiteraktivs der DDR, und als solcher hatte er natürlich an maßgeblicher Stelle »geschmacksbildend« für die Küchenkultur seines Staates mitgewirkt. Er hatte Thomas Mann und Johannes R. Becher bekocht, Ulbricht und Honecker, F. J. Strauß und Willy Brandt.

In der Anzahl der Fernsehsendungen (man hat 610 gezählt) hat er Wilmenrod bei weitem übertroffen. Wie dieser schrieb er Kochbücher (auch mehr als Wilmenrod), durfte aber nur sozusagen volkswirtschaftlich »intern« Werbung betreiben. Und das, dem Hörensagen nach, unbezahlt. Was die beiden Fernsehköche unterschied – Drummer durfte für seine Rezepte nur Zutaten benutzen, die in der DDR auch zu kaufen waren.

Cocktailtorte

Zutaten: 250 g Mehl, 100 g Butter (Drummer nahm
(Teig) »Marina«), 75 g geriebener Käse, ein Esslöffel Milch, Salz, Paprikapulver, eine Messerspitze Backpulver.

Das Mehl wird gesiebt, mit Backpulver gemischt und mit Butter, dem Käse, Milch, Salz und Paprika zu einem Mürbeteig verknetet. Einige Zeit im Kühlschrank ruhen lassen. Dann den Teig nicht zu dünn ausrollen und damit eine gefettete Springform auslegen (mit Rand). Teig mit einer Gabel einstechen. Bei mittlerer Hitze so backen, dass er noch hell ist.

Zutaten: 1 ½ kg Tomaten, 350 g roher Schinken,
(Füllung) 80 g Fett (oder Öl, Drummer nahm »Marina«), vier Eier, etwas Sahne, Salz, Pfeffer, Knoblauch, gehackte Kräuter, ganze Champignons, Salatgurke.

Die vorher von der Haut befreiten Tomaten werden entkernt und in Würfelchen geschnitten. In Fett etwas anschwitzen. Mit Salz, Pfeffer und geriebenem Knoblauch würzen. Die Hälfte der Tomaten auf den Tortenboden geben.

Schinken in feine Streifen schneiden und in etwas Fett anbraten. Damit die Tomaten bedecken. Den Rest der Tomaten darüber schichten. Zwei Eier verschlagen. Mit etwas Sahne und gehackten Kräutern (z.B. Oregano, Petersilie, Selleriegrün) verrühren und die Tomaten damit übergießen.

Im Ofen ca. zehn Minuten lang überbacken, bis die Masse stockt. Mit fein gehackten, hart gekochten Eiern, ganzen Champignons, Gurkenscheiben garnieren. Mit gehackten Kräutern bestreuen. Warm servieren.

Natürlich bemühte sich auch Drummer um eine Internationalisierung der deutschen Küche. Freilich durfte sein Blick dabei nur gen Osten oder in

Kurt Drummers
Cocktailtorte

Freundesland gehen. In eine Kochkultur, die den DDR-Bürgern nur wenig exotisch vorgekommen sein dürfte (sieht man von kubanischen Rezepten einmal ab). Der Schriftsteller Rolf Schneider meint rückblickend:

»Osteuropa galt, von kleinen Ausnahmen abgesehen, zu keiner Zeit als eine Landschaft der großen kulinarischen Genüsse. Die Küche war ...

eine solche der bäuerlichen Armut. Ihre frugalen Hauptzutaten bildeten ... Kohl und Rübe sowie, nach deren siegreichem Einzug aus ... Amerika ... die Kartoffel. Hauptgewürz ist die Zwiebel. Zuvor hatten die wichtigsten Sättigungsbeilagen Grütze und Hirse geheißen, die in der Küche Russlands und der Ukraine niemals gänzlich ausgestorben sind. Wichtigster Fleischlieferant aber ist das Huhn und wichtigster Fisch der gesalzene Hering.«

Die Lebensmittellage hatte sich in der DDR seit 1953 verbessert. Die Moral der Bürger und Bürgerinnen nicht. Die Ereignisse um den 17. Juni 1953 hatten in den Köpfen der Menschen Spuren hinterlassen, den Politikern hatten sie Zugeständnisse abgenötigt.

Otto Grotewohl hatte in einer Rede bereits im Juli 1953 zum Thema Stellung genommen und einen »neuen Kurs« angekündigt:

Die Rede wurde auf dem 15. Plenum des ZK der SED gehalten und hatte den Titel »Schluss mit der Kopfhängerei«.

»Bei uns soll der Werktätige mehr essen und besser mit Konsumgütern versorgt werden als in Westdeutschland... Die ... Steigerung ... erfordert, daß wir 1. die Produktion von Nahrungsmitteln und Konsumgütern erhöhen, daß wir 2. mehr Waren des Massenbedarfs über unseren Einzelhandel einführen und 3. ..., daß wir den Einzelhandel ... auf eine beträchtlich breitere Grundlage stellen...

Dem Handel wurden in reichlicherem Maße Nahrungsgüter ... zugeleitet.«

Die Normerhöhungen wurden aufgehoben, die Preise für Nahrungs- und Genussmittel gesenkt. Ein Angebot der USA, für 15 Millionen Dollar Lebensmittel in die DDR zu schicken, wurde abgelehnt. Und selbst die westdeutsche Presse vermutete hinter der amerikanischen Offerte unlautere Absichten:

Die Preise sanken z.B. bei Reis um 10, bei Vitalade-Konfekt (einem Schokoladen-Ersatzprodukt) um 31 oder bei Tee um 50 Prozent.

»In das Programm einer Aktivierung der westlichen Politik paßt hinein, was sich aus dem Lebensmittelangebot Präsident Eisenhowers für die Sowjetunion entwickelt hat: Mehl, Fett, Nährmittel und Trockenmilch sollen auch gegen den Protest Moskaus und der Pankower Regierung der Bevölkerung der Ostzone zugänglich gemacht werden.

Also: Politik mit Lebensmitteln, denn auch in Amerika gibt man zu, daß neben dem Wunsch, der darbenden Bevölkerung zu helfen, auch noch andere Absichten mitsprechen.«

Die Probleme, welche die unterschiedlichen Währungen mit sich brachten, waren nicht gelöst. Den Wechselkurs zwischen der westlichen und der östlichen Mark hatte die DDR auf ein Verhältnis von 1 : 1 festgelegt. Im Westen wurde der Kurs im Schnitt mit 1 : 4 zu Ungunsten der DDR notiert. Die Folge: Obwohl das verboten war, wurde die DDR-Mark in die DDR ein- und ausgeführt und damit bezahlt: Von Westlern billige Waren und Lebensmittel im Osten, von den Ostlern im Westen das, was sie im eigenen Lande nicht bekommen konnten.

1954 wurde in den Interzonen-Zügen der Verkauf von Zigaretten, Obst und ähnlichen Gütern gestoppt.

1957 führten diese Bewertungsunterschiede zu einem »Blitzumtausch« des Ostgeldes in andersfarbige Scheine, die in der Sowjetunion gedruckt worden waren. Der Kaufkraftüberhang der Ostmark wurde dadurch abgeschöpft, der Rückfluss der Ostmark gestoppt und die DDR-Bürger mussten ihren Bargeldbesitz offen legen. Auf diese Weise gelang es, rund eineinhalb Milliarden Ostmark aus dem Verkehr zu ziehen. Nach deutlichen Missfallensäußerungen aus der Bevölkerung waren die SED-Funktionäre und die DDR-Politiker darum bemüht, die Wogen zu glätten. In einer Antwort auf eine Bürgeranfrage schrieb der Volkswahlausschuss in Leipzig zum Beispiel:

»Die glänzenden Geschäfte, die großartigen Kaufhäuser ... sind bei uns volkseigen. Du bist der stolze Mitbesitzer. Hier wird kein Käufer übervorteilt oder ausgenützt. In den Lebensmittelläden des staatlichen Handels bekommst du alles, was Du brauchst: von Südfrüchten bis zu Bücklingen. Die einfachen Menschen, die Du hier findest, kaufen so wie Du in ihrem eigenen Laden,... ohne daß jemand daran verdient.«

Die Wirklichkeit sah freilich etwas anders aus. Westliche Reporter, die zu Besuch auf der Leipziger Messe waren, berichteten von Käuferschlan-

---

*»Ja, liebe Herrn,
das war ein Tag!
Kein Herrentag!
Das war ein Schlag!
Der hat gesessen!
Ihr hättet gern
von dem Ertrag
den halben Kern
uns weggefressen!
Und hättet gern
mit unserem Geld
was angestellt.
Uns zu erpressen!«*

»Umtauschgedicht«
unter dem Titel »Kein Tag
des Herrn«

Aus:
»Neues Deutschland«,
Oktober 1957

gen, von Menschen, die nach Kaffee, Tee, Obst »*und sogar Kartoffeln*« anstanden, und das obwohl Leipzig während der Messe besonders gut versorgt wurde.

Diese »Lebensmittellücken« traten immer wieder auf. Mal fehlte es an Gemüse, mal an Margarine. In Joachimsthal hatten sich die Hausfrauen 1956 um Salzheringe geschlagen, die es dort seit zwei Monaten nicht mehr gegeben hatte. Und im selben Jahr hatte in einer DDR-Zeitung eine Frau Querfurt geklagt:

> »*In der HO gibt es keine Linsen, keine Graupen, kein Fett und kein Gemüse. Ich weiß nicht mehr, was ich kochen soll.*«

Das ZK der SED gab an die Parteifunktionäre eine »Aufklärungsanweisung« heraus, in der es hieß, die Bevölkerung müsse auf eine weitere Verknappung von Lebensmitteln vorbereitet werden.

Für die immer häufigen Versorgungskrisen in der DDR gab es natürlich zahlreiche Ursachen, die oft kulminierend wirkten. Eine davon lag sicher in der Planwirtschaft, der es immer weniger gelang, die vorhandenen Lebensmittel gleichmäßig über das Land zu verteilen, dorthin, wo sie gebraucht wurden.

Ein anderes Problem stellten die so genannten »Neubauern« dar. Sie kamen oft aus »fremden« Berufen und hatten von Landwirtschaft keine Ahnung. Die Folge waren Misswirtschaft und Ernteausfälle in beträchtlicher Höhe. Die LPGs konnten da Einiges auffangen, beseitigen konnten den Mangel auch sie nicht.

In den Geschäften fehlten die Lebensmittel, auf den Feldern gedieh das Unkraut. Freiwillige Helfer wurden dringend gebraucht. In Sternberg gründete sich ein Kollektiv von Hausfrauen – die erste Hausfrauenbrigade. Erst waren es nur acht Frauen, die bei Ernte- und Pflegearbeiten halfen, bald waren es mehr als 100. Und aus dieser Initiative wurde eine republikweite Bewegung, um den Arbeitskräftemangel in den Genossenschaften aus der nicht berufstätigen Bevölkerung zu beheben. »*Milch, Fett, Fleisch, Zucker und Eier wachsen nicht auf dem Ladentisch*«, hieß es.

Ende Mai 1958 wurden dann 19 Jahre nach ihrer Einführung im »Dritten Reich« auch in der DDR die Lebensmittelmarken abgeschafft. Es werde gleichzeitig ein »*einheitliches Preisniveau*« geschaffen, hieß es. In der Praxis bedeutete das: Die neuen Preise lagen höher als die Kartenpreise, aber niedriger als die HO-Preise. Das konnte nicht allen gefallen.

Zu den Unzufriedenen gehörten vor allem die Rentner. Sie erhielten neun Mark Rentenzuschlag, aber damit ließen sich die Preiserhöhungen nicht ausgleichen. Ihnen wurde empfohlen, sich preiswert zu ernähren. Pferdefleisch – so hieß in den offiziösen Verlautbarungen – sei eine gute Alternative zu Rindfleisch (ein Rumpsteak kostete 4,70 Mark, eine vergleichbares Stück Pferdefleisch nur etwas mehr als die Hälfte).

Derweil rechnete Parteichef Walter Ulbricht der Bevölkerung die Erhöhung der Kaufkraft vor und versprach (wieder einmal), den Lebensstandard in der Bundesrepublik einholen zu wollen (»*spätestens 1965*«):

Da die Lebensmittel-Versorgung nicht mehr über Preise oder Karten reguliert wurde, rief man in den Zeitungen und Zeitschriften zum Sparen auf und zur Resteverwertung. Bildunterschrift:

»*Rechts: Schinkenklößchen sind ein Abendgericht, das schnell fertig ist. Unten: Weißbrotpuffer können süß und auch herzhaft zubereitet werden. Unten rechts: Nur wenige Zutaten werden für eine Brottorte gebraucht.*«

»Bei den wichtigsten Lebensmitteln wie Butter, Zucker, Fisch und Fleisch haben wir den Pro-Kopf-Verbrauch Westdeutschlands entweder erreicht oder überschritten. Entscheidend ist aber, daß sich die Lebenshaltung der Werktätigen in Westdeutschland nicht verbessert.«

Und noch etwas versprach Ulbricht: Die alljährliche Ferienreise, die für viele Arbeiter und Arbeiterinnen schon eine Selbstverständlichkeit war, sollte auch für die Genossenschaftsbauern und andere »Werktätige« Wirklichkeit werden.

Von Campern und Grillern

Die Riviera, die Strände an Italiens Adriaküste, die Städte Oberitaliens, die Seen dort – das alles zählte in den fünfziger Jahren zu den Traumzielen der Deutschen.

Die Zeitschriften waren voll davon, die Schlager der Zeit besangen diese Reiseziele, Fernsehen und Kino thematisierten Italienreisen.

Das erste Auto, der erste Motorroller wurde zu einer Urlaubsreise benutzt. »Einmal aus dem Berufsalltag herauskommen«, war nach den harten Aufbaujahren eines der Hauptanliegen. Und wer noch kein eigenes Auto hatte, buchte eine Bus- oder eine Bahnreise.

Noch lag der bevorzugte Urlaubsort für die Deutschen im Mittelgebirge oder an Nord- oder Ostsee. Vor allem möglichst ruhig sollte er sein.

Ein Zeltplatz in den Dünen bei Westerland.
Sylt gehörte bei vielen schon damals zu den beliebten Urlaubszielen, besonders bei jenen, die mit der Vespa und dem Zelt unterwegs waren.

Aber wer das Abenteuer wagte, ins Ausland zu reisen, fuhr nach Österreich oder eben nach Italien.

Einen Hotelaufenthalt konnte sich dabei kaum jemand leisten. Man steuerte Campingplätze an und schlug sein Zelt auf. Die Medien stellten sich schnell auf den neuen Trend ein. So veröffentlichte die »Praline« »Blitzgerichte für Camping«:

In den fünfziger Jahren waren auf Deutschlands Straßen auch die ersten Wohnanhänger zu bestaunen. Ausstellungen in Essen oder Frankfurt präsentierten die neuesten Modelle. Neben dem Schlafplatz gab es in solchen Anhängern ein Küche auf engstem Raum.

Das Bild zeigt den kleinsten deutschen Wohnanhänger »Puck« (oben links) und den Rastatt-Plastik-Caravan (oben rechts), der aus glasfaserverstärktem Polyesterharz gebaut war.

»Urlaubsgerichte sollen leicht, einfach und schnell zu kochen und angenehm für den Magen sein.«

Von belgischen Heringen, Pariser Spatzen und baskischem Rührei war da die Rede.

Baskisches Rührei

Zutaten: Zwei Paprikaschoten, vier Eier, eine Zwiebel, zwei Tomaten, Salz, Pfeffer, Fett zum Braten.

Paprika, Zwiebeln und Tomaten klein schneiden und in der Pfanne in heißem Fett anbraten. Würzen.

Mit den verrührten Eiern übergießen. Leicht stocken lassen.

Pariser Salat

Zutaten: 200 g Fleischwurst, 100 g Emmentaler Käse, zwei hart gekochte Eier, zwei Tomaten, eine Zwiebel, Salz, Pfeffer, Essig, Öl.

Aus Essig, Öl, Salz und Pfeffer eine Salatsoße rühren. Die anderen Zutaten in kleine Würfel schneiden. Mit der Soße übergießen. Statt der Salatsoße kann man auch Mayonnaise nehmen.

Spaghetti-Pfannkuchen Roma

<u>Zutaten:</u> 250 g gekochte Spaghetti, zwei Esslöffel gehackte Petersilie, vier Eier, Salz, Fett zum Backen.

Die völlig abgekühlten Spaghetti mit Petersilie, Salz und den verquirlten Eiern mischen. In einer Pfanne Fett heiß werden lassen. Die Nudelmasse auf einmal in die Pfanne geben. Fest andrücken und langsam anbraten lassen. Dann den Pfannkuchen umdrehen. Mit grünem Salat servieren.

Die da auf den Campingplätzen ihre Zelte oder ihre Wohnwagenanhänger aufstellten, waren eine Art »verschworene Gemeinschaft« mit eigenen Gesetzen und einer ausgelebten Kameradschaft. Besonders abends kam man zusammen, kochte, aß und trank gemeinsam, oft das »*Gesellschaftsgetränk*« jener Zeit, die »Kalte Ente«.

Kalte Ente

<u>Zutaten:</u> zwei Flaschen Weißwein, eine Zitrone, eine Flasche Sekt.

Von einer (unbehandelten) Zitrone spiralförmig die Haut abschälen. Das obere Ende muss an der Zitrone bleiben. Mit zwei Gabeln über einen Glaskrug hängen. Mit Weißwein übergießen. Mit Sekt auffüllen.

In der Reiselust der Deutschen lag einer der Gründe, die zur Internationalisierung der deutschen Küche führten.

Die Deutschen brachten die Rezepte der Speisen mit, die sie im Ausland schätzen gelernt hatten, und verlangten diese auch von den Restaurants in Deutschland.

Besonderer Beliebtheit erfreuten sich die italienischen Restaurants mit ihren Pizzas und Pastagerichte.

Aber man ging auch in Balkan-Grills, zum »Jugoslawen«, oder zum »Chinesen«. Slibowitz und Cevapcici, Frühlingsrolle und Haifischflossensuppe, Spaghetti bolognese und Cappuccino: Man kannte sich aus in der Welt.

Und dann hatte man in Fernsehsendungen über den US-amerikanischen Alltag oder in Filmen aus

Die Erfolgsgeschichte der Pizza, vermutlich vor rund 500 Jahren in Neapel »erfunden«, begann nach dem Zweiten Weltkrieg. GIs brachten sie in die USA. Von dort kam sie in veränderter Form zurück nach Europa. Und die italienischen Restaurantbesitzer in Deutschland mussten ihren Kunden die gewünschte (amerikanische) Rezeptur servieren.

Hollywood etwas gesehen, das »neu« war und das man unbedingt auch selbst ausprobieren musste: Barbecue.

Während der Sommerzeit – auf dem Campingplatz oder im eigenen Garten – wurde die Familie und Freunde um den Grill versammelt. Auf der glühenden Holzkohle wurden Würstchen oder Schweinerippchen gegart, und man tauschte die Rezepte raffinierter Marinaden.

Die deutsche Gerichtsbarkeit lotete derweil in Grundsatzurteilen aus, wem das »Grillen« wo, wann und wie lange zu gestatten sei.

Trotz dieser auf sie einstürmenden fremdartigen Reize ging die Veränderung in der deutschen Küche zunächst eher langsam und nach außen hin kaum spürbar vor sich.

Die Bereitschaft der Deutschen, ihre Ernährung umzustellen, wollte von den Nahrungsmittelproduzenten, denen daran gelegen war (z.B. den US-amerikanischen), immer wieder aufs Neue geweckt sein.

Es musste psychologisch gewirkt werden. Ein immer größer werdendes Angebot an fremden, »exo-

Präsentation US-amerikanischer Lebensmittel auf der »Anuga«, einer Nahrungs- und Genussmittelausstellung, 1959 in Köln. Beworben wurde in jenem Jahr vor allem Tiefkühlkost aus den USA.

tischen« Lebensmitteln lockte in Büchsen, getrocknet oder »frisch« aus dem Flugzeug in den Regalen der Supermärkte oder auf den Märkten. Oft konnte die »normale« Hausfrau damit nichts anfangen und rätselte am Gemüsestand etwa über die Zubereitungsart von Auberginen.

In den Massenmedien präsentierten in hektischer Betriebsamkeit agierende Fernseh- und Illustriertenköche oder andere selbst ernannte »Experten« immer neue Rezepte zur Verarbeitung dieser Lebensmittel. Und die Werbung tat ein übriges.

In der Bundesrepublik herrschte, politisch und reisetechnisch motiviert, eine ausgeprägte Westorientierung vor. Man war durchaus gewillt, neue Speisen auszuprobieren, aber nicht an Stelle der gewohnten, sondern zunächst nur nebenbei, zu besonderen Anlässen (etwa bei einem Restaurantbesuch) oder zu gewissen Zeiten (zum Beispiel während eines Urlaubs). Die gewohnten Lebensmittel – so die verbreitete Meinung – waren eben doch die »besten«. Wie anders ließe sich der Erfolg von deutschen Restaurants in ausländischen Urlaubsorten erklären, in denen *wie bei Mutti* gekocht wird.

Immerhin fanden Westorientierung und Urlaubsverhalten ihren deutlichen Widerhall in der westdeutschen Gastronomie und Küche. Ganz anders dagegen sah es in der DDR aus.

Auslandsurlaub gab es nur für wenige Privilegierte.

1958 konnten ganze 15.000 DDR-Bürger ihren Urlaub in einem Ostblock-Land verbringen und das zu Preisen, die sich kaum jemand leisten wollte: 15 Tage Ungarn kosteten 315 Mark. (Zum Vergleich: Gewerkschaftsmitglieder zahlten für 13 Tage Thüringenaufenthalt nur 30 Mark.)

»Nach einer Untersuchung des amerikanischen Statistischen Amtes verbringt die amerikanische Hausfrau mit der Zubereitung von drei Mahlzeiten heute nur noch 80 Minuten in der Küche. Den anderen Teil der Arbeit ... hat die Industrie für sie übernommen...
(Sie) verbraucht heute zwölfmal soviel tiefgekühltes Gemüse wie vor 15 Jahren. Sie kauft den Spinat fein gesäubert, die Hühner ausgenommen und gerupft... Alles wird auch topffertig geliefert: Kartoffeln geschält, Nüsse ohne Schalen, Reis vorgekocht... Praktisch bleibt nicht mehr übrig, als das Gekaufte zu wärmen und zu servieren.«

Aus »Westfälische Rundschau« vom 15. Januar 1955

Mittelmeer-Reisen (wie mit dem Urlauberschiff des FDGB »Völkerfreundschaft«) waren für DDR-Bürger nur als Auszeichnung für besondere Leistung »am Arbeitsplatz oder für gesellschaftliche Organisationen« möglich und eine Ausnahme. Dort gab es auch den entbehrten »Luxus«: 42 Köche und Konditoren verwöhnten die Passagiere.

Die fremden Eindrücke und Anregungen fehlten also auch in den Regalen der HO-Läden. Sekt aus der UdSSR, Pflaumenkompott aus Bulgarien boten da kaum Anreiz.

Für die Fernsehköche war die Zubereitung »exotischer« Speisen daher tabu. Es sollten keine »falschen« Bedürfnisse geweckt werden.

Gefeiert wurden hingegen die Erfolge bei der Gemeinschaftsverpflegung. Davon berichtete die DDR-Wochenschau »Der Augenzeuge« und das Fernsehen.

Arbeiter essen Arbeiteressen

Als »richtiger« Ort, sein Essen wenigstens einmal am Tag zu sich zu nehmen, galt in der DDR die Werks- oder Betriebskantine, der Speisesaal des Ferienheims während des Urlaubs oder ein Restaurant an Sonn- und Feiertagen.

Folglich wurden die Großküchen von Betrieben und Ferieneinrichtungen auch in Zeiten des Mangels bevorzugt mit Lebensmitteln beliefert, auch mit solchen, die im sonst kaum zu kaufen waren. Die Speisepläne wurden in dem schon erwähnten Institut für Ernährung in Potsdam-Rehbrücke entworfen. In einer Kartei für die Gemeinschaftsküchen hatte man dort 1.600 »Richtrezepte« zusammengestellt.

Der Schriftsteller Rolf Schneider beschreibt eine Urlaubsbegegnung, bei der eine Frau, die in einer solchen Großküche beschäftigt war, von der Zubereitung einer Soße berichtet:

»Sie begann damit immer gleich unmittelbar nach Arbeitsbeginn. Sie bräunte große Mengen von geschnetzelten Zwiebeln und schüttete Mehl hinzu, nach dessen Bräunung sie einen Fleischfonds angoß.

Dies alles ließ sie dann über Stunden bei sehr gelegentlichem Rühren und kleiner Flamme köcheln. Da sie aus dem Mitteldeutschen stammte, verwandte sie dafür das onomatopoetische Wort ›quackern‹. Stunde um Stunde also köchelte oder quackerte die Soße, wurde dick und dunkel, verlor alles an Aroma, was möglicherweise darin enthalten war, zugunsten einer puren Fett- und Kohlehydrat-Emulsion. Die Frau aber liebte diese Produktion...«

Hammelbraten

Das Fleisch wird in schnittfertige Stücke geschnitten. Dann stark angebraten und die in große Stücke geschnittenen Zwiebeln und Tomatenmark mitgeröstet. Nun löscht man mit 10—12 l Wasser oder Brühe ab und zieht Fond. Nach dem Auffüllen kommt Kümmel und Knoblauch hinzu. Das trocken geröstete Mehl erkalten lassen, anrühren und zur Soße geben und verkochen lassen. Wenn der Braten weich ist, herausnehmen und Soße durchgießen.

Beilagen: Rotkohl, Bayrisch-Kraut, Wirsing, rohe und gekochte Klöße.

Eier in Tomaten

Die Tomaten aushöhlen, das Innere entfernen. In jede Tomate ein Ei schlagen. Mit Salz, Pfeffer und Kräutern würzen. Auf einem mit Öl bestrichenem Blech 25 Minuten in gleichmäßiger Ofenhitze backen.

Sagoauflauf mit Quark

Die Milch unter ständigem Rühren zum Kochen bringen, Sago langsam einlaufen lassen und 10 Minuten kochen. Quark mit Mehl, Zucker, Sultaninen und abgeriebener Zitronenschale mischen und zu dem gequollenen Sago geben. Die Masse in gefettete Auflaufformen geben und ³/₄ Stunden im Ofen backen.

Rezeptkarten vom Institut in Potsdam

Die Großküche spielte eine wichtige Rolle im Ernährungssystem der DDR.

Es gab kaum einen Koch, der nicht in einer Werksküche gearbeitet hatte, bevor er in einem Restaurant oder ähnlichem tätig sein durfte.

Was in der Werksküche gekocht und anschließend den Werktätigen vorgesetzt wurde – »*eine frisch zubereitete, hochwertige warme Hauptmahlzeit*« – sollte auch Anregung für das eigene Kochen zu Hause sein.

In einem Aufsatz stellte der Chemiker M. Zobel vom Ernährungsinstitut fest:

»Neben der Reproduktion der Leistungsfähigkeit und Erhaltung der Gesundheit des Menschen kommt der Gemeinschaftsverpflegung noch gro-

Eine solche »Wart-Parade der Henkelmänner« wie auf diesem Foto aus dem Jahre 1937 sollte es in der DDR zukünftig nicht mehr geben. Die Gemeinschaftverpflegung in den Betrieben sollte »allmählich die mitgebrachten Stullen und das im Henkelmann mitgebrachte und wieder aufzuwärmende Essen« ersetzen.

ße Bedeutung hinsichtlich ihrer großen sozialpsychologischen Auswirkungen, der Entlastung der berufstätigen Frauen von der Hausarbeit ... und als beispielgebendes Modell für eine gesundheitlich zweckmäßige, preiswerte, schmackhafte und vernünftige Ernährung (zu).«

In den sechziger Jahren nahmen rund fünf Millionen DDR-Bürger an irgendeiner Form von Gemeinschaftsverpflegung teil. Und diesen Anteil galt es im Interesse der Wirtschaftsplanung zu erhöhen.

Besonderen Anreiz sollten die Preise schaffen: Ein Kantinenessen kostete nur Pfennige (war also subventioniert), und auch ein Essen in einem Restaurant oder einer Gaststätte war in der Regel preiswerter, als wenn man die gleichen Gerichte zu Hause selbst herstellte (sieht man einmal von den Restaurants ab, die für West-Touristen einge-

316

Die Gemeinschaftsküchen erfüllten einen weiteren Zweck: Neue Nahrungsmittel, die auf den Markt gebracht werden sollten, wurden dort – quasi im Massenversuch – getestet. Die Testreihen wurden vom Institut in Rehbrücke begleitet.

Auf dem Bild rechts: eine Süßspeise aus Puddingpulver der Marke »Rotplombe« aus Erfurt. Unten: Produkte der Öl- und Margarine-Industrie, Magdeburg. »Vita« war eine salzlose Diätmargarine, »Marina« ein Brotaufstrich mit Vitaminzusatz und »Sonja« ein Fett zum Braten.

richtet waren). Dazu war es allerdings notwendig, den Großküchenbetrieb weiter zu rationalisieren. Noch einmal Zobel:

»Speisekartoffeln, Wurzel- und Knollengemüse, Fleisch, Geflügel und Seefisch sollten in Zukunft fast ausschließlich in küchenfertig vorbereiteter Form in die Großküchen geliefert werden...
Tischfertige Gefrierspeisen sind vorrangig einzusetzen in den kleinen unwirtschaftlich arbeitenden Kücheneinheiten.«

Besonders wohlschmeckend schien das, was die Großküchen zubereiteten, nicht gewesen zu sein. Immer wieder tauchten in den DDR-Zeit-

schriften Leserbriefe mit Klagen über die Gemeinschaftsverpflegung auf.

Auch die Kantinen selbst waren nicht sehr einladend. Rolf Schneider berichtet über einen Besuch in der Kantine der ehemaligen Parteizentrale der SED am Werderschen Markt in Berlin. Und dort hätte man doch eigentlich die selbst geforderte Qualität in Ausstattung und Speisenzubereitung erwarten können:

»Ich hatte dergleichen noch niemals erlebt. Sie war ein ungegliederter Raum mit genügendem Platz für ein paar hundert Menschen, die an langen Holztischen und auf häßlichen Industriestühlen sitzen durften. Ihre Mahlzeiten holten sie sich mit Hilfe unappetitlicher Kunststofftabletts. Beilagen waren in kleine Kunststoff-

schüsselchen getan. Die Bestecke erwiesen sich als lieblos gepreßtes Leichtmetall, und hinterher wurde alles, was benutzt oder nicht verzehrt worden war, auf eine Art Fließband getan, um so der mechanischen Reinigung zugeführt zu werden. Ein paar hundert Leute saßen..., über Teller gebeugt, und schoben sich ... irgendwas Gekochtes in die Münder... Wenn derart, dachte ich mir, die Nahrungsaufnahme der allerhöchsten Exekutoren von politischer Macht in einem Land sich vollzog, wie sollten da die Lebensumstände der von ihnen Regierten viel anders aussehen, als sie eben waren.«

An das, was dort zu essen angeboten wurde, erinnern wir uns selber noch gut: eine undefinierbare Suppe, eine Roulade, deren Geschmack sich mit Worten nicht beschreiben lässt, und ein Apfelkompott, das aus Apfelpulver gerührt sein musste. Das Ganze war für eine Essensmarke im Werte von 70 Pfennig zu haben.

Es gab in dieser Kantine übrigens eine Zwei-Klassen-Gesellschaft. Für Erich Honecker, das Politbüro und ähnlich »hohe« Funktionsträger wurde gesondert serviert, gab es andere Speisen als für den gewöhnlichen Parteifunktionär.

Broiler oder Brathendl

Ein Festtag war es in allen Kantinen der DDR, wenn Goldbroiler auf dem Speiseplan stand. Ein Broiler war ein gegrilltes Masthähnchen, das aus einer Hähnchenzucht kam wie der VEB KIM (KIM = Kombinat für industrielle Mastzucht), bei der es – so ließ man offiziell verlauten – keine Massentierkäfighaltung gab.

Der Name »Broiler«, ein ebenso DDR-spezifischer Begriff wie »Plaste und Elaste«, stammt merkwürdigerweise aus dem amerikanischen Englisch. »To broil« heißt »grillen«.

Die »Erfindung« des Broilers war eine Reaktion – wie sollte es anders sein – auf ein westliches Produkt, dessen legendärer Ruf vor allem über das Fernsehen bis in das »andere« Deutschland gedrungen war: das Brathendl des österreichischen Gastronomen Friedrich Jahn.

Jahn hatte sich 1955 selbstständig gemacht und in München ein Restaurant übernommen.

Dass dort eines Tages auch Brathendl gegrillt wurden, soll eher zufällig geschehen sein. Seinen Erfolg begründete er damit, dass er die Hähnchen (oder Hühnchen) auch zum Verzehr außer Haus verkaufte.

Der Erfolg machte ihn mutig. 1959 betrieb Jahn schon 17 Filialen, 1965 hatte er 174 Betriebe. Und als das Unternehmen Anfang der achtziger Jahre pleite war, gab es in achtzehn Ländern mehr als 1.500 Lokale.

Friedrich Jahn war es gelungen, die wohl erste Systemgastronomie in Deutschland erfolgreich zu etablieren.

Die Innenausstattung der Restaurants war genormt. Das sparte Geld und sorgte für eine Art österreichischer Heurigenatmosphäre. Die Kellner und Serviererinnen bedienten im Trachten-Look. Die Speisen wurden nach einheitlichen Richtlinien zubereitet.

Ein immer wiederkehrendes Motiv war das Brathendl: Es gab Holzhühner als Dekorationselemente in den Restaurants, als Logo der Wienerwald-Kette, und natürlich bot die Speisekarte alles rund ums Huhn: Hühnersuppe und unterschiedliche Zubereitungsarten des gebratenen oder gebackenen Hendls, Hühner-Frikassee und vieles mehr.

Damit konnten die »Broiler-Bars«, die es ab 1967 in der DDR gab und in denen das Geflügel mit »Pommes« oder Brot, mit Erbsen oder Letscho serviert wurde, nicht mithalten, weder mit dem vielfältigen Angebot noch mit der Qualität der Hühnchen oder Hähnchen.

Jahns erstes Wienerwald-Restaurant in der Münchener Amalienstraße

Die fünfziger Jahre endeten nicht mit dem Ende des Jahrzehnts, sondern genau genommen erst 1963 mit dem Rücktritt Konrad Adenauers.

Mit seinem Rückzug aus der Politik, mit der Bildung einer großen Koalition aus CDU/CSU und SPD, die 1966 die Regierung übernahm, begann so etwas wie eine neue »Ära«, eine Zeit, in der aus vielerlei Gründen das Essen eine weniger wichtige Rolle spielen sollte.

Es war freilich ein Prozess, der sich langsam, fast schleichend vollzog, und vieles, was im Laufe der fünfziger Jahre in deutsche Küchen Einzug gehalten hatte, wurde zum Trend in den sechziger Jahren.

Die Mode des Waffelbackens etwa gehörte dazu.

Es gab keine Einladung zum Kaffee, bei der nicht Waffeln in irgendeiner Form gereicht wurden. Es gab kaum einen Haushalt, der kein Waffeleisen besaß.

Grundrezept für Waffeln

Zutaten: Zwei Tassen Mehl, drei Esslöffel Zucker, 1½ Tasse Milch, zwei Eier, eine Tasse geschmolzene Butter, etwas Salz, zwei Teelöffel Backpulver.

Die Butter wird mit den Eiern und dem Zucker schaumig geschlagen.

Mehl mit Backpulver mischen, vorsichtig unter die Masse heben. Salzen. Unter ständigem Rühren die Milch angießen. Zehn Minuten stehen lassen.

Der »Bamix«, ein Produkt, das 1956 auf den Markt kam, ist heute als »Zauberstab« aus kaum einer Küche mehr weg zu denken.

Die Waffeln wurden nach dem Backen mit Zucker bestreut, mit Marmelade oder Honig bestrichen. Wenn man bei dem Teig ohne Zucker arbeitet, kann man die Waffeln zusammengeklappt auch mit einer pikanten Füllung versehen.

Das Waffeleisen heiß werden lassen. Mit einer Speckschwarte einfetten. Teig aufgießen. Deckel schließen.

Buttermilchwaffeln

Zutaten: Zwei Tassen Mehl, zwei Eier, drei Esslöffel Zucker, ein Päckchen Vanillezucker, etwas geriebene Zitronenschale, eine Tasse geschmolzene Butter, 1½ Tassen Buttermilch, Salz, ein Teelöffel Backpulver, ein Esslöffel geriebene Mandeln.

Zutaten wie bei dem Grundrezept miteinander verrühren, dabei diesmal das Mehl erst zum Schluss dazu geben.

Trotz der mit Waffeleisen und anderen modernen Elektrogeräten ausgestatteten Küchen, trotz immer neuer Kochbücher, in denen allerlei exotische Gerichte versammelt waren (wobei die Neigung weiter um sich griff, Fleisch mit Obst zu kombinieren) – es nahmen sich bald immer weniger Leute Zeit, selbst zu kochen. In den sechziger Jahren begann eine Krise der deutschen Küche.

Der Mensch ist,
was er isst

Es war die Jugend, die rebellierte, die heraus-wollte aus dem Mief und der Spießigkeit des Wirtschaftswunderlandes.

Die Jungen legten Schlips und Nyltesthemd ab, ließen sich (zum Schrecken ihrer Eltern) die Haa-re wachsen und hörten Musik der Beatles oder der Rolling Stones.

Die Mädchen trugen Miniröcke und »heiße« Höschen, zogen aus dem behüteten Zuhause in Wohngemeinschaften und konnten dank Anti-Baby-Pille ihre Sexualität ausleben.

Es war so etwas wie die Befreiung aus einer Zwangsjacke von Konventionen, auch was das Essen anging. Die jungen Leute aßen Frikadellen und Schmalzbrote, Spaghetti und Ravioli aus der Dose, und sie tranken billigen Rotwein und Cola.

Essen – das war vor allen Dingen Nahrungs-aufnahme. Wichtig waren andere Dinge: der Pro-test gegen den Vietnamkrieg oder gegen das bun-desdeutsche Establishment und gegen den Kon-sumterror.

Währenddessen flambierten und frittierten ihre Eltern daheim die Deutschen und rüsteten sich mit Rechaud und Fondue-Gabeln aus.

Käse-Fondue

Zutaten: 500 g Schweizer Käse (zum Beispiel Gruy-ère / man kann auch Gouda oder ähnli-chen Käse nehmen), Pfeffer, Weißbrot-würfel, ein Gläschen Kirschwasser.

Käse in Würfel schneiden und in einem Fondue-Topf oder in einer Pfanne langsam schmelzen las-sen. Pfeffern. Kirschwasser unterrühren. Auf ein Rechaud stellen, damit der Käse warm und ge-schmeidig bleibt.

In den Käse werden die auf (Fondue-)Gabeln gespießten Weißbrotwürfel getunkt.

Statt des Kirschwassers kann man auch einen würzigen Weißwein nehmen.

Fleisch-Fondue

Zutaten: 750 g Rinderfilet, etwa 1 ½ l Speiseöl (zum Beispiel Sonnenblumenöl).

Rinderfilet in nicht zu kleine Würfel schneiden. Öl in einem Fondue-Topf zum Sieden bringen. Auf ein

Ein besondere Art von »Fondue« fand sich in der DDR-Publikation »Dem Fischkoch in die Pfanne geguckt«.
Es nannte sich »Rostocker Fischstäbchen-Fondue«:

»Bereits vorgebratene, unaufgetaute Fischstäbchen in zwei bis drei Stücke teilen. Mit der Fonduegabel anspießen, im heißen Öl des Fonduetopfes zwei Minuten braten. Dann von der Fonduegabel auf den Teller streichen und mit Mix-Mayonnaise, verschiedenen kalten Soßen, Mixed Pickles oder mit Früchten verzehren.«

Die Fischstäbchen waren übrigens in der BRD 1963, in der DDR 1968 auf den Markt gekommen.

Fleisch-Fondue mit Beilagen (gefüllten Oliven, Perlzwiebeln, Essiggurken u.ä.)

Rechaud stellen. Die Filetstücke werden mit Fonduegabeln in das siedende Öl getaucht, bis sie gar sind.

Statt des Öls kann man den Topf auch mit Hühner- oder Fleischbrühe füllen, die zum Kochen gebracht wird. Die Fleischstücke werden dann in eine Soße gedippt.

Meerrettichsoße

Zutaten: Ein Esslöffel geriebener Meerrettich, ein Teelöffel Zitronensaft, drei Esslöffel Sahne, ein halber geriebener Apfel.

Die Zutaten werden verrührt und gegebenenfalls mit Salz abgeschmeckt.

Die Soße ist besonders für gekochtes Fleisch geeignet.

Zigeunersoße

Zutaten: Drei Esslöffel Tomatenmark, ein Teelöffel gehackter Knoblauch, ein Esslöffel gehackte Zwiebel, ein Teelöffel gehackte Petersilie.

Die Zutaten werden verrührt und gegebenenfalls mit einem Teelöffel Pernod abgeschmeckt.

Die Soße ist vor allem für frittiertes Fleisch gedacht.

Pfeffersoße

Zutaten: Zwei Esslöffel Quark, ein Teelöffel gehackter Dill, ein Esslöffel Milch, ein Esslöffel klein gehackte Gewürzgurke, ein
Esslöffel grob gemahlener Pfeffer, Salz.

Die Zutaten werden gut verrührt. Auch diese Soße
ist besonders für frittiertes Fleisch geeignet.

Senfsoße

Zutaten: Ein Esslöffel Senf, ein Esslöffel Wasser,
ein Esslöffel Öl, ein klein gehacktes Ei,
ein Esslöffel klein gehackte Zwiebel.

Die Zutaten werden gut verrührt. Die Soße ist besonders für frittiertes Fleisch geeignet.

Kräutersoße

Zutaten: Zwei Esslöffel Mayonnaise, ein Esslöffel Sahne, je ein Esslöffel Dill, Petersilie, Borretsch und Schnittlauch, gehackt,
ein Teelöffel Zitronensaft.

Die Zutaten werden verrührt und mit Salz und
Pfeffer abgeschmeckt.

Die Soße ist besonders für gekochtes Fleisch
geeignet.

In den sechziger Jahren geriet die altehrwürdige
deutsche Küche in eine tiefe Krise.

Die Deutschen holten die Magie fremder Länder in ihre Kochtöpfe – in Konservendosen oder
als Tiefkühlkost.

Die positive Seite dieser Selbstabschaffung der
deutschen Küche war die Öffnung nach außen. Mit
dem Besuch italienischer Eisdielen und der Bal-
kan-Restaurants, mit dem Probieren von Kiwis,
von spanischem Brandy, von Austern aus der Bre-
tagne und Kräutern aus der Provence ging auch
eine gewisse Toleranz für die fremden Kulturen
einher.

Die Jugend amüsierte sich ob solchen Luxus-
konsums, rauchte Haschisch, kochte auch Puddings davon und spottete: »Sage mir, was du isst,
und ich sage dir, zu welcher Gruppe du gehörst.«

Aber es dauerte nicht lange, da entdeckten auch
sie wieder den Spaß am Essen.

1964 kamen
die Fernseh-Häppchen
in Mode: Erdnussflips,
Kartoffelchips und manch'
anderer Dickmacher.

Dabei hatten sie freilich ganz andere Vorlieben als ihre Eltern. Das Schönheitsideal der jungen Mädchen war damals ein britisches Model, das unter dem Künstlernamen »Twiggy« bekannt geworden ist.

Alles light

»Wenn die Freundinnen anfangen zu tuscheln, ist es eine ernste Warnung. Man sieht nicht mehr gut aus. Weil man nicht mehr schlank ist... Alle trugen bereits helle Frühlingskleider. Mir paßte nicht ein einziges mehr.

Neue Kleider sind ... kostspielig... Deshalb wurde mein Übergewicht nicht nur zum Ballast für meinen Körper, sondern erst recht für meinen Geldbeutel.

Als ich deshalb von einer Freundin hörte: ›Ich habe fünf Pfund in der ersten Woche durch die Cocos-Schlankheits-Kur verloren‹, da ließ auch mich nichts mehr halten. Ich fing gleich den nächsten Tag mit einem Versuch an. Ich war überrascht!«

So war es 1956 in der Anzeige für ein Schlankheitsmittel zu lesen. Und bereits 1952 hatten die Zeitungen erstmals von einem generellen Übergewicht der Deutschen berichtet.

Es war gekommen, wie es kommen musste: Die Fresswelle hatte die Deutschen fett gemacht. Nun rollte in den 60er und 70er Jahren zur Freude der Pharmakonzerne und der Diätapostel als Gegenströmung die Diätwelle heran. Und diese Bewegung hält bis heute an.

Nach den entbehrungsreichen Jahren, die dem Zweiten Weltkrieg folgten, aßen die Deutschen (und essen immer noch) zu viel, zu fett und zu eiweißreich.

Dadurch haben sich auch ihre Figuren verändert, nahezu ideal für das ständige »Drauffressen« und »Abspecken«.

Heutzutage kann der/die (zu) Dicke zwischen rund 500 verschiedenen Diäten wählen. Begonnen hat alles mit Pillen und Pülverchen: »Appetitzüglern« und »Magenbetrügern«, also mit Präparaten, die durch Quellung im Magen ein Sättigungsgefühl vortäuschen, obwohl sie nur wenige Kalorien enthalten.

Ausriss aus der »Deutschen Illustrierten«. Unter der Karikatur stand:

»Sollten Sie Veranlagung zum Dickwerden haben, dann trinken Sie möglichst wenig Bier. Sie kommen sonst nicht mehr an die Theke.«

Die DDR konnte sich dem West-Trend schon aus Gesundheitsgründen nicht verschließen: 1973 wurden »neue« fettarme Streichfette angeboten, »frische Rahmbutter« mit 40 % Fettgehalt und die Delikatess-Margarine »Cama«. Auch ein Drink zum Abnehmen wird entwickelt. »Raperitif« heißt die Kreation aus dem Jahre 1975. Werbung: *»Macht satt und schlank«.* Das Ernährungsinstitut in Rehbrücke ersann ein Siegel für eine »optimierte Nahrung«. Die kalorienarmen Produkte waren grün gekennzeichnet. Zückli-Sol, ein *»Zuckeraustauschstoff auf Basis von Natriumzyklamat und Saccharin«* sollte zum Süßen verwendet werden.

In den 70er Jahre schwappten dann allerlei Wunderdiäten aus den USA herüber und füllten die Buchregale und die Zeitungen und Zeitschriften.

Die »Toronto-General-Hospital-Diät« versprach mit Hilfe eine Gemüse-Wasser-Suppe eine Abnahme von *»17 Pfund in sieben Tagen«*, bei der »Mayo-Diät« sollte ein ähnlicher Erfolg erzielt werden. Pro Tag sollte man sechs hart gekochte Eier zu sich nehmen.

Zwei »Diät-Ideen« hatten damals besonders viele Anhänger: die »Hollywood-Star-Diät« und die »Atkins-Diät«. Und das aus einem guten Grund: Beide versprachen, dass während der Diät keine Hungergefühle aufkommen würden.

Die »Hollywood-Diät« der US-Amerikanerin Judy Mazel basiert auf dem, was sie *»bewußtes Kombinieren«* nennt: Eiweißprodukte dürfen nur mit anderen Eiweißprodukten und mit Fetten kombiniert werden. Kohlehydratprodukte dürfen nur mit Kohlehydratprodukten und Fetten kombiniert werden. Früchte dürfen mit nichts anderem kombiniert werden. Also eine Art Trenn-Diät.

Salz und Zucker, Käse, Joghurt und Milch sind verboten.

Hier als Rezeptbeispiel ein Salat, dem Judy Mazel ihren Namen gab.

Diät-Salat nach Judy Mazel

Zutaten: 250 g Blattspinat, zwei kleine Endivienköpfe, drei Möhren, fünf Champignons, drei Stangen Lauch.
Soße: Ein Esslöffel gehackte Petersilie, zwei Esslöffel Kräuteressig, sechs Esslöffel Sesamöl, eine Knoblauchzehe, gehackt, Pfeffer, geriebener Ingwer.

Aus den Zutaten (Soße) eine Vinaigrette rühren. Dabei soll statt mit Salz mit geriebenem Ingwer gewürzt werden. Endivien und Blattspinat grob, Möhren und Champignons in Scheiben und Lauch in Ringe schneiden. Miteinander vermengen. Mit der Soße begießen.

Die Bücher der Judy Mazel mit genauen Anweisungen für ihre 42-Tage-Diät erreichten Millionenauflagen.

Simpler war die Idee des Arztes Dr. Robert C. Atkins. Die Abspecker/innen sollten einfach die Kohlehydrate weglassen. Atkins:

>*Die am häufigsten als Todesursache registrierten Krankheiten des 20. Jahrhunderts gehen auf eine ›Kohlehydrat-Vergiftung‹ zurück... Wodurch wird diese verursacht? Hauptsächlich durch Zucker... Seit Jahrzehnten sind wir durch eine Art Gehirnwäsche von der Lebensmittelindustrie dazu erzogen worden, den Tag mit einem aus Getreideprodukten bestehenden Frühstück zu beginnen und uns zu allen weiteren Stunden des Tages an allen möglichen Erfrischungsgetränken zu laben, die keinerlei Nährwert, sondern lediglich Kohlehydrate enthalten.*«

Dieser massive Angriff auf die Lebensmittelindustrie schlug damals hohe Wellen, zumal sich dadurch viele in ihrer Skepsis der Nahrungs-

Dieses Fleisch stammt von keinem Schwein

TVP: Kunstfleisch aus Sojamehl – Neue Welt

Es sieht aus wie Fleisch. Und es schmeckt (fast) so. Doch es stammt weder vom Schwein noch vom Rind. „TVP" heißt der Kochtopfknüller der Saison. „Die moderne Kost" steht auf den Schachteln, die 200 Gramm TVP enthalten und einer vierköpfigen Familie zwei „Fleischmahlzeiten" bescheren sollen. „Kunstfleisch" nennen es die Experten.

Montag bringt ein holländischer Konzern das ungewöhnliche Nahrungsmittel exklusiv in die Regale von fünf bundesdeutschen Kaufhausunternehmen. Karstadt ist zunächst der einzige Verkäufer in Herne. In acht Wochen soll TVP überall im Handel erhältlich sein.

Das Kunstfleisch besteht aus rein pflanzlichen Produkten. Es wird aus Sojamehl hergestellt. TVP, die Abkürzung von „Textured Vegetable Protein", besagt, daß es sich um ein Produkt mit hohem Eiweißgehalt (50 v. H.) pflanzlichen Ursprungs handelt. Und daß das Erzeugnis eine faserige Struktur hat. Es wird in den Geschmacksrichtungen „Schweinefleisch" und „Rindfleisch" geliefert.

Es ist fast fettlos und wird wie Fleisch verarbeitet. Die Trockenstücke werden rund 15 Minuten lang in leicht siedendem Salzwasser eingeweicht und können anschließend in etwas Butter oder Fett angebraten werden und in den verschiedensten Gerichten oder Suppen verwendet werden.

Das Kunstfleisch ist fast unbegrenzt haltbar. Die Packung kostet 2,89 DM und ersetzt rund 800 Gramm „richtiges" Fleisch.

Ob das neue Produkt einschlägt, weiß niemand. Gerade Vegetariern könnte es eine völlig neue Speisewelt eröffnen.

Noch unbekannt ist die Reaktion der Metzger. Sie werden das Pflanzenfleisch sicherlich nicht begeistert begrüßen.

Ausriss aus der »Westdeutschen Allgemeinen Zeitung«. 1968 war ein Kunstfleisch auf den Markt gebracht worden, auch ein Schlankmacher, freilich so gar nicht im Sinne der Atkins'schen »Lehre«. TVP hat sich übrigens als eigenes Produkt nicht durchgesetzt.

mittelkonzerne gegenüber bestätigt sahen. Man fühlte sich manipuliert.

Hier einige Beispiele aus der »Diät-Revolution« des Robert Atkins.

Diätbrot

Zutaten: Zwei Eier, zwei Esslöffel trockener Magerquark, zwei Esslöffel Sojamehl, Süßstoff oder Salz.

Eigelbe mit dem Quark schaumig schlagen. Je nach Verwendung mit Salz oder (flüssigem) Süßstoff abschmecken. Sojamehl unterrühren. Das Eiweiß schnittfest schlagen. Vorsichtig darunter heben. Eine kleine Kastenform einfetten. Die Masse einfüllen. Im vorgeheizten Backofen bei ca. 160 Grad etwa 40 Minuten backen lassen.

Passend zur Diät-Welle löste der Präsident des Deutschen Sportbundes 1970 eine Fitness-Welle aus: »Trimm Dich«. Kritiker machten daraus: »Trimm Dich fit für Deinen Job!« Diät und Bewegung, das sollte den gewünschten Erfolg bringen.

Machen Sie aus Ihrem Stuhl ein Trimm-Gerät. Im Büro oder Betrieb, vor dem Fernsehschirm, wann immer Sie können oder wollen. Einfach aufstehen und wieder hinsetzen. Das Ganze mindestens 20 mal, ohne sich mit den Händen abzustützen: Heißer Stuhl, heißer Stuhl... Was hält Sie ab? Übrigens: 15 Minuten Gymnastik entsprechen einem Feld der Trimmspirale.

Trimm Dich durch Sport

Diät-Käsekuchen

Zutaten: Ein Kilo Magerquark, sechs Eier, ein Esslöffel Zitronensaft, zwei Päckchen Vanillezucker, zwei Esslöffel Pflanzenmargarine, Süßstoff, zwei Esslöffel Rum.

Die Zutaten in den Mixer geben und gut durchmischen.

Eine Kastenform ausfetten. Den Teig hinein geben. Im Backofen bei ca. 180 Grad 45 Minuten backen und im Ofen erkalten lassen.

Blumenkohlpuffer

Zutaten: Zwei Tassen rohe Blumenkohlröschen, ein Esslöffel Sojamehl, ein Ei, ein Esslöffel geriebene Zwiebel, je ein halber Teelöffel Backpulver und Salz.

Alle Zutaten in den Mixer geben und zu einer sämigen Masse mischen. Esslöffelweise in eine Pfanne mit heißem Öl geben. Auf beiden Seiten braun braten.

Ob Trennkost, Extrem- oder »Nur«-Diäten, Pulver, Pillen oder Drinks, die verlorenen Pfunde sind nach Ende einer Diät schnell wieder da. Ein so genannter »Jo-Jo-Effekt« setzt ein, und der/die Abspecker/in ist dicker als zuvor. Dick durch Diäten!

Man hasst das Essen (weil man schlank sein und so aussehen will, wie jene »schönen« Menschen, die einem die Medien tagtäglich präsentieren), und man isst es (weil man den Genuss will, den einem die Werbung verspricht) teurer, luxuriöser und aufwendiger als je zuvor.

Die Nahrungsmittelindustrie wusste Rat: *»Du darfst«*, erlaubte sie und produzierte »Light«-Produkte: Cola Light ohne Zucker, Wurst mit wenig Fett, Fett mit wenig Fett... Schlank durch Essen und dabei Genießen! Auch das funktionierte nicht, weil die Produkte nicht hielten, was sie versprachen.

Die Körper der Menschen in den reichen Industrieländern konnten die so gegensätzlichen Anforderungen, die an sie gestellt wurden, nicht verkraften.

Die Folgen werden uns immer wieder drastisch vor Augen geführt. Das Drauffressen und Abspecken verursacht Ess-Störungen. Schätzungsweise vierhunderttausend Frauen und Mädchen hierzulande leiden an Bulimie, der Fress-Brech-Sucht, die, zynisch gesprochen, quasi die idealtypische Form einer Diät darstellt.

Andere – vor allem Männer – laufen ihrer Fresssucht im Sinne des Wortes davon und verbrennen

»Diät oder gesunde Ernährung ... dahinter steckt das Konzept, daß man nur lebt, um seinen Körper leistungsfähig zu erhalten. Das ist wie in der Architektur der so genannte Zweckbau, der unsere Städte so häßlich gemacht hat. Es hat sich bereits herausgestellt, daß der Mensch für das Universum keinen besonderen Zweck erfüllt, und das dürfte wiederum der Grund dafür sein, daß Zweckmäßigkeit kein sonderlich gutes Lebensgefühl erzeugt.«

Prof. Peter Kubelka, Kochkunstlehrer

per Jogging überflüssige Kalorien (und werden dabei noch euphorisch).

Wieder andere kombinieren das alles, packen noch ein paar Pillen dazu und bauen mit dem überflüssigen Essen Muskeln auf.

Mit einem solchen Muskelmann warb McDonald's und behauptete: *»Man sieht einem Menschen an, was er ißt.«* Weiter heißt es in dem Text:

»Es gibt eine Apfeldiät, eine Eierdiät, eine Kartoffeldiät, die unsägliche Nulldiät und noch hundert andere. Alle sollen uns von sinnlos angegessenen ... Pfunden befreien... Eine McDonald's Diät gibt es ... nicht..., weshalb wir niemandem empfehlen, nur und nur bei uns zu essen.

Wir verstehen uns als Ergänzung des täglichen Bedarfs und empfehlen, McDonald's Spezialitäten, wie alles andere auch, mit Verstand zu genießen.«

Schnelle Bissen

Am 4. Dezember 1971 wurde in München die erste Filiale von McDonald's in Deutschland eröffnet.

Heute setzen die mehr als eintausend Restaurants, die McDonald's in unserem Lande betreibt, mit Hamburgern, Pommes frites und Milch-Shakes rund 2,1 Milliarden Euro um. Und das trotz ständiger Kritik und mancher Pleite.

»Das ist wie Hula-Hoop, eine Erscheinung aus den USA, das geht vorbei«, prophezeite einer der Kritiker 1971. Er sollte sich irren. An dem Erfolg konnten auch die Enthüllungen des Schriftstellers Günter Wallraff oder die Gewerkschaftsschelte wegen der Billigjobs bei der Imbiss-Kette nichts ändern.

Besonders für Kinder war ein Besuch in der »Welt« von McDonald's das Non-Plus-Ultra. Und diese Kinder sind heute erwachsen und haben wieder Kinder. McDonald's ist irgendwie gleich geblieben. Es gibt einen gewissen Standard. Die Speisekarte wandelt sich nur zögerlich.

Mit Neuerungen tat sich das Management immer schwer und war nur selten erfolgreich. Die Ahornsirup-Pfannkuchen ließen sich in Deutschland nicht durchsetzen. Die Pizza wollte man nicht im Fastfood-Restaurant essen, sondern beim Italie-

McDonald's betreibt in 118 Ländern rund 26.000 Filialen. Die zehn größten Imbiss-Ketten haben weltweit mehr als 100.000 Lokale. Garant für den Erfolg ist auch der Werbe-Aufwand, der betrieben wird. 1997 gaben weltweit nur 18 Unternehmen mehr Geld für Reklame aus als McDonald's.

ner, auch ein Zustellservice floppte. McDonald's blieb davon unberührt. Man wusste: Viele Menschen in den Industrieländern hatten immer weniger Zeit und Lust zu kochen. Und wer häufig außer Hause isst, will Erlebnisgastronomie genießen, und die bot McDonald's zumindest für Kinder in perfekter Weise. McDonald's (wie auch Konkurrent Burger King) arbeitet dabei eng mit dem Disney-Konzern zusammen: Zeitgleich mit dem Start neuer Filme werden Gerichte (z.B. Hamburger in irgendwelchen Mutationen) neu eingeführt, denen entsprechende Merchandising-Produkte beigegeben werden.

Auch mit Coca-Cola findet eine Kooperation statt und zwar schon seit 1940, als alles begann mit einem Lokal östlich von Los Angeles. Es war achteckig, ganz aus Glas und eine Attraktion. Spezialisiert war es auf nur ein einziges Gericht, den Hamburger, dazu gab es Pommes frites und Coca-Cola, alles bereits fertig verpackt. Betrieben wurde es von zwei Brüdern, Maurice und Richard, den McDonalds.

Die McDonalds kamen aus einfachen Verhältnissen (der Vater war Arbeiter in einer Schuhfabrik). In der Gastronomie hatten sie keinerlei Erfahrung. Trotzdem – ihr Konzept schien richtig zu sein. Aber ausbauen, erweitern wollten sie ihr Unternehmen nicht. Und als der Geschäftsmann Ray A. Kroc ihnen 1961 eine Million Dollar für ihre Geschäftsidee und ihren Namen bot, nahmen sie dieses Angebot dankbar an.

Woher der Hamburger stammt, jene gebratene Hackfleischscheibe zwischen zwei Brötchen-Hälften, der die McDonald's-Kette zu einem Siegeszug rund um die Welt verhalf, ist strittig.

Festzustehen scheint, dass dieses Gericht im Laufe der Zeit »entstanden« ist und nicht erfunden wurde. Zu den üblichen Speisen, die deutsche Auswanderer auf den Schiffen der Hamburg-Amerika-Linie zu sich nahmen, sollen die »Rundstücke warm« gehört haben: zwei runde Brötchenhälften, belegt mit einigen Scheiben Schweinebraten (mit Soße), ein Reste-Essen. Sicher ist auch, dass Ende des 19. Jahrhunderts (vor allem deutsche) Emigranten von umgebauten Wohnwagen aus »Hot Hamburgers«, heiße Buletten in Sandwich-Brötchen, verkauften. Die Wandlung von der

Das Pendant zum Hamburger in der DDR war die »Grilletta«: eine Art flach geklopfte Bulette zwischen zwei Scheiben Graubrot mit Senf aus Bautzen und Ketchup aus dem Spreewald.

Die Herstellung des Hamburgers ist in den USA an strenge Vorschriften geknüpft. Er besteht aus reinem Rinderhack, dem bis zu dreißig Prozent schieres Rinderfett zugesetzt werden darf.

Der andere Fastfood-»Hit«, der Hotdog, geht ebenfalls auf das Sandwich zurück. Erfunden hat das Würstchen im Brötchen Ende des 19. Jahrhunderts der New Yorker Jahrmarkthändler Charly Feldman, ein deutscher Einwanderer. Der Klassiker im New Yorker Stil: ein heißes Frankfurter Würstchen mit Sauerkraut in einem weißen Brötchen. Der Hotdog, wie der Hamburger Inbegriff US-amerikanischer Lebensart, hat sich in Deutschland nie so recht durchsetzen können.

Fleischscheibe zum gebratenen Hackfleisch muss sich auch in dieser Zeit vollzogen haben.

Die Idee, etwas Essbares zwischen zwei Brotscheiben oder zwei Brötchenhälften zu platzieren und es dadurch »tragbar« zu machen, ohne einen Teller benutzen zu müssen, stammt vom Küchenchef des Earl of Sandwich, der im 18. Jahrhundert lebte. Seine Erfindung hat die Zeiten überdauert und kann durchaus als Vorläufer des Hamburgers bezeichnet werden. In den 70er Jahren wurden die Snacks von den britischen Inseln in bundesdeutschen Bahnhöfen und Flughäfen verkauft und gelangten zu neuem kulinarischem Ansehen.

Die folgenden Rezepte stammen aus dieser Zeit und sind in den Mengenangaben für je ein Sandwich gedacht.

Hähnchen-Sandwich

Zutaten: Zwei Scheiben Toast, ein Blatt grüner Salat, Hähnchenfleisch, Mayonnaise, zwei Scheiben Gurken, Zwiebeln, Kräuterbutter.

Toast mit Kräuterbutter bestreichen. Mit Salat belegen.
Hähnchenfleisch klein schneiden. Mit Mayonnaise verrühren. Auf das Salatblatt geben. Mit Gurkenscheiben und Zwiebelringen belegen. Mit der zweiten Toastscheibe bedecken.

Reuben-Sandwich

Zutaten: Zwei Scheiben Toast, ein Blatt grüner Salat, Butter, zwei Esslöffel Sauerkraut, zwei Scheiben Emmentaler Käse.

Toast mit Butter bestreichen. Mit Salat und der Hälfte des Sauerkrauts bedecken. Zwei Scheiben Emmentaler auf das Kraut legen. Darauf den Rest Sauerkraut geben. Mit der zweiten Scheibe Toast zudecken.

Lachs-Toast

Zutaten: Zwei Scheiben Toast, ein Blatt grüner Salat, Butter, ein gekochtes Ei, Zwiebelringe, zwei Scheiben Lachs.

Toast mit Butter bestreichen. Salatblatt darauf geben. Mit Lachs, Zwiebelringen, Eierscheiben und wieder Lachs belegen. Mit der zweiten Scheibe Toast zudecken.

B.L.T.-Sandwich

Zutaten: Zwei Scheiben Toast, zwei Blatt grüner Salat, Butter, drei Scheiben Schinkenspeck, drei Scheiben Tomaten.

Schinkenspeck in einer Pfanne anbraten. Toast mit Butter bestreichen. Mit Salat bedecken, dann Schinkenspeck, wieder ein Salatblatt. Die leicht gesalzenen Tomatenscheiben darauf legen. Mit der zweiten Scheibe Toast zudecken.

Der Name steht für »Bacon« (Schinkenspeck), »Lettuce« (grüner Salat) und »Tomato«.

Schinken-Sandwich

Zutaten: Zwei Scheiben Toast, ein Blatt grüner Salat, Butter, ein Teelöffel Mayonnaise, zwei Scheiben gekochter Schinken, zwei Scheiben Tomaten, ein Teelöffel gehackte Petersilie.

Toast buttern. Mit Salat bedecken. Schinken in Streifen schneiden. Auf den Toast geben, mit Tomatenscheiben belegen. Mit Mayonnaise bestreichen, mit Petersilie bestreuen. Mit Toast zudecken.

Die Einführung des Pulverkaffees passte so recht zum schnellen Essen.

Hamburger, Hotdogs und Cola leiteten eine »Amerikanisierung« der deutschen Esskultur ein, die noch nicht abgeschlossen ist. Pizza (amerikanischer Art) und Softeis folgten, und ein Kinobesuch ohne Popcorn scheint heute undenkbar.

Junk =
Abfall, Mist

Junk Food =
kalorienreiche Nahrung
von geringem Nährwert

»Eine Zeit, die dekadent ist, muß auch deka-dent essen«, meint der Kochkunstlehrer Peter Kubelka zu dem auch als »Junk Food« beschimpf-ten Essen aus den Staaten: »Eine Speise muß den Zeitgeist ausdrücken. Eine Speise kann nicht lü-gen.«

Was den Fastfood-Ketten, besonders McDo-nald's, den Erfolg gebracht haben könnte, darüber hat sich der Düsseldorfer Psychologe Axel Dahm in seinem Buch »McDonald's – Die gepflegte Gier« ausgelassen:

»Man kann sich darauf verlassen, daß jedes Restaurant dieser Kette – überall auf der Welt – gleich aussieht und die gleiche Produktpalette anbietet. Hier findet man Zuflucht – auch in ei-ner ansonsten fremden Stadt.«

McDonald's, Burger King oder Pizza-Hut prak-tizieren also das gleiche Rezept wie die US-ameri-kanischen Hotelketten. Und noch etwas lockt, laut Dahm, die (vor allem jungen) Gäste an:

»Da Besteck, Geschirr, Tischdecken und ande-re Ess-Instrumente wegfallen, wird das Essen zu einem un-mittel-baren Vorgang – ähnlich dem Essen der Kinder: Das zeigt sich im lustvoll er-lebten Matschen, Schmieren und Tropfen.«

»Schnelles Essen«
gab es in Deutschland
natürlich schon vor
McDonald's Siegeszug.
Der Schnellimbiss hat
hierzulande eine lange
Tradition.

Rechts:
eine Imbiss-Bude
in Düsseldorf 1957

Die Imbissbuden, die lange vor McDonald's und Burger King in Deutschland Fast Food verkauften, entstanden in den Gründerjahren der Bundesrepublik aus den gleichen Gründen und an den gleichen Orten wie einst zu Beginn des Industriezeitalters.

Die Unternehmen hatten kein Geld, Kantinen einzurichten, und nicht jeder Arbeiter wurde von Frau oder Mutter mit Butterbroten oder einer Henkelmann-Mahlzeit versorgt. Die Mittagspause dauerte nur eine halbe Stunde, die Frühstückspause 15 Minuten.

Also machten die Imbisswagen und -buden, die vor den Werkstoren standen, ambulante Einrichtungen mit zumeist schneller Bedienung, gute Geschäfte.

Verkauft wurden in den fünfziger Jahren im Ruhrgebiet vor allem Würstchen, heiße Bockwürstchen oder Bratwürstchen, bisweilen halbe Hähnchen, dazu Pommes frites und Erfrischungsgetränke.

Dieses Angebot hat sich im Laufe der Jahre ausgeweitet: Currywurst, Schaschlik, Frikadellen, Sandwiches oder belegte Brötchen, Koteletts, Schnitzel.

Vor den Fabriken sind Imbissbuden nur noch selten zu finden. Der Imbiss ist »sesshaft« geworden, ist in feste Lokalitäten der Vor- und der Innenstädte umgezogen. Ein Geschäft ist damit immer noch zu machen.

Ulrich Tolksdorf schreibt dazu:

»Gerade die unkonventionelle Verzehrsituation am Schnellimbiß macht heute für weitere Bevölkerungsteile seinen Reiz aus und verbindet ihn positiv mit dem Freizeitbereich...
Dadurch hat sich der Kundenkreis bedeutend verbreitert und aufgefächert, während er früher, zumal als Arbeiter-Imbiß, nur von mobilen oder einkommensschwachen Berufsgruppen frequentiert wurde.«

Wenn sie nicht zu irgendwelchen Ketten gehören, werden die Imbissläden vielfach von Italienern betrieben, von Griechen oder Türken, und die bieten auch Speisen aus ihren Heimatländern an, Pizza und Gyros, Döner und Cevapcici. Aber das ist nur der eine Teil der Entwicklung.

Pommes frites (mit Mayonnaise, Ketchup oder Bratensoße) gehören zum beliebtesten Fast Food an Deutschlands Schnellimbissen. Fast 300.000 Tonnen werden davon alljährlich hierzulande verzehrt. Geliefert werden die Kartoffeln von der Industrie vorgefertigt und abgepackt, genau wie die Bratwürste und andere »schnelle Speisen«.

Aus: »Der Schnellimbiss« von Ulrich Tolksdorf In: »Oikos – von der Feuerstelle zur Mikrowelle«

Anfang der 80er Jahre gab es in München die ersten Imbisse, in denen man im Stehen Hummer, Austern und Kaviar, feine Crêpes und Trüffelnudeln essen konnte. Und sie breiteten sich über Deutschland aus, teils in den Räumlichkeiten von Feinkostgeschäften oder Weinläden, teils als Bistro oder Trattoria firmierend. Ihre Gäste: eilige Geschäftsleute im feinen Gewand, die sich den kurzen Genuss in der Mittagspause oder nach Feierabend auch leisten können, denn billig sind der Crêpe mit Steinpilzen, die Hummerkrabbe vom Grill oder das Glas Prosecco hier nicht.

Was heute in jeder größeren Stadt zu finden ist, hatte 1974 in Berlin als Probierecke im Kaufhaus des Westens angefangen.

Die Idee (aus Japan) war: Verkosten zu lassen, was für den Außer-Haus-Verkauf vorgesehen war. Die Idee »*hat Beine bekommen*« und gipfelt in der kürzlich von dem Redakteur eines Ess-Magazins (wohl seufzend) gestellten Frage, ob es bald Kaviar für alle gebe.

So weit wird es nicht kommen.

Aber so genannte »Food-Spezialisten« haben errechnet, dass bald jeder zweite Euro des Ernährungsetats eines Haushaltes für Mahlzeiten ausgegeben würde, die nicht aus der eigenen Küche stammten. Und das wird sicher so geschehen. Und ein Großteil dieses Geldes wird wohl in Schnell-Imbisse getragen werden, in feine und weniger feine – je nach Geldbeutel, Alter und sozialem »Status«.

Das neue Essen: fix und fertig

Dass sich mit Hilfe von elektromagnetischen Wellen Materialien erwärmen lassen, war schon seit langem bekannt.

Um Speisen zu erhitzen oder zu garen, schienen die Mikrowellen am besten geeignet. Und so wurde der Mikrowellenherd erdacht.

Seinen Einzug in die deutschen Küchen trat der Mikrowellenherd Ende der siebziger Jahre an, als er begann, bezahlbar zu werden. Die Anschaffung eines solchen Gerätes schien verlockend, versprach es doch Zeit- und Energie-Ersparnis. Ein Essen zubereiten in nur wenigen Minuten, das klang nach Zauberei.

Heute steht in jeder zweiten deutschen Küche ein solches »*Kleinod moderner Technik*« (oder ist in einen herkömmlichen Herd eingebaut). In den USA ist nahezu eine Marktsättigung erreicht, mehr als achtzig Prozent der Haushalte besitzen einen Mikrowellenherd. Und das hat Gründe.

Obwohl die Mikrowelle seit ca. 25 Jahren in Deutschland in großen Mengen verkauft wird – Feinschmeckern ist sie ein Graus. Was aus dem schnellen Herd kommt, schmeckt einfach nicht, so die einhellige Meinung.

Mittlerweile haben WissenschaftlerInnen herausgefunden, woran das liegt: Hochfrequente Wellen erzeugen beim Erhitzen von Lebensmittelmolekülen andere chemische Verbindungen als die »normale« Hitze, Verbindungen (Oxazole, Thiophene oder Pyrrole), die weniger Appetit machen und weniger Aromen freisetzen.

Die Mikrowelle hatte auch noch andere Nachteile.

Die Zubereitung bestimmter Speisen gelang in der Mikrowelle nicht. Bratkartoffeln wurden nicht braun und knusprig, Pommes frites nicht kross, ein Schweinsbraten bekam keine Kruste, und auch beim Brot- oder Kuchenbacken gab es Probleme. Die elektromagnetischen Wellen erhitzten die Lebensmittel in ihrem Inneren und nicht von außen, und sie regten vor allem Wassermoleküle an. Das wiederum führte besonders bei der Zubereitung von Mischgerichten zu einer unterschiedlich starken Durchwärmung. Es gab wärmere und kältere »Zonen« und je stärker ein Lebensmittel gesalzen war, desto kälter blieb es.

Und noch etwas ließ sich feststellen: Ecken und Kanten wurden durch die Mikrowellen wesentlich stärker erhitzt als gerade Flächen...

Die Nahrungsmittelproduzenten mussten für solche Probleme unbedingt Lösungen finden, denn mit dem Mikrowellenherd war ihnen, zusammen mit den Gefriertruhen oder -schränken (oder den Gefrierfächern der Kühlschränke), ein nahezu ideales Gerät an die Hand gegeben.

Ihre tiefgefrorenen oder halbgegarten und portionierten Fertiggerichte waren nun nämlich zu Schnellgerichten mutiert. Eine Mikrowelle in Millionen von Küchen ermöglichte eine einfache Zubereitung dieser Industrieprodukte innerhalb von

Der Mikrowellenherd ist ein Küchengerät zum Auftauen, Erwärmen, Garen oder Grillen von Speisen.

Die Speisen werden in den abgeschlossenen und nach außen hin abgeschirmten Raum des Mikrowellenherdes eingebracht.

Beim Einschalten des Magnetron, des Mikrowellen-Generators, erfolgt bei einer Frequenz von 2.450 MHz die Erwärmung durch die Mikrowelle innerhalb von wenigen Minuten.

Zur Oberflächenbräunung ist meist eine zusätzliche Infrarotheizung eingebaut.

wenigen Minuten. Die Marketing-Strategen sprudelten nur so über von neuen Ideen: Gerichte für den Single-Haushalt, vorgefertigte Gerichte zum Verzehr in den Werkskantinen...

Für die fehlenden Bratenkrusten wurden »Bräunungsgeschirre« zum Kauf angeboten (die ihren Zweck nicht erfüllten).

Das fehlende Aroma wurde den Lebensmitteln künstlich zugesetzt als Braten-, Brötchen- oder Kuchenduft.

Die Nahrungsmittel in den Fertiggerichten wurden »gerundet«: runde, kleine Kartoffeln, runde Karotten und am besten Fleisch in Formen wie Königsberger Klopse. Gewürzt wurde mit so wenig Salz wie möglich (das entsprach sowieso eher dem Geschmack der Zeit), statt dessen wurden künstliche Gewürzmischungen verwendet.

Und schließlich wurden die schnellen Gerichte in »mikrowellengeeigneten« Verpackungen auf den Markt gebracht, die so wie sie waren, in den Herd gestellt werden konnten.

Man hatte nämlich festgestellt, dass bestimmte Plastikgefäße Weichmacher enthielten, die bei der Mikrowellenerhitzung austraten und den Geschmack beeinflussten.

Probleme gelöst!

In der deutschen Küche konnte eine neue Ära beginnen, die das eigene Kochen noch stärker reduzieren würde.

»Convenience« hieß das neue Zauberwort für die fertigen und halbfertigen Gerichte.

Das erste »Convenience-Produkt« dürfte wohl Knorrs Erbswurst aus dem vorigen Jahrhundert gewesen sein. Und ihr Erfolg spricht für sich.

Heute unterscheidet man Nass- und Trockenfertiggerichte, also solche, denen man noch Wasser zusetzen muss.

Neben den Nassfertiggerichten in Dosen (wie den Eintöpfen oder den immer noch beliebten Ravioli) oder vakuumverpackt in Plastikbeuteln, wurden tiefgefrorene Gerichte angeboten in so genannten Ein- oder Mehrkammerschalen, die für die Mikrowelle geeignet waren.

»Sie sparen Zeit und Arbeit.« Damit musste man die Frauen zu Beginn dieser Entwicklung immer wieder zum Kauf der vorbereiteten Gerichte auffordern.

»Für industriell vorgefertigte Lebensmittel, bei denen der Herstellungsbetrieb bestimmte Be- und Verarbeitungsstufen übernimmt ... hat sich der im angelsächsischen Sprachgebrauch übliche Begriff ›Convenience‹ eingebürgert. Er bedeutet: Annehmlichkeit, Nutzen, Komfort. Bei Convenience-Produkten handelt es sich also um Lebensmittel, die vom Verbraucher bequem zu handhaben sind. Diese ... Lebensmittel bieten darüber hinaus eine Rezeptleistung ... und ... garantieren ... dem Verbraucher einen hohen Qualitätsstandard und ein sicheres Gelingen.«

Aus:
»Magginalien«
der Maggi GmbH

Schon 1962 war von der Bild-Zeitung festgestellt worden, dass 81 Prozent der Ehefrauen die Hausarbeit »*satt*« hätten. Die Nachfrage nach zusätzlichen Kräften auf dem Arbeitsmarkt tat ein Übriges: Für Frauen gab es wieder Arbeit. Und sie konnten durch Verwendung von Halbfertig- und Fertiggerichten bei der Hausarbeit unterstützt werden, ließen die Lebensmittelkonzerne wissen.

Besonders drei Frauen»typen« interessierten die Marketingstrategen: »*Die ›desinteressierte Hausfrau‹ (niedriges Einkommen, jung, empfindet das Kochen als Last),… die ›Convenience-orientierte Hausfrau‹ (kein Spaß am Kochen, höheres Einkommen) und die ›überzeugte Tiefkühlkost-Verwenderin‹ (Akzeptanz von Fertiggerichten, hohes Einkommen, mittleres Alter)*«. Insgesamt waren das mehr als ein Drittel aller Frauen.

Und das war nicht die einzige Zielgruppe, die Fertiggerichte kaufen sollte. Da gab es schließlich auch jene jüngeren Berufstätigen, die allein in Einzelzimmern oder Appartements lebten, wo sie keine umfangreichen Kochvorbereitungen würden treffen können, 1,2 Millionen davon männliche Singles.

Fast 20 Millionen Alleinesser machten die Forscher Ende der siebziger Jahre in der Bundesrepublik aus – ein riesiger Markt für Fertiggerichte. Eine Beispiel? Allein vier Milliarden Liter Suppe werden jährlich in Deutschlands Küchen gekocht.

Die Kritik an den Fertiggerichten freilich hält bis heute an. So wird der ungeheure Energieverbrauch angeprangert, der bei der Herstellung und beim Transport von Schnell- und Fertiggerichten anfällt.

»*Längst verbrauchen die Maschinen der Fisch-Trawler, die Generatoren zum Blitz-Gefrieren, die Tiefkühl-Lagerhäuser, die Lastwagen und Flugzeuge ›das Hundertfache der kalorischen Ausbeute des Essers‹… Das eigentlich Teure am Fertiggericht mit seinen ›eingebauten Dienstleistungen‹ ist mitnichten das Essen selbst, sondern der Aufwand für Verarbeitung, Verpackung und Transport.*«

So Gerhard Wisnewski im Magazin der »Süddeutschen Zeitung«. Und Rose Theile beklagte sich 1979 in der »WAZ« über die Ingredienzen der fertigen Gerichte:

1966 wurden auch in der DDR erste Fertigmenüs angeboten: Hackbraten, Rouladen, Koteletts… Zum Fleisch gab es fertige Soßen, Gemüse und die so genannten »Sättigungsbeilagen«. 1978 ist das Sortiment, das vor allem in »Menü-Läden« verkauft wird, schon recht umfangreich und wird um die tischfertigen Sterilkonserven »Nationalitätengerichte« erweitert: »Gemüsesoljanka nach ukrainischer Art« oder »Zwiebelsuppe nach französischer Art«.

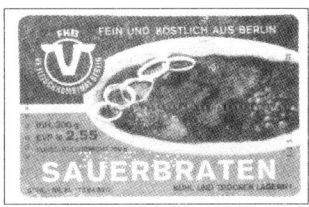

Abfüllung eines Fertigmenüs in getrennter Portionierung

»»Fleischkroketten‹ erweisen sich bei näherem Hinsehen im Wesentlichen als ein mit Senf gewürzter Weizenmehlbrei, dem ... ganze 7 v.H. vorgekochtes Rindfleisch untergemischt wurden.«

Der Fachjournalist Hans-Ulrich Grimm schließlich machte auf die Gefahren der künstlichen Aromatisierung von Fertiggerichten aufmerksam. Der Körper reagiere auf die dadurch vorgetäuschten, aber nicht vorhandenen Zutaten mit verstärkten Appetit und fortgesetztem Weiteressen – ein durchaus erwünschtes Verhalten, das schon bei der Schweinemast beobachtet worden war.

Mit den Fertiggerichten war es wie bei den Fast-Food-Ketten, jeder kritisierte sie, seltsam war nur, dass die Umsatz-Zahlen über das Verbraucherverhalten etwas ganz anderes aussagten: Die schnellen Gerichte waren (und sind) aus den Regalen der Supermärkte und Einzelhandelsgeschäfte nicht mehr wegzudenken.

Der neue Trend:
Spaß beim Essen

IN DEN ACHTZIGER JAHREN vollzog sich, von Wissenschaftlern wie dem Verhaltensforscher Kroeber-Riel vorhergesehen, in Deutschland und in anderen westlichen Industrienationen ein tiefgreifender gesellschaftlicher Wandel von der Wohlstandsgesellschaft hin zu einer Erlebnisgesellschaft.

Durch das verstärkte Angebot an Seh- und Hörerlebnissen hatte der passive Medienkonsum weiter zugenommen. Das verlangte nach Kompensation. Kroeber-Riel:

»Der Mangel an emotionalen und sensualistischen Erlebnissen ... wird zu entsprechenden Ausgleichsansprüchen führen.«

Und so kam es. Der zur weitgehenden Untätigkeit verurteilte Medienkonsument wollte sich ein Ventil schaffen. Er wollte was erleben.

Für das Denken und Handeln der Menschen schien es bald nur noch ein Motto zu geben: »Ich will Spaß!«

Ein Produkt hatte nicht mehr nur seinem originären Zweck zu dienen, es musste noch über einen zusätzlichen Erlebniswert verfügen.

Mit einem Bleistift wollte man nicht nur schreiben, er sollte, wenn man daran herumkaute, auch nach Pfefferminze schmecken. Ein Schwimmbad, in dem man »nur« baden konnte, wurde wenig frequentiert, es fehlte der »Spaß-Faktor«. Gewünscht

Bis Ende der 90er Jahre verstärkte sich im Zuge des Erlebnisbedürfnisses in der Gesellschaft der Trend immer mehr, außer Haus zu essen. Dabei wandelten sich die Anforderungen an die Restaurantköche: War zunächst die Nouvelle Cuisine gefragt, ist in den letzten Jahren eine Rückkehr zur deutschen regionalen Küche spürbar.

Unten:
Ausriss aus der
»Süddeutschen Zeitung«

Immer mehr Deutsche essen außer Haus

Trotz des Konjunkturaufschwungs erwartet die Agrarwirtschaft ein schwieriges Jahr

uhl. **Berlin** (Eigener Bericht) – Die Konjunktur zieht an, doch die Landwirtschaft wird nach Ansicht von Thomas Hambüchen, Geschäftsführer der Centralen Marketing-Gesellschaft der Deutschen Agrarwirtschaft (CMA), davon wenig profitieren. Erfahrungsgemäß, so Hambüchen im Vorfeld der Internationalen Grünen Woche in Berlin (14.–23. Januar), wirke sich wirtschaftliches Wachstum kaum auf den Verbrauch landwirtschaftlicher Erzeugnisse aus. Im Gegenteil, der Anteil der Ausgaben privater Haushalte für Nahrungsmittel, Getränke und Genusswaren gehe ständig weiter zurück. Er betrage derzeit nur noch 16 Prozent. Deutschland liege damit bereits vier Prozent unter dem Durchschnitt der EU-Länder.

Auch der Agrarexport sei weiter rückläufig. Vor allem durch Einbußen in Osteuropa sei das Exportvolumen 1999 um fünf Prozent auf 45 Milliarden DM gesunken. Alles in allem, so der CMA-Geschäftsführer, stehe der Landwirtschaft ein weiteres „schweres Jahr" bevor.

Als erfreulich bezeichnete Hambüchen die Entwicklung im Fleischverzehr. Der Pro-Kopf-Verbrauch an Fleisch habe im vergangenen Jahr 63,6 Kilogramm betragen, 1,1 Kilogramm mehr als 1998. Die Deutschen verzehrten damit nun wieder in etwa so viel Fleisch wie vor dem BSE-Skandal im Jahre 1994. Niedrige Preise und ein wieder verbessertes Image hätten zu dieser positiven Entwicklung beigetragen, sagte der CMA-Chef. Wachstumsträger Nummer eins bleibe das Schweinefleisch mit 41,1 (1998: 40,3) Kilogramm. Rind- und Geflügelfleisch stagnierten dagegen bei 10,3 beziehungsweise neun Kilogramm.

Kaum Einbußen habe es trotz Dioxin-Skandals in Belgien bei Eiern gegeben. „Statistisch gesehen", so Hambüchen, „haben wir nur ein Ei verloren" – mithin ging der Pro-Kopf-Verbrauch von 225 auf 224 Eiern zurück. Geplant sei, von diesem Jahr an sämtliche Eier mit einem Herkunfts- und Gütesiegel zu versehen, um das Vertrauen der Verbraucher endgültig wieder zurückzugewinnen.

Beim Gemüseverzehr (minus 2,4 auf 87,6 Kilogramm) belege Deutschland im europäischen Vergleich nur einen hinteren Platz, bei Obst dagegen seien die Deutschen mit 100 Kilogramm europäische Spitze. Auch bei Kartoffeln liege man mit 41,6 Kilogramm noch vorne, der Verbrauch aber gehe weiter zurück. Frischgemüse sei dagegen wieder im Kommen. Weiter Weltmeister seien die Deutschen mit 83 Kilogramm beim Brotverzehr. Einmalig sei dabei das Angebot von inzwischen rund 300 verschiedenen Brotsorten. Chancen habe die Landwirtschaft vor allem beim Absatz von Ökoprodukten. Der Verbrauch, so Hambüchen, werde bis Ende 2001 von jetzt zwei Prozent auf drei Prozent steigen.

Wichtigster Trend im Verbraucherverhalten sei der wachsende Außer-Haus-Verzehr. Mittlerweile deckten die Bundesbürger rund 33 Prozent ihres Nahrungsbedarfs in Kantinen, Fast-Food-Ketten, an Imbissbuden oder in Restaurants. Dafür seien 1999 etwa 168 Milliarden DM ausgegeben worden.

war ein Erlebnis-Bad mit Rutschen und Tunnel und einer künstlichen Karibiklandschaft.

Auch beim Essen und Trinken wollte man Besonderes erleben. Showdining war gefordert und Erlebnis-Gastronomie.

Den Köchen der japanischen Restaurant-Kette »Daitokai« konnte man dabei zusehen, wenn sie die Speisen bereiteten, und über ihre akrobatischen Messerwürfe staunen – Kochen wurde zelebriert. Es gab wieder Live-Musik beim Essen oder ein Varieté-Programm.

Das Essen selbst musste immer »exotischer« sein: Sushi aus Japan, Wildlachs aus Kanada, Tacos aus Mexiko... Wer Pellkartoffeln aß, wollte als Beilage dazu wenigstens russischen Kaviar haben. Im Supermarkt bekam man Straußenfleisch von bayerischen Züchtern oder Känguruhsteaks aus Australien.

Lebensmittel wurden eingefärbt, um sie attraktiver zu machen (Kohl weiß-rosa, Kartoffeln bekamen eine blaue Schale und ebensolches Fruchtfleisch). Verpackungen wurden neu designed (z.B. bestimmte Mineralwasserflaschen, die irgendwann blau wurden).

Auch an den Fertigwaren der Lebensmittelproduzenten ging der Trend nicht vorüber: Es gab kaum ein Bonbon ohne flüssige Füllung. Schokoladeneier enthielten eine »Überraschung«, und die Becher eines Joghurt- oder Quarkproduktes kamen nicht ohne »Ecken« aus, die, gefüllt mit bearbeiteten Cerealien, in das Milchprodukt gekippt werden konnten.

Zu Hause begann in der BRD wie in der DDR so etwas wie eine Do-it-yourself-Bewegung. Brot wurde selbst gebacken, Pralinés von Hand gefertigt, Kefirpilze vermehrt und Schnaps in der eigenen Destille gebrannt: Kocherlebnisse in der Küche waren »in«.

Die Skandale bei der Produktion von Lebensmitteln oder durch Umweltschäden (1985: Glykol im Wein; 1986: Tschernobyl; 1987: Würmer im Fisch; 1988: Hormonskandal in der Kälberzucht; 1992: Salmonellen in Hühnern und Eiern; 1994: BSE...) führten zu einem »neuen« Bewusstsein: Man wollte sich gesund ernähren.

Die Deutschen dachten über Ballaststoffe nach, aßen Rohkostsalat, Grünkernbratlinge mit Natur-

Mit den »übersichtlichen« Portionen der Nouvelle Cuisine änderte sich auch die Sprache der Gastronomen: Man nahm »Putenbrust ›an‹ Zitronensalbeischaum« oder »Millefeuille ›von‹ Gänseleber« zu sich.

»Das ist eine Küche für ein internationales Publikum, das aus Prestige ißt, nicht zunehmen darf und häufig magenleidend ist – also einem Koch die schlechtesten Voraussetzungen bietet«.

So der Kochkunstprofessor Peter Kubelka.

Als der CDU-Politiker Kohl, ein Leib-haftiger Genießer, Bundeskanzler wurde, war der Saumagen wieder gesellschaftsfähig, ein Stück Regionalküche. Die Industrie partizipierte an dem Trend, schuf Fertiggerichte nach »Omas« Rezepten und ließ Köche auftreten, die versuchten, die traditionellen Gerichte der deutschen Küche neu zu gestalten, nach herkömmlicher Art, aber leichter und bekömmlicher.

reis und Müsli mit Leinsamen, und sie verlangten im Supermarkt Eier von »freilaufenden« Hühnern. »Bio-Ess-Erlebnisse« waren gefragt.

Ein Erlebnis freilich suchten nur noch wenige Deutsche: Die Familie saß immer seltener beim gemeinsamen Essen zusammen, die »traditionellen Essensgemeinschaften« hatten sich aufgelöst. Jeder aß, wann er konnte oder wollte: Gleitzeitessen nach dem Terminkalender.

Allein aber macht das Kochen keinen Spaß, das Essen auch nicht sonderlich. Die Wahl bleibt zwischen dem Besuch einer Lokalität, die einen schnellen Imbiss verspricht, oder der Zubereitung eines Fertig-Gerichtes. Kochen wird zum selten ausgeübten Hobby. Man lädt sich Gäste ein und lässt sich ob seiner Kunstfertigkeit bewundern.

Und noch etwas hat die tendenzielle Auflösung der Familie zur Folge: Die von Generation zu Generation überlieferten Kochrezepte, die in der Familienküche gelehrte und erlernte Fähigkeit zu kochen, es gibt sie nur mehr selten. Doch in diese Lücke sind schnell professionelle Anbieter gesprungen.

Die Verlage liefern die fehlenden Kochanweisungen in Büchern und Hochglanzheftchen, wobei auffällt, dass es in den 80er und 90er Jahren keine typischen Speisen gab, wie es der »Toast Hawaii« zwischen 1950 und 1960 war oder die Steckrüben 1917 (also wird dieses Kapitel auch kaum Rezepte enthalten). Die Nahrungsmittelkonzerne produzieren Fertiggerichte und Instantnahrung für den »situativen Einzelesser« und beliefern die Fastfood-Ketten mit vorgefertigten Produkten.

Fiction-Food

Das Buch heißt »Die Suppe lügt« (im Untertitel »Die schöne neue Welt des Essens«), und es hätte eigentlich einen (noch) größeren Erfolg verdient und vielen Leuten den Appetit verderben sollen. Aber letzteres geschah natürlich nicht.

Dabei war das, worüber der Autor Hans-Ulrich Grimm berichtet, schon ziemlich sensationell: Er deckte in seinem Buch die Methoden der Nahrungsmittel- und Agrarkonzerne auf und stellte dar, womit diese gutgläubige Konsumenten beglücken: mit »Fiction-Food«.

Nahrungsmittelchemiker erfinden künstliche Trüffel, Schokolade, die nicht schmilzt oder versetzen Süßigkeiten mit karieshemmenden Enzymen. Die vermeintlichen Fruchtstückchen im Joghurt bestehen aus irgendwelchen Abfallprodukten, aus Gelatine und anderen Ersatzstoffen, die mit Aromen aufgepeppt werden. Der Speck in der Fertigsuppe ist aus Wasser, Fett und Proteinen hergestellt. Der Käse auf der Tiefkühlpizza besteht aus Sojapulver, Gelatine, Xanthan-Gummi und Algenextrakt. Und Vogelfedern verwandeln sich in einen »wichtigen« Zusatz bei Backwaren.

Imitate, in den Kriegs- und Nachkriegszeiten des vergangenen Jahrhunderts mit Phantasie und Einfallsreichtum erdacht, um etwas Abwechslung in den Ernährungsalltag jener Tage zu bringen, sie dienen heute der reinen Geldvermehrung. Es ist eben erheblich teurer, wirkliches Obst so zu konditionieren und so zu bearbeiten, dass es sich als Zusatz in Milchprodukten verwenden lässt. Die Imitate schmecken zudem viel besser. Grimm:

»Die neuen Imitate halten viele für einen Meilenstein des Geschmacks, der Emanzipation des Geschmacks von der Natur... (Durch sie) brauchen Jugendliche heute zwanzigmal intensivere Reize als noch vor zehn Jahren, um einen Geschmack als solchen wahrzunehmen.«

Aber an Geschmacksstoffen ist kein Mangel: *»Im Lebensmittelbereich werden derzeit etwa 6.000 Aromen verwendet«* – so Grimm.

Rinderbraten- und Früchtearomen, Rauchgeschmack und Schokoladen-Ersatzstoffe kann man kaufen. Kartoffelgeschmack, das ist 2-Äthyl-3,6-Dimethylpyrazin, Bratkartoffelduft 2-Metoxy-3-Äthylpyrazin und Knoblauch kann man mit Di-2-Propenyldisulfid imitieren. Gesund ist das alles nicht, auch wenn von vielen dieser Geschmacksstoffe behauptet wird, sie seien »naturidentisch« (was gar nichts besagt).

Grimm zitiert eine Biologin, die vor den Fiction-Produkten, welche vor allem von der jungen Generation konsumiert werden, mit den Worten warnt, selbst die Kleinbauern im Mittelalter seien besser mit Nährstoffen versorgt gewesen als Jugendliche heute. Aber das interessiert jene, die solche Produkte kreieren wenig.

Was die Nahrungsmittelhersteller in ihre Produkte rühren, hat zum Teil verheerende Folgen: Ärzte machen die übermäßigen Chemiezusätze für Allergien mitverantwortlich, Phosphatgaben sollen bei Kindern zur Hyperaktivität führen und Zusätze auf Getreidebasis aggressiv machen.

Die Food-Desig- ner

Der eine steht in einer gut ausgestatteten Einbauküche, wiegt auf einer elektronischen Waage geheimnisvolle Ingredienzien wie »Trockenzwiebeln gekippelt« oder »Magermilchpulver sprühgetrocknet« ab, schwingt zwischendurch den Schneebesen, um alles miteinander zu verquirlen oder rechnet auf einem Computer Preise aus.

Der andere hält sich mit so »profanen« Tätigkeiten wie dem Kochen erst gar nicht auf, lässt das Köche und Chemiker für sich machen, probiert nur, was diese zusammengerührt haben.

Gemeinsam ist beiden der Beruf, den sie ausüben. Sie nennen sich Food-Designer.

Weit mehr als zwei Drittel unserer Nahrung kommt heutzutage aus der industriellen Produktion. 10.000 neue Artikel werden jährlich allein in Westeuropa auf den Markt gebracht, aber nur ein Bruchteil davon landet dann auch in den Regalen der Supermärkte und kann sich dort für eine gewisse Zeit halten. Produkte wie die Maggi-Würze, der Bahlsen-Keks oder die Erbswurst von Knorr, denen das über Jahrzehnte gelang, sind die absolute Ausnahme.

Food-Designer kreieren und testen neue Lebensmittelartikel bis zur Produktionsreife. Oft dauert so etwas viele Monate, manchmal gar drei oder mehr Jahre.

Am Anfang steht in der Regel, selbstverständlich nach entsprechenden Marktforschungen und Positionspapieren der Marketingstrategen, die Idee für eine neue Produktlinie: eine Reihe von Trockensuppen, speziell für Kinder hergestellt, ein Fertigmenü für Singles, ein Gebäck, das man Teilnehmern einer Konferenz zur Tasse Kaffee anbieten kann...

Der zweite Schritt: In den Versuchsküchen wird gekocht und gebacken, in den Chemielabors werden Zutaten erfunden und gemischt. Der »Suppengeschmack« zum Beispiel kann eine Mischung aus Apfelsaft-, Karottensaft- und Zwiebelkonzentrat, nebst Hefe-Extrakt, Sonnenblumenöl und Glutamat sein. Besonders viel wird mit »Abfall«-Produkten gearbeitet: Künstliches Vanillin, das in Keksen verarbeitet wird, ist ein Nebenprodukt der Papierherstellung; Reste, die beim Polieren von Reis anfallen, landen als Reisersatz in Schnellgerichten; Simplesse, ein kalorienarmes Kunstfett, das Eiscreme oder Salatsaucen geschmeidig macht, wird aus dem Abwasser bei der Käseproduktion gewonnen.

Und immer wieder wird probiert. Konsistenz, Geruch, Haltbarkeit, Geschmack, Frische-Eindruck und Farbe müssen stimmen.

Ist das Produkt endlich gefunden, stehen die Chemiker vor einem neuen Problem. Die Kreation muss in einem großindustriellen Prozess hergestellt werden können, sie muss »maschinengängig« sein.

In seinem Artikel »Der programmierte Genuss« führt Peter Meroth als Beispiel die Firma Pfanni an (eine Tochter der »Bestfoods Deutschland«):

»Die Firma war vor einiger Zeit mit ihrem Kartoffelbrei nicht mehr so recht zufrieden: Das Instantpulver ergab nach dem Anrühren eine sandige Konsistenz.

Am eigentlichen Problem, dem Trocknungsprozeß ließ sich jedoch nichts ändern. Das Püree wird weiterhin auf einer Art Heißmangel zu einem hauchdünnen, sechs Meter breiten Endlosfilm gewalzt und dann zu Flocken gebrochen. Verbesserungsversuche mit Emulgatoren und Verdickungsmitteln schlugen fehl. Erst die Zugabe von halbgegarten Kartoffelstückchen, millimeterfein zerkleinert, brachte das gewünschte Ergebnis.«

Zum Schluss, bevor die Verpackungskünstler die Food-Kreation marktgerecht eintüten, bevor die Werbestrategen teure Reklamefeldzüge starten, um das neue Produkt bekannt zu machen, bevor die Firmen und ihre Food-Designer sich ihr Werk

Vanillin wurde von den Food-Designern auch dem Kindertee beigemischt: ein kalkuliertes Erfolgsrezept. Der Vanille-Geschmack in der Baby-Nahrung prägt den Menschen für sein ganzes Leben. Versuche haben gezeigt, dass Lebensmittel mit Vanillin – und sei es auch nur in geringsten Spuren – eher gekauft und als schmackhafter empfunden werden als solche ohne diesen Zusatz.

Auch die Food-Designer
in der DDR blieben nicht
untätig:
1983 entwickelte das
Ernährungsinstitut in
Rehbrücke das neue
Aroma »Rindfleischbraten-
Geschmack«,
1984 musste der erneute
Kakaomangel in der DDR
(verursacht durch eine
stark negative
Handelsbilanz)
ausgeglichen und die
Kakaobutter in vielen
Produkten ersetzt werden.
1985 kreierte die VEB
Suppina die Instant-
Fruchtkaltschale
»Erdbeere«,
1986 schuf der Milchhof
in Prenzlau das
Frühstücksdessert »De
Sötschnut«
und 1988 kam vom VEB
Fischfang Rostock die
»Fischschnitte mit
Weißkohl und Kümmel«...,
eine Liste, die sich
beliebig fortsetzen lässt.

patentieren lassen, schlägt die Stunde der Test-esser: Jeder Nahrungsmittelhersteller hat solch eine Gruppe von speziell ausgebildeten und ge-schulten Probierern, die kritisch kosten, was an-schließend den Verbrauchern vorgesetzt werden soll. Und auch sie nehmen durchaus noch Einfluss auf die Endrezeptur.

Eine Erfolgsgarantie bieten aber keine noch so aufwendigen Entwicklungsprozesse der Food-De-signer, keine noch so oft durchgeführten Probe-Es-sen, keine millionenteuren Werbekampagnen. Am Ende entscheidet die Kundin an der Ladentheke und ihre Familie am Esstisch über den Erfolg eines neuen »Lebensmittels«. Die Liste der Flops ist lang.

So schien eine große Stunde des Food-Designs geschlagen zu haben, als es in den letzten Jahren gelang, ein vollkommen »neues« Getränk auf dem Markt zu platzieren. Ein Erfolg, der besonders hoch einzuschätzen war, weil das neue Produkt auf Basis von Kaffee entwickelt wurde. Und Kaffee ist nun wahrhaftig nicht als »Szene-Drink« geeig-net und hat auch kein *junges Image*«, Kaffee-trinken gilt bei jungen Leuten eher als »spießig«.

Die einen mischten Kaffee, besser: Koffein, Orangensaftkonzentrat, Wasser, aufgepeppt mit Mineralien und Spurenelementen, Traubenzucker, Milch, erhöhten mit Zitronensäure die Haltbarkeit, packten eine Tagesdosis der Vitamine A, C und E und einiges Unbekanntes dazu, korrigierten den Geschmack mit naturidentischen Aromastoffen und nannten das Ganze »R'aktiv«.

Die anderen machten sich die Sache einfacher. Sie füllten schlicht kalten Kaffee (die Konkurrenz nahm Milchkaffee) in eine Dose. Und das war's. Geld für eine langwierige Produktentwicklung wurde nicht gebraucht und konnte in die Werbung gesteckt werden. Ein Erfolg war beides nicht gerade.

Aber – der nächste Sommer kommt bestimmt und damit auch neue Erfrischungsgetränke. Die Erfolgsstory eines Drinks namens »Red Bull« spornt die Kreativen an. Und die Unfähigkeit oder Unlust der Menschen, in der Küche mehr als die Mikrowelle anzustellen, lässt viel Raum für die Ideen von Food-Designern: Schließlich gibt es vieles, was man in ein Lebensmittel hineinpacken kann.

Die Gesundmacher

Das Müsli soll helfen, die Gedächtnisleistung zu erhöhen, der Riegel soll vor dem Herzinfarkt schützen und der Joghurt die Körperabwehr verbessern.

Die Rede ist von so genanntem »Functional Food«.

»Normale« Lebensmittel werden mit allerlei angeblich gesundheitsfördernden Dingen angereichert, mit Mineralien und Vitaminen, mit Spurenelementen oder Bakterien.

Der Nahrungsmittelindustrie ist mit der (Wieder-)Entdeckung des »Functional Food« ein Appell an das schlechte Gewissen der Konsumenten gelungen, die voller Sorgen alltäglich in den Medien sehen, lesen und hören, welchen gesundheitlichen Gefahren sie sich aussetzen, wenn sie zuviel essen oder zu oft oder wenn sie das Falsche verspeisen. Nun sollte man nicht nur gesund essen, man sollte auch durch Essen gesund werden können.

Der Industrie war ein bemerkenswerter Coup gelungen, denn mit billigen Zusatzstoffen (Lykopin, dem Beta-Karotin ähnlich, beispielsweise wird synthetisch aus Erdöl gewonnen) können Lebensmittel »veredelt« und teuer verkauft werden.

Dank massiver Werbung haben diese Produkte schnell eine Marktnische erobert, und die Lebensmittelwirtschaft konnte nach zehn, fünfzehn Jahren, in denen die Handelskonzerne die Preise diktierten, erstmals wieder Geld verdienen.

Für Nudeln oder Margarine, denen aus Fischöl gewonnene DHA (das sind mehrfach ungesättigte Fettsäuren) zugesetzt sind, können eben ganz andere Preise erzielt werden, als für Nudeln oder

Dass sich auch Gefühle von der Nahrung beeinflussen lassen, haben Wissenschaftler festgestellt. Tryptophan heißt einer der geheimnisvollen Stoffe, eine Aminosäure, aus der sich im Gehirn Serotonin bildet, das man gemeinhin als »Glückshormon« bezeichnet und dessen Ausschüttung zweifellos gesundheitsfördernd ist. Wer Fettes isst oder Süßes nascht oder auch fastet, initiiert damit einen komplizierten chemischen Prozess, der hilft, Serotonin frei zu setzen. In ihrer Werbung hat die Jolly-Food-Industrie schon lange erkannt, dass Essen auch zur Droge werden kann. In den USA gibt es mittlerweile eine erhebliche Menge von Schokoladen-Süchtigen, die meisten davon Frauen. In Deutschland, wo Zucker einen eher schlechten Ruf hat, machte die Zuckerindustrie Anfang der 90er Jahre mit Werbekampagnen mobil und sorgte dafür, dass das Bedürfnis nach Süßem lebenslang nicht abreißt. »Kinderzucker« sollten die Mütter in die Babymilch rühren, Süßigkeiten in der Kinderzeit sollten das Bedürfnis wach halten, und auch jene Erwachsenen, die keine Pralinen in sich hinein stopfen, nehmen die süße »Droge« in Fischkonserven und Senf, in Tütensuppen und Tomaten-Ketchup auf.

Margarine, die »nur« aus Mehl und Eiern oder Fetten bestehen.

Ganz neu ist die Idee des »Functional Food« natürlich nicht. Schon die weisen Frauen des Mittelalters wussten um die gesundheitsfördernden Wirkungen von Kräutern, mit denen man das Essen würzen konnte. Und die ersten Kochbücher sind voller Hinweise darauf.

Das erste wirklich als Functional Food ausgelegte Produkt der Nahrungsmittelindustrie war wohl Ovomaltine, ein Pulver, mit dem man ein kakao-ähnliches Getränk zubereiten konnte. Diesem Pulver war Jod zugesetzt.

An dem gesundheitlichen Nutzen der heutigen Functional-Food-Produkte darf gezweifelt werden. Ob der Zusatz von Vitamin C in einem Fruchtgetränk, ob der Zusatz von Milchsäurebakterien in einem »pro-biotischen« Produkt auch dem Verbraucher nützt und nicht nur der Industrie, ist wissenschaftlich sehr fraglich. Experten sind vielmehr davon überzeugt, dass bei einer gesunden, abwechslungsreichen Ernährung dem Körper alle wichtigen Stoffe auch so zugeführt werden und dass ein Zuviel eher gefährlich ist.

In den USA geht man mit chemischen Zusätzen bei der Nahrung eher sorglos um. Der Griff zur Instant-Nahrung morgens, mittags und abends gehört zum Alltag, zumal die Werbung verkündet, sie sei *gut für körperliche Höchstleistungen* und damit beispielsweise den *»Kickstart am Morgen«* verspricht. »Brain-Food« heißt eine solche Mixtur aus Eiweißen, Vitaminen, Mineralien aufputschenden und angeblich lebensverlängernden Substanzen.

Die Food-Designer wollen mit einem *»Neurotransmitterschub die Gedanken zum Tanzen«* bringen.

Die Instant-»Nahrung«, die man in den USA im Supermarkt bekommt, ist bei uns in dieser Form (noch) verboten. Verzehrt wird sie dennoch.

Viele USA-Touristen bringen das »Brain-Food« oder andere Segnungen, die uns die Chemiker beschert haben, gleich paketweise aus ihrem Urlaub mit.

Und da in der Vergangenheit bei uns stets aufgetaucht ist, was zuvor in den USA »in« war, wird es wohl nicht lange dauern, bis solche »Lebensmittel« auch bei uns im Super- oder Drogeriemarkt zu haben sind.

Es gibt zahlreiche Kunstwerke, bei denen das Essen oder das Kochen eine Hauptrolle spielen, in Filmen (wie »Das große Fressen«), in Büchern (wie »Babettes Gastmahl«) oder auf den Gemälden der niederländischen Genremaler des 16. Jahrhunderts (wie Aertsen oder van Hemessen). Aber dass ein Essen selbst (und dessen Zubereitung) ein Kunstwerk sein kann und soll, hat uns in jüngster Zeit Daniel Spoerri nahe gebracht.

Schon in den sechziger Jahren fixierte er die Überreste von Mahlzeiten und hängte die Objektmontagen auf. Und immer wieder lud er ein zu wunderlichen Mahlzeiten.

In Edinburgh verstörte er die Gäste, als er eine Eisbombe aus Kartoffelbrei schuf mit Bratensoße an Stelle von Schokolade und Pralinen aus Hackfleisch.

In Köln lud er Träger berühmter Namen zu einem Galadiner und ließ Goethe, Heine, Frau Holle und der Witwe Bolte unter anderem Bismarkheringe (auf der Menükarte so geschrieben), Tournedos Rossini, Fürst-Pückler-Eis und Cognac Napoleon servieren auf Tischen, die von seinen Studenten aus Verpackungsmüll, als Sandkasten oder mit einem Gemälde als Tischtuch gestaltet waren.

1968 gründete er eine Eat-art-Galerie, und natürlich hat er auch ein Spoerri-Restaurant betrieben und ein Kochbuch geschrieben mit kulinarischen Köstlichkeiten wie »Hodenbröselknöderl«

Eat-Art

Daniel Spoerri, der eigentlich Feinstein heißt und 1930 in Rumänien geboren wurde, ist ein schweizerischer Objektkünstler. Er hat auch als Tänzer gearbeitet, hat eine Ausbildung als Pantomime, war Regisseur, Dichter...

Der gedeckte Tisch, Teil eines Kunstwerkes von Spoerri und seinen Studenten

oder »Gefüllter Netzmagen«. Spoerri: »*Das Witzige dabei ist, dass ein Magen mit Magen gefüllt wird, der wieder von einem Magen verdaut wird*«. »Gastro-Auto-Kannibalismus« nennt er so etwas.

Kochen – Essen – Tischgestaltung – Gästeliste... für Spoerri ein Gesamtkunstwerk.

> »*Beim Kochen handelt es sich um ein Medium, das den anderen hohen Kunstgattungen wie Musik, Malerei oder Poesie gleichwertig ist. Kochen ist eine Disziplin, mit der, ob man will oder nicht, eine Zivilisation ihre ganze Weltsicht ausdrückt, ja, ausdrücken muß.*«

So der Kunstprofessor Peter Kubelka, der in Frankfurt »Kochen als Kunstgattung« lehrte. Und damit hatte er sicher recht. An der Kunsthochschule ließ er seine Studenten Zwiebeln schneiden und Pasta kochen, Käse ansetzen und Apfelwein bereiten (»*Begonnen wird mit dem Einfachsten, wobei das Einfache perfekt sein muß*«), sie lernten schmecken und vergleichen, sie analysierten die Gerichte und versuchten anhand der Speisen die Kultur kennenzulernen und zu verstehen, aus der sie stammen:

Kubelka, 1934 in Wien geboren, wuchs bei den Großeltern auf. Und von der Großmutter stammt wohl auch seine Kochleidenschaft. Sie war Pfarrersköchin in Taufkirchen und lehrte ihn die »*feine österreichische Küche*«. Seitdem zog er kochend, essend und Rezepte sammelnd durch die Lande.

> »*Das Kochen ist ein guter Wegweiser für Künstler. Der Student lernt dabei, daß es Fehler gibt, die unzweifelhaft sind und daß sein Versagen nicht wegdiskutiert werden kann.*«

Kubelka, auch Filmemacher und in diesem Fach ebenfalls zum Professor berufen, brachte den Studenten bei, dass es einen Gegensatz von künstlerischem und nicht-künstlerischem Kochen nicht gibt (»*Kochen ist immer, wie alle Kunst, ein schöpferischer Akt, ... ein künstlerisch bildender Prozess..., ist ... aber auch ein unmittelbares Eingreifen in die Natur*«) und dabei verkündete der Kochkunst-Professor sein Credo:

> »*Ein perfekt gekochtes, einfaches Gericht ist in der Regel den Produkten der so genannten Kunstköche überlegen.*«

Und um das auch zu beweisen, luden Kubelka und seine Kochkunst-Klasse einmal jährlich eine Woche lang zum Verkosten der Kunst-Gerichte aus seiner Hochschulküche ein.

Auch von einem dritten Künstler der Eat-Art wollen wir berichten, von Mel Ramos.

Im Mai 1996 lud die Galerie Levy und die Agentur »Art of Industry« 25 so genannte Prominente aus Hamburg zu einem »Pop Art Dinner« des Pop-Artisten Mel Ramos (aus Kalifornien) ins noble Hotel »Vier Jahreszeiten« ein. Sinn und Zweck der Veranstaltung – so eine PR-Beauftragte – sollte *Abbau von Berührungsängsten* (wohl zwischen Kunst und Prominenz) sein.

Speisefolge und Rezepte hatte der Künstler der Küchenbrigade des Fünf-Sterne-Hotels per Fax aus den USA mitgeteilt. Und die hatte sich redlich bemüht, hatte Mini-Hot-Dogs gefertigt, zu denen die Kellner Senf und Ketchup in den üblichen Plastikbehältern auftrugen, hatte vierzehn Kilo Fisch und Krustengetier zu einem Meeresfrüchtesalat verarbeitet, hatte ein »Chicken Lolita« zubereitet und Rhabarber-Törtchen gebacken, auf die ihre Patissiers eine nackte Dame aus Marzipan drapieren mussten, die eine nicht zu übersehende Ähnlichkeit mit Claudia Schiffer aufwies.

Wir haben diese Rezepte nicht bekommen können. Aber wir wollen Ihnen doch eine Anleitung geben, wie Sie ein ähnliches »Pop Art Dinner« zubereiten können.

Mel Ramos muss man nicht kennen. Seine Gemälde zeigen zum Beispiel – bisweilen nackte – Menschen zusammen mit Nahrungsmitteln vorwiegend in US-amerikanischer Zubereitungsweise und werden von bösmeinenden Kritikern als »kitschig« bezeichnet.

Salat von Meeresfrüchten

Zutaten: Eine Tasse gekochte Krabben, eine Tasse gekochte Tintenfischringe, eine Tasse Krebsfleisch, klein geschnitten, 200 g Kochfischfilet (z.B. Seehecht), klein geschnitten, 200 g Venusmuscheln, gekocht und zur Hälfte ausgelöst.
Vinaigrette: Zwei Esslöffel Öl, zwei Esslöffel Essig, Salz, Pfeffer, ein Esslöffel klein gehackte Zwiebel, ein Teelöffel klein gehackter Knoblauch, zehn geviertelte schwarze Oliven, ein Teelöffel Koriandergrün, gehackt.

Die Zutaten der Salatsoße in einer Schüssel gut miteinander vermischen. Zuerst Muscheln und Tintenringe in die Soße geben, dann Fisch, Krabben und Krebsfleisch unterheben. Zugedeckt zwei bis drei Stunden ziehen lassen. Mit den Muscheln in der Schale garnieren.

Südstaaten-Hähnchen

Zutaten: Ein Maishähnchen, Lauch, Möhre, Sellerieknolle, ein Liter Wasser, Pfeffer, Salz, ein Lorbeerblatt.

Soße: zwei Esslöffel Weißwein, ein Teelöffel Mehl, eine Tasse Sahne, etwas Butter, ein Esslöffel gehackte Petersilie, eine Tasse Spargelspitzen, ein Teelöffel Zitronensaft.

Hähnchen ausnehmen, waschen und würzen. Wasser mit den klein geschnittenen Gemüsen zum Kochen bringen, würzen. Hähnchen in das kochende Wasser geben, weich kochen lassen. Haut abziehen.

In einem flachen Topf Butter zum Schmelzen bringen.

Mehl einstäuben, dabei nicht braun werden lassen. Mit ein bisschen von der Hüherbrühe, der Sahne und dem Weißwein ablöschen. Aufkochen lassen. Mit Pfeffer, Salz und Zitronensaft abschmecken. Petersilie und Spargelspitzen in die Soße geben.

Das ganze Hähnchen (unzerteilt) mit der Soße übergießen. Mit Röstkartoffeln und Gemüse servieren.

Während des Dinners filmte der Meister sein Werk höchstpersönlich.

Rhabarber-Törtchen

Zutaten: Mürbeteig: 150 g Mehl, 60 g Zucker, ein Ei, ein Päckchen Vanillin-Zucker, 80 g Butter, eine Prise Salz, ein gestrichener Teelöffel Backpulver.

Belag: 600 g Rhabarber, drei Esslöffel Zucker, ein Päckchen Tortenguss, ¼ l Rhabarbersaft.

Marzipan: 250 g Mandeln, 250 g Zucker, eine Tasse Wasser.

Aus den genannten Zutaten einen Mürbeteig kneten, der (nach einer Ruhezeit im Kühlschrank) ausgerollt wird. Den Teig in Tortenförmchen geben, dabei einen genügend hohen Rand formen. Kurz vorbacken. Abkühlen lassen.

Rhabarber putzen, in zwei bis drei Zentimeter lange Stücke schneiden, mit dem Zucker mischen und Saft ziehen lassen. Möglichst ohne Wasser, gegebenenfalls mit Rhabarbersaft dünsten. Der

Marzipan auf Rhabarber-Törtchen – der Nachtisch

Rhabarber darf dabei nicht zerfallen. Mit Saft den Tortenguss nach Anweisung kochen. Die Törtchenböden mit etwas Guss bestreichen, Rhabarberstücke darauf legen, mit Guss überziehen. Abkühlen lassen.

Mandeln mit kochendem Wasser überbrühen und abhäuten. Behutsam im warmen Backofen trocknen. So oft durch den Fleischwolf drehen (oder in einer Elektromühle mahlen), bis sie zu feinem Mehl geworden sind. Das Wasser mit dem Zucker so lange kochen, bis etwa ein Drittel der Flüssigkeit eingekocht ist. Dabei darf der Zucker auf keinen Fall braun werden.

Wer will, kann das Wasser aromatisieren oder statt dessen Saft nehmen. Zuckersirup mit dem Mandelmehl intensiv verkneten. Der Teig muss eine geschmeidige Konsistenz erhalten. Mit Formhölzchen oder Zahnstochern lassen sich daraus Figuren modellieren, die man mit Lebensmittelfarben bemalen kann.

Perspektiven

Enden, womit wir angefangen haben, mit einem Blick in die Zukunft.

Während des letzten Jahrhunderts hat sich unsere Arbeits- und Wohnsituation verändert, die Familienstrukturen haben sich aufgelöst. Und damit ist auch unsere Esskultur eine andere geworden. Sie dürfte irgendwo zwischen Fast Food und Feinkost liegen.

Die »gutbürgerliche Mitte« dazwischen scheint weggebrochen: Restaurants, die Hausmannskost servieren und das zu Preisen von nicht mehr als acht Euro für ein Tellergericht, werden sich in Zukunft nicht mehr behaupten können. Die Kosten lassen solche Preise nicht mehr zu.

Kaum jemand kann es sich bei streng verplanter Arbeits- und Freizeit noch leisten, täglich zu kochen. Die Küche wird immer mehr Hobbyraum werden, in dem man bei besonderen Gelegenheiten mit seinen Fähigkeiten glänzen kann.

Die Designer präsentieren uns diese Küche der Zukunft als Hightech-Raum mit Computer, Modem,

Die Küchen-Designer vergessen bei ihren Entwürfen bisweilen, dass jene, die diese Räume nutzen, zwar modernes Gerät, aber auch die »Gemütlichkeit« von »Omas« Küche suchen.

Der Entwurf links ist von Peter Zec (Moll Design).

Bildtelefon und Fax, mit Ceran- und Induktionskochflächen, mit Entlüftungssystemen, die mit geregelten Katalysatoren ausgestattet sind, mit Kühl- und Gefrierschränken, die über verschiedene Klimazonen verfügen, alle Geräte vernetzt und sensorgesteuert.

Die Lebensmittel, die in diesen Küchen verarbeitet werden, dürften sich im Lauf der nächsten Jahre ändern. Das hängt schon mit den äußeren Gegebenheiten zusammen. Im Jahre 2050 – so meinen Zukunftsforscher – müssen neun Milliarden Menschen ernährt werden.

Möglicherweise werden wir gentechnisch veränderte Pflanzen essen müssen, Pflanzen, deren Ernte-Erträge durch Biotechnologie gesteigert sind. Um vorhandene Ressourcen besser zu nutzen, werden giftige Pflanzen entgiftet sein und vieles mehr.

Seit 1993 in Niedersachsen gentechnisch manipulierte Kartoffeln geerntet wurden, hat sich das Image der Gentechnologie freilich immer mehr verschlechtert. Die Konsumenten laufen Sturm gegen die Designer-Pflanzen. Und selbst in den USA verbannt eine Handelskette nach der anderen das Hightech-Gemüse aus den Regalen.

Sollte dieser Trend anhalten, bleibt nur die Alternative, das Vorhandene anders zu verwerten, indem etwa die landwirtschaftlichen Produkte direkt für die menschliche Ernährung genutzt werden und nicht über den (verlustreichen) Umweg der Tierproduktion.

Asien, speziell Japan, mag da als Beispiel und Zukunftsperspektive dienen.

Grundlage der Ernährung dort sind Reis, Soja und Gemüse, dazu kommen Fisch, Meeresfrüchte und Algen aus dem die Inseln umgebenden Meer. Die Folge: Die Japaner haben andere Industrieländer überholt, was ihre Lebenserwartung und ihre Gesundheit angeht.

Das lässt sich freilich so nicht auf Europa übertragen.

Die Weideflächen hier, die nur von Wiederkäuern genutzt werden können, lassen sich zur Produktion von Fleisch, Milch und deren Begleitprodukten einsetzen. Also folgert der Biochemiker und Arzt Christian A. Barth:

»Der Teller der Zukunft wird mit viel Gemüse, Kartoffeln, Brot, Reis und Pasta, mit mittleren Mengen an Milchprodukten und mit moderaten Mengen an anderen tierischen Lebensmitteln, Fisch und Fleisch, gefüllt sein.«

Die Lebensmittelindustrie wird in der Zukunft noch stärker bestimmen, was die Menschen bei uns essen.

Schon bald werden mehr als 80 Prozent aller Nahrungsmittel, die wir zu uns nehmen, in ihren Produktionsstätten in irgendeiner Weise behandelt oder vorgefertigt sein. Und in den Produkten der Aqua-Kulturen liegt ein ungeheures Wachstumspotential.

Unsere Ernährung wird also abwechslungsreich bleiben, schon weil dies aus Gesundheitsgründen sinnvoll ist.

Eine immer wieder wechselnde Ernährung schützt am besten vor Stoffwechselstörungen und Mangelerscheinungen. Die Visionen einiger Science-fiction-Autoren, die uns Tuben- und Pillen-Nahrung vorhergesagt haben, dürften sich indes kaum realisieren.

Christian Barth, 1935 geboren, war zunächst bei der Forschungsgruppe »Ernährung« der Deutschen Forschungsgemeinschaft. Seit 1992 leitet er das Deutsche Institut für Ernährungsforschung in Potsdam-Rehbrücke.

»Mehr als ein Drittel der Weltbevölkerung ernährt sich falsch, die gesundheitlichen Folgen ... sind enorm. Die Hälfte aller Erkrankungen hängt mit Hunger oder Überernährung zusammen.«
aus: »Zeichen der Zeit« im Magazin der Süddeutschen Zeitung

Die Entwicklungen im vergangenen Jahrhundert haben gezeigt, dass die regionale Vielfalt von einer »multikulturell« geprägten Küchenkultur abgelöst wurde. Auch ein Prozess von »Globalisierung«, der sich kaum aufhalten lassen wird! Aber wen schreckt das, wenn er weiß, dass auch für neun Milliarden Menschen (und mehr) auf dieser Erde genug Nahrung produziert, dass jeder satt werden könnte, wenn dies nur gewollt und ein Maßstab wäre, an dem Politiker/innen sich messen lassen müssten.

Register der Rezepte

Abendbrotauflauf	151	Essigbrause	219	
Ballmilch	288	Familienpunsch	155	
Beefsteak,		Festtagskraut	155	
deutsches, 1947	199	Fisch, eingemachter	43	
Berberitzen-		Fischstäbchen-		
Marmelade	170	Fondue	322	
Bienenstich		Fleisch-Fondue	322	Holundersuppe	170
(aus Erbsen)	240	Fleischgelee	43	Honigmilch (heiß)	289
Black & White	293			Hot Combination
B.L.T.-Sandwich	333	Gänsebraten,		Sandwiches	234
Blue Lady	293	getrüffelt	31	Hühnercremesuppe,
Blumenkohl-Puffer	329	Gänsefett, falsches	222	falsche	259
Bohnen, weiße mit		Gemüseaufstrich	222	Hund, kalter	297
Schweinebauch	127	Gemüsepudding	151	
Braten, falscher	185	Gemüse-		Irish Stew ·	135
Brennesselauflauf	168	Scheiterhaufen	146	
Brotauflauf	165	Gemüsesuppe		Jachnija	271
Brotaufstrich, süßer	223	(als Schulspeise)	202	Jagdgericht,
Brotkuchen	148	Gemüsesülze	167	Rominterner	125
Brotpuffer	148	Gemüsewasser-		
Brotsuppe	147	Suppe	188	Käse-Fondue	322
Brotwasser	148	Götterkrem	291	Käsegebäck	292
Brühkartoffeln	79	Grahambrot	54	Kaffeekrem	239
Bucheckernwurst	171	Graupen		Kakao, deutscher	194
Buttermilch-Plätzchen		(mit Rindfleisch)	79	Kalbsschnitzel,
(ohne Ei)	151	Graupenpuffer	161	gespickte	106
Buttermilchwaffeln	320	Graupensuppe,		Kartoffelauflauf,
		Pommersche	133	Mecklenburger	215
Cocktailspieße	291	Grießbrei	239	Kartoffelbuletten	58
Cocktailtorte	303	Grießbrei, roter	23	Kartoffelhörnchen	241
Cornedbeef-		Grießflammeri		Kartoffelkekse	153
Pfannkuchen	186	mit Fruchttunke	134	Kartoffelklopse	59
		Grießplätzchen	151	Kartoffeln, saure	58
Diät-Brot	328	Grießsuppe	165	Kartoffeltörtchen
Diät-Käsekuchen	328	Grützebrei	239	mit Lauchringen	189
Diät-Salat		Gutsoße	324	Kartoffeltorte	215
nach Judy Mazel	326			Kastanientorte,
		Hähnchen-		falsche	240
Eichel-Kaffee	171	Sandwich	332	Kaviar, falscher	199
Eichel-Knäckebrot	170	Haferflockenbrei	239	Kinderfrühstücks-
Eichel-Nougat	171	Haferflocken-		Suppe	202
Eier, gefüllte	291	Pfannkuchen	144	Klöße, grüne	193
Eiernudel-Salat	261	Haferflocken-		Kohlpudding	125
Eifo-Suppe	228	Plätzchen	151	Kohlrabischnitzel	219
Eintopf, Allgäuer	126	Hagebuttensoße	178	Krautwickel	151
Eintopf, bunter		Heringsaufstrich	221	Kräutersoße	324
mit Migetti	151	Heringssalat,		Krebsauflauf	106
Eintopf, Eifeler	127	russischer	270	Krebssuppe, falsche	155
Eintopf		Hirn, falsches	160	Kriegsallerlei-
aus Vogelmiere	168	Hirsekoch	166	Suppe	166
Ente, kalte	311	Hiseröllchen	160	Kriegsauflauf	58

Kriegsbrot	53	Reuben-Sandwich	332	Sparbrot, Kölner	52
Kriegsprinten	152	Rhabarber-Törtchen	354	Spiegeleier, falsche	214
Kugeln, braune	151	Rindfleisch in		Spinat, falscher	219
Kürbis, gebacken	270	Branntwein	260	Steckrübenauflauf	65
Kürbisnudeln	270	Rouladen, falsche	185	Steckrübenbrot	54
Kürbistorte	270	Rübenbonbons	66	Steckrüben-Kaffee	66
		Rübenbreisuppe,		Steckrübenrosinen	66
Lebersuppe	61	rote	74	Steckrübensaft	66
Leberwurst, falsche	198	Rübenkraut	66	Steckrüben-Schiffchen,	
Linsenbratlinge	144	Rübenmakronen	67	gefüllte	64
Löwenzahnsalat	168	Rührei, baskisches	310	Steckrübensoße	63
Löwenzahnsoße	178			Steckrübentabak	66
		Salat, Pariser	310	Steckrübentaschen	67
Mais-Chratzete	192	Salat		Streuselkuchen,	
Maiskuchen	191	von Meeresfrüchten	353	gefüllter	261
Maispuffer	192	Salzheringskoteletts	75	Suppe, grüne	74
Mandarinenmilch	289	Sarah-Bernhard-		Suppe, süße	259
Marzipankartoffeln,		Suppe	106	Suppe, türkische	75
falsche	153	Sauerampfersuppe	168	Südstaaten-	
Meat-Grießspeise	186	Sauerkohl		Hähnchen	354
Mehlsuppe	165	(in der Form)	117	Süßspeise aus	
Melonenkaltschale	270	Sauerkraut		Gerstengrütze	165
Melonensalat	270	(aus Steckrüben)	66		
Melonensülze	270	Sauerkraut,		Toastecken	291
Milch-Haferflocken-		sächsisches	87	Toast Hawaii	302
Suppe	202	Sauerkrautnudeln	143	Tomaten, gefüllte	290
Möhrenpuffer	214	Schachbrettbrote	291	Tomaten, grüne,	
Mohrrüben-		Schaumspeisen	239	eingelegte	43
Napfkuchen	154	Schichtpudding	260	Tomatenhonig	195
Mostschnee	239	Schinken		Tomaten-Omelett	284
		in Burgunder	30	Topfwurst	222
Nachtkerzen-		Schinken-Sandwich	333	Topinambur (auf	
Gemüse	169	Schnecken,		italienische Art)	275
Neun-Kräuter-		gedünstet	275	Topinambur-	
Suppe	74	Schneckenbratlinge	275	Krokant	275
Nikolaschka	293	Schneckeneintopf	275	Tortenfüllung	223
Nudelpfanne	87	Schneckenklopse	275	Traum, rosa	288
		Schneckenragout	275	Tutti-Frutti-Leckerle	153
Obstgrütze	219	Schneckensalat	275		
Ochsenschwanz-		Schneeball	289	Waffeln	
suppe, klare	30	Schwarzbrot-		(Grundrezept)	319
Osterpudding	239	Apfelschaum	189	Wehrmachtssuppe	79
		Schwedenknöpfle	118	Welfenpudding	
Pfefferkuchen		Seezungenfilets,		mit Weinschaum	107
(ohne Fett)	151	gebacken	30	Wondernight	293
Porree-Gemüse	87	Sellerie-Bowle	156	Wursttüten	291
Pörkölt	270	Sirupbonbons	151	Wurzelsuppe	62
		Soldatenkappen	59	Würzfleisch, Wiener	134
Quittenkompott	31	Soljanka	269		
		Soße, grüne	178	Zigeunersoße	323
Rebhühner		Spaghetti-		Zimtsterne	151
in saurer Sahne	107	Pfannkuchen	311	Zwiebackauflauf	118